錢賓四先生與現代中國學術

戴景贤 著

東方出版中心

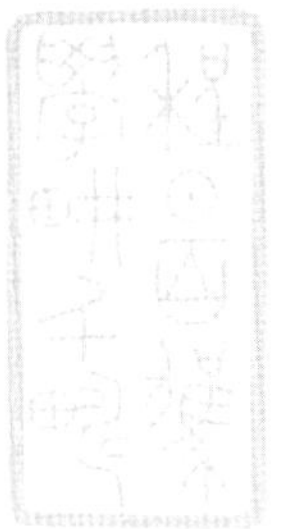

图书在版编目(CIP)数据

钱宾四先生与现代中国学术/戴景贤著. —上海:东方出版中心,2016.2
ISBN 978-7-5473-0883-7

Ⅰ.①钱… Ⅱ.①戴… Ⅲ.①钱穆(1895~1990)-人物研究 Ⅳ.①K825.81

中国版本图书馆CIP数据核字(2015)第262935号

图字:09-2015-977号

钱宾四先生与现代中国学术

出版发行:东方出版中心
地　　址:上海市仙霞路345号
电　　话:(021)62417400
邮政编码:200336
经　　销:全国新华书店
印　　刷:浙江新华数码印务有限公司
开　　本:710×1020毫米　1/16
字　　数:419千字
印　　张:31.25
版　　次:2016年2月第1版第1次印刷
ISBN 978-7-5473-0883-7
定　　价:68.00元(精装)

东方出版中心邮购部　电话:(021)52069798

目　录

《程学阁著作集》发行缘起

余自幼性喜文史、哲理，于文学与人生之关系，以及人道义理之应有，种种探讨，概多得自慈亲之启迪；余日后覃思深虑于文化之诸多议题，每具一种历史与文明空间之理解与想象，其源盖出于此。而余自所披览，浸染之深者，则以西方近代哲学与文学之名作为主。其间尤深受感动者，为十九世纪以迄二十世纪初欧洲文坛之长篇巨著，乃至十八世纪以来西方之音乐与视觉艺术等。然自读存在主义之著作，如加缪《局外人》之类，价值观备受冲击，遂若陷于虚无。苦恼之极，乃转向儒学之性理，由此定志。时为高中第一年之季末。此后自学益勤，而于经史亦多涉猎。未久，余以父执辈之绍介，得从游国学大师名史学家钱穆宾四先生；每周请益，前后逾二十余载。由是始深识中国旧有学术之规模，与中国传统智识分子之襟抱。而成长之过程中，余朝夕念虑与关怀所集，则多不离于思考人类文明前途与人文学术之未来。

反观过往，余自入上庠以来四十余年，治学之取径，始则专力于经史、性理，于古今学术，渐窥门径；进则复肆力于西方近代之学术与思想，于中国现代所遭遇之难题，与中国学术应有之调整，由是遂了然于心。四十以后，事理渐次融通，谓能“因于所是，而别得‘非是’之是”，亦自以为安矣；而昔日之焦虑尽去。不意于一偶然之机缘，因坐而得悟，乃知人之智慧，别有登境；以思辨为条理者，有见、有蔽，不能离于所执。宗教之理，虽可依哲学为说明，然非循哲学者，所可尽明。自是而后，遂兼修大乘之显、密，于佛法所辨“识”、“智”，亦若有得。五十以后，前所积蕴，触机皆有所进，而著作亦已盈箧。遂于壬辰，西历二零一二年，余六十二岁之年始，集所成稿，交付香港中文大学，逐年付梓。所著书，凡十三种，共二十六册，颜曰《程学阁著作集》。“程学阁”者，余书斋之名，盖自取“程日百驾，学耕千畴”之意；义略近于明季大智禅师方密之所自期。而其目，依序则为：《明清学术思想史论集》、《王船山学术思想总纲与其道器论之发展》、《钱宾四先生与现代中国学术》、《中国现代学术思想史论集》、《宋元学术思想史论集》、《中国学术概念产生之历史时刻与其条件》、《先秦两汉学术思想史论集》、《三国两晋南北朝学术思想史论集》、《隋唐学术思想史论集》、《中国政治思想史论集》、《中国宗教思想史论集》、《中国社会思想史论集》、《中国美学思想史论集》；预计可于十二至十五年间全部刊行。今《明清学术思想史论集》、《王船山学术思想总纲与其道器论之发展》两种，计四册，业已问世，因简叙出版之缘起如上。

岁次癸巳右翁自记于高雄鼓山区美术馆畔之程学阁

一九八五年，作者与宾四先生合影于台北县钟氏茶园

壹

无锡钱穆宾四先生学述*

前　　言

中国现代经历有史以来少数最剧之巨变。此巨变，最初系由中国与欧洲列强不均衡之政治、经济形势所引发；而最终，则成为中国面对未来文化发展时，所不得不作出之社会整体结构之调整。就时代之划分言，目前，乃至往后之数十年，中国仍将以此为其主要之发展趋势。而于此迈向"逐步现代化"[1]之痛苦过程中，中国之智识阶层，承受同时代其他社会中智识分子所未可比拟之压力；亦面对其自身所未曾经受之历史困境。因中国乃抟聚人类历来最众多之人口，结构历来最庞大之社会，而于此中国之抟成与绵延中，中国亦缔造出其特有之文明形式，与其特有之社会结构方式；并凝聚成其特有之文化精神。故一切现实问题之解决，皆无法逃离此一文化大环境所给予之条件与限制。一切清末以至民国初年以来之文化更新、文化改造之呼声，皆不外反映出作为中国智识分子面对时代问题时，所不得不有之历史反省。钱师宾四（穆，1895—1990）先生一生之学术，即在此一时代之大环境中缔造，亦是针对此一时代之问题而思考。

一、《先秦诸子系年》

钱先生一生第一部重要之著作，为《先秦诸子系年》。[2]其正式出版，在一九三五年，着手起草，则始自一九二三年，历时约十三年。而于此先、后之十余年间，中国文史学界存在一股主要之思潮，即有关古史之“辨伪”运动。此项运动，就实际所牵涉之学术问题而言，颇多乃承袭自清末；然于观念、方法及目标，有一并不同于前人之要点，即彼时学界所欲辨订之“伪”，不仅限于辨析史料中之“伪”，而更在辨析“史料”背后，其所依据之“历史观念”之“伪”。[3]此种“辨伪”之法，若就“史观”与“史料”之密切关系论，有事实上之困难。盖论史者若不能超离于原本建立史观之材料，另有一可以建构新观点之途径，而仅凭史料间之比勘，实际并无法检视其“观念”之自身。当时学界之所以引发此项运动，有一主要之因缘，即是进入十九世纪以来，西方学界借“比较方法”与“考古方法”所获得之有关“人类历史文明演进”之知识，与解释之理论。故有向来为人所深信不疑，且为许多思想、价值观念所依凭之历史观点，至此皆发生根本之动摇。[4]其中最重要者，约有二项：一为关于“唐虞、三代”之传统论述；而另一，则是若干与“中国学术思想之产生与发展”相关之基本观点。

就前项言，历来之理解，皆系依据汉人所汇集之“六经异传”与“百家杂语”整理而成；[5]其说法，若以“历史演进”之角度视之，有可信，有不可信。史料之整理，需要建立一新的评判之标准。就后项言，汉人所谓“九流十家”之分野，亦应以一新的整体学术史之眼光，寻找出其彼此间相互影响与前后承递之关系。[6]钱先生《先秦诸子系年》一书，主要即针对第二项问题，择定其研究之议题。[7]

当时学界关于先秦学术发展，有四项视为重要之发现：一、先秦本无所谓“名家”，名家实即墨家发展中后起之新派；二、《汉书·艺文志》所列“法家”，书多难凭据，是否有“法家”之存在，须重新检视；三、传世本《老子》一书，乃战国晚出而托名于老聃者；四、“阴阳”、“五行”之原始观念，与阴阳家学说之成立，关系先秦子学之发展甚深；应自“观念史”(history of ideas)之角度，加以考察。其中第一、二项，发自胡适之，提出在前；[8]而三、四两项，则与梁任公(启超，字卓如，1873—1929)关系较深，其提出在后。[9]

大体而言，名家之基本性质属墨，此一点为当时学界所大体承认;[10]其研究基础,在于《墨辩》与惠施、公孙龙思想之比较。至于《老子》一书著成之时代,梁、胡之意见则颇相左。此问题,一方面牵涉老聃其人之史实问题,[11]另一方面则牵涉《老子》一书中思想所反映之政治社会,其时代之特性究竟为何之问题。其前项,因有史料之限制,抑且性质上可另成议题,故重点在于后者。盖就思想之关系言,《老子》书若早出,在孔子前,如胡适之说,则形上思想与名学思想,自始即结合于"老子"一家之言中,为先秦哲学开创时之结构性基础。若然,则以老子哲学之发生言,必须解释其思想与同时代一般观念,彼此间思维水平之重大差异,系如何跨越?而其书中所运用之特殊哲学用语,与针对议题而有之高度"哲学化"之思辨方式,又如何能于一时之间,由一人独力完成,且于哲学建构之完整性与严密性上,为此后众多之先秦思想家所远不能及?至于"道"字与"名"字二观念,各家间所应有之承递关系,亦须有具说服力之说明。若《老子》书系晚出,如梁任公说,则中国先秦思想中"形上思想"与"名学思想"之间之发展关系为何?道家思想之来历如何?《老子》书与《庄子》书思想孰先孰后?《易系传》思想之性质如何?亦必连带须重新加以考虑。而在政治思想与形上思想、名学思想之间,亦若需要重新判别出一可加以联系之线索。

钱先生考论诸子,主要立基于下列数点:一、诸子应渊源于孔子;二、《易系传》非孔子作;三、传本《老子》书当出于庄子之后。此三点有一最要之关键,即是名家与道家之关系。盖胡适之"名为新墨"说,虽当时学者视为确论,胡氏于墨家先、后之转变,则尚有一连带之说法,即前期之墨,乃宗教之墨学,而后期之墨,为科学之墨学。前期墨家言"天志",是否即证明其性质属宗教?而后期之墨家于知识之方法上近于彼所谓"科学精神",是否即可称之曰"科学之墨学"?胡氏书中对于先秦思想之背景,主要乃据《诗经》立说,对于春秋、战国社会阶层之升降,与政治结构之转变,未有详细之分析;因此所谓"宗教"、"科学"云云,并未找寻出"墨"之所以为"墨"与"名"之所以为"墨"之根本特质。钱先生于《系年》成书过程中,先写成《墨辩探源》

一文，主要乃确立《墨辩》中之思想系为证成墨家“兼爱”之理论而有，其发生之根本原因，盖为墨家原始“天志”之理论无足以折服学者之诘难，故造为此新说。[12]此点即基本上认为墨家之思想，乃系以“政治”为其主要之着眼点；无论前期与后期皆然。而先秦学术中“儒”、“墨”之分途，实即以其互异之政治主张，影响其活动，而造成此派别。故《系年》中卷一、卷二，即以孔子与墨子时代之前后为起讫，以之作为考论当时社会背景、政治活动之主要纲领。[13]其论中以儒、墨之名，乃起于身份标识一项，即可显示其观察之角度。[14]

而以民初当时考论之状况言，“名”之所以为“墨”之性质，既已视为确立，则《老子》书中“名”字之概念使用，应于先秦思想发展史之线索上，占如何之地位？即应进一步推求。盖《老子》书中有一最要之观念，即“道”。而传本《老子》第一章之言“道”，曰：“道可道，非常道”，基本上即与“名”之问题结合讨论；故续云“名可名，非常名”。[15]然名家之言“名”，皆与人之“意指”相比论，并未论及“不可名”、“不可道”者，如《老子》书中所指。《老子》书之作者，显已习闻名家之论，故更而上之，以超绝名言者为说。决不当《老子》书已先出，名家之徒哓哓然相与辩，而不一语及其义。且儒、墨言“道”与“义”，皆切近人事；儒家言“道”而有玄义近于《老子》，仅有传为孔子所作之《易传》。然其书不唯自宋以来即颇有疑其非孔子作者，[16]如以梁氏“阴阳家乃后起”之说法考察，则其晚出之痕迹，殆若益显。而梁氏同时又有文考论“天道观念”之历史变迁；[17]其言虽简要，然“道”字之观念见于《诗》、《书》与《左传》者既如此，诸子书中关于“道”义之讨论，亦当有一合理之发展顺序。钱先生后又写成《关于老子成书年代之一种考察》[18]一文，大体即循此线索，从而判定《老子》成书之必出于名家之后。[19]

传本《老子》书之当晚出于名家后，不即足以说明道家与名家之关系。钱先生文中又涉及一问题：即《老子》书与《庄子》书之先后问题。庄子与老子论学之宗旨，有重要差异，而《庄子》书中外、杂各篇，亦有“近老”与“近庄”之不同，此论出王船山（夫之，字而农，号姜斋，1619—1692）。[20]钱先生既确认《老子》书晚出，且当在名家后，而庄子本与惠施为友，亦受名家影响；则《老》之与《庄》，孰当在前，先出，孰当在后，迟出，牵涉道家思想之起源，与道家思想核心之义系如何形成之问题，不能不加讨论。钱先生于此有一独出己见之新论，即《庄子》内七篇当出今所见传本《老子》前，而为道家本源之说。

梁任公曾有一论，谓道家哲学有一与儒家根本不同之处，即儒家乃以“人”为中心，而道家则以“自然界”为中心；儒家重人类心力，而道家则重自然界理法。[21]此若就认定《老》、《庄》乃同属战国思想之观点推论，即可谓儒、道此种立论重心之转移，代表先秦思想由人生论逐渐扩及宇宙论[22]之一种发展。因此对于“天”与“人”间关系之探讨，应即为此种思想发展内在之趋向。钱先生关于《庄》、《老》之先后问题主要即于此着眼。而其所择出讨论之观念，除“道”与“名”之外，计有“帝”、“天”、“地”、“物”、“大”、“一”、“阴”、“阳”、“气”、“德”、“有”、“无”、“自然”、“象”、“法”诸辞。[23]其中尤为重要者，在于论“物”一节。

盖“上帝”观念之逐渐淡化，乃先秦思想之大趋，此语仅可论大，未能及细。至于“物”之成为思想辨析之对象，而与人之心理对立讨论，则在认识论（epistemology）上具有特殊之意义；其先盖出于名家“名”、“实”异同之论。钱先生将庄子论“物”区分四义：即“讨论物之来源者”、“讨论物之情状者”、“讨论物之法则者”与“讨论对物之应付者”。[24]就此四义言，庄子立说之重点，在提出“物化自然”之观念，而其本旨，则在破除人心依于“外物有常”而建立之知识观点。至于其立说之所针对，则有一明确之目标，即儒、墨之相争。然庄子，依钱先生之说，并未外于儒、墨之认知方法，另建立其积极掌握知识之一套新途径。故其说虽已略有“道”为“物化”所本之观念，并未进一步依据物化之运行，而籀离出一可循之公例；如《老子》所言。故就“应物”之态度言，庄子仅言随顺自然而与时俱化，并不似《老子》之超然燕处，而常有“取天下”之志。今若就名家、庄子与老子对于知识方面之态度比观，道家所承受名家影响而递变之痕迹，盖若可以确立。

钱先生此说，可谓将船山判别“老”、“庄”异宗之意，配合进梁任公所言儒、道思想变迁之大势，而得出一当时颇见为深刻之看法。[25]此一看法，以今日之眼光视之，虽由于有关道家起源问题，学界已有不同于当日之研究基础，因而可凭以论述之条件已有改变；[26]然即以此论，钱先生所提示之有关道家文本与名家间可能之关联，仍为一不应忽视之论点。

除此之外，钱先生考论《庄》、《老》思想之发展，又获得一重要之思想线索，即是关于“象”字与“法”字之观念，系如何“理论化”之历史途径。此一考论，基本上即梁任公“道家重自然界理法”意见之发挥；而由《庄》、《老》两书知识态度之进展，得出一自成其说之脉络。综括而言，此说之重要性，在为道家与阴阳家之发展，彼此间如何取得一观念与思想之联系，因而使阴阳家结合“阴阳”、“五行”诸观念而亦成功一学说之原由，获得一属于“思想史诠释”之可能。

以上所述为《先秦诸子系年》成书过程中，于思想探索上大概之进程；基本上，可谓已将当时学者所提出之新论点，于一家之说法内，组织成完整之系统。[27]而配合此一重新建立之思想脉络，《系年》有一极宏伟之工作，即是史料之组织与考订。

战国史之研究，本非当时考辨古史之重点，盖春秋以后之中国史，已进入文献较丰之时代，非远古仅凭传说可比。孔子《春秋》据史官所记系年成书，已为历史研究奠立坚实之基础。而战国之史料，因有司马迁《史记》之《六国表》，作为考订之凭据，所谓“疑”、“信”，盖仅限于个别之史料或史实，并不牵涉“论述历史”时之整体观点。当时对于战国史研究之风气，实际乃由“学术史”方面特定之问题所引发。

而就当时学界之状况言，论思想应注意“史料”之鉴别，与“时代背景”之考求，而以客观态度，加以系统之研究；此方法本是胡适之《中国哲学史大纲》一书所提倡，对于当时学界有莫大之影响。而胡氏书中亦于其实践方面，具有不可磨灭之成绩。[28]唯胡氏书中对于时代背景之考求，仅由老子、孔子上推其前二三百年之大环境，而其所据，则主要为一部《诗经》；对于春秋、战国之特殊环境，乃至此环境与当时学术活动间之关系，并未有足够之历史分析。[29]故逮梁任公举出《老子》书中显见之战国观念与用语作提示，日后遂激起学界热烈讨论“战国史”之风气。而梁氏本人较后著之《先秦政治思想史》一书，亦为研究战国学术与政治间之关系，建立数项基本之观察点，即：“政治与伦理之结合”、“封建及其所生之结果”、“阶级制度兴替之状况”、“法律之起原及观念”、“经济状况”等。[30]此数项，除第一项外，胡氏书中皆曾提及，唯未有实地之研究。梁氏由于其敏锐之历史眼光，故于此诸项问题，实际已替代胡适之，导引以下研究之方向。

钱先生关于战国史料之组织与考订，除历史宏观视野与思想史之线索外，有一最基本之工作，即是《史记·六国表》之修订。[31]《六国表》出《秦记》，秦自孝公以前，僻在雍州，不与中国之会盟，故载六国事多疏，且与《史记·世家》文多牴牾；其中有若干致误之关键，由于缺乏完整可信之凭据，始终难以校考。因之谱诸子行事年历者，于各家书中所涉及之史迹，凡事在春秋者，皆能经久而论定；可议者多属细节。其成绩较著者，有清初以来之阎百诗（若璩，号潜丘，1636—1704）、毛西河（奇龄，字大可，1623—1716）、全谢山（祖望，字绍衣，1705—1755），乃至其后之江慎修（永，1681—1762）、狄子奇（字叔颖，号惺庵）、林春溥（字立源，号鉴堂，1775—1861）等。而梁玉绳（字曜北，号清白士，1745—1819）之《史记志疑》，与崔东壁（述，字武承，1740—1816）之《洙泗考信录》，尤卓然成家，功不可没。至于考论墨子以下战国事，则反若纷乱而难理。其分别而求者，若皆能自成一说；合而会观，则参差立见。且亦无以定其是非。[32]此乃原本积存于《史记》中之问题。至于《六国表》外，尚有晋太康年间发汲冢所得之竹书《纪年》十三篇，出魏史，亦有战国年历。唯因其言古事，多与儒说违异，为世所疑，其价值遂隐不彰。[33]且其书宋时已失，今本乃后人辑其佚文而又依附于《史记》所成，真赝错杂，混同一例；是以其可资考信之价值已大为降低。清以来考论及此者凡数家，[34]至朱右曾（字尊鲁，一字亮甫），始自《水经注》、《史记索隐》、《太平御览》及其他书中另辑出真本，从而表现其有印证诸子、校正《史记》之用。[35]朱氏书后又得王静安之重视，[36]为踵继其事，知者遂渐多。年历之参校，得此线索，已有一解决之途径。然仍需实地将诸子书中所表现之史事，于彼此之间，或与其他史书之所载记，仔细推较，以建立一较为完整之结构；始是将《纪年》之价值，在当时已建立之学术基础上，发挥尽致。[37]

钱先生考战国事牵动最大者，盖有二事：其第一事，则有关晋出公以下之世系年数。[38]《史记·六国表》出公仅十八年，《世家》又云十七年。盖《史记》误以三家杀知伯事为四卿分范、中行事，故以十七年为出公出奔之年，而《表》乃于明年书襄子元年；且又误晋哀之元一年。据《史记索隐》于《晋世家》引《纪年》，出公奔楚，在二十三年，遂立昭公孙，是为敬公；而魏文之立，则在敬公十八年。钱先生据他处引《纪年》文推算，"十八"应系"六"字之讹，[39]与王静安所推同。又考晋敬公、哀公、懿公乃一君三谥，[40]而魏文为桓子之子，非孙；其元年为周贞定王二十三年，而非威烈王二年。[41]《史记》盖误以魏文更元之年，为魏文始立之年，遂遗其前之二十二年。实则"三晋命邑为诸侯"前二十二年，魏已称侯。[42]其事亦如魏、齐会徐州相王之后，魏、韩又相王，又有五国相王。[43]今若魏文之元前移，子夏居西河教授之前后事，即得详考。[44]

盖因昔人以子夏少孔子四十四岁，魏文初立，去孔子之卒七十五年，为大夫二十二年而为侯；若以始立之岁计之，则子夏已百三岁，不得为其师。[45]今魏文初立，前移于周定王二十三年，去孔子卒三十三年，子夏年六十三，且云"为文侯师"，可以为后人追述语，不必定在称侯后；则事可信。疑孔子未死，子夏固已显名，至是则巍然大师。[46]

钱先生又谓"子夏居西河"，地应在东方河、济之间，不在西土龙门汾州；[47]就文教所兴，地亦较确实。钱先生续又重考魏文所礼贤，如田子方、段干木、魏成子、翟璜、翟角、吴起、李克、西门豹、乐羊、屈侯鲋、赵苍唐等，谓魏文以大夫僭国，故礼贤下士，以收人望，而邀誉于诸侯；游士依以发迹，实开战国养士之风。[48]而诸贤中之尤有关系者，则为李克、吴起。

李克，子夏弟子，为中山守；《汉书·艺文志》有"李克七篇"，在儒家；《食货志》又云有李悝，为魏文侯作尽地力之教。《艺文志》又有"《李子》三十二篇"，列法家；班固（字孟坚，32—92）云：李悝。[49]其实

"克"、"悝"声转，乃一人。[50]钱先生又引据《晋书·刑法志》，谓律文起自李悝，著《法经》、《网经》、《杂律》等，商君受以相秦，[51]从而论定李克为法家之祖；与吴起同为商鞅变法所源出。[52]《系年》在前已考孔子"相夹谷"、"堕三都"事，[53]阐明孔子所谓"君君，臣臣"正名复礼之主张，而谓：逮魏文之僭，以子夏亲受业于孔子，田子方、段干木亦孔门再传，皆莫能矫挽，徒以"逾垣不礼"受贵族尊养，而开君卿养士之风；自古贵族相维系之礼，遂一变而为贵族平民相对抗之礼。此为世变之一端。[54]又据《左传》考邓析，谓鲁昭六年，子产铸《刑书》于鼎，鲁昭二十九年晋亦铸刑鼎，鲁定九年，驷歂杀邓析而用其《竹刑》，此为刑律之始。此后未百年，魏文用李克，下传吴起、商鞅，而后贵族、平民一统于法，"礼不下庶人，刑不上大夫"之制，始不可复。[55]此可见世变之另一端。礼之变，法之兴，俱见魏文一世；而其因，则出于贵族与平民阶级之变动。[56]

魏文兴法事既重要，吴起去魏相楚，亦必有关系。[57]起尝为鲁将拒齐，[58]又为魏伐秦、[59]灭中山，[60]事皆易考；特文侯之年数《史记》差误耳。难考者，在去魏相楚之年。盖《史记》既不知魏文改元之事，记武侯年历亦多误，故依其说，魏武之元，去楚悼之卒仅五年，而《魏世家》有"魏武九年使吴起伐齐至灵丘"之说；"相楚"与"去魏"年世必有误。钱先生据《魏世家》引《纪年》"魏文侯五十年，魏武侯二十六年"之说，将武侯元年移前十年，当周安王之六年，[61]而断起之去魏，在武侯十年后；仕楚之年，盖不出三四年间。[62]又考《史记》载起战功，多误袭《秦策》蔡泽润饰之语，而实际其治楚，乃主徙贵人垦荒，如李克尽地力之教；非主以兵力扩地。其所以招忌，乃因主捐不急之官而废公族之疏远者。[63]自刘向（字子政，公元前77—前6）、桓谭，颇以李悝、商鞅并说，而后人又重言吴起之善兵；其实重农政、重兵事、变法令、开阡陌、实边城之类，皆三人所同。《史记》以"申韩"与"老庄"同传，后人遂皆谓法家原于道德，实则史公特据汉初学术主"道德"与"刑名"之观念而云然；初期之法家，乃渊源于儒，未可与后期之韩非并论。[64]

第二事，则齐、魏会徐州相王，乃魏惠王后元元年，非襄王元年；

乃齐威王二十四年，非宣王九年之说。[65]《史记》惠王三十六年卒，子襄王立，十六年襄王卒，乃误以惠王称王改元之年数为襄王世。此事历来已颇有据《纪年》以纠《史纪》之误者，唯未定案。[66]钱先生既推魏文以下世系年数，又据《索隐》于《齐世家》引《纪年》"田庄子卒，立田悼子。悼子卒，乃次立田和"，[67]又云"齐康公二十二年，田侯剡立，后十年齐田午弑其君"之说，益"悼子"与"侯剡"，增田齐为十二世；[68]又考田庄子卒在齐宣公四十五年，《史记》不误，今本《索隐》引《纪年》作"宣公十五年"乃脱文。[69]又据《索隐》及《水经注》引《纪年》文，定田悼子之卒年在齐宣五十年，田和之立在齐宣之五十一年。[70]循此而下，田和始侯定于康公十九年，卒年定于康公二十年；[71]田侯剡始立定于二十一年。[72]又据《索隐》于《齐世家》引《纪年》说，以梁惠王之十三年，当齐桓公十八年，校《史记》"桓公立六年卒，子威王立"之"六"年为"十八"；[73]又据《纪年》"梁惠王后元十五年，齐威王薨"之说，定威王在位三十八年。[74]又疑《魏世家》"梁惠王二十八年，齐威王卒"，实乃威王始称王之年；[75]谓威王之称王，实肇始于败魏马陵之役，后魏用惠施策，乃折节朝齐，遂会徐州相王，故相王之岁，于齐当为威王之二十四年，非宣王之九年。[76]魏惠、齐威两案既定，乃可下论魏襄与齐之宣、湣，遂有"魏襄王、魏哀王，乃襄哀王，一君两谥"之说，[77]与"齐伐燕，乃宣王六年，非湣王十年"之辨。[78]

钱先生据《纪年》校正齐、魏年世，而定威、惠之相王，最重要之作用，一则推论战国形势之变化，一则作为考论"名、墨"、"孟、庄"，及"稷下游士"概况之依据。[79]《史记·魏世家》魏徙大梁在惠王三十一年，《纪年》则云：惠成王九年。论者谓九年秦孝公甫立，公孙鞅未相，公子卬未虏，地不割，秦不偪，魏不应遽迁都避秦；且惠王生于文侯二十五年，则惠王之立，已五十三。若立三十六，又有改元之事，则年已逾百龄。故不信《纪年》之说。[80]钱先生既考惠王即位改元一事，[81]又考文侯二十五年，乃子击（武侯）生，非子罃（惠王）生；[82]且引据朱右曾之论，谓：惠王之徙大梁，非畏秦，乃欲与韩、赵、齐、楚争强，安邑迫于中条、太行之险，不如大梁平坦，易与诸侯争衡；赵之去耿徙中牟，又徙邯郸，志在灭中山以抗齐、燕；韩之去平阳徙阳翟，又徙新郑，志在包汝颖以抑楚、魏；皆不为避秦。[83]特右曾定魏徙大梁在惠成王六年，而钱先生则依《索隐》，定其事于九年为不同。[84]钱先生又续考逢泽之会，会诸侯朝天子者，乃梁惠王，事在惠王二十七年，非周显王二十七年；[85]其明年，魏、齐即有马陵之战，非《史记》所云“桂陵”。[86]又明年，则卫鞅击魏。[87]而在此之前，魏先败韩马陵，在惠王二年，非二十六年；[88]鲁共侯、宋桓侯、卫成侯、郑厘侯来朝，在十四年；伐赵、围邯郸，在十七年；以韩师败诸侯师于襄陵，齐使楚景舍来求成，在十八年。[89]故称王会诸侯于逢泽之在二十七年，魏势可谓最强。逮败于齐、秦，则由盛即衰。自是齐威奋于东，秦孝起于西，东帝、西帝之势遂成。[90]钱先生考惠施仕魏，其始至在惠王二十七八年，马陵败后，或徐州会前一二年；[91]见逐则在惠王后元十三年，前后约得十五六年。[92]而在其前，魏有大臣“丹”用事，即白圭；[93]在其后，则有孟子之游梁。[94]惠施之去魏，以张仪；遂之楚，又至宋。逮惠王[95]卒，惠施重至魏。而其明年，为魏使楚；后四年，又使赵。此其所可知。[96]

钱先生又据《左传》考宋昭公末年当在周威烈王四年，非二十二年，《史记》误后十八年；[97]以下纪宋年均依次误。又据《宋世家》引《纪年》，悼公有十八年，而《史记》仅得八年，相差又十年。故考悼公之卒，在周威烈王二十二年；休公之元，在威烈王二十三年；辟公之元在周安王二十二年。又考“辟公”乃涉名而讹，当从《纪年》作“桓侯辟兵”；其在位四十一年，非《世家》所云“三年而卒”。[98]遂定梁惠王之十四年，桓侯尚在，为其二十四年，而以其立四十一年，见废于剔成，为周显王之二十九年。剔成即以废君自立之年称元，三年而卒，宋君偃立，为周显王之三十一年。《史记》以其元年，为显王之四十一年，亦误如梁惠之例：以称王之元为始立之元。[99]因谓孟子见梁惠、齐宣，在至宋之后，宋其时所谓“将行王政”，乃宋君偃新王之际；[100]而在其前，孟子已先游齐，为威王之世。[101]孟子游威、宣，盖正齐稷下盛时。[102]

其论又谓：齐宣于孟子，谓将中国授室，养弟子以万钟，此即稷下之生活；其前后可考之学士，有淳于髡、彭蒙、宋钘、尹文、慎到、接子、季真、田骈、环渊、王斗、儿说、荀况、邹衍、邹奭、田巴、鲁仲连，历威、宣、湣、襄、王建五世。齐宣与在此之前之魏文，俱为扶植战国学术，使臻昌隆之甚有关系者。[103]此外《庄子》书载庄子过惠子墓，并述及宋元君；元君乃偃王太子，其为君在魏襄王二十年，[104]则庄子年亦约略可考。[105]又考春秋、战国言“老子”，大略可指者，有三人：一曰老莱子，乃孔子南游所值，即《论语》所云“荷蓧丈人”；一曰太史儋，其人在周烈王时，为周室史官，即西入秦见献公者；一则曰詹何，为楚人，盖与环渊、公子牟、宋玉等并世。《史记》盖合三人之事为一传，而混为一人。其著书谈道，列名百家者，无从确指；必不得已而言之，则楚人詹何庶或近之。[106]

钱先生既综考梁惠、齐威前后事如上，又详辨苏秦说六国“合从”事，谓秦孝公用商鞅变法，东方则齐、梁争霸，秦乃乘机东至河；及惠王用张仪，魏已日衰，遂有齐、秦争长之势，而张仪间齐、楚，秦南广地取汉中。然其时，犹齐为长，秦为亚；及昭襄初，秦、楚屡战屡和，而赵武灵崛起，以其间灭中山，为大国。及秦将白起亟败韩魏，而齐湣、秦昭称东、西帝，则秦为长而齐为亚。乐毅起于燕，联赵破齐，湣王死，东方之霸国遂绝；唯秦独强，破郢残楚。及范雎相，而有秦、赵交斗之局。至于长平之战，邯郸之围，而后秦之气焰披靡，达于燕、齐之裔；而后东方策士，乃有“合从”、“连横”之纷纶。而造说者乃上附之于苏、张，其辞说多饰托，非事实。论史者既难条理其事，遂误以秦自孝公用商鞅，国势已震烁一世，东方诸国，当齐威、梁惠时，已扰扰于从横之说，列强兴衰转移之迹全泯；而凡此期之为先秦学术漫烂壮盛之期之时代背景，因之大晦。[107]

钱先生《系年》中考订年历最要者，如上述。顾亭林（炎武，字宁人，1613—1682）《日知录》尝言：自《左传》之终，至周显王之三十五年，即魏惠改元之年，前后凡一百三十三年之间，史文阙轶，考古者为之茫昧。[108]故仅就详细校正《史记·六国表》一事，此书已足传不朽。钱先生以此段重新讲明之史实，上接前人有关孔子生平之考订、近人有关墨子年谱之制作，下据《六国表》中较为可信之年历，将其中凡涉及学术发展之人物、事迹，一一详加考辨；凡此期学术史中所可用及之材料，殆已收罗略尽，足以建立讨论先秦学术与其时代关系之一完整之历史框架。而其于谱年之际，常着眼于战国形势之转移，[109]以为推论之依据，则又颇有得于顾复初（栋高，字震沧，1679—1759）《春秋大事表》[110]立表之遗意。

钱先生于《系年》写作期间，成书与此相关者，尚有《论语要略》。[111]其《序说》之体例，仿梁任公《群书概要》；[112]而考订取材，则以取于崔东壁《洙泗考信录》与日人蟹江义丸（1872—1904）《孔子研究》[113]者为多。书中考孔子事，以去卫适陈前后事为最要之发明；亦见《系年》。又有《孟子研究》，[114]取径近理学家言，而兼采清儒说之善者。又有《惠施公孙龙》，[115]乃集《惠施历物》、《公孙龙子新解》、《公孙龙七说》、《辩者言》，及《系年》考两人事迹诸篇而成。又有《国学概论》，[116]概述其对整体学术史之意见。又有《墨子》，[117]以墨家之起源与墨学之发展，及其与先秦各家之关系为主，而益之以相关之考订；其考墨子生平，以“止楚攻宋”一事为主眼，订年较胡适之移后，而较之梁任公，则移前。

二、《中国近三百年学术史》

钱先生第二部重要之著作为《中国近三百年学术史》；[118]其写作之时间为一九三一年至一九三六年，部分与《系年》重叠。其时钱先生已由中学转至大学任教，此书系钱先生为当时于北京大学所开设之课程而作。在其前，唯梁任公曾于清华大学讲此课，亦有成书。任公乃清季今文学运动中一人，又多与民初新学风通声气，为大师，故其书于身后出版，极为世重。而在此前，任公为蒋方震（字百里，1882—1938）《欧洲文艺复兴史》一书作序，成《清代学术概论》[119]一小册，已启端绪。

任公论学术史，有二项基本观点：其一为注意“分段之特性”；其二为注意“思潮之反动”。此二项观点，固为近代西方论学术史者所常有，然于中国学界，则有特殊之意义。因中国旧有之论学方式，虽有所谓“流变”之概念，然学者对于古代历史，乃至古代学术，有其甚深之尊崇、仰慕之心理；故论学往往着重其根柢所自出，而于其因应时代环境所不自觉陶铸之性格，常易忽略；亦因此门户是非之见，不易摆脱。任公早年从康南海（有为，原名祖诒，字广厦，号长素，1858—1927）学所谓“今文经学”，虽常不慊意于其师“刘歆（字子骏，公元前50—后23）伪经”、“孔子改制”说之武断，[120]然康氏变“经学”为“子学”，一扫前人尊经崇古之见，任公则推服不置；认系清末思想解放不二之功臣。[121]任公既得此启示，又自严又陵（复，字几道，1854—1921）所译书中得所谓“进化”之观念，[122]后遂渐有“学术发展”之历史观。[123]其早年所著，有《论中国学术思想变迁之大势》[124]一书。而其考论学术史之途径，则一方面受章太炎以欧西哲理与印度唯识比论中国思想之影响，一方面又受胡适之审别“学术史料”与注意“时代背景”之刺激，后遂续成《老孔墨以后学派概观》、[125]《诸子考释》、[126]《古书真伪及其年代》[127]诸书。而因任公自清末以来，即特意研究墨子，著有《子墨子学说》、[128]《墨子之论理学》[129]等书或文，故胡适之《哲学史》讨论“名”、“墨”之关系，亦迅即启发其区别学术问题与学术方法之眼光；以是任公后论墨子，亦取此新得，重新检视《墨经》与墨家之论理学，写成《墨经校释》[130]与《墨子学案》二书。[131]至于论及近代学术，任公则盛称清代学术中之“考证”方法，[132]以之与胡适之所号召“以科学方法整理国故”之说合流。[133]

任公著《清代学术概论》一书，另有一写作之动机，即应胡适之之请，欲以此书阐明“今文学运动”与其同时代学术间之关系。[134]而任公所发展之说之巧妙，则在以中国历来“学术门户”之争执，配合其所浅取之黑格尔（Georg Wilhelm Friedrich Hegel，1770—1831）“辩证发展”之论法，将中国学术之历史，区分为“先秦学术”、“两汉六朝经学”、“魏晋玄学”、“隋唐佛学”、“宋明理学”与“清学”五部；企图揭除其表象，而联系其内在分段发展之线索。

而于任公《概论》一书之所论中，有一显见最不同情之阶段，即宋明之理学。此盖因当时人深觉中国以悠久光灿之古国，而洵至于文明落后，“古史观念”之过于理想化，与“伦理观念”之予人以过多之束缚，两者为根本之原因；而皆由“理学”建设之方式有以致之。故任公即令欲于所谓“理学流弊”之论述外，另觅“理学”之价值，亦不免受同时代意见之影响。因此其书之于理学，着重讨论其所采取乃至损益佛说之处，认系其真精神；而以其必要附名于儒学，为厚诬于孔子。至于任公解释清代学术之发展，则一以“反动”于宋明理学为说；又谓其“以复古为解放”之目标，由宋而上，实必至于最后对于孔子、孟子而寻求解放不止。故凡乾隆、嘉庆时期之考证，与所谓“今文经学”之疑古，在其见，皆认为乃同有怀疑、批评之态度，因而其所表现，具备“学术方法”上之重大意义。

唯以梁氏讨论清代学术之二部专著相互比较而言，凡以上所述，皆《概论》一书之意见，至于其最终撰写有关此一时期之学术史，“逐步解放”之论则已不谈；止维持“共同思潮”之说。凡《概论》中所极力张大晚清“今文学”之地位，认与“乾嘉”乃平分清代学术主导之意见，亦尽去其语；仅止以之依附于“清代整理旧籍成绩”项下，而另着重讨论明清之际所以启导于清学之实质内容。书亦改以《中国近三百年学术史》为名。

此外，于其书中最可注意者，任公对于理学之发展，似已确认其所蕴含之儒学成分；仅以明末王学片面之流弊，认系“学风转变”所针对。而全书亦增入对于清初以来儒者个人气节之描述，与清人学术精神与实际政治间关系之讨论；论渐趋于平实。且谓：清代学术之倾向于客观考察，工夫泰半用于纸片，实际尚另有一潜藏之支流，即是着重于实践；此一支流屡起屡伏，极有特色而较前进步，惜未能发扬光大，今后仍有扩充蜕变之余地。此论与《概论》认为清学功在“方法”，时至今日可以功成身退之见，盖已有着眼点之不同。特究极而论，任公此项转变终嫌过迟；其“经学”之观念，既早为“今文学”所破，“儒学”之观念，又受其“分段”概念之切割，彼对于孔子学说之真正造境，与儒学之所以成为一项“学术传统”之特性，仍未远于早年从学于康氏时留意于“陆王”与“孟子”，以及后来《先秦政治思想史》看重先秦各家政治思想之所见；故其最后著成之《近三百年学术史》，最大之价值，仍仅限于人物之介绍，与其学术成绩之描述。对于解决中国学术史之诠释问题，任公仍缺乏完整而详尽之定见。

钱先生《中国近三百年学术史》之作，基本上近于梁著之后作，而不同意于其前作之《概论》。钱先生之反对晚清今文家说，最先见于撰作《系年》期间之《刘向歆父子年谱》，[135]乃驳康南海“伪经说”；续又为《周官著作时代考》，[136]亦论“今古文”问题。两文皆刊《燕京学报》。荐其稿者，即当时提倡康氏说甚力之顾颉刚。[137]而对于今文学运动影响下考辨古史（即前文所述之第一项）之过于怀疑之态度，钱先生亦抱持异议；其意见则见于《中国近三百年学术史》成书前一年所作之《崔东壁遗书序》。[138]

崔述书人所鲜知，当时系因胡适之之提倡，而为人所注意；其遗书之全部，及相关资料，则由顾颉刚负责搜集、标点。胡、顾当时皆以提倡“新考证”得大名，而崔氏则以异时而同有“怀疑”之精神受重视。然崔氏过于信“经”，故凡诸子所载事不见于经籍者，皆有所疑；而当时之考辨，则所择之重点，在于儒术之“经学”观念中，所秉持之古史观。同于疑，而所以疑者实异。钱先生重要之意见，则在认为：“古史之实际”，与“某一时代人对于古史之想象”乃两事；考辨古史诚重要，了解前人对于古史之一番活泼之想象，亦是研究前人历史之一要项。学界于国难之方殷，而群趋于考古，其所为虽曰“辨伪”，虽曰“考信”，实则乃虑夫国人长久以来对于已往文化之自傲自安，而思有所矫挽；其集矢于儒术，必求反乎其见，非无所激而然。故经艺之中有晚出之伪，固当考辨，其本身亦有足资考信于史者，亦不当忽视其价值。如疑禹为虫，属神话时代，不信有所谓“三代”，即属“轻疑”之例。至于儒学中之古史观，其在中国历史，亦自有教育人才，会聚文化力量之功效；苟不通于儒术，不明于儒家所言之经义，则亦必无以见出中国历史之精神。钱先生此文中所强调“经学作为儒术”之意义，基本上与清季以来“今文学”以经学考据之方法，破除“经学”作为“儒学”与“史学”联系之桥梁，而希望变化出一种自由之“子学”，乃至接引西方近代史学之新趋，从而建设出一种“新史学”，如梁氏《历史研究法》[139]一书所期盼，可谓大异其趣。

由此可见，钱先生于其面对时代学术问题之同时，其衡断“学术史”之观念内里，实有一不同于当时人观察中国“智识阶层”与其文化之眼光；且对于“儒学”与“儒术”之展演，亦有其特殊之贯通中国历史之理解。故钱先生之论叙清学，其所着重，实更在于其学术精神之转换，而非仅止于学者实际运用之研究方法，或成绩。此种对于“儒学”之理解，最重要之点，一方面系要于义理思想之发展上，将各时期之儒学发展加以比较，以期能寻找出其基本共通相承之本质，与相异之时代特性；另一方面，则又祈求能从“儒术”之观点，将中国“经学”与“史学”之精神与成就，融入于相通之学术观念之中。中国传统学界所谓“汉、宋”与“今、古文”之门户问题，于梁任公所思借“学术史”之观念予以破除而未能毕其功者，在钱先生之书中，可谓皆已具体达成。

钱先生此种以“儒学历史”为基础之“中国学术史”观点，特别表现于其对于明末清初学术之叙述，及对于戴东原（震，1724—1777）、章实斋（学诚，1738—1801）二人之衡论。戴、章及清初诸儒，亦皆民初学者所极力表章者。然凡当时所持以表章之学术观念，如看重戴氏“理”、“欲”之辨，看重章氏“官学”、“私言”之分别，及论“纪事本末”一体之意见，乃至清初诸儒之民族气节种种，皆属个别与当时学界所重视之问题相关；对戴、章二人于宋以下之儒学史上所应占有之地位，及其所显示之意义，则并未有一超乎“经”、“史”与“义理”各自意义之上之“学术整体观”。而钱先生之所以于明末诸儒之前，犹追叙于两宋，作为其《近三百年学术史》之《引论》，则寓有其溯本于“整体儒学”之微意。

钱先生论中国学术发展与中国古史，于解决时代共同问题之同时，有其绝不同于民初一般思潮之处；此点又可见于彼与《学术史》并时而著之《秦汉史》[140]一书。此书亦系钱先生于北大授课时所写成之讲义。全书最重要之着眼点有二：其一为秦、汉制度之来历；其二则是秦皇焚书、汉武表章五经之真相。此二点，亦皆系针对当时流行之史论而来。

梁任公《清代学术概论》一书，自言其少从康南海游时，尝自为说，谓二千年来儒学之宗派屡变，实皆盘旋于荀子之学肘下；后游京师，先后获交夏穗卿（曾佑，1863—1924）、谭复生（嗣同，号壮飞，1865—1898），论相符契，遂同以“排荀”为运动。及康氏倡设孔教会，定国教、祀天配孔，彼乃于《新民丛报》为文，论驳其议；大意谓：中国学术之光昌，莫盛于战国，以有思想之自由；及秦皇焚书，而思想一窒，汉武罢黜百家，而思想又窒。自汉以来，号称行孔教二千余年于兹，实皆持所谓表章某某、罢黜某某为一贯之精神，故思想束缚于一点，不能自开生面。[141]且谓凡此，皆二千年“保教党”所生之结果。

今若取梁氏此说，以读谭复生之《仁学》，[142]与夏穗卿之《中国古代史》，[143]则知以中国二千年之政治为专制，秦皇、汉武乃先后为功，且指称所谓“儒术”者，特帝王取便于专制所御用，其所尊于孔、孟者，乃虚言，其内里则实为荀子以传李斯、韩非，乃至汉儒之术，凡此种种所说，皆任公当时若干今文学者，有感于时变所抱持之对于中国历史与学术之基本看法。其后胡适之著《哲学史》，以秦皇、汉武之措施，为中国古代哲学受挫中绝之原因；冯芝生（友兰，1895—1990）承继为说，以“武帝表章五经”为划分周秦“子学时代”与汉武以后至于清之“经学时代”所依凭之界线；实皆受此逐渐普遍之观念所影响。

钱先生《秦汉史》书中对于上述所谓“专制”、“驭用”之说，未明白辩驳，然其书将秦人政制之创建，与其焚书之心态予以分别，而于汉人之因袭秦制（包括设立博士官学）中，又择出汉代儒术与吏治之关系，详加讨论，基本上即是欲以阐明：观察政治，制度与人才，乃当分别重视之两项。制度之设立，出于历史发展之需求，果其不受心态转移（秦人焚书与汉人慕古于心态上正相反对）之影响，而能传衍因袭，则其间必有超乎“个人因素”之事理（秦人变法又可上溯于六国之措施）。至于一时代所进用人才之素质，与其观念、风气之状态，亦有其时代之特色，须多方考察（故秦汉制度虽相因袭，其所以为治，亦未可一概而论）。凡此皆应有各自独立之观察角度，不能一体混说。

三、《国史大纲》

钱先生论史意见之继续拓展，见于其第三部重要之著作，即一九三四年至一九三九年几经改写而成之《国史大纲》一书。[144]此书最初亦系于北京大学时，依据开课所备之讲义而逐步增扩；书成时，则钱先生已转至抗战期间之西南联合大学。而其间，即钱先生撰写《崔东壁遗书序》之同时（一九三五年），中国学界曾出现牵涉“本位文化”之讨论。于此之先，则有“科学与人生观”之论争，及有关“中国社会基本性质”之辩说；皆系由民初以来所谓“新文化运动”之思潮所带动。

钱先生《国史大纲》之重要性，可分从两方面说明：第一方面，系就中国本身“史体”之发展言；第二方面系就钱先生针对当时学界所关切之问题，而提出之看法论。就中国“史体”本身之发展言，中国史体最主要之着眼，在于“史料”之剪裁与安排。凡“史料”编辑之方式，与其详略去取，固然寓含史家之史识，然于后代之史学工作中，“考史”与“论史”乃别出“写史”之外；“写史”仍主要坚守于几项基本之体例。而中国以如此绵长之历史，保有如此丰富之史料，提供后人不断之研究、抉发，可谓已为史学奠定深厚之基础。然中国历史可资研究之素材虽多，由于各时代人所需求于“历史”之知识，与时俱迁，对于从学之个人言，一方面须驾驭如此众多之史料，使其足供我之驱遣，一方面又需培养观察历史之眼光、研究历史问题之方法，使我研究产生之历史知识，能与我所面对之时代问题相联系，产生价值；事实上极为困难。此乃本已潜藏于中国史学中之问题，清代史学之难期于光昌，此亦是一因。

尤其现代中国与西方接触之后，处处自觉于落后，凡西方近代之反省于其社会而自求于改进者，回视于我国固有之史学，皆感我之于此等观察角度，多懵然而无知；因此当时学界，除一方面企图奋力打破“经学”中强固之古史观外，另一方面，则欲发展出一套新式之史学。

梁任公《中国历史研究法》，即系此种急于吸收近代西方史学观点，以重新研究中国史料之心理之宣示。其约略同时，则有胡适之等人，继内藤湖南（虎次郎，字炳卿，1866—1934）而提倡之有关章实斋之研究。[145]

章氏论史，区分“记注”与“撰述”为两类，强调“撰述”之重要，而其本人对于“史学发展”之意见，则主张改进“纪事本末”之体；[146]此与当时人提倡参照西方史体着重表现各时代特性之点相合。此外章氏又主张，史家当法《春秋》之笔削，详人所略，异人所同，以其独得，成功家言；此亦与当时所思摹仿于西方史家合“史论”于“叙事”，不求全备、但著己说之方式相合。故新史体之意义，与其应有之重点，已甚为明确。而当时人由于文化发展方向之争论，对于中国以往历史之真相、文化之价值，祈求能有“贯通”之了解，亦日益迫切。故不论断代史、专门史，实皆有一“通识”之要求在其背后。钱先生之《国史大纲》一书，即是于体例之设计上以及内容之涵盖范围上，求尽其可能达成此一时代之需求。而其成就，亦是同时代其他类似著作所无可替代。此一方面之难处，非在形式，而在历史知识之丰富，与史学见识之精审。而钱先生《大纲》一书之能免除当时论史者喜从自己服膺之历史观点，或采取之学派学说立论之偏弊，尤使此一著作，能超越其所处时代之限制。

第二方面，就钱先生针对当时学界所关切之问题而提出之看法论。此则牵涉钱先生通论中国历史时，所得之归纳总结；与书中所列“个别之知识”不同。钱先生系将之与其书之“体例”问题，同于成书后所写之《引论》中说明。其重点不外三项，即：中国自秦汉二千年来之政治非专制，中国自秦汉二千年来之学术非由孔子、老子思想所支配而停滞，中国自秦汉二千年来之社会非封建，亦非由中国专制政治、封建经济之形态所决定，或与之相协应。此三项中之前两项，已是《秦汉史》一书之观点。至于经济与社会方面，《秦汉史》虽有经济问题与社会变动之说明，社会结构形态之讨论尚未十分凸显，钱先生增添此一部分之讨论，当系因应当时关于“中国社会性质”之争辩而有(此一观点之逐步扩充,与钱先生《引论》中所叙"革新派史学"之三阶段发展,即由政治,而学术,而经济,基本相应)。唯钱先生书中所着重之问题,虽系针对其时代所需之历史知识而求解答,有其受时代观念与观点影响之起因,其基本思维与求解之方式,则多出之于其个人得自传统史学与儒学之史识;《引论》中所宣示,不仅反对于当时以现成西方史学中之"类分"观念,横加于不同环境发展下之中国历史,对于中国政治究系如何样之政治?中国学术究系如何样之学术?中国之社会与经济,究系属于何种形态?钱先生亦主张中国乃自成格局;但当于中国自身之历史求之。钱先生此项意见,以当时言,虽系孤见,对于此后之中国学术界,则有重要意义;亦可能生发深远之影响。此一意义之提示,即历史诠释中之"类分"观念,无法取代或支配"历史知识"之获得;无论研究者个人之历史主张为何(此与赞成钱先生本人之历史诠释与否无关)。而钱先生个人对于中国历史"整体特性"之理解,则系奠基于其早先对于中国学术发展之认识。钱先生《崔东壁遗书序》中曾有一言,谓:中国二千年来之人才,实皆儒教之人才,故二千年来之历史,实不啻儒术之历史;二千年来之文化,实不啻儒术之文化。此一语,若加修饰以置之古人书中,即显平常;然以置诸钱先生之时代,并细察乎钱先生此语背后对于"儒术"与"中国历史"关系之理解,则有不寻常之意义。而依钱先生对于中国儒学,以及产生此一番儒学之智识阶层,乃至此一阶层所运用之"政治知识"之影响之解说,再扩大观察此一阶层在整个社会结构中之位置,及其所扮演之角色,则姑不论此项中国历史文化中所固有之特质未来发展之前途如何,至少议论中国已往之历史,绝不能忽视其存在之重要性。学界逐渐扩大对于中国智识阶层于秦汉以后社会中所占据之地位之研究,钱先生之说法,有其未可轻忽之影响。

钱先生《大纲》书中,虽反对直接援用西方史学现有之"类分"观念,以解释中国历史;其《引论》中,有一颇值注意之点,即其本身,似亦发展出一套"比较文化"之类分观念。此一观念,于钱先生日后之学术思维中,占据颇为重要之位置;而与其先前,对于个别历史问题之研究，则并无太多直接之关联。当分别观之。此种对于文化问题“概念式”之讨论，乃当时学界急切冀求为中国之未来选释一明确之方向，所逼迫出之思考方式。新文化运动之波澜壮阔，即是此一时代心理之反映。而于新文化运动持续进行之同时，则有梁漱溟（原名焕鼎，字寿铭，1893—1988）《东西文化及其哲学》[147]一书之出版。此书对于爱护中国传统文化之学者言，多少产生启示之作用。唯梁氏之思考，“义理”之成分居多，客观历史之研究较少；能见力量，未必能解答当时人对于国史种种求知之疑问。钱先生则是希望透过其有关历史之研究，使国人对于自身文化之承继与发展，产生信心；故提出“中国文化自有进程，其生命之延续自有形态”之说。而同时则于《大纲》一书之首页，条列四项信念，欲读其书者，预存乎胸中。[148]其主要之意思，在于强调：对于本国历史，国民除求知之外，亦应由“有所知”而产生一番“温情与敬意”。钱先生此语，乃指“知”之外应有“情”，方始是理想之“知”；非“情”外无“知”，或乃由“情”生“知”。故可谓其史学中，附带有民族之情感，此即中国古人所强调史家所应具备之“史德”之一项；非其史学乃根源于一“民族至上”之主义。[149]而钱先生此书之出版，适当抗战期间，北方诸校随政府迁西南，局势动荡，而群情亦皆扰攘。万千学子细心求学有不能，而爱国情操则不可抑，得此一书，告之以中国已往之历史有足珍爱，告之以中国日后之前程有可光昌，遂产生极大之激励作用。此亦《大纲》一书对于当时代影响之另一端。

论文化而以“有机体演化”之形态为模式，与论社会凝聚力着重于“群体意识”之了解，此二者皆西方十九世纪中晚期以迄二十世纪初逐渐流行之观念中之一类。而此两项观念经输道，传入中国，为某些具备有儒学根柢之学者采纳，并于特定之论点上，将二者结合为一，则有其特殊之意义。梁任公早年撰写《论中国学术思想变迁之大势》一书，凸显“学术史”于一般史中之地位，即寓含有此种史学之观点在内。故其书中曾提出“学术思想”之于一国，犹人之有精神，政事、法律、风俗及历史上种种现象，则其形质之说。[150]惜梁氏对于中国学术思想之根本特性为何？常受其一方面急欲以现代观念加以诠释，一方面又希望能配合其“历史演进”之概念，加以“分期分析”之影响，缺乏对于中国学术一贯精神之掌握。而稍后之梁漱溟，于前所提及之书中，[151]对于“文化”与“学术”间之关系，则尝试不就东、西方学术思想之异或同之外貌观察，而就其所实际运用于产生思想之心理作比较；将所谓“文化精神”，结合于智识分子之内心生活。因此于其说法中，中国文化中所内涵之真精神，不唯有本源，亦且有其一贯之血脉；历代之学术，不唯要解决其时代各自之问题，更重要者，亦须于解决问题之同时，能保持此内涵之精神勿走失。梁氏对于历代学术之得失，因此亦逐渐形成其独特之评骘标准。梁氏之说法，于某种意义上，可谓是“宋明理学”部分精神之再现；而文化之“精神”，或说“生命”，于其主观之感受上，亦可谓具备一新的、鲜活之意义。梁说之于当时，乃至日后，对于若干儒学价值观之信仰者而言，颇具影响之力。

钱先生之文化观，于“自身生命”与“文化精神”之认同上，有其近乎梁氏之处。此乃种因于钱先生早年对于理学思想之喜爱。其早年撰作《论语要略》时，曾以“直心由中”释“仁”，[152]进而论所谓“直道”，[153]即是一近于理学家之说法。钱先生后于一九三零年，又为商务印书馆《人人文库》编写《王守仁》一小册，[154]尤为热情洋溢之作。理学家所言之义理，固是钱先生联系中国整部儒学史之关键。然钱先生于义理之外，实有其精卓之史学眼光。故对于所谓“文化”问题，钱先生虽亦主张历史有“一贯之精神”可以指陈，虽亦主张“学术”与“思想”之发挥作用，有绝对重要之影响，然学术与思想对于时代，乃至超越时代之历史，产生作用，终究不能脱离智识分子之活动，而智识阶层之塑造与发展，又不能无客观条件之配合；故钱先生于《大纲》之《引论》中提出其“文化形态”之生命观，指称中国文化属于“情的结合”，固有其得自传统儒学观念之基础，其观察之层面与角度，则是欲囊括一切史学注意之范围。此点与梁氏纯就智识分子“决断其知”之态度立论，迥乎异趣。钱先生此项基于史学之文化观，于《国史大纲》成书后，逐渐扩展，遂于一九四一年写成《中国文化史导论》[155]一书；于一九四八年付印出版。未久大陆政局丕变，钱先生只身赴香港。此后来往香港、台湾，钱先生应各方邀约演讲，大体皆环绕于"历史得失"与"文化精神"二项主题；其结集成册者，有《国史新论》、[156]《中国历史精神》、[157]《中国历代政治得失》、[158]《文化学大义》[159]等。

四、《朱子新学案》

钱先生第四部重要之著作为《朱子新学案》，[160]写作之地点为马来亚之槟城，写作之时间为一九六四年至一九六九年，凡六年。于此之前，钱先生曾应友人之邀，写成《中国思想史》[161]与《宋明理学概述》[162]两小册，又曾于赴美期间，写成《论语新解》，[163]皆有关义理思想之著作。而钱先生于新亚书院谢事后之晚年，集中精力撰作此《新学案》一书，最重要之目的，则在于解决"先秦"与"近三百年学术"之外，中国学术史另一重要之关注点，即由魏晋以迄于明末，中国整体"学术发展"之诠释问题。

魏晋以迄宋明，学术史主要难以解释之关键，在于"理学"与"佛学"之关系，以及"理学"与"儒学"之关系。民初以来学界承接一新的"佛学"与"佛教史"之观念，以为研究之基础，而倡导此一路径，先期之影响，来自梁任公。所谓"新的佛学与佛教史之观念"，任公之研究，包括二项主要之观点：第一项是以独立之"学术"之眼光，研究佛学；亦即不以纯宗教之立场，或纯宗教之目的看待佛学。第二项，则是企图辨析佛学中所受中国学术文化之影响。其第一项观点，使佛学之研究，具备有"哲学"之意义；第二项观点，使佛学之研究，具备有"史学"之意义。任公《佛学研究十八篇》[164]，虽于此二点皆有其所承接之影响，非所独创，然对于中国学界而言，仍有"辟径"之功。特任公于佛学与中国学术之关系，虽有所见；其所见实有限。此乃因任公之哲学素养不深，又缺乏实地之宗教体验，以是之故，常有似是而非之见；论不确实。而在其前，虽亦于宗教缺乏亲身体验，却较能以"后设理论"（meta-theory）之高度，贯通佛学与中国思想，而于形而上学（metaphysics）与认识论方面有所指陈，则为章太炎。其所作之《建立宗教论》、[165]《俱分进化论》，[166]能识其旨者虽少，其《原道》、《原名》、《明见》、《辨性》等文，[167]乃至《齐物论释》之初本、定本[168]等其他相关著作，于其同时代，则有重要启示；胡适之《哲学史》多取其说。特章氏所抱持之"四部"及"宗派"观念过深，故就因应时代之需求言，其影响未若梁、胡之巨。

梁氏之后治佛学史有声名者，则有汤锡予（用彤，1893—1964）、吕秋逸（澂，1896—1989）等人；而汤氏著作之所开辟者尤大。[169]汤氏能分从"形上思想"与"人生义理"两方面，将西方哲学处理此二方面问题之观念与辨析之角度，充分具体运用于其书内；而其本人于儒、道、释三家思想之本质内容，亦有基本之理解，故能运用史料，而见解不限乎史料所能显示。而其更重要之影响，则在于解说以"魏晋玄学"作为中国学术，由先秦思想系统之儒、道两家，转入佛学思想之过渡，此一思想发展之线索。[170]钱先生早年于《墨辩探源》文中所采取之关于宇宙论、认识论观察之角度，基本上系延续章太炎、胡适之一路，而特于辨析庄、老之先后，抱持不同之见解。至于其日后于一九四五年写成《记魏晋玄学三宗》，[171]一九五五年写成《王弼郭象注易老庄用理字条录》，[172]则系承继汤氏辨析玄学中儒、道两家关于此二方面思想之新趋向之研究而来。而于钱先生之二文中，有一项重要之论述，即是阐明"道"字与"理"字于中国思想史中逐步递变之轨迹。

注意辨析义理思想中特殊观念之历史演变，于清嘉庆、道光时有阮芸台（元，字伯元，1764—1849）。芸台著《塔性说》、《性命古训》，[173]着眼于辨析宋明儒说与先秦之不同与宋人明显袭用佛义之处；而在其前，则有戴东原之《孟子字义疏证》，[174]为其先导。唯因在戴、阮当时，并无完整之"观念史"概念，故凡其所论，皆所以益坚其门户之说，而非以破除门户之见。戴、阮二家之学，于民初皆获提倡，戴氏以其"反理学"之意见受称赏，胡适之、梁任公皆曾为其说，著成专论；而阮氏，则以其近乎"观念史"之研究获重视，提倡之者，为留学德国从事历史语言研究之傅孟真（斯年，1896—1950）。傅氏特为作《性命古训辨证》，[175]以补其所未逮。而于此前后，考辨先秦人文观念用语之语义，颇成风气；梁任公、郭沫若（原名开贞，字鼎堂，号尚武，1892—1978）关于先秦“天道观”之研究尤为重要。钱先生关于魏晋部分之研究，主要系欲于“思想分期”之解释之外，企图另以一基本的、最具综括性之观念，将近人（包括其自己之贡献在内）关于“先秦”与“魏晋以后”两阶段思想之种种研究，加以贯串。钱先生此二文，并前有关老子考辨之文章，及若干其他方面之发挥，后收录为《庄老通辨》一书。[176]

宋明理学与佛学之关系，得“形而上学议题”与若干观念之澄清，已开启一新的研究之途径；无论从事儒学、佛学或西方式哲学史研究之学者，皆有一共同讨论之范围。然若就“人生义理”方面言，由于儒家之义理，乃与“经术”相关，玄学期间经术已衰，汤氏就王辅嗣、何平叔（晏，195—249）等人之经注及论辩中，择出“圣人是否有情”等问题为讨论，于“三国魏晋”一期学术之了解，虽有助益，然对于赵宋以下儒学之再兴，终是无足见大。而佛学入隋唐后之发展，佛学与中国社会融合之程度益深，亦必与中国学术史之发展，具有重大关系，汤氏之研究，未竟其功。[177]故存在于佛学与理学间之异同问题，乃至儒学内部之分期问题，仍有泰半未能解决。钱先生晚年择出朱子（熹，字元晦，号晦庵，1130—1200）一人作为研究之对象，主要即代表其对于如何解决此一问题之一种识见。

钱先生诠释朱子，有一基本看法，即朱子与中国学术史之关系，不仅当依“理学”之角度分析，亦应以整部“儒学史”，乃至整部“中国学术史”之角度，加以观察。此一基本看法，有甚大之重要性。盖倘若以“理学”为考量，则理学之“时代性”，为当注意之最要点；论者所重，应在确认理学家所面对之时代问题，及其特殊关注之点。思想之特色，与思想之价值，皆当以此为着眼。因此若无思想史研究有关“时代特性”之理解，即无从决断。至于是否与先秦孔孟思想相符，则非重点。钱先生细辨理学思想中“形而上学”部分与先秦之差异，即是结合考据之学与思想史研究之方法而得。[178]

然倘若以“儒学”为角度，儒学应包含经学与史学，论人生修养看重孟子之论“充养”，与论政治、社会应有可以不断充实之历史知识，乃属应兼包之两面。故就理学作为“儒学”之意义言，或理学家应同时顾全整体儒学之发展言，皆应有一超乎“理学”之“儒学”观念，以之为“衡论得失”之依准。

而倘若更上一层，以整部“学术史”为观察之取径，则钱先生对于先秦儒学之发展，既已认其包融有庄、老之学极大成分，而魏晋以下，又吸收有佛学之精义，则所谓“儒学”之成为儒学，止应存在乎其核心之义理，及其为学之主张与态度；儒学与道、释有合、有分，皆所以共成此一部中国之学术史。

然如以若是不同而复杂之学术观念为讨论，岂非将陷于支离而难有确定之归宿乎？钱先生盖又有一观念，即认为：人物可以超越时代，人物亦可超越各个学术派别之发展，而为综合之主体。钱先生盖即以是详论朱子之学，而认为朱子与其前之孔子，皆为中国史上超越“时代”与任何“单一学术观念”而集成之人物。

钱先生《朱子新学案》一书，除呈显其面对整个时代反省于中国文化，反省于作为中国文化精神支柱之学术，而将之归结于讨论孔子、朱子两个主要人物之见解外，亦尝试为中国学术史上最难研究之一堆素材，加以一番史学之整理工作。此所以其书采用“学案体”而非“论文体”之主要原因。

“学案”体之发明，乃伴随“讲学各有宗旨”之宗派观念而产生，不同于《儒林传》、《高僧传》一类“人物传授”之学术观念。故选文之别择，与选文之安排，极见史家之功力。理学有《伊洛渊源录》，[179]禅宗有《指月录》，[180]皆学者所不废。而有能为一代之学术，涵盖于数百年者，一一条别其源流，则非兼具一般史学与专家史学两种条件不办；此所以黄梨洲（宗羲，字太冲，1610—1695）《明儒学案》之见重于世。全祖望（字绍衣，号谢山，1705—1755）续修《宋元学案》，虽勤于收罗遗逸，有其难能，“辨宗”之功力，则远见不逮。尤其朱子一生，教学之岁月既长，学问之方面亦广，学者问辨之方式，又仍如传统之重提示不重铺陈，以是其所遗留之庞大思想史料，其中之细密曲折，有极难加以驾驭分析者。王懋竑(字予中,号白田,1668—1741)《朱子年谱》,胡适之称为年谱中之最善者,彼以毕生之力处理者,主要仅为专著与文集;至于《语类》之一百五十卷,仍是浩瀚难穷。清代考辨朱子思想历程者,所在多有,而所得盖仅。至于企图以各种方式将朱子之言论分类,重新加以编辑者亦多,而价值皆不高。故朱子之经学,以有成书可以比对,世多知之;至于理学观念之系统,则但能得其大概;对于其真际,则难以将其相关之话语条别,予以反复而不紊之省思。钱先生将朱子全部之著作中,有关"学术"与"思想"之部分,以一完整而各方面兼具之眼光,加以详细抄录,实是为日后朱子学之研究,奠立可资凭借之基础;与一般专就其思想所涉及之问题加以讨论者,有不同之价值。

结　　语

钱先生写作《先秦诸子系年》、《中国近三百年学术史》、《国史大纲》期间,中国之智识界有一不断要求"行动"之热力;此热力由个人扩及于社会,由社会反射于个人。而在此前,梁启超以"饮冰室"名其斋、"任公"命其号,即已透露出此时代之讯息。唯今文学由康氏《大同书》之写作,变为任公"墨学"之提倡,增益以清末以来治儒、佛乃至西洋哲学之学者中主张"实践精神"一脉之鼓动,个人身体力行之热忱,与社会改造之理想,汇为一股莫逆之思潮。而在此同时,由于社会新思想之不断涌入,与政治之逐步推移,遂使社会逐步趋向要求"集体改造"之路。钱先生于此期间,则始终保持一史家之冷静与一儒者对于中国学术与历史文化之传统信念。而其"必须'知识'与'情感'兼备,始能产生力量"之主张,亦始终未变。钱先生于一九四八年曾因感于时势而注《庄子》,并于其后编成《庄子纂笺》[181]一书,盖即深有取于《庄》书"至德若木鸡乃能与有为"之旨。而在其前,亦唯严又陵之评"变法"可为同调。[182]至港之后,大陆之政局既变,学界之风气,乃至学术之问题亦随之转向。钱先生除《朱子新学案》一书及大量单篇之论文，如《孔子与春秋》[183]等，仍继续其“学术史”之研究工作外，逐渐倾向针对中国文化与世界之关系，以及现代社会中个人人生问题之探讨；其重要之出版物，讲演辞之外，有《双溪独语》、[184]《晚学盲言》[185]等书。而其自传性质之《八十忆双亲》与《师友杂忆》，[186]记述其记忆中之中国家庭、中国人情与中国社会，对于了解中国智识分子之心灵世界，与中国社会超越于形质之部分，尤有重要之史料价值。

综观钱先生一生为学、著述之经历，其精神之所贯注，与才力之所发挥，皆可谓与时代之脉动、文化之需求，密不可分。其因应时代思潮之所关切，而不为其掩胁之所树立，实为现代学界一不可轻忽之支柱。文化之新局，有待开创，文化之精神，则须延续；中国现代学术史之建设，必不能阙此一义。此钱先生之著作，与其寓含之精神，必传于久远也。读其书者，倘能深契于此义，则自能沉浸之而不倦矣。

注 释

* 本文初稿原辑入张永儁(1937—)主编：《中国新文明的探索》(台北：正中书局，1991年)，页202—241。

1 所谓“现代化”(modernization)概念，对于现代之中国而言，不仅指一改革之方向，亦系奠立于一中国史之“世界史认知”。唯概念之“现代化”，与实际之“现代化”，终属不必然一致之两事；因而“迈向现代化”，亦有“概念”与“事实”之两面。以今日所可见者而论，中国之终究于“现代化”取得可见之成果，逐渐克服其生存发展之障碍，虽一方面显示“现代化”作为社会学与史学之概念与理论，有其普遍之适用性与正确性；然另一方面，中国现代化所采取之途径之复杂与特殊，亦显示“现代化”之世界史意涵之重新定义，未来仍须包纳整体有关中国及其他非西方世界之“现代化历史”之研究与分析，而后乃可以成说，并非即可由一标准化之社会学概念加以统摄。

2 钱穆：《先秦诸子系年考辨》(上海：商务印书馆，1935年)，收入民国丛书编辑委员会编：《民国丛书》第三编(上海：上海书店出版社，1991年)，第2册，据民国二十四年商务印书馆本影印；上海：上海书店，1992年。改题《先秦诸子系年》(上海：商务印书馆，1937年。修订本，香港：香港大学出版社，1956年；台北：三民书局，1975年；北京：中华书局，1985年；台北：东大图书公司，1986年），收入钱穆撰，钱宾四先生全集编辑委员会主编：《钱宾四先生全集》（台北：联经出版事业公司，1998年），第5册。

3 关于当时编辑《古史辨》一书之缘起，及主事者之基本立场与观点，有一可参考之文献，即顾颉刚（原名诵坤，字铭坚，1893—1980）所撰《古史辨》第一册之《自序》〔1926〕（见顾颉刚主编：《古史辨》第一册〔收入民国丛书编辑委员会编：《民国丛书》第四编，上海：上海书店出版社，1992年，第65册，据民国二十二年朴社本影印〕，分页1—103）。至于顾氏之论与日人白鸟库吉（1865—1942）"尧舜禹抹杀论"说间之关联，可参考陈学然：《中日学术交流与古史辨运动：从章太炎的批判说起》（刊登《中华文史论丛》总第107期〔2012年3月〕，页277—372）一文。

4 钱师宾四有关"古史辨伪运动"之看法，论详所撰《崔东壁遗书序》〔1935〕（见钱穆：《中国学术思想史论丛》〔八〕〔台北：东大图书公司，1980年〕，页283—294；收入钱穆撰，钱宾四先生全集编辑委员会主编：《钱宾四先生全集》，第22册，页431—444）。

5 司马迁（字子长，公元前145/135—前86）于论述其成书之方法时，曾谓："序略，以拾遗补艺，成一家之言，厥协《六经》异传，整齐百家杂语"（论详司马迁：《太史公自序》，见〔汉〕司马迁撰，〔南朝刘宋〕裴骃〔字龙驹〕集解，〔唐〕司马贞〔字子正〕索隐，〔唐〕张守节正义：《史记》〔北京：中华书局，1982年〕，第10册，卷一百三十，页3319—3320），即是说明其史料之来源及性质分野。关于《史记》所谓"古文"，《汉书·艺文志》"六艺"与"诸子"之分野，乃至古人"官学"与"家言"之对列，参见王国维（字静安，又字伯隅，晚号观堂，1877—1927）：《史记所谓古文说》（见王国维：《观堂集林》〔1923〕，收入王国维撰，谢维扬〔1947— 〕、房鑫亮〔1954— 〕主编：《王国维全集》〔杭州：浙江教育出版社，2009年〕，第8卷，页198—201），与钱师宾四《两汉博士家法考》（原刊中央大学《文史哲》第2卷第1号〔1944年7月〕，见钱穆：《两汉经学今古文平议》〔香港：新亚研究所，1958年；台北：三民书局，1971年；二刷，台北：东大图书公司，1978年〕，东大版，页165—233；收入钱穆撰，钱宾四先生全集编辑委员会主编：《钱宾四先生全集》，第8册，页181—261）。

6 胡适之（适，1891—1962）于论述"中国古代哲学史"之先，先草一文发表，名《诸子不出于王官论》（原刊《太平洋》第1卷第7号〔1917年10月〕；后收录为《中国哲学史大纲·卷上》〔收入民国丛书编辑委员会编：《民国丛书》第一编，上海：上海书店出版社，1989年，第2册，据民国十五年商务印书馆本影印〕，《附录》，页1—10），力驳章太炎（炳麟，字枚叔，1869—1936）依《汉书·艺文志》论述子学源流之说，即是代表一种处理旧史料之新观点。

7 至于钱师宾四对于当时“考辨诸子学术源流”一事之整体看法，论详所撰《古史辨第四册序》〔1933 年 2 月〕(原刊罗根泽〔字雨亭，1900—1960〕主编《古史辨》第四册〔收入民国丛书编辑委员会编：《民国丛书》第四编，第 67 册，据民国十九年朴社本影印〕，分页 1—6；见钱穆：《中国学术思想史论丛》〔二〕，收入钱穆撰，钱宾四先生全集编辑委员会主编：《钱宾四先生全集》，第 18 册，分页 291—298)。

8 说详胡适：《中国哲学史大纲・卷上》，第八篇《别墨》，页 184—253；第十二篇《古代哲学的终局》，第二章《所谓法家》，页 360—384。

9 梁任公对于《老子》其书与“老聃”其人之意见，说见梁启超：《评胡适之〈中国哲学史大纲〉》(任公此一演讲大意，经记录刊载于 1922 年 3 月 13 日北京《晨报副刊》，及《哲学》第 7 期〔1922 年 11 月〕，后收入罗根泽主编：《古史辨》第四册，《民国丛书》本，页 305—307；并编为梁启超：《饮冰室文集之三十八》，收入梁启超撰：《饮冰室合集》〔北京：中华书局，2003 年重印本四刷〕，第 5 册，分页 50—68)。至于近人之疑《尚书》中《洪范》一篇之晚出，则始于刘子植(节，号青松，1901—1977)之《洪范疏证》(原刊《东方杂志》第 25 卷第 2 号〔1928 年 1 月〕，见顾颉刚主编《古史辨》第五册〔收入民国丛书编辑委员会编：《民国丛书》第四编，第 68 册，据民国二十四年朴社本影印〕，页 388—403)。任公初以《洪范》篇中“五行”之说，乃指五种物质，说较质朴，故疑其著成之时代，应在阴阳家前(论详梁启超：《阴阳五行说之来历》〔1921〕，原刊《东方杂志》第 20 卷第 10 号〔1923 年 5 月〕，收入顾颉刚主编《古史辨》第五册，《民国丛书》本，页 343—362；亦编为梁启超：《饮冰室文集之三十六》，收入梁启超撰：《饮冰室合集》，第 4 册，分页 47—65)；后则改从刘说(见刘文所附《跋语》)。

10 然亦有不同意者，如章行严(士钊，1881—1973)，即其中重要之一人。行严著《名墨訾应论》，即主胡氏所举《庄子・天下篇》之云“相里勤之弟子五侯之徒，南方之墨者苦获、已齿、邓陵子之属，俱诵《墨经》，而倍谲不同，相谓别墨，以坚白、同异之辩相訾，以奇偶不仵之词相应”，本谓墨家有数派，皆自称正宗，而指其余各派为“别墨”；故曰“相谓”。并释“别墨”二字，谓其意犹言“异端”，乃指他派，非以自谓；“相訾”、“相应”即其所以“互为倍谲”处；胡氏指“别墨”为“新墨”，“相谓”为新墨自称，实错解文义。且进而谓：“墨子自著之辩经，非自始无有，即久已亡绝。果其有而未亡，经中巍然自立之定义，使其层累成为一科，不含破性，徒与人角智为者，必较今存六篇为多且详。以施、龙之出，后于墨子，墨子固不得如预言者，知某时将有某某求胜于彼，而先设若干条驳义以为之备也。其后墨者传经，节节遇有名家者流相与诘难，因释经以拒之。而后起诸问，经中焉能备载？其徒各不得已，因以己所崇信，诠解师说，诠解不同，而派别以起。此乃《天下篇》所谓俱诵《墨经》而倍谲不同者也。”又曰：“墨子之徒，以说经不同而生倍谲，诸墨词旨，互为缴绕可想。其各对于名家竭精驰说，诸墨与施龙辈之词旨，互为缴绕更可想。今所存六篇，为墨家一派之所述作。虽曰凡与名家驳辩及诸墨相当龃龉之论，应即俱寓于中，而株守本书求之，义无从见。其与名家驳辩之词，约略可览，亦名家言有存于他书者故。墨家余派之作，既不可得，则其相訾相应之情，亦难妄言。今所得言，唯名墨两家相为訾应诸义而已。”(原刊《东方杂志》第 20 卷第 21 号〔1923 年 11 月〕，收入章士钊撰：《章士钊全集》〔上海：文汇出版社，2000 年〕，第 7 卷，《附录》，页 575—579)

11 关于老聃其人之史实问题，钱师宾四此时之考论，详所撰《老子杂辨》(见钱穆：《先秦诸子系年》，香港大学修订本，上册，卷二，页 202—226；收入钱穆撰，钱宾四先生全集编辑委员会主编：《钱宾四先生全集》，第 5 册，卷二，页 233—261)。

12 说详钱穆：《墨辩探源》，原刊《东方杂志》第 21 卷第 8 期〔1924 年 4 月〕，见钱穆：《中国学术思想史论丛》〔二〕(台北：东大图书公司，1980 年)，页 390—418；收入钱穆撰，钱宾四先生全集编辑委员会主编：《钱宾四先生全集》，第 18 册，分页 331—370。

13 参见钱穆：《先秦诸子系年》，香港大学修订本，上册，卷一，页 1—88；上册，卷二，页 89—226。收入钱穆撰，钱宾四先生全集编辑委员会主编：《钱宾四先生全集》，第 5 册，卷一，页 1—101；卷二，页 103—261。

14 说详钱穆：《墨翟非姓墨墨为刑徒之称考》(同前注，香港大学修订本，上册，卷二，页 90—96；《钱宾四先生全集》，第 5 册，卷二，页 105—115)。钱师宾四另有《与顾颉刚童书业论墨子姓氏辨书》(原刊国立北平研究院《史学集刊》第 2 期〔1936 年 10 月〕，见钱穆：《中国学术思想史论丛》〔二〕，收入钱穆撰，钱宾四先生全集编辑委员会主编：《钱宾四先生全集》，第 18 册，分页 389—395)，补足其意。

15 见老聃撰，王弼(字辅嗣，226—249)注：《老子道德经注》，第一章，收入〔魏〕王弼撰，楼宇烈(1934—)校释：《王弼集校释》(北京：中华书局，2009 年四刷)，上册，页 1。

16 参见张心澂(字仲清，号冷然，1887—1973)：《伪书通考》(重印本，上海：商务印书馆，1954 年)，经部《易》类，〈十翼〉，页 41—80。

17 论详所撰《天道观念表现于诗书两经者》、《天道观念之历史的变迁》二文，见梁启超：《先秦政治思想史》〔1922〕，《前论》，第二章《天道的思想》附录一、附录二，编为梁启超：《饮冰室专集之五十》，收入梁启超撰：《饮冰室合集》，第 9 册，分页 22—27、27—29。

18 钱穆:《关于老子成书年代之一种考察》,原刊《燕京学报》第8期〔1930年12月〕,亦见罗根泽主编:《古史辨》第四册,《民国丛书》本,页383—411;后收入钱穆:《庄老通辨》(香港:新亚研究所,1957年;增订本,台北:三民书局,1971年;第二次重编本,台北:东大图书公司,1991年),东大版第二次重编本,页21—59。收入钱穆撰,钱宾四先生全集编辑委员会主编:《钱宾四先生全集》,第7册,页25—71。

19 至于循任公之说,推论《老子》书中有关政治社会之言论之时代背景,钱师宾四则另撰成《再论老子成书年代》(原刊《哲学论丛》第1集〔1933年5月〕,后收入罗根泽主编:《古史辨》第六册〔收入民国丛书编辑委员会编:《民国丛书》第四编,第69册,据民国二十七年开明书店本影印〕,页533—558;亦见钱穆:《庄老通辨》,同前注,东大版第二次重编本,页61—102;《钱宾四先生全集》,第7册,页73—119)一文;亦相关之作。

20 见王夫之:《庄子解》,卷八,《外篇》,收入〔清〕王夫之撰,船山全书编辑委员会编校:《船山全书》(1—15册)(长沙:岳麓书社,1996年一版二刷),第13册,页184。

21 论详梁启超:《先秦政治思想史》,《本论》,第八章《道家思想·其一》,编为《饮冰室专集之五十》,收入梁启超撰:《饮冰室合集》,第9册,分页99。

22 此处"宇宙论"一词,以当时论者之常义言,类多泛指各种形态之"theory of the universe",甚至仅为一种关于"自然"(Nature)或"物理世界"(the physical world)之观点,而非专指"宇宙构成论"(cosmology),与今日学界之严格用义不同。

23 钱穆:《关于老子成书年代之一种考察》,见钱穆:《庄老通辨》,东大版第二次重编本,页21—59;收入钱穆撰,钱宾四先生全集编辑委员会主编:《钱宾四先生全集》,第7册,页25—71。参注〈18〉。

24 同前注,东大版第二册重编本,页33—41;《钱宾四先生全集》,第7册,页40—49。

25 关于《庄》、《老》二书之思想差异,钱师宾四后又续有所论,见于其所撰《三论老子成书年代》(原刊昆明五华学院《五华月刊》第2期〔1947年2月〕,见钱穆:《庄老通辨》,同前注,东大版第二次重编本,页103—112;《钱宾四先生全集》,第7册,页121—130)。

26 主要之文献基础之改变,在于1973年马王堆出土之汉帛书《老子》(参见高明〔1924— 〕:《帛书老子校注》〔北京:中华书局,1998年二刷〕),与1993年郭店一号楚墓出土之战国本《老子》(参见荆门市博物馆编:《郭店楚墓竹简·老子释文注释》〔北京:文物出版社,1998年,页109—122〕;李零〔1948— 〕《郭店楚简校读记》〔增订本,北京:北京大学出版社,2002年,页3—31〕;廖名春〔1956— 〕《郭店楚简老子校释》〔北京:清华大学出版社,2003年〕;李若晖〔1972— 〕《郭店竹书老子论考》〔济南：齐鲁书社，2004 年〕）。郭店楚墓本《老子》之出现，显示老子之思想主体何时形成，与以《老子》为名之著作如何结构，系应分别处理之两事。若干历来学者所疑于今本晚出之文句，本经改动，故民初以来学者考论"传世本"以为晚出者，亦非无其理。特就今日而言，对于道家思想之起源与发展，须依现今所可考见之材料为基础，以是立论审决之标准有所不同。参见拙作《周代社会结构转变中新士阶层之兴起与学术概念之形成》（刊登《中国文哲研究集刊》第 25 期〔2004 年 9 月〕，页 91—142）一文。

27　关于《系年》一书成书之经过，详钱师宾四《系年》所附跋语，见钱穆：《先秦诸子系年》，香港大学修订本，下册，页 621—624；收入钱穆撰，钱宾四先生全集编辑委员会主编：《钱宾四先生全集》，第 5 册，页 699—703。

28　蔡孑民（元培，1868—1940）为作序，称其书具有"截断众流"之手段，即是有见于此。蔡氏序，见胡适：《中国哲学史大纲・卷上》，《序》，页 1—3。

29　关于此点，钱师宾四曾当面质之胡氏，而胡氏亦有回应；参见钱师宾四《师友杂忆》（见钱穆：《八十忆双亲、师友杂忆合刊》〔台北：东大图书公司，1983 年〕，页 144；收入钱穆撰，钱宾四先生全集编辑委员会主编：《钱宾四先生全集》，第 51 册，页 169）。

30　论详梁启超：《先秦政治思想史》，《前论》，第四章至第八章，编为《饮冰室专集之五十》，收入梁启超撰：《饮冰室合集》，第 9 册，分页 36—58。

31　说详钱师宾四《先秦诸子系年・自序》，见钱穆：《先秦诸子系年》，香港大学修订本，上册，页 2；收入钱穆撰，钱宾四先生全集编辑委员会主编：《钱宾四先生全集》，第 5 册，页 22—23。

32　关于考订诸子年世之难。论详钱师宾四《先秦诸子系年・自序》，见钱穆：《先秦诸子系年》，香港大学修订本，上册，页 1—2；收入钱穆撰，钱宾四先生全集编辑委员会主编：《钱宾四先生全集》，第 5 册，页 21—22。

33　论详钱师宾四《先秦诸子系年・自序》，同前注，香港大学修订本，上册，页 2—3；《钱宾四先生全集》，第 5 册，页 23—24。

34　关于清代治《纪年》各家，钱师宾四曾有《略记清代研究竹书纪年诸家》（原刊天津《益世报读书周刊》第 75 期〔1936 年 11 月〕，见钱穆：《中国学术思想史论丛》〔八〕，收入钱穆撰，钱宾四先生全集编辑委员会主编：《钱宾四先生全集》，第 22 册，页 561—569）一文纪其概况，共列十六家，书十八种。

35　右曾尝自序其书云："秦政燔书，三代事迹泯焉。越五百岁，古文《纪年》出于汲县冢中，而三代事迹，复约略可睹。学者锢于所习，以与《太史公书》及汉世经师传说乖牾，遂不复研寻，徒资异论。越六百余岁而是书复亡。（原注：亡于北宋，说详后。)不知何年何人,捃拾残文依附《史记》,规仿紫阳《纲目》,为今本之《纪年》。鼠璞溷淆,真赝错杂,不有别白,安知真古文之可信,与今本之非是哉!最其大凡,今本之可疑者十有二;真古文之可信者十有六,请扬榷陈之:……裨经益史,彰彰若此。惜乎全书之亡轶,而怪向来学者之是丹非素习焉不察也!仆少读《孟子》,致疑于伐燕之事。及观《通鉴》,增年求合,又病其凿空。乃取《史记索隐》所引《纪年》之文,排比类次,而后涣然冰释,曰:'此非《孟子》之误,乃史迁之误,而唐、宋以来儒者读书之鲁莽也。'于是广搜故册,掇拾丛残,录为一帙,注其所出,考其异同,坿以芜说。名之曰《汲冢纪年存真》。志古之君子,或亦有取乎是,而教其所不逮乎?"见朱右曾辑录:《汲冢纪年存真》(台北:新兴书局,1959年,据归砚斋藏版影印),页1—4。

36 说详王国维:《古本竹书纪年辑校》〔1917〕、《今本竹书纪年疏证》〔1917〕,收入王国维撰,谢维扬、房鑫亮主编:《王国维全集》,第5卷,页151—198、199—317。

37 详钱师宾四《先秦诸子系年·自序》,见钱穆:《先秦诸子系年》,香港大学修订本,上册,页1—25;收入钱穆撰,钱宾四先生全集编辑委员会主编:《钱宾四先生全集》,第5册,页21—48。

38 论详所撰《晋出公以下世系年数考》(同前注,香港大学修订本,上册,卷二,页114—122;《钱宾四先生全集》,第5册,卷二,页132—142)。

39 论详所撰《魏文侯为魏桓子之子非孙其元年为周贞定王二十三年非周威烈王二年辨》(同前注,香港大学修订本,上册,卷二,页123—124;《钱宾四先生全集》,第5册,卷二,页142—143)。

40 论详所撰《晋出公以下世系年数考》(同前注,香港大学修订本,上册,卷二,页114—122;《钱宾四先生全集》,第5册,卷二,页132—142)。

41 同前注。

42 论详所撰《三晋始侯考》(同前注,香港大学修订本,上册,卷二,页141—145;《钱宾四先生全集》,第5册,卷二,页163—167)。

43 同前注。

44 论详所撰《子夏居西河教授为魏文侯师考》(同前注,香港大学修订本,上册,卷二,页124—125;《钱宾四先生全集》,第5册,卷二,页144—145)。

45 洪景卢(迈,号容斋,1123—1202)说;见洪迈:《容斋续笔》,收入〔宋〕洪迈撰,孔凡礼点校:《容斋随笔》(北京:中华书局,2005年),上册,卷二,〈卜子夏〉条,页242。

46 论详所撰《子夏居西河教授为魏文侯师考》(见钱穆:《先秦诸子系年》,香港大学修订本,上册,卷二,页124—125;收入钱穆撰,钱宾四先生全集编辑委员会主编:《钱宾四先生全集》,第5册,卷二,页144—145)。

47 论详所撰《子夏居西河在东方河济之间不在西土龙门汾州辨》(同前注，香港大学修订本，上册，卷二，页 125—129；《钱宾四先生全集》，第 5 册，卷二，页 145—149)。

48 论详所撰《魏文侯礼贤考》(同前注，香港大学修订本，上册，卷二，页 129—137；《钱宾四先生全集》，第 5 册，卷二，页 149—158)。

49 同前注，香港大学修订本，上册，卷二，页 132—133；《钱宾四先生全集》，第 5 册，卷二，页 153—154。

50 "克、悝声转，乃一人"，崔觯甫(适，1854—1924)说；见崔适：《史记探源》(北京：中华书局，2004 年三刷)，卷八，《货殖列传第六十九》，页 224。

51 说出桓谭(字君山，公元前 23—后 56)。

52 论详所撰《魏文侯礼贤考》(见钱穆：《先秦诸子系年》，香港大学修订本，上册，卷二，页 133；收入钱穆撰，钱宾四先生全集编辑委员会主编：《钱宾四先生全集》，第 5 册，卷二，页 154)。

53 论详所撰《孔子相夹谷堕三都考》(同前注，香港大学修订本，上册，卷一，页 22—25；《钱宾四先生全集》，第 5 册，卷一，页 25—29)。

54 论详所撰《魏文侯礼贤考》(同前注，香港大学修订本，上册，卷二，页 136；《钱宾四先生全集》，第 5 册，卷二，页 157—158)。

55 论详所撰《邓析考》(同前注，香港大学修订本，上册，卷一，页 18—19；《钱宾四先生全集》，第 5 册，卷一，页 21—22)。

56 论详所撰《魏文侯礼贤考》(同前注，香港大学修订本，上册，卷二，页 136—137；《钱宾四先生全集》，第 5 册，卷二，页 157—158)。

57 论详所撰《吴起去魏相楚考》(同前注，香港大学修订本，上册，卷二，页 190—191；《钱宾四先生全集》，第 5 册，卷二，页 219—221)。

58 论详所撰《吴起仕鲁考》(同前注，香港大学修订本，上册，卷二，页 161—162；《钱宾四先生全集》，第 5 册，卷二，页 185—187)。

59 论详所撰《吴起为魏将拔秦五城考》(同前注，香港大学修订本，上册，卷二，页 164—165；《钱宾四先生全集》，第 5 册，卷二，页 189—190)。

60 论详所撰《魏文灭中山考》(同前注，香港大学修订本，上册，卷二，页 165—166；《钱宾四先生全集》，第 5 册，卷二，页 190—192)。

61 论详所撰《魏武侯元年乃周安王六年非十六年辨》(同前注，香港大学修订本，上册，卷二，页 178—179；《钱宾四先生全集》，第 5 册，卷二，页 206—207)。

62 论详所撰《吴起去魏相楚考》(同前注，香港大学修订本，上册，卷二，页 190—191；《钱宾四先生全集》，第 5 册，卷二，页 219—221)。

63　同前注。

64　论详所撰《商鞅考》(同前注,香港大学修订本,上册,卷三,页227—228;《钱宾四先生全集》,第5册,卷三,页263—264)。

65　论详所撰《齐魏会徐州相王乃魏惠王后元元年非魏襄王元年乃齐威王二十四年非齐宣王九年辨》(同前注,香港大学修订本,上册,卷三,页276—281;《钱宾四先生全集》,第5册,卷三,页320—325)。

66　同前注。

67　论详所撰《田庄子卒年考》(同前注,香港大学修订本,上册,卷二,页162;《钱宾四先生全集》,第5册,卷二,页187)。

68　合《庄子・胠箧》、《鬼谷子・苏秦》篇说。论详所撰《田齐为十二世非十世辨》(同前注,香港大学修订本,上册,卷二,页163—164;《钱宾四先生全集》,第5册,卷二,页188—189)。

69　论详所撰《田庄子卒年考》(同前注,香港大学修订本,上册,卷二,页162—163;《钱宾四先生全集》,第5册,卷二,页187)。

70　论详所撰《田和始立在齐宣公五十一年非四十五年辨》(同前注,香港大学修订本,上册,卷二,页169—171;《钱宾四先生全集》,第5册,卷二,页195—197)。

71　论详所撰《田和始立为侯考》(同前注,香港大学修订本,上册,卷二,页188—189;《钱宾四先生全集》,第5册,卷二,页217—218)。

72　论详所撰《齐康公二十一年乃田侯剡立非桓公午立辨》(同前注,香港大学修订本,上册,卷二,页189;《钱宾四先生全集》,第5册,卷二,页218)。

73　论详所撰《田桓公在位十八年非六年其弑君自立在魏武侯二十一年非二十二年辨》(同前注,香港大学修订本,上册,卷二,页198;《钱宾四先生全集》,第5册,卷二,页228)。

74　论详所撰《齐威王在位三十八年非三十六年辨》(同前注,香港大学修订本,上册,卷三,页230—231;《钱宾四先生全集》,第5册,卷三,页267—268)。

75　论详所撰《梁惠王二十八年乃齐威王称王之年非齐威王卒年辨》(同前注,香港大学修订本,上册,卷三,页265;《钱宾四先生全集》,第5册,卷三,页307)。

76　论详所撰《齐魏会徐州相王乃魏惠王后元元年非魏襄王元年乃齐威王二十四年非齐宣王九年辨》(同前注,香港大学修订本,上册,卷三,页277—278;《钱宾四先生全集》,第5册,卷三,页321—322)。

77　论详所撰《魏襄王魏哀王乃襄哀王一君两谥考》(同前注,香港大学修订本,上册,卷三,页364—365;《钱宾四先生全集》,第5册,卷三,页423—424)。

78　论详所撰《齐伐燕乃宣王六年非湣王十年辨》(同前注,香港大学修订本,上册,卷三，页 365—367；《钱宾四先生全集》，第 5 册，卷三，页 424—426）。

79 说参《系年》所附《通表第三》（同前注，香港大学修订本，下册，页 545—559；《钱宾四先生全集》，第 5 册，页 623—637）。

80 阎百诗（若璩，号潜丘，1636—1704）说；见〔清〕阎若璩：《孟子生卒年月考》（收入《四库全书存目丛书・史部》〔济南：齐鲁书社，1996 年〕，第 81 册，据清道光九年广东学海堂刻皇清经解本影印，页 2—3，总页 2）。

81 论详所撰《齐魏会徐州相王乃魏惠王后元元年非魏襄王元年乃齐威王二十四年非齐宣王九年辨》（见钱穆：《先秦诸子系年》，香港大学修订本，上册，卷二，页 276—281；收入钱穆撰，钱宾四先生全集编辑委员会主编：《钱宾四先生全集》，第 5 册，卷二，320—325）。

82 论详所撰《魏文侯二十五年乃子击生非子罃生魏徙大梁乃惠成王九年非三十一年辨》（同前注，香港大学修订本，上册，卷二，页 147—154；《钱宾四先生全集》，第 5 册，卷二，页 170—178）。

83 论详朱右曾撰：《汲冢纪年存真》，卷下，页 24—25。

84 论详所撰《魏文侯二十五年乃子击生非子罃生魏徙大梁乃惠成王九年非三十一年辨》（见钱穆：《先秦诸子系年》，香港大学修订本，上册，卷二，页 147—154；收入钱穆撰，钱宾四先生全集编辑委员会主编：《钱宾四先生全集》，第 5 册，卷二，页 170—178）。

85 论详所撰《逢泽之会乃梁惠王非秦孝公在梁惠王二十七年非周显王二十七年辨》（同前注，香港大学修订本，上册，卷三，页 252—256；《钱宾四先生全集》，第 5 册，卷三，页 293—297）。

86 论详所撰《齐魏战马陵在梁惠王二十八年非周显王二十八年辨》（同前注，香港大学修订本，上册，卷三，页 256—259；《钱宾四先生全集》，第 5 册，卷三，页 298—300）。

87 同前注，香港大学修订本，上册，卷三，页 257；《钱宾四先生全集》，第 5 册，卷三，页 299。

88 论详所撰《王氏古本竹书纪年辑校补正》（同前注，香港大学修订本，上册，卷四，页 421—422；《钱宾四先生全集》，第 5 册，卷四，页 487）。

89 论详所撰《魏围邯郸考》（同前注，香港大学修订本，上册，卷三，页 240—244；《钱宾四先生全集》，第 5 册，卷三，页 278—283）。

90 论详所撰《齐魏战马陵在梁惠王二十八年非周显王二十八年辨》（同前注，香港大学修订本，上册，卷三，页 258—259；《钱宾四先生全集》，第 5 册，卷三，页 300）。

91 论详所撰《惠施仕魏考》（同前注，香港大学修订本，上册，卷三，页 281—282；《钱宾四先生全集》，第 5 册，卷三，页 326—327）。

92 论详所撰《惠施去魏考》(同前注,香港大学修订本,上册,卷三,页 340;《钱宾四先生全集》,第 5 册,卷三,页 394—395)。

93 论详所撰《白圭考》(同前注,香港大学修订本,上册,卷三,页 250—252;《钱宾四先生全集》,第 5 册,卷三,页 290—293)。

94 《史记》误以孟子至梁在惠王三十五年,当为后元十五年。论详所撰《孟子游梁考》(同前注,香港大学修订本,上册,卷三,页 355—356;《钱宾四先生全集》,第 5 册,卷三,页 411—412)。

95 《史记》误为襄王。

96 论详所撰《惠施返魏考》(见钱穆:《先秦诸子系年》,香港大学修订本,上册,卷三,页 356;收入钱穆撰,钱宾四先生全集编辑委员会主编:《钱宾四先生全集》,第 5 册,卷三,页 413)。

97 论详所撰《宋昭公末年在周威烈王四年非二十二年辨》(同前注,香港大学修订本,上册,卷二,页 146—147;《钱宾四先生全集》,第 5 册,卷二,页 169—170)。

98 论详所撰《宋辟公乃桓侯辟兵其元年当周安王二十二年非周烈王四年在位四十一年非三年辨》(同前注,香港大学修订本,上册,卷二,页 196—198;《钱宾四先生全集》,第 5 册,卷二,页 226—228)。

99 论详所撰《宋君偃元年乃周显王三十一年非四十一年乃幼年嗣位非弑兄自立辨》(同前注,香港大学修订本,上册,卷三,页 274—276;《钱宾四先生全集》,第 5 册,卷三,页 318—320)。

100 论详所撰《孟子至宋过薛过邹考》(同前注,香港大学修订本,上册,卷三,页 344—345;《钱宾四先生全集》,第 5 册,卷三,页 399—400)。

101 论详所撰《孟子在齐威王时先已游齐考》(同前注,香港大学修订本,上册,卷三,页 314—317;《钱宾四先生全集》,第 5 册,卷三,页 363—367)。

102 论详所撰《孟子不列稷下考》(同前注,香港大学修订本,上册,卷三,页 235—237;《钱宾四先生全集》,第 5 册,卷三,页 272—274)。

103 论详所撰《稷下通考》(同前注,香港大学修订本,上册,卷三,页 231—235;《钱宾四先生全集》,第 5 册,卷三,页 268—272)。

104 论详所撰《宋元王儿说考》(同前注,香港大学修订本,下册,卷四,页 402—404;《钱宾四先生全集》,第 5 册,卷四,页 465—467)。

105 论详所撰《庄周生卒考》(同前注,香港大学修订本,上册,卷三,页 269—271;《钱宾四先生全集》,第 5 册,卷三,页 312—314)。

106 论详所撰《老子杂辨》(同前注,香港大学修订本,上册,卷二,页 202—226;《钱宾四先生全集》,第 5 册,卷二,页 233—261)。

107　论详所撰《苏秦考》(同前注,香港大学修订本,上册,卷三,页285—294;《钱宾四先生全集》,第5册,卷三,页330—341)。

108　亭林云:“《春秋》终于敬王三十九年庚申之岁,西狩获麟。又十四年,为贞定王元年癸酉之岁,鲁哀公出奔。二年卒于有山氏,《左传》以是终焉。又六十五年,威烈王二十三年戊寅之岁,初命晋大夫魏斯、赵籍、韩虔为诸侯。又一十七年,安王十六年乙未之岁,初命齐大夫田和为诸侯。又五十二年,显王三十五年丁亥之岁,六国以次称王,苏秦为从长。自此之后,事乃可得而纪。自《左传》之终,以至此,凡一百三十三年,史文阙轶,考古者为之茫昧。”参见〔清〕顾炎武撰,陈垣(字援庵,1880—1971)校注:《日知录校注》(合肥:安徽大学出版社,2007年),中册,卷十三,“周末风俗”条,页715。

109　参见所撰《战国初中晚三期列国国势盛衰转移表》(见钱穆:《先秦诸子系年》,香港大学修订本,通表之部附表第二,页605—609;收入钱穆撰,钱宾四先生全集编辑委员会主编:《钱宾四先生全集》,第5册,通表之部附表第二,页683—687)。

110　〔清〕顾栋高辑,吴树平、李解民点校:《春秋大事表》(北京:中华书局,1993年)。

111　钱穆:《论语要略》(上海:商务印书馆,1925年;台北:台湾商务印书馆,1964年),并见钱穆:《四书释义》(台北:中华文化出版事业委员会,1953年;修订再版,台北:台湾学生书局,1978年),收入钱穆撰,钱宾四先生全集编辑委员会主编:《钱宾四先生全集》,第2册。

112　梁氏《群书概要》原列《清华周刊丛书》之一,于民国十四年出版;后更名《要籍解题及其读法》,编为梁启超:《饮冰室专集之七十二》,收入梁启超撰:《饮冰室合集》,第9册。

113　参见蟹江义丸:《孔子研究》(东京:金港堂书籍株式会社,1904年)。

114　原名《孟子要略》(上海:大华书店,1934年),后改题《孟子研究》(上海:开明书店,1948年),收入民国丛书编辑委员会编:《民国丛书》第四编,第4册,据民国三十七年开明书店本影印;更后则与《论语要略》、《大学中庸释义》合编为《四书释义》。

115　钱穆:《惠施公孙龙》(上海:商务印书馆,1931年),收入民国丛书编辑委员会编:《民国丛书》第四编,第9册,据民国二十三年商务印书馆本影印;收入钱穆撰,钱宾四先生全集编辑委员会主编:《钱宾四先生全集》,第6册。

116　钱穆:《国学概论》(上海:商务印书馆,1931年;台北:台湾商务印书馆,1956年;重排本,台北:台湾商务印书馆,1995年;北京:商务印书馆,1997年),收入钱穆撰,钱宾四先生全集编辑委员会主编:《钱宾四先生全集》,第1册。

117 钱穆:《墨子》,收入《万有文库》第一集(上海: 商务印书馆,1930 年);收入钱穆撰,钱宾四先生全集编辑委员会主编:《钱宾四先生全集》,第 6 册。

118 钱穆:《中国近三百年学术史》(上)(下)(上海: 商务印书馆,1937 年;台北: 台湾商务印书馆,1957 年;重排本,台北: 台湾商务印书馆,1995 年;北京: 商务印书馆,1997 年),收入钱穆撰,钱宾四先生全集编辑委员会主编:《钱宾四先生全集》,第 16、17 册。

119 梁启超:《清代学术概论》,此书初曾以《前清一代中国思想界之蜕变》为题,原刊 1920 年 11 月至 1921 年 1 月出版之《改造》第 3 卷第 3—5 号。1921 年由上海商务印书馆出版单行本,易为今名。后编为《饮冰室专集之三十四》,收入梁启超撰:《饮冰室合集》,第 8 册。

120 说见梁启超:《清代学术概论·二十三》,同前注,分页 56。

121 同前注。

122 关于任公因得读严氏书而于西学之识见,渐出其师康南海之外,其间消息,可由其《与严幼陵先生书》〔1897〕(见《变法通议》,编为《饮冰室文集之一》,收入梁启超撰:《饮冰室合集》,第 1 册,分页 106—110)中见之。

123 此一由"社会演化"(social evolution)而同时渐及于"学术变迁"之专注点之扩展,来自任公对于中西文化"结构差异"之观察,即中国学术思想自始即具一种"切实性",故使中国古代思想于"神权"之形质内,另有一种"民权"之精神;以此延续发展,而为中国之一种"淡于宗教"之立国精神(见梁启超:《论中国学术思想变迁之大势》〔1902〕,此书编为《饮冰室文集之七》,收入梁启超撰:《饮冰室合集》,第 1 册),自成一格。

124 参前注。

125 梁启超:《老孔墨以后学派概观》〔1920〕,此书编为《饮冰室专集之四十》,收入梁启超撰:《饮冰室合集》,第 8 册。

126 即梁启超:《饮冰室专集之七十六至八十五》〔1926〕,收入梁启超撰:《饮冰室合集》,第 10 册。

127 梁启超:《古书真伪及其年代》〔1927〕,此书编为《饮冰室专集之一百四》,收入梁启超撰:《饮冰室合集》,第 12 册。

128 梁启超:《子墨子学说》〔1904〕,此书编为《饮冰室专集之三十七》,收入梁启超撰:《饮冰室合集》,第 8 册。

129 梁启超:《墨子之论理学》,此文编为《子墨子学说》附录;参前注。

130 梁启超:《墨经校释》〔1920〕,此书编为《饮冰室专集之三十八》,收入梁启超撰:《饮冰室合集》,第 8 册。

131 梁启超：《墨子学案》〔1921〕，此书编为《饮冰室专集之三十九》，收入梁启超撰：《饮冰室合集》，第 8 册。

132 以清学为具科学精神，任公于《论中国学术思想变迁之大势》一书中，即有此论（见梁启超：《论中国学术思想变迁之大势》，《近世之学术（起明亡以迄今日）》，第一节《永历康熙间》，编为《饮冰室文集之七》，收入梁启超：《饮冰室合集》，第 1 册，分页 87）；而于《清代学术概论》，则续为发挥（见梁启超：《清代学术概论・三十二、三十三》，编为《饮冰室专集之三十四》，收入梁启超撰：《饮冰室合集》，第 8 册，分页 76—80）。

133 同前注。

134 语详梁启超：《清代学术概论・自序》〔1920〕，编为《饮冰室专集之三十四》，收入梁启超撰：《饮冰室合集》，第 8 册，分页 3。

135 本文原名《刘向刘歆王莽年谱》，发表时由编辑者改为今名。刊登《燕京学报》第 7 期〔1930 年 6 月〕；后收入顾颉刚主编：《古史辨》第五册，《民国丛书》本，页 101—249。重庆：中国文化服务社，1943 年；台北：台湾商务印书馆，1980 年。辑入钱穆：《两汉经学今古文平议》，东大版，页 1—163；收入钱穆撰，钱宾四先生全集编辑委员会主编：《钱宾四先生全集》，第 8 册，页 1—179。

136 《周官著作时代考》，原刊《燕京学报》第 11 期〔1932 年 6 月〕，见钱穆：《两汉经学今古文平议》，同前注，东大版，页 285—434；《钱宾四先生全集》，第 8 册，页 319—493。

137 钱师宾四之叙及此事，参见所撰《师友杂忆》（详钱穆：《八十忆双亲、师友杂忆合刊》，东大版，页 132—140；收入钱穆撰，钱宾四先生全集编辑委员会主编：《钱宾四先生全集》，第 51 册，页 154—163）。

138 钱穆：《崔东壁遗书序》，见崔述撰，顾颉刚点校：《崔东壁遗书》（台北：河洛图书出版社，1975 年，据亚东图书馆 1936 年排印本影印），卷首。参注〈4〉。

139 梁启超：《中国历史研究法》〔1922〕，编为《饮冰室专集之七十三》，收入梁启超撰：《饮冰室合集》，第 10 册。

140 钱穆：《秦汉史》，1932 年北京大学讲义。香港：自印本，1957 年；台北：东大图书公司，1985 年。收入钱穆撰，钱宾四先生全集编辑委员会主编：《钱宾四先生全集》，第 26 册。

141 任公此处以“思想自由”驳康说，与其表章康氏有“解放思想”之功，系以同一理而誉、而驳，其说并不自相反悖。

142 收入〔清〕谭嗣同撰，蔡尚思（1905—2008）、方行编：《谭嗣同全集》（增订本，北京：中华书局，1998 年三刷）。

143　夏曾佑:《中国古代史》(上海:商务印书馆,1933年),收入民国丛书编辑委员会编:《民国丛书》第二编(上海:上海书店出版社,1990年),第73册,据民国二十四年商务印书馆本影印。

144　钱穆:《国史大纲》(上)(下)(上海:商务印书馆,1940年;重庆:商务印书馆,1943年;上海:国立编译馆,1944年。台北:"国立编译馆",1952年;香港:自印本,1955年),收入民国丛书编辑委员会编:《民国丛书》第一编,第75册,据民国三十七年商务印书馆本影印。修订本,台北:台湾商务印书馆,1974年;修订本二刷,香港:商务印书馆,1994年。收入钱穆撰,钱宾四先生全集编辑委员会主编:《钱宾四先生全集》,第27、28册。

145　内藤湖南之《章实斋先生年谱》,发表于一九二零年;胡氏之《章实斋年谱》,与刘(承干,字贞一,号翰怡、求恕居士,1882—1963)刻本《章氏遗书》之重新印行,则皆成于一九二二年。姚名达(字达人,1905—1942)订补之年谱,则成于一九二八年(参见胡适撰,姚名达订补:《清章实斋先生学诚年谱》〔台北:商务印书馆,1980年〕)。后钱师宾四于所撰《中国近三百年学术史》中,亦专章讨论章氏之学(说详钱穆:《中国近三百年学术史》,第九章《章实斋〔附袁简斋、汪容甫〕》,北京商务本,上册,页419—498;收入钱穆撰,钱宾四先生全集编辑委员会主编:《钱宾四先生全集》,第16册,页485—581)。此外,钱师宾四尚有《记钞本章氏遗书》(原刊《北平图书季刊》第3卷第4期〔1936年12月〕)及后撰之《附记》〔1977〕(并见钱穆:《中国学术思想史论丛》〔八〕,东大版,页274—280;收入钱穆撰,钱宾四先生全集编辑委员会主编:《钱宾四先生全集》,第22册,页421—430),乃叙当年因得见章氏未刊稿而予传抄之原委;事亦关重要。

146　章氏以"尚书体"说之。见章学诚:《书教》上、中、下,收入〔清〕章学诚撰,叶瑛(字石甫,1896—1950)校注:《文史通义校注》(北京:中华书局,2008年六刷),上册,卷一,页30—59。

147　梁漱溟:《东西文化及其哲学》(北京:财政部印刷局,1921年),收入民国丛书编辑委员会编:《民国丛书》第一编,第4册,据民国十二年商务印书馆本影印;收入梁漱溟撰,中国文化书院学术委员会编:《梁漱溟全集》(济南:山东人民出版社,1989年),第1卷。

148　其文云:"凡读本书请先具下列诸信念:一、当信任何一国之国民,尤其是自称知识在水平线以上之国民,对其本国已往历史,应该略有所知。(原注:否则最多只算一有知识的人,不能算一有知识的国民。)二、所谓对其本国已往历史略有所知者,尤必附随一种对其本国已往历史之温情与敬意。(原注:否则只算知道了一些外国史,不得云对本国史有知识。)三、所谓对其本国已往历史有一种温情与敬意者，至少不会对其本国已往历史抱一种偏激的虚无主义，（原注：即视本国已往历史为无一点有价值，亦无一处足以使彼满意。）亦至少不会感到现在我们是站在已往历史最高之顶点，（原注：此乃一种浅薄狂妄的进化观。）而将我们当身种种罪恶与弱点，一切诿卸于古人。（原注：此乃一种似是而非之文化自谴。）四、当信每一国家，必待其国民备具上列诸条件者比数渐多，其国家乃再有向前发展之希望。（原注：否则其所改进，等于一个被征服国或次殖民地之改进，对其国家自身不发生关系。换言之，此种改进，无异是一种变相的文化征服，乃其文化自身之萎缩与消灭，并非其文化自身之转变与发皇。）”见钱穆：《国史大纲》，台湾商务修订本，上册，分页1；收入钱穆撰，钱宾四先生全集编辑委员会主编：《钱宾四先生全集》，第27册，分页19。

149　钱先生虽主张“文化”之主体即民族，然于其诠解之中，“民族”与“文化”并不必然一体；民族可能自世界之舞台退出，而其文化则由其他民族延续。中国之所以“民族”与“文化”两者相生，则是因其特有之文化，具有使民族“向内融凝”之性质，与西方不同，从而使其民族之历史，绵延、扩大；并非出自一种“民族”观念之强固（见钱穆：《民族与文化》，讲义之部，上篇《中华民族之成长与发展》，第一章《中华民族之本质》〔台北：“国防研究院”，1959年；香港：自印本，1960年；台北：联合出版中心，1960年；台北：阳明山庄，1960年；台北：三民书局，1969年；台北：黎明文化出版社，1981年；增订本，台北：东大图书公司，1989年〕，东大版增订本，页3—11；收入钱穆撰，钱宾四先生全集编辑委员会主编：《钱宾四先生全集》，第37册，分页1—8）。且在钱先生原出于儒家之义理思想中，乃笃信人性之合同、平等，并对于历史之盛衰，主张“治”、“乱”之所系，皆应自历史之形势中求之。故“治道”之存在于社会，于其理解中，本具有客观之原理性，而非有何先定之“优种”；以是综合而论，其说实近于一种“文明主义”（civilizationism），而非可轻率将之归属于所谓“民族主义史学”。

150　参见梁启超：《论中国学术思想变迁之大势》，《总论》，编为《饮冰室文集之七》，收入梁启超：《饮冰室合集》，第1册，分页1。

151　即梁漱溟所著《东西文化及其哲学》，其初由北京财政部印刷局于一九二一年出版（已见注〈147〉）；一九二二年则改由商务印书馆出版，与任公《先秦政治思想史》同年。

152　论详钱穆：《论语要略》，第五章《孔子之学说》，见钱穆：《四书释义》，台湾学生书局再版，页76—77；收入钱穆撰，钱宾四先生全集编辑委员会主编：《钱宾四先生全集》，第2册，分页78—79。

153　同前注，台湾学生书局再版，页84—89；《钱宾四先生全集》，第2册，分页

87—92。

154 钱穆:《王守仁》,收入《万有文库》第一集(上海:商务印书馆,1930 年;长沙:商务印书馆,1939 年);收入《人人文库》,台北:台湾商务印书馆,1968 年。再版,更名为《阳明学述要》(台北:正中书局,1955 年),收入钱穆撰,钱宾四先生全集编辑委员会主编:《钱宾四先生全集》,第 10 册。

155 此书最先于重庆,由正中书局出版,时在一九四八年;一九五一年,于台北再版。后则因夫人胡美琦(1929—2012)女士之请,由其重新润色,稍易以浅近,以便一般读者,遂成所谓"修订本"(台北:台湾商务印书馆,1993 年);与原本文辞略有不同。而原本亦有胜处,应两存之。修订本,收入钱穆撰,钱宾四先生全集编辑委员会主编:《钱宾四先生全集》,第 29 册。

156 钱穆:《国史新论》(香港:自印本,1955 年;台北:自印本,1955 年;台北:三民书局,1969 年;台北:东大图书公司,1981 年;增订本,台北:东大图书公司,1989 年),收入钱穆撰,钱宾四先生全集编辑委员会主编:《钱宾四先生全集》,第 30 册。

157 钱穆:《中国历史精神》(印度尼西亚:雅加达《天声日报》,1952 年;再版,台北:国民出版社,1954 年;香港:自印本,1963 年;台北:自印本,1965 年;台北:台湾商务印书馆,1965 年。修订本,台北:东大图书公司,1976 年;台北:"国防部总政治作战部",1976 年;台北:阳明山庄,1983 年),收入钱穆撰,钱宾四先生全集编辑委员会主编:《钱宾四先生全集》,第 29 册。

158 钱穆:《中国历代政治得失》(初版,香港:自印本,1952 年;香港:人生出版社,1952 年;增订再版,香港:自印本,1956 年;香港:龙门书店,1968 年;台北:自印本,1969 年。重印本,台北:三民书局,1976 年;台北:东大图书公司,1977 年),收入钱穆撰,钱宾四先生全集编辑委员会主编:《钱宾四先生全集》,第 31 册。英译本,Ch'ien Mu, translated by Chün-tu Hsüeh and George O. Totten; with Walace Johnson (et al.), *Traditional Government in Imperial China: A Critical Analysis*, Hong Kong: The Chinese University Press; New York, NY: St. Martin's Press, 1982.

159 钱穆:《文化学大义》(台北:正中书局,1952 年),收入钱穆撰,钱宾四先生全集编辑委员会主编:《钱宾四先生全集》,第 37 册。

160 钱穆:《朱子新学案》〔一〕~〔五〕(台北:自印本,1971 年;台北:三民书局,1982 年),收入钱穆撰,钱宾四先生全集编辑委员会主编:《钱宾四先生全集》,第 11—15 册。

161 钱穆:《中国思想史》(台北:中华文化出版事业委员会,1952 年;台北:"国防部总政治部”，1952年；香港，自印本，1956年；香港：新亚书院，1962年；台北：华冈出版公司，1971年；台北：台湾学生书局，1977年；台北，台湾商务印书馆，1992年），收入钱穆撰，钱宾四先生全集编辑委员会主编：《钱宾四先生全集》，第24册。

162 钱穆：《宋明理学概述》（台北：中华文化出版事业委员会，1953年；台北：台湾学生书局，1977年；台北：中国文化大学出版部，1980年），收入钱穆撰，钱宾四先生全集编辑委员会主编：《钱宾四先生全集》，第9册。

163 钱穆：《论语新解》（香港：新亚研究所，1963年；台北：自印本，1965年；台北：东大图书公司，1988年），收入钱穆撰，钱宾四先生全集编辑委员会主编：《钱宾四先生全集》，第3册。

164 即梁启超：《饮冰室专集之五十一至六十八》，收入梁启超撰：《饮冰室合集》，第9册。

165 见章炳麟：《太炎文录初编·别录》，卷三，收入章炳麟撰：《章氏丛书》（正、续编合订本）（台北：世界书局，1958年；正编据浙江图书馆1919年刻本影印，续编据成都薛氏崇礼堂1943年刻本影印），下册，〈正编〉，分页10a—30a，总页869—879；亦收入章炳麟撰：《章太炎全集》（上海：上海人民出版社，1985年），第4册，页403—419。

166 同前注，卷二，分页77b—87b，总页859—864；《章太炎全集》，第4册，页386—394。

167 四文并见章炳麟：《国故论衡》，下卷，收入章炳麟撰：《章氏丛书》，上册，《正编》，总页480—501。

168 见章炳麟撰：《章氏丛书》，上册，《正编》，总页345—378、379—416；亦收入章炳麟撰：《章太炎全集》（上海：上海人民出版社，1986年），第6册，页1—58、59—121。

169 汤氏书虽名“佛教史”，其实偏在佛学，止系宗教史之一部分（参见汤用彤：《汉魏两晋南北朝佛教史》〔重庆：商务印书馆，1944年〕）。

170 见汤用彤：《魏晋玄学论稿》（北京：人民出版社，1957年）。

171 原刊昆明《中央周刊》〔1945年〕，见钱穆：《庄老通辨》，东大版第二次重编本，页345—365；收入钱穆撰，钱宾四先生全集编辑委员会主编：《钱宾四先生全集》，第7册，页431—455。

172 原刊香港《新亚学报》1卷1期〔1955年8月〕，见钱穆：《庄老通辨》，同前注，东大版第二次重编本，页367—403；《钱宾四先生全集》，第7册，页457—499。

173 阮元：《塔性说》，见〔清〕阮元撰：《研经室集》（收入《四部丛刊》，台北：台湾商务印书馆，1979年台一版，第90册，据原刊初印本影印），《研经室续三集》，卷三，页

2—4a;阮元:《性命古训》,见阮元撰:《研经室集》,同上,《研经室一集》,卷十,页1—32a。

174 戴震撰,何文光整理:《孟子字义疏证》(北京:中华书局,1982年二版二刷)。

175 收入傅斯年撰,陈槃(1905—1999)等校订:《傅斯年全集》(台北:联经出版事业公司,1980年),第2册,页159—404。

176 其前曾先辑为《老子辨》(上海:大华书局,1935年),后则增入他文,辑为《庄老通辨》。

177 其由后人整理出版之隋唐佛教史部分(见汤用彤:《隋唐佛教史稿》〔北京:中华书局,1982年〕),乃其早年讲义,非成书,无足窥其全豹。

178 《易传》、《中庸》为理学家重要之依据,亦为当时谈儒家形上学之学者如熊十力(原名继智,号子真,1885—1968)等人所喜言。然《易传》是否为孔子作?《中庸》为何代之作品?牵涉考据问题;宋明形上思想是否即与先秦《易》、《庸》之思想无别?则牵涉思想史之诠释问题。

179 详朱熹:《伊洛渊源录》,收入〔宋〕朱熹撰,朱杰人(1945—　)等主编:《朱子全书》(修订本)(上海:上海古籍出版社,2010年),第12册。

180 详〔明〕瞿汝稷编集:《指月录》、〔清〕聂先编集、江湘参订:《续指月录》(台北:新文丰出版公司,1998年五刷)。

181 钱穆:《庄子纂笺》(香港:自印本,1951年;增订版,香港:东南印务公司,1955年。台北:自印本,1969年;重印本,台北:东大图书公司,1985年)。收入钱穆撰,钱宾四先生全集编辑委员会主编:《钱宾四先生全集》,第6册。

182 说详严复:《侯官严氏评点庄子》(台北:艺文印书馆,1970年),第3册,卷五,《达生第十九》,页5。

183 原刊香港大学东方文化研究院《东方学报》第1卷第1期〔1954年1月〕,见钱穆:《两汉经学今古文平议》,东大版,页235—283;收入钱穆撰,钱宾四先生全集编辑委员会主编:《钱宾四先生全集》,第8册,页263—317。

184 钱穆:《双溪独语》(台北:台湾学生书局,1981年),收入钱穆撰,钱宾四先生全集编辑委员会主编:《钱宾四先生全集》,第47册。

185 钱穆:《晚学盲言》(上)(下)(台北:东大图书公司,1987年),收入钱穆撰,钱宾四先生全集编辑委员会主编:《钱宾四先生全集》,第48、49册。

186 见钱穆:《八十忆双亲、师友杂忆合刊》;参注〈29〉。

参考书目

王夫之:《庄子解》,收入王夫之撰,船山全书编辑委员会编校:《船山全书》(1—15

册),长沙:岳麓书社,1996年一版二刷,第13册。

王国维:《今本竹书纪年疏证》,收入王国维撰,谢维扬、房鑫亮主编:《王国维全集》,杭州:浙江教育出版社,2009年,第5卷。

——:《古本竹书纪年辑校》,收入王国维撰,谢维扬、房鑫亮主编:《王国维全集》,第5卷。

——:《史记所谓古文说》,见王国维:《观堂集林》,收入王国维撰,谢维扬、房鑫亮主编:《王国维全集》,第8卷。

司马迁:《太史公自序》,见司马迁撰,裴骃集解,司马贞索隐,张守节正义:《史记》,北京:中华书局,1982年,第10册。

朱右曾辑录:《汲冢纪年存真》,台北:新兴书局,1959年,据归砚斋藏版影印。

朱熹:《伊洛渊源录》,收入朱熹撰,朱杰人等主编:《朱子全书》,上海:上海古籍出版社,2010年,第12册。

老聃撰,王弼注:《老子道德经注》,收入王弼撰,楼宇烈校释:《王弼集校释》,北京:中华书局,2009年四刷。

李若晖:《郭店竹书老子论考》,济南:齐鲁书社,2004年。

李零:《郭店楚简校读记》(增订本),北京:北京大学出版社,2002年。

阮元:《性命古训》,见阮元撰:《研经室集》,收入《四部丛刊》,台北:台湾商务印书馆,1979年台一版,第90册,据原刊初印本影印。

——:《塔性说》,见阮元撰:《研经室集》,收入《四部丛刊》,第90册。

洪迈:《容斋续笔》,收入洪迈撰,孔凡礼点校:《容斋随笔》,北京:中华书局,2005年。

胡适:《中国哲学史大纲·卷上》,收入《民国丛书》第一编,上海:上海书店出版社,1989年,第2册。

——:《诸子不出于王官论》,原刊《太平洋》第1卷第7号,1917年10月;后收录为《中国哲学史大纲·卷上》,《附录》,收入《民国丛书》第一编,第2册,据民国十五年商务印书馆本影印,分页1—10。

胡适撰,姚名达订补:《清章实斋先生学诚年谱》,台北:商务印书馆,1980年。

夏曾佑:《中国古代史》,上海:商务印书馆,1933年。收入《民国丛书》第二编,上海:上海书店出版社,1990年,第73册,据民国二十四年商务印书馆本影印。

荆门市博物馆编:《郭店楚墓竹简·老子释文注释》,北京:文物出版社,1998年。

高明:《帛书老子校注》,北京:中华书局,1998年二刷。

崔适:《史记探源》,北京:中华书局,2004年三刷。

张心澂:《伪书通考》(重印本),上海:商务印书馆,1954年。

张永儁主编:《中国新文明的探索》,台北:正中书局,1991年。

梁启超:《论中国学术思想变迁之大势》,见《饮冰室文集之七》,收入梁启超撰:《饮冰室合集》,北京:中华书局,2003年重印本四刷,第1册。

——:《子墨子学说》,见梁启超:《饮冰室专集之三十七》,收入梁启超撰:《饮冰室合集》,第8册。

——:《老孔墨以后学派概观》,见梁启超:《饮冰室专集之四十》,收入梁启超撰:《饮冰室合集》,第8册。

——:《墨经校释》,见梁启超:《饮冰室专集之三十八》,收入梁启超撰:《饮冰室合集》,第8册。

——:《前清一代中国思想界之蜕变》,《改造》第3卷第3—5号,1920年;单行本,易名《清代学术概论》。上海:上海商务印书馆,1921年。见梁启超:《饮冰室专集之三十四》,收入梁启超撰:《饮冰室合集》,第8册。

——:《墨子学案》,见梁启超:《饮冰室专集之三十九》,收入梁启超撰:《饮冰室合集》,第8册。

——:《中国历史研究法》,见梁启超:《饮冰室专集之七十三》,收入梁启超撰:《饮冰室合集》,第10册。

——:《先秦政治思想史》,见梁启超:《饮冰室专集之五十》,收入梁启超撰:《饮冰室合集》,第9册。

——:《佛教研究十八篇》,见梁启超:《饮冰室专集之五十一至六十八》,收入梁启超撰:《饮冰室合集》,第9册。

——:《群书概要》,收入《清华周刊丛书》,1925年;后易名《要籍解题及其读法》,见梁启超:《饮冰室专集之七十二》,收入梁启超撰:《饮冰室合集》,第9册。

——:《诸子考释》,见梁启超:《饮冰室专集之七十六至八十五》,收入梁启超撰:《饮冰室合集》,第10册。

——:《古书真伪及其年代》,见梁启超:《饮冰室专集之一百四》,收入梁启超撰:《饮冰室合集》,第12册。

——:《与严幼陵先生书》,见《变法通议》,编为梁启超:《饮冰室文集之一》,收入梁启超撰:《饮冰室合集》,第1册。

——:《评胡适之〈中国哲学史大纲〉》,收入罗根泽主编:《古史辨》第四册,收入《民国丛书》第四编,上海:上海书店出版社,1992年,第67册,据民国十九年朴社本影印,页305—307。见梁启超:《饮冰室文集之三十八》,收入梁启超撰:《饮冰室合集》,第5册,分页50—68。

——:《阴阳五行说之来历》,原刊《东方杂志》第20卷第10号,1923年5月。收入顾颉刚主编《古史辨》第五册,收入《民国丛书》第四编,第68册,据民国二十四年朴社本影印，页 343—362。见梁启超：《饮冰室文集之三十六》，收入梁启超撰：《饮冰室合集》，第 4 册，分页 47—65。

梁漱溟：《东西文化及其哲学》，北京：财政部印刷局，1921 年。收入《民国丛书》第一编，第 4 册，据民国十二年商务印书馆本影印。收入梁漱溟撰，中国文化书院学术委员会编：《梁漱溟全集》，济南：山东人民出版社，1989 年，第 1 卷。

章士钊：《名墨訾应论》，原刊《东方杂志》第 20 卷第 21 号，1923 年 11 月。收入章士钊撰：《章士钊全集》，上海：文汇出版社，2000 年，第 7 卷，《附录》，页 575—579。

章炳麟：《太炎文录初编·别录》，收入章炳麟撰：《章氏丛书》（正、续编合订本），台北：世界书局，1958 年，正编据浙江图书馆 1919 年刻本影印，续编据成都薛氏崇礼堂 1943 年刻本影印，下册，《正编》。

——：《国故论衡》，收入章炳麟撰：《章氏丛书》，上册，《正编》。

——：《章太炎全集》，上海：上海人民出版社，1985 年，第 4、6 册。

章学诚：《书教》上、中、下，收入章学诚撰，叶瑛校注：《文史通义校注》，北京：中华书局，2008 年六刷。

陈学然：《中日学术交流与古史辨运动：从章太炎的批判说起》，刊登《中华文史论丛》总第 107 期，2012 年 3 月，页 277—372。

傅斯年撰，陈槃等校订：《傅斯年全集》，台北：联经出版事业公司，1980 年。

汤用彤：《汉魏两晋南北朝佛教史》，重庆：商务印书馆，1944 年。

——：《魏晋玄学论稿》，北京：人民出版社，1957 年。

——：《隋唐佛教史稿》，北京：中华书局，1982 年。

廖名春：《郭店楚简老子校释》，北京：清华大学出版社，2003 年。

刘节：《洪范疏证》，原刊《东方杂志》第 25 卷第 2 号，1928 年 1 月。见顾颉刚主编《古史辨》第五册，《民国丛书》本，页 388—403。

钱穆：《论语要略》，上海：商务印书馆，1925 年；台北：台湾商务印书馆，1964 年。

——：《墨子》，收入《万有文库》第一集。上海：商务印书馆，1930 年。收入钱穆撰，钱宾四先生全集编辑委员会主编：《钱宾四先生全集》，台北：联经出版事业公司，1998 年，第 6 册。

——：《王守仁》，收入《万有文库》第一集，上海：商务印书馆，1930 年；长沙：商务印书馆，1939 年。收入《人人文库》，台北：台湾商务印书馆，1968 年。再版，更名为《阳明学述要》，台北：正中书局，1955 年。收入钱穆撰，钱宾四先生全集编辑委员会主编：《钱宾四先生全集》，第 10 册。

——：《国学概论》，上海：商务印书馆，1931 年；台北：台湾商务印书馆，1956 年；重排本，台北：台湾商务印书馆，1995 年；北京：商务印书馆，1997 年。收入钱穆撰，钱宾四先生全集编辑委员会主编：《钱宾四先生全集》，第1册。
——：《惠施公孙龙》，上海：商务印书馆，1931年。收入《民国丛书》第四编，第9册，据民国二十三年商务印书馆本影印。收入钱穆撰，钱宾四先生全集编辑委员会主编：《钱宾四先生全集》，第6册。
——：《秦汉史》，一九三二年北京大学讲义。香港：自印本，1957年；台北：东大图书公司，1985年。收入钱穆撰，钱宾四先生全集编辑委员会主编：《钱宾四先生全集》，第26册。
——：《孟子要略》，上海：大华书店，1934年。
——：《老子辨》，上海：大华书局，1935年。
——：《先秦诸子系年考辨》，上海：商务印书馆，1935年。收入《民国丛书》第三编，上海：上海书店出版社，1991年，第2册，据民国二十四年商务印书馆本影印；上海：上海书店，1992年。
——：《先秦诸子系年》，上海：商务印书馆，1937年。修订本，香港：香港大学出版社，1956年；台北：三民书局，1975年；北京：中华书局，1985年；台北：东大图书公司，1986年。收入钱穆撰，钱宾四先生全集编辑委员会主编：《钱宾四先生全集》，第5册。
——：《中国近三百年学术史》（上）（下），上海：商务印书馆，1937年；台北：台湾商务印书馆，1957年。重排本，台北：台湾商务印书馆，1995年；北京：商务印书馆，1997年。收入钱穆撰，钱宾四先生全集编辑委员会主编：《钱宾四先生全集》，第16、17册。
——：《国史大纲》（上）（下），上海：商务印书馆，1940年；重庆：商务印书馆，1943年；上海：国立编译馆，1944年。台北：国立编译馆，1952年；香港：自印本，1955年。收入《民国丛书》第一编，第75册，据民国三十七年商务印书馆本影印。修订本，台北：台湾商务印书馆，1974年；修订本二刷，香港：商务印书馆，1994年。收入钱穆撰，钱宾四先生全集编辑委员会主编：《钱宾四先生全集》，第27、28册。
——：《孟子研究》，上海：开明书店，1948年。收入《民国丛书》第四编，第4册，据民国三十七年开明书店本影印。
——：《中国文化史导论》，重庆：正中书局，1948年；二版，台北：正中书局，1951年；台北：国防部总政治部，1952年；修订本，台北：台湾商务印书馆，1993年。收入钱穆撰，钱宾四先生全集编辑委员会主编：《钱宾四先生全集》，第29册。
——：《国史新论》，香港：自印本，1955年；台北：自印本，1955年；台北：三民书局，1969年；台北：东大图书公司，1981年；增订本，台北：东大图书公司，1989年。收入钱穆撰，钱宾四先生全集编辑委员会主编：《钱宾四先生全集》，第30册。

——：《庄子纂笺》，香港：自印本，1951年；增订版，香港：东南印务公司，1955年。台北：自印本，1969年；重印本，台北：东大图书公司，1985年。收入钱穆撰，钱宾四先生全集编辑委员会主编：《钱宾四先生全集》，第6册。

——：《文化学大义》，台北：正中书局，1952年。收入钱穆撰，钱宾四先生全集编辑委员会主编：《钱宾四先生全集》，第37册。

——：《中国历史精神》，印度尼西亚：雅加达《天声日报》，1952年；再版，台北：国民出版社，1954年；香港：自印本，1963年；台北：自印本，1965年；台北：台湾商务印书馆，1965年。修订本，台北：东大图书公司，1976年；台北："国防部总政治作战部"，1976年；台北：阳明山庄，1983年。收入钱穆撰，钱宾四先生全集编辑委员会主编：《钱宾四先生全集》，第29册。

——：《中国思想史》，台北：中华文化出版事业委员会，1952年；台北："国防部总政治部"，1952年；香港，自印本，1956年；香港：新亚书院，1962年；台北：华冈出版公司，1971年；台北：台湾学生书局，1977年；台北，台湾商务印书馆，1992年。收入钱穆撰，钱宾四先生全集编辑委员会主编：《钱宾四先生全集》，第24册。

——：《中国历代政治得失》，香港：自印本，1952年；香港：人生出版社，1952年。增订再版，香港：自印本，1956年；香港：龙门书店，1968年；台北：自印本，1969年。重印本，台北：三民书局，1976年；台北：东大图书公司，1977年。收入钱穆撰，钱宾四先生全集编辑委员会主编：《钱宾四先生全集》，第31册。

——：《四书释义》，台北：中华文化出版事业委员会，1953年。修订再版，台北：台湾学生书局，1978年。收入钱穆撰，钱宾四先生全集编辑委员会主编：《钱宾四先生全集》，第2册。

——：《宋明理学概述》，台北：中华文化出版事业委员会，1953年；台北：台湾学生书局，1977年；台北：中国文化大学出版部，1980年。收入钱穆撰，钱宾四先生全集编辑委员会主编：《钱宾四先生全集》，第9册。

——：《庄老通辨》，香港：新亚研究所，1957年；增订本，台北：三民书局，1971年；第二次重编本，台北：东大图书公司，1991年。收入钱穆撰，钱宾四先生全集编辑委员会主编：《钱宾四先生全集》，第7册。

——：《民族与文化》，台北："国防研究院"，1959年；香港：自印本，1960年；台北：联合出版中心，1960年；台北：阳明山庄，1960年；台北：三民书局，1969年；台北：黎明文化出版社，1981年；增订本，台北：东大图书公司，1989年。收入钱穆撰，钱宾四先生全集编辑委员会主编：《钱宾四先生全集》，第37册。

——：《论语新解》，香港：新亚研究所，1963年；台北：自印本，1965年；台北：东大图书公司，1988年。收入钱穆撰，钱宾四先生全集编辑委员会主编：《钱宾四先生全集》,第 3 册。
——:《双溪独语》,台北:台湾学生书局,1981 年。收入钱穆撰,钱宾四先生全集编辑委员会主编:《钱宾四先生全集》,第 47 册。
——:《朱子新学案》〔一〕~〔五〕,台北:自印本,1971 年;台北:三民书局,1982 年。收入钱穆撰,钱宾四先生全集编辑委员会主编:《钱宾四先生全集》,第 11—15 册。
——:《八十忆双亲、师友杂忆合刊》,台北:东大图书公司,1983 年。收入钱穆撰,钱宾四先生全集编辑委员会主编:《钱宾四先生全集》,第 51 册。
——:《晚学盲言》(上)(下),台北:东大图书公司,1987 年。收入钱穆撰,钱宾四先生全集编辑委员会主编:《钱宾四先生全集》,第 48、49 册。
——:《墨辩探源》,原刊《东方杂志》第 21 卷第 8 期,1924 年 4 月。见钱穆:《中国学术思想史论丛》〔二〕,台北:东大图书公司,1980 年,页 390—418。收入钱穆撰,钱宾四先生全集编辑委员会主编:《钱宾四先生全集》,第 18 册,分页 331—370。
——:《刘向歆父子年谱》,原刊《燕京学报》第 7 期,1930 年 6 月。收入顾颉刚主编:《古史辨》第五册,《民国丛书》本,页 101—249;重庆:中国文化服务社,1943 年;台北:台湾商务印书馆,1980 年。辑入《两汉经学今古文平议》(香港:新亚研究所,1958 年;台北:三民书局,1971 年;二刷,台北:东大图书公司,1978 年),东大版,页 1—163。收入钱穆撰,钱宾四先生全集编辑委员会主编:《钱宾四先生全集》,第 8 册,页 1—179。
——:《关于老子成书年代之一种考察》,原刊《燕京学报》第 8 期,1930 年 12 月。亦见罗根泽主编:《古史辨》第四册,《民国丛书》本,页 383—411。见钱穆:《庄老通辨》,东大版第二次重编本,页 21—59。收入钱穆撰,钱宾四先生全集编辑委员会主编:《钱宾四先生全集》,第 7 册,页 25—71。
——:《周官著作时代考》,原刊《燕京学报》第 11 期,1932 年 6 月。见《两汉经学今古文平议》,东大版,页 285—434。收入钱穆撰,钱宾四先生全集编辑委员会主编:《钱宾四先生全集》,第 8 册,页 319—493。
——:《古史辨第四册序》,原刊罗根泽主编《古史辨》第四册,《民国丛书》本,分页 1—6。见钱穆:《中国学术思想史论丛》〔二〕,收入钱穆撰,钱宾四先生全集编辑委员会主编:《钱宾四先生全集》,第 18 册,分页 291—298。
——:《再论老子成书年代》,原刊《哲学论丛》第 1 集,1933 年 5 月。后收入罗根泽主编:《古史辨》第六册,收入《民国丛书》第四编,第 69 册,据民国二十七年开明书店本影印,页 533—558。亦见钱穆:《庄老通辨》,东大版第二次重编本,页 61—102。收入钱穆撰,钱宾四先生全集编辑委员会主编:《钱宾四先生全集》,第 7

册,页 73—119。
——:《崔东壁遗书序》,见崔述撰,顾颉刚点校:《崔东壁遗书》,台北:河洛图书出版社,1975 年,据亚东图书馆 1936 年排印本影印。
——:《崔东壁遗书序》,见钱穆:《中国学术思想史论丛》〔八〕,台北:东大图书公司,1980 年,页 283—294。收入钱穆撰,钱宾四先生全集编辑委员会主编:《钱宾四先生全集》,第 22 册,页 431—444。
——:《与顾颉刚童书业论墨子姓氏辨书》,原刊国立北平研究院《史学集刊》第 2 期,1936 年 10 月。见钱穆:《中国学术思想史论丛》〔二〕,收入钱穆撰,钱宾四先生全集编辑委员会主编:《钱宾四先生全集》,第 18 册,分页 389—395。
——:《略记清代研究竹书纪年诸家》,原刊天津《益世报读书周刊》第 75 期,1936 年 11 月。见钱穆:《中国学术思想史论丛》〔八〕,收入钱穆撰,钱宾四先生全集编辑委员会主编:《钱宾四先生全集》,第 22 册,页 561—569。
——:《记钞本章氏遗书》,原刊《北平图书季刊》第 3 卷第 4 期,1936 年 12 月。见钱穆:《中国学术思想史论丛》〔八〕,东大版,页 274—280。收入钱穆撰,钱宾四先生全集编辑委员会主编:《钱宾四先生全集》,第 22 册,页 421—430。
——:《两汉博士家法考》,原刊中央大学《文史哲》第 2 卷第 1 号,1944 年 7 月。见钱穆:《两汉经学今古文平议》,东大版,页 165—233。收入钱穆撰,钱宾四先生全集编辑委员会主编:《钱宾四先生全集》,第 8 册,页 181—261。
——:《记魏晋玄学三宗》,原刊昆明《中央周刊》,1945 年。见钱穆:《庄老通辨》,东大版第二次重编本,页 345—365。收入钱穆撰,钱宾四先生全集编辑委员会主编:《钱宾四先生全集》,第 7 册,页 431—455。
——:《三论老子成书年代》,原刊昆明五华学院《五华月刊》第 2 期,1947 年 2 月。见钱穆:《庄老通辨》,东大版第二次重编本,页 103—112。收入钱穆撰,钱宾四先生全集编辑委员会主编:《钱宾四先生全集》,第 7 册,页 121—130。
——:《孔子与春秋》,原刊香港大学东方文化研究院《东方学报》第 1 卷第 1 期,1954 年 1 月。收入钱穆:《两汉经学今古文平议》,东大版,页 235—283。收入钱穆撰,钱宾四先生全集编辑委员会主编:《钱宾四先生全集》,第 8 册,页 263—317。
——:《王弼郭象注易老庄用理字条录》,原刊香港《新亚学报》1 卷 1 期,1955 年 8 月。见钱穆:《庄老通辨》,东大版第二次重编本,页 367—403。收入钱穆撰,钱宾四先生全集编辑委员会主编:《钱宾四先生全集》,第 7 册,页 457—499。
阎若璩:《孟子生卒年月考》,收入《四库全书存目丛书·史部》,济南:齐鲁书社,1996 年,第 81 册,据清道光九年广东学海堂刻皇清经解本影印。
戴景贤:《周代社会结构转变中新士阶层之兴起与学术概念之形成》,刊登《中国文哲研究集刊》第25期，2004年9月，页91—142。

戴震撰，何文光整理：《孟子字义疏证》，北京：中华书局，1982年二版二刷。

瞿汝稷编集：《指月录》、聂先编集、江湘参订：《续指月录》，台北：新文丰出版公司，1998年五刷。

蟹江义丸：《孔子研究》，东京：金港堂书籍株式会社，1904年。

谭嗣同：《仁学》，收入谭嗣同撰，蔡尚思、方行编：《谭嗣同全集》（增订本），北京：中华书局，1998年三刷。

严复：《侯官严氏评点庄子》，台北：艺文印书馆，1970年。

顾炎武撰，陈垣校注：《日知录校注》，合肥：安徽大学出版社，2007年。

顾栋高辑，吴树平、李解民点校：《春秋大事表》，北京：中华书局，1993年。

顾颉刚：《古史辨·自序》，见顾颉刚主编：《古史辨》第一册，收入《民国丛书》第四编，第65册，据民国二十二年朴社本影印，分页1—103。

Ch'ien, Mu. translated by Chün-tu Hsüeh and George O. Totten; with Walace Johnson (et al.), *Traditional Government in Imperial China: A Critical Analysis*, Hong Kong: The Chinese University Press; New York, NY: St. Martin's Press, 1982.

贰

钱宾四先生所关注之时代问题与其学术取径*

一、钱先生所处之时代与当时之学术环境

任何历史人物，必系广义之历史事件，或说历史结构之一环；故其存在之"历史性"（historicality/*Geschichtlichkeit*）意义，[1]必应自历史整体之理解中求取。就历史研究言，凡针对特殊重要之个人，讨论其何以特殊与何以重要，此项探究本身，即是有关其所处时代"整体意义"之一部分。

中国现代历史之发展，就政治形式与社会结构之转变言，系清楚地欲为中国寻求一属于"现代"（the modern era）之定义。然此种现代文化之追求，除普遍意义之趋向外，是否亦有属于中国独有之特色，且将于中国往后之发展中，持续存在？此事不唯关系研究者质问此一过程中，何者为"过渡现象"，何者为"创造性改变"之理解，亦是史家最终重新反省所谓"现代性"（modernity/*modernité*）[2]之内涵时，所必须思考之课题。

钱师宾四（穆，1895—1990）先生之学术生命，其所以成为中国现代史之一部分，系建立于中国现代"智识分子"（intellectuals）之学术发展与知识倾向，对于同时代曾产生巨大影响之历史认知上。以"学术史"而论，具有中国特质之学术思维，于经历西方学术观念与思想之冲击后，必然将发生极大程度之变化；然此种变化，由于系在学者实际之"学术作为"中显现，议题之选择与思维之进展，必须自个别之

主观立场出发，故除却问题本身依性质所具有之决定作用外，个人所赋予问题之诠释，亦为演成其发展进程与形态之因素。“个人”于此意义，系作为此一“历史现象”所以产生之原由而存在，并不消极地仅是一参与者，或见证者。亦唯其如此，故属于个人持续之特殊关怀，与其所秉持之观点，常有不容忽视之重要性。

正因“思想问题”必经个人之理解而存在，所谓关系学术发展之“思想环境”，常是对应于各别思想家而有不同之解读；故此一线索，亦唯有自各人思维发展之语言表述中，寻找出其与外境之关联，然后可以获得。理解钱先生思想之真实性，亦须如此。

钱先生除最早曾著《论语文解》（出版于一九一八年）、[3]《论语要略》（出版于一九二五年）[4]外，其次写成之著作，为钱先生于一九二六年至一九二八年间，任教江苏省立第三师范及苏州中学时，整理课堂讲义所编著之《国学概论》一书；[5]一九三一年由上海商务印书馆出版。[6]此书虽未于其往后整体之著作中，占有若何显著之分量，却系历史地了解钱先生的一部重要之作。

“国学概论”系当时中学所订国文课程中之一项，就其名称言，“国学”二字，已是对应于“西方学术观念”而设立；有其产生之背景。若就中国特有之学术内涵言，中国著作概念，于西学尚未输入前，皆涵摄于经、史、子、集四部之分类中；因此对于中国固有之学术观念，倘欲给予一新的诠释，仍须就“四部”原有之架构，从事有关其“结构性质”之讨论。此但观较早时期，章太炎（炳麟，字枚叔，1869—1936）讲授所谓“国学”一题时，所作之记录可知。[7]

今果若定义“学术”为“确认具有普遍价值之恒久性议题，并建立讨论其中特殊命题之特殊方法”之一项作为，则除却承认学术同有之特质外，“学术史”之讲明，必应就研究者研究之发展，分项别类，亦是配合事实所宜然。中国旧史目录学中，所谓“辨章学术，考镜源流”，即是类此。然钱先生此书，依时代划分段落，综叙各期特有之精神，并阐明其与时代之关系，重点已与前此属于“流别”之学术观点不同；而较近于清光绪以来，梁任公（启超，字卓如，1873—1929）所提倡之新的“学术史”观念。此正是理解钱先生所处时代“思想环境”，一极值注意之点。[8]

梁任公所表章之“学术史”观念，并非推翻前述“学术”之定义，亦非不就导引学术发展之“概念”与“方法”之历史演进，说明构成此一特殊之历史面向之成分；却是欲于学术之传承中，寻找出“学术”与“文化体”间一种“思想关联”之诠释。此种结合“学术史”研究于“通史”，而期待获得来自“思想史诠释”之观点，虽名为“学术史”，实际已超出“学术史”原本之范围。任公本人所以于此着眼，最初系因主张：“学术”与“政治”间存在一种应有之“功能上之关联”；中国现实政治问题之谋求解决，皆当由学者纳入其所承担之“济世使命”中，并视之为“学术”存在于社会之最要意义。[9]嗣后则由于任公对社会“整体性”与历史“延续性”之认识逐步加深，致使彼对于影响“国族精神特质”之文化因素，产生新的关注；[10]特殊形态之智识活动，乃至其与社会其他层面间之相互关联，在任公之理解中，成为赋予“学术史”以“时代”意义之研究课题。[11]于此观点下，以“学术思想”为着眼之历史分期，成为诠释中国社会各时代“精神特质”与“思想特征”之主要依据。

思想之“时代性”之确认，为任公将“学术史诠释”结合于“一般史研究”之最大收获；然此种经特别点醒之“时代”观念，亦是任公所承受最大之限制。盖因中国社会之历史进程，如于“功能”(function)之延续上，承认其为同一“文化体”未经历重大形同“断层”般之破坏而展现；[12]则此种文化特质上之“形态性”，自可能使社会于“功能”之整合中，造就出某种具有特殊“形塑”意义之延续。相对于此，任公以粗略之“群众的运动”，作为造就“思想潮流”之主体，[13]学术之传承与智识分子之活动，于彼所认知之“时代”之组合成分中，皆若止具有“有限之社会功能”之意义；思想议题与其观念内涵，多由特殊的、个别的因素所引动。如站立于此观点，将思想之进展，以“时代”分割，则所谓中国之“现代化”(modernization)问题，既由社会之变动产生，问题亦唯有自“变动”中寻求理解；“历史研究”，除却满足一般性“求知需求”外，亦仅留存于面对新、旧价值冲突时，具有现实上辅助思维者厘清“旧有观念”之历史成因之价值。

有别于任公之历史诠释，钱先生虽于日后学术史个别问题之辨析上，加入当时学界所努力于澄清各时代“思想特性”之讨论，却自始即有一隐含之“通史”观点，与任公乃至众多并世学人不同；且至终，此一立场未变。此一观点，或说立场，不唯不限制钱先生于学术史，或其他领域之具体问题上，综合他人观点之视野，且系赋予其毕生学术研究工作以“整体意义”之核心。此一观点，可以依其性质，说明为乃一属于个人所创建之特殊的“文化形态史观”。[14]

所以谓钱先生有关“学术史”之理解中，隐含一种“通史”观点，系因对于“智识阶层”(intellectual stratum)之存在于中国社会，与学术传统之延续于中国历史，二者之价值，钱先生并不仅是作一“功能”上之认定，而是确信中国学术中某些思想成分，透过无数个人主观心理之融合、证验与人格之实践，已成为一种人文价值之信仰；此种信仰不仅持续存在，抑且于中国历史发展中，一直具有极重大之影响力。基于此一信念，如何确定此一共通之思想素质，并寻找出历史中各个思想成分产生、结合、变化，乃至生发影响之方式，即成为其诠释中国历史之重点。此种具信仰性质之思想内涵，钱先生于较后之文化论著中，常称之为“历史精神”，或说“文化精神”。

总体而言，以思想史分期之角度，打破学术史中本有之“分野”观与“流别”观之限制，为任公自清代“汉、宋”以及“今、古文”门户观念挣脱后，所寻出之生路。任公早期亦曾冀求以中国学术史中所表现之普遍精神，作为中国文化之精神代表；然此一普遍之精神，究竟应系以何者为其内涵？以任公之观点而言，其所注意于当时社会者，既多在“功能性制度”之变革，对于“现代化”所需之精神，与传统文化是否相应或冲突，并无定见；且其本身，亦无一生偏好之伦理学立场，故于其深化后之学术史研究中，分析学术议题与历史上各种学说思想立场之性质，成为寻求各时代“时代性”之主要内容；任公对于中国学术史，尤其儒学史，缺乏一“贯通古今”之理解。故若必欲标识所谓“传统精神”，于其说法中，舍去普遍之人文关怀外，实亦是无可指称。

而正因其观念如此，依于此思路，智识分子在面对中国现代历史之变局时，如欲肩负传统之“社会教育者”之使命，亦唯有自身不断地理解于所谓“现代化”之意义；激烈地批评旧有之学术文化，与和缓地较论其得失，于此意义，差别实际上极为有限。

然如自另一方向，坚持“思想”若结合于众多个人实际人生之体验，并透过相应之努力，即可能对于“文化发展”，产生“创造性之突破，或制约”之影响力，塑造出某种文化“形态”；则即使此一观点，乃是针对特殊个案而提出，亦必然牵涉到对于整体“人类文明史”之理解。钱先生此种观点，自与当时思想界之期待于中国产生类近于西方“启蒙运动”(the Enlightenment)之发展者，具有本质上之差异。

“现代化”之意义与“现代性”之认识，有其狭义之意涵，与广义之解释；亦存在必然之争议。唯自“观念史”(history of ideas)之角度视之，“现代性”一语，最初建立其内涵时，本既是“特殊的”，亦同时是“世界史的”；倘若“现代性”停留为特殊的，而不具有“世界史”论中之意涵，则“现代化”之核心内容为何？即须讨论。至于“现代性”应包括何种内容，“现代化”之普遍义中，何项“现代性”为必要，何项仅为可能，则亦有待历史之检验。“现代性”一语于史家之认知，本身即可能产生观念上之分裂，或说“区隔”。唯不论“现代性”如何定义，“现代性”必然应具备某些重要而普遍之精神特质，为不当否认；否则“现代性”一词，即可能无法成立。因此深入讨论“现代化”，必然将面对“传统的”与“现代的”之一种思想特性上之对立。中国现代自产生“应现代化”之自觉以来，智识界即迅速展开广泛之针对“传统历史与思想”之批判，亦是事出有因、势有必至。

然若就钱先生之着重于“义理信仰”之观点来讨论，社会集体之精神力量，依于其说，即可塑造特有之文明形式，则只要一“文化体”能保有其精神上之自主，任何“现代化”之发展，皆可以是出于其自身之选择；“现代化”本身，仍只是历史偶然事件之综合结果，并无一“世界史”论述上必然之进程。

钱先生对于“文化自主性”之强调，不唯显示其文化观点必然为

"非经济决定论的";抑且须以"人的意志"之自由,作为文化发展动力之根源。故于诠释中国"智识阶层"奠立之基础时,必以一种真正的自由精神之获得为其核心。此"自由精神",一方面,来自人对于自身"意志德性"之解悟;另一方面,亦配合人对于其"生存环境"之一种亲切的情感。中国学术史于此意义上,不仅具有可以指言之传统脉络;且其精神,实际上,亦未因"智识阶层"于社会结构中特殊之"功能地位"而遭掩盖。钱先生继《秦汉史》(成书于一九三二年;出版于一九五七年)[15]之后,写成《国史大纲》(成书于一九三九年;出版于一九四零年)[16]一巨著;《引论》中曾区分东、西文明为两大形态,列举种种特征。此义后又于《中国文化史导论》(成书于一九四一年;出版于一九四八年)[17]与《文化学大义》(成书于一九五一年;出版于一九五二年)[18]二书中持续发展,衍成为"内倾"型与"外倾"型之对比,视中国文化为一精神向内凝聚之文明;其着眼点,即在于此。

解释中国文化之精神特质,困难点,一方面在于:必须理解现代意义之所谓"社会"(society),以之作为文化发展之主体,从而显示"智识阶层"于其中所占据之位置,与扮演之角色。另一方面,对于学术思想本身之发展,亦有许多观念上之纠结,必须厘清。

前一方面,钱先生所面临之挑战,主要来自主张"社会冲突论"(theory of social conflict)之学者,其所持之观点;无论系普通的(即不持有"定论"之社会史观),或特殊的(主要为"马克思主义之历史唯物主义"〔the Marxist theory of historical materialism〕)。后一方面,则争议比较分散,论者之观点,多属同中有异,异中见同;钱先生亦常处于褒、贬两极之讨论中。然无论如何,钱先生抱持一"整体性"之看法,且此看法具有力量,正有其不容轻忽之处。

强调"社会冲突"现象,与因之而有之理论,必重视社会"人口结构"之分析。"人口结构"之观点,虽非中国旧有史学所绝无,然其认识,仅限于明显可见之与支配关系(主要为政治)或亲属关系相关者;至于含藏于社会中,基于"经济关系"而存在之结构,则因无现代"社会经济史"之研究基础,无从认识。"结构"(structure)之观点既不完整,凡一切有关于社会“功能”之历史研究,必因此受到极大限制。中国现代所面对之改革压力,就直接迫切可感受者言,虽于初步阶段皆属“功能调整”上之需求;然最终必将引发一种“结构性”之变动,且必以此种改造为结局,亦是逐渐随情势而明朗。然此项结构性改变,系以何样结构为其转变之基础? 转变之枢纽与方向为何? 凡此皆为传统史学所无能解答。

钱先生于此学术环境,回顾中国以往之历史,虽亦运用部分之现代“结构”观点,然其所以比较上仍近于“功能论”(functionalism)之论法,前论之“形态观”,固是一因。于此观点下,由于对影响社会发展之“精神因素”之重视,远超过于“经济因素”,故社会结构之成分组合,依于此种分析,必然是“搭配的”,而非“逻辑的”;必然是“偶然的”,而非“必然的”。亦因此,如欲仍以一整体的“社会”概念,诠释历史发展,不免将表现“功能论者”常有之思维,即:凡存在的,就生发之所以然而言,皆是合理的,或说可理解的;且亦必于其存在之原因上,与某种社会需求之功能相联系。对于社会是否亦于结构中,存在可能产生“冲突”之质素,从而造成“社会结构”之变迁,容易忽略,或回避。

唯对于钱先生而言,则并非单纯由于其所抱持之“文化形态”观,即造成其史论中明显的此种“冲突”观点之缺乏;而是因深刻之“冲突理论”,必然将导致“通史式”的,以“社会经济史”为基础之演化论(evolutionism),即使不为单线式之演化观(linear evolutionism)。若然,则钱先生所确信之历史精神力量,于此种理解中,必然将退处于“依附的”。故反对“冲突理论”,系钱先生论史时,于建立“形态观”之外,另一项促成其说法趋近于“功能论”之原因。

就钱先生著论时中国之学术环境而言,如仅是局部地讨论中国历史所存在之社会现象与功能,或深入于其可理解之结构因素,具体之成绩,皆可为多数学者所承认,并接受;王静安(国维,又字伯隅,晚号观堂,1877—1927)、陈寅恪(字鹤寿,1890—1969)二先生之史论之能受各方赞赏,即是一显例。当时之学界,确实具有建立“新的史学方法”之环境。然如必要为中国历史提出一通盘之观察，并进而为其“演进”，提出一种唯一之解释，则不同观点，必然将产生冲突。且此冲突，必然发展为“激烈的”。

若从学术思维之角度分析，“冲突”仅只显示观点于逻辑上之“不相容”；至于冲突而激烈化，则涉及学者于现实急切需要改革之压力下，内心焦虑所引生之情感反应。此种情感反应之投入于历史思维，由于关系到个人主观之价值信念与经验，故于建构一种“文化想象”时，所谓“智性之选择”，皆不能免除主观价值偏好之干扰，从而表现出强烈之“排他性”。中国历史上，固不乏明显可见之事例。钱先生所处之时代，正在其可辨识之特征上，同时呈现因新的时代问题之刺激而产生之新思维，与面对新的时代问题时，中国智识分子之一种旧有的文化性格。钱先生由于其诠释历史之观点为“整体的”，抑且如其所自言，系牵涉到其全生命之信仰；故不论其观点之所以提出，或因于其观点之提出，而引发他人之争议，于心理上，皆是颇为强烈的。学界此一属于“文化价值理念”之冲突，可以于下列二事，窥见端倪：

其一事，为钱先生于一九三五年应友人顾颉刚（原名诵坤，字铭坚，1893—1980）之邀，为顾氏新校成之《崔东壁遗书》作序。[19]崔东壁（字武承，1740—1816）名述，系清乾嘉时人，其书世所少见；其人亦世所少知。重视其人并重估其学，于中国学界，事启自胡适之（适，1891—1962）；书亦由胡氏交顾氏点校。为当时“古史辨伪”风气中一大事。书成，顾氏本欲商之胡氏，与当时同以“疑古”闻名之钱玄同（原名师黄，字德潜，1887—1939）；乞二人为序。唯钱氏病脑，胡氏亦牵于事（后亦有序，在钱先生序成之后），故顾氏转期钱先生之预其事。此事显示，钱先生于此之前，以《先秦诸子系年考辨》稿（后出版于一九三一年）[20]见知于顾氏，经由其荐，往任教于北方之燕京大学，后则由傅孟真（斯年，1896—1950）安排转至北京大学，同时又以《刘向歆父子年谱》（发表于一九三零年）[21]传诵于学界，于印象中，系被认为同属于一种“新考据”风气之参与者。至于顾氏倡议编辑之《古史辨》，其第四册中，曾收录钱先生所作《关于老子成书年代之一种考察》[22]一文，则更可于其中见出：于考据方法上，钱先生与胡氏、顾氏所提倡者，本属相近。[23]顾氏邀序本意，当亦是原出于此。乃钱先生于《序》中，竟越出"古史考据学"所直接涉及之方法之外，率直指出当时"疑古辨伪"风气之倡导者，背后一种"文化批评"之用意。此种用意，即是欲以"辨伪"之工夫，击溃历久以来中国自尊其文化之心理，以创造彼辈提倡之新思想之环境。

钱先生此番批评，非关情谊，然于情感上，则不能不谓是强烈的。正因如此，钱先生于《序》中，区别"历史真相"与"后人关于历史之想象"为二事，强调"历史想象"如何于塑造智识分子之"文化性格"一事上，占有不容忽视之重要性，此种说法，即具有呈现其特殊之历史观点，与文化情感之重要性。

单纯就古史之考辨言，"辨伪"之目的在于求真；然能辨伪，不必即能尽"求真"之能事。胡氏、顾氏是否因急欲推倒传统儒家经典中所呈现之古史观，因而过于看轻儒家典籍中部分较为近古者之史料性，以致将其混同于子书中一般之传言？固亦有之。钱先生于《序》中，曾重新提出"古文"与"百家语"之分别，并表彰司马迁（字子长，公元前145/135—前86）著《史记》时所标举"厥协《六经》异传，整齐百家杂语"[24]一语之"方法学"（methodology）上之意义，而于崔氏之尊经，与当时所谓"疑古派"之勇于疑古，皆有所批评；自有其卓识。然一种大胆之疑古，姑不论其附加之目的为何，在当时，本有其影响学者"学术思维"之重大意义。即钱先生之考辨，于针对古史所作之"文化估量"上，亦是绝不同于古人经学中旧有之观念；钱先生本不能自外于此种影响。此当时学界所以受到"疑古思潮"激荡之所在。

至于"求真"部分，顾氏于《古史辨》时期所提出之有关古史观念之所以形成之考辨说，[25]其病则尚不仅止于钱先生所提示未能区别不同语料之"史料性"一端；顾氏对于"片断之传说"与"系统之传说"流传条件之不同，实际亦无真正之认识。[26]古史研究，如专循此种粗略的"整理传说"之途径发展，自将衍生极大之偏弊。钱先生《国史大纲》论古史，详于春秋以后，略于春秋以前，大体以《诗》、《书》与《左传》为骨干，于《尚书》又止取《西周书》以下部分。此外，于夏、商史事，则仅列《史记》夏、殷本纪所记世次，及若干有限之史事或传言。相较而言，自是不失严谨。

然当时所谓“文献考辨”式之古史研究，无论如何，亦仅能达至于此境而止；古史研究，真正能于此项争执之外，开启新的方向，并奠立新的标准，仍应自当时业已开展，并于其后持续发展之中国境内之考古发掘，与随之引动之“文化人类学”（cultural anthropology）有关中国古代文化特质之诠释起论。顾氏所代表之古史臆测，与其所提倡之特殊的研究古代传说之方法，相较之下，已属可归于“不论不议”之列。

至于另一面，钱先生于《序》中所强调因于特殊的文化思维而塑造之特殊的智识分子之价值观问题，则不论胡氏早前于其所著《中国哲学史大纲・卷上》中所断言之“中国古代学术已于秦皇、汉武之政治干涉下中绝”之说，[27]不能餍足学界要求解答“学术史”与“思想史”相关问题之需求；即钱先生本人于《崔东壁遗书》序言中所申言“中国二千年来之人才，皆儒术所教育”之论，亦必须在新的“社会研究”观点之要求下，尽其可能加以细论。此一方面所显示之争执，正仍是方兴未艾，并未于此时即产生各方议论之结辩。

第二桩可以显示当时思想界论锋相对之景况者，可于当时业已活跃之马克思主义（Marxism）学者，对于一般“学术史”与“思想史”研究观点之批评见之。马克思主义学者之观点，相较于当时已渐有之“社会史”方面之研究言，最大之差异，在于：其观点，乃是一种“深刻的”、“整体的”，并且为“世界史的”。

所谓“深刻的”，主要谓：此种观点，乃学界首次以“现代”之方式，界定“生产”与“分配”之经济关系如何于人类社会结构之形成中，占据一关键性之地位；并以此种结构性之解析，试图建立社会功能中，变数与变数间所必然具有之相关性。所谓“整体的”，则系指在其最终之解答中，“社会”不仅是作为一“对象”而为人所整体地思维着；且于社会之具体说明中，“人”系安放于社会特定之结构位置中，个人思想与行为之社会意义，乃因此而被理解。

至于所谓“世界史的”，则是指基于前述观点，社会形态之演化，于其理论中，系可以“辩证法式”之形式变进，予以解释。

极值注意之一点，当时此种马克思主义特殊之社会史观点，经学者援入中国历史研究，不唯系以“上古史”之历史阶段分期为重点，且在学者之心目中，亦是以“学术思想”之批判，作为致力之对象。此点可明显见于此派意见最重要之代表人物郭沫若（原名开贞，字鼎堂，号尚武，1892—1978），其所著具有标识性作用之《中国古代社会研究》（出版于一九三零年）[28]一书。郭氏于该书序中，特别提及胡适之所作之《中国哲学史大纲・卷上》，谓：胡氏虽于当时新学界具支配力达数年，却未曾真于中国古代之实况有所理解；且即因胡氏于中国社会之来源认识未清，故对于中国思想之所以发生，无真正之说明。郭氏此语，自另一面言之，亦显示胡氏于此一部《哲学史》中所提倡“论思想当注意思想产生之背景”之观念，对于学界具有极大之号召力；即当时中国马克思主义学者之论古代社会与古代思想，亦莫不同受影响。亦即因此，故郭氏书于《导论》中，提出一如何区分中国社会历史发展阶段之概括性看法后，正论中四篇，皆是就传世与新近出土之语言材料（后者即卜辞），试图就马克思主义观点，给予其思想表现一种新的诠释。而在其正论第四篇《周易时代的社会生活》第二章《易传中辩证的观念之展开》文中，论及《中庸》一书时（第四节《大学、中庸与易传的参证》），乃将该书思想，总结归纳为“神的骗局”、“尽性的骗局”与“阶级的骗局”三项；并谓所谓儒家理论之系统，全体即是如此一骗局。

郭氏此种明显将局部、特定之历史现象之解释，于思维中，直接联系于自己对于历史文化整体之批判；正是显示当时在新的学术观点与方法建立之同时，学者皆是夹杂本人因感受“与议题不直接相关”之时代问题之刺激，而衍生之文化批判意识。其学术真正之动力在此。而亦正因此，故郭氏于同书《自序》中，连带以个人之历史主张，评及王静安之死，谓：王氏研究学问之方法，虽为“近代式的”；然其思想感情，则仍是“封建式的”。不同之时代特性，于其一人之身，起剧烈之挣扎；结果“封建之一面”，将其生命夺走。[29]

中国现代史学研究之颇与所谓思想之批判相关，显示梁任公所曾谓“一国之学术即一国族之精神”，[30]此种实际上未完全脱离传统文化中重视“学统”之观点，仍占据国人“历史想象”之立足点中极重要之位置；无论其情感为正面的，抑反面的。唯于此所提及，可分别以胡氏、郭氏与钱先生为代表之三种立场中，关于传统思想之主要性质之论争，由于在争执点上，必然涉及思想之思维本身与思想于特殊历史环境中所具有之特殊社会意义，故深刻化后之讨论，无论何方皆不易将议题锁定于自己单一之架构中；无论“整体的”历史诠释，于各家之立场宣示中是如何重要，各家思想之于当代，乃至往后之历史中，所具有之启示意义，皆须随所论分别以观。当时之学术界、思想界即在一交互影响、激荡之思想环境中，将有关历史与文化之讨论与争议，带向“社会史”与“思想史”两个主要领域。

对于钱先生个人而言，在其提出前所叙及之文化史观点（即前所叙表现于《中国文化史导论》之形态观）后，主要之著作方向，即比较更集中于学术思想史方面；史论之专著，除讲演录外，相对较少。学术思想史方面成书重要者，计有增辑后之《庄老通辨》、《两汉经学今古文平议》（分别出版于一九五七年、一九五八年）与《宋明理学概述》（出版于一九五三年）、[31]《中国思想史》（出版于一九五二年）、[32]《朱子新学案》（出版于一九七一年）、[33]《中国学术思想史论丛》（单行本共计八册，出版于一九七六年至一九八零年间）[34]诸书。此一系列著作，与较前所著之《先秦诸子系年》与《中国近三百年学术史》（出版于一九三七年），大致即构成钱先生落实其所谓“二千年来之人才皆儒术所成就”一语之历史诠释。

钱先生论历史，不主社会有一必然决定其发展历程与文化特质之结构性原因，亦不主思想仅是反映时代问题之偶然的产物；而就其综合的观念之形成言，亦若有一较为传统之“儒学”观念贯穿其间，前引所谓“儒术成就人才”之说，即是一显例。然其所谓“儒学”，由于系欲兼顾时代性与传承性，包容各时代所谓“儒者之学”之种种差异特性，且于思想上比较看重其实际影响于人的文化性作为之普遍作用，故对于所谓儒学之结构，与儒学思想可能之内涵，钱先生系采取一比较宽松且变动之论法，与历来乃至当时之一般观点，有所差异。

当时讨论所谓“儒”，有一新趋势，即是于观念上区别“儒”作为特有的、与政治结构相关之智识阶层成员之所谓“儒”，与单纯作为学术思想派别标识之“儒”之二种意义。就批判中国历史与思想者而言，此项区分之意义，正是欲凸显“儒”之为“儒”，不仅为一思想之缔造者与理想之实践者，亦是政治权力结构之参与者与获利者；批判中国历史，不能免除批判中国传统之所谓儒者，与其学。而就当时若干意图挽救或可称之曰“中国价值”之学者来说，将儒学与儒者个别之“伦理行为”，或集体的“政治作为”界隔，并进一步将儒学之思想面单纯化，使之成为企图解决伦理学上“善如何方始可能”之一种讨论，亦不失为是在深刻之忧虑意识下，为传统之中国人文思想，寻求一出路之契机。就情感方面论，钱先生既对中国历史文化之精神，给予高度之评价，其本人对于以孔、孟思想为核心之儒学义理，亦有深刻之个人体验，其一生中直接论及义理观念者，除前举学术思想史各论所涉及者外，亦尚有《四书释义》（各别成书于一九二四年、一九二五年、一九五三年，重辑出版于一九五三年）、《王守仁》（出版于一九三零年；一九五五年再版，更名为《阳明学述要》）、[35]《论语新解》（出版于一九六三年）[36]等书，故自是与后者为近。

然后者之将儒学思想单纯化，简言之，即是将其“哲学化”。而此种“哲学化”，由于在思维上，系关联到儒学未来持续存在之可能，故对于历史上儒学思想发展之诠释，不仅是哲学史家一种哲学性质之诠释，如在此意义上之胡适之与冯芝生（友兰，1895—1990）；[37]而是必须鉴识中国儒家义理中所可能具有之不与“现代哲学”冲突之成分，并说明其基础。至于历来所谓“儒学者”，其整体的人格，与行动时之思维，如不与此相关，即非所重。此一发展，可举梁漱溟（原名焕鼎，字寿铭，1893—1988）、熊十力（原名继智，号子真，1885—1968）二人为例,加以说明。

胡适之刊行《中国哲学史大纲·卷上》后不数年,梁漱溟发表《东西文化及其哲学》(出版于一九二一年),[38]将中国哲学之主要架构,说解为乃一种"变化"之"形而上学"(metaphysics),与"人生论"相互搭配之形态;并以一种所谓"理智地运用直觉"之说法,说明儒家义理思维建立之方式。梁氏此一说法,虽具有开启后来以"陆王学"为核心之所谓"新儒家运动"之重要性,然即就其本人所论为例,不唯其论说之方式,系属一概括性之形态分析,未作完整的观念历史之考察;其比较中、印、西三方文化特质,亦仅系以"哲学讨论"之方式为之,对于相应之社会历史发展,并未作出充分之研究与说明。其较后著之《中国文化要义》(出版于一九四九年)[39]一书,对于历史现象之归纳,竟多从时人著作中摘取;其未尝尽心于史学可知。

与梁氏同时,亦属新儒家,则另有熊十力,著《新唯识论》(文言本出版于一九三二年;语体本各卷则分别出版于一九四零年、一九四二年、一九四四年),[40]深谈体用功能。然他著如《十力语要》(卷一出版于一九三五年)、[41]《读经示要》(出版于一九四五年)[42]诸书,论经说史,亦多无视于当时已有之考据成绩,与业已建立之史学观点。至于晚年所撰作之《原儒》(上卷出版于一九五五年;全书出版于一九五六年),[43]则除演经、臆史之外,更不惜附会时论;即知交如梁氏,亦不得不深致其慨叹。[44]

凡此,皆显示经此约限后,标示性之所谓"新儒家",已与传统之经、史之学脱离。固然梁、熊之后,自承为"新儒家"之学者,亦各别地具有其史学与史识,未可一概而论。然由于在论说上,"儒家之学"与"儒者之社会行为或功能",业已划分两橛,"中国社会史"之讨论,对于此辈学者之历史思维,已不真正造成压力,故关切点,已转移至儒学思想中为此一批特定学者所认定之"本质"之一种表现于历史之逻辑的发展;如新儒家运动后一期唐君毅(1909—1978)、牟宗三(字离中,1909—1995)二人所从事。此种观点,与钱先生本人所选择之路向,显然亦有所不同。

所谓钱先生之“儒学”观，乃以一比较宽松，且系“变动”之方式定义，约有二层主要特征：其一为打破自来严格区画之“儒”、“道”分野观念。此项打破后之看法，即是认为：儒家与道家中之庄子，于人生义理上，不唯有可相通，且系一体之两面；庄子之学，最初亦自《论语》中所表现之孔子精神来。至于儒家之形而上学，如见于《易传》、《中庸》者，则实际乃儒家之后学，有取于庄、老之宇宙观所创造；并非如后人所信，儒、道二家思想，自始即各有其独立之形而上学来源。

如依此说，儒家最初之义理根源，虽借《论语》中所蕴含之孔子思想之解读，仍可寻得一确切可以依据之伦理学立场；然此种思维之哲学架构之完成，实必须有道家思想成分之加入。儒家与道家于日后所形成之“形而上学”之差异，虽系“可以有的”，却并非即是“根源性的”。若然，则钱先生对于儒家思想“结构特性”之说明，将不可能为一种哲学式之定义。故相对于此，钱先生对于儒家根本性质之讨论，毋宁为一种“学术”式的；前论引叙钱先生语，见有今人较少使用之“儒术”一词，其间即含有此项意味在。此为第二层。于此层意义中，儒家之思想发展，虽仍可以孔子思想，或说孔子所启示之意义为核心，然并无一逻辑上必然之途径；儒学之具体内涵，应系以智识发展上所可能，且实际上实现者为讨论之对象。钱先生贯穿整个中国学术史之思想史诠释，即是以此为主轴。

综合以上二义，亦可说，即是钱先生于参与当时以新的史学方法与眼光，推倒“经学”位居于传统儒学中之地位后，为儒学之历史存在，所提出之新定义。而钱先生晚年之所以于所著《朱子新学案》中，极力提高朱子(熹，字元晦，号晦庵，1130—1200)于学术史上之地位，谓朱子系集孔子以后中国学术之大成者，着眼亦即在是。顾亭林(炎武，字宁人，1613—1682)曾谓：古无所谓理学，古之理学，经学也；[45]钱先生变而谓：儒学必以中国整体学术之发展，作为体现孔子义理思想之一种文化成就。此种说法，即不论是否能为日后学术界所共同接受，要系为中国现代智识界反省于中国文化，企图为其寻找出一可以为现代理解之历史意义之一项有力之说法，值得重视。抑且钱先生之于当时提出此说法，此事本身，亦同时将成为理解“中国现代学术思想”如何展演为一“历史过程”时，所必须注意之事项。

二、钱先生所企图解决之学术难题及其主要工作

钱先生对于中国现代学术史之贡献，可依前论区分为二类：一为普遍之史论；一为特定之学术思想史研究。

有关普遍之史论方面，主要立基于两项重点：一为“功能性制度”之强调；一为有关文化中“精神特质”之分析。功能性制度之研究，本是中国传统史学中固有之部分，重点在于“政制”与“礼制”。钱先生于综合之叙论中，既承沿若干古人已有之论点，亦接受同时人所提出新议题之影响，而加以个人之分析；可以逐一辨识。唯在具体之讨论中，钱先生常以之结合于其所特有之对于“文化精神质素”之强调。似在钱先生之观念中，凡任何功能上之制度，必结合于运作者之文化特性，方始具有完整之意义。故制度之为制度，可以有“有利于何”、“不利于何”之分析，却并无“必利”与“必害”之必然。故历史之现象中，人物之实际作为，与其语言中所传达之思维与观念，具有理解制度“实质意义”之绝对重要性。

举例明之，民国以来论春秋者，对于春秋时期“社会结构”之特性，有一争论之焦点，即此结构特性，究竟为一“封建社会式的”？或系一“奴隶社会式的”？此二种明确之类别概念，于标识时，皆系作为解释之基础；经由历史某一方面分析后之判定，即可能产生对于此一社会其他方面特性之诠解。而在钱先生之语言使用中，任何具有“标识”作用之名词，其实皆止具有“辅助描述”之功能。故春秋时期之为“封建政治”，依其意，止是对中国春秋时代“政治结构”之描述；此一说明，与认知其社会之经济形态，与人口结构，系必须分别观察之事项；并无理论上，绝对之相关性。同例，若称魏晋时代为变相之封建社会，此“封建社会”一词，亦只是于某些特点，指出此一社会与西方

史上之所谓“feudalism”，具有相似性；[46]与同时称其政治为“门第政治”，同属为一描述性之使用。至于春秋时代之伦理性思维，表现于其统治阶级者，于其说法中，虽亦认为与其“政治结构”相关；然其本身，仍系一“创造性之精神质素”，可以于某一时期，显示某种道德性，却于另一时期，逐渐堕落。[47]钱先生类似此种讨论历史之方法，虽可能招致“缺乏整体之结构性分析”之批评。然一种结构性之分析，究竟对于历史现象之解释，能达于何种程度？本即是须于运用时，不断进行自我批评。如自认解释之理论已臻成熟，正是可能于局部理解之同时，产生严重误解之原因。钱先生之历史分析，固可能因“结构”观点之不足，以致未能满足某些历史分析之需求；然此种忽略，亦是造成其本人往往能专注于某些影响历史发展之因素，因以见出“社会经济史论者”所不易见出之历史关联性之原因。“类型区隔”作为历史认知之工具，与“类型区隔”作为历史解释之基础，后者必依前者为设立之条件；而前者则不必然发展成为后者。现今史学界注意“世界史”研究之同时，多少亦必须考虑中国历史发展所可能存在之特殊性；则钱先生于当时抗拒“历史定论主义”（historical determinism）之一种努力，不能不谓具有不可磨灭之功劳。

钱先生论史意见中最受人瞩目，且亦最常招致争议者，为其《国史大纲》一书，所提出“中国二千年来之政治非专制政治”，“中国二千年来之社会非封建社会”，“中国二千年来之学术非所以促成中国之专制与封建”之说。唯此三项反对当时最具势力之史见之说，虽皆立足于“中国历史发展自有进程”之主张基础上，却系各具不同之意义；当分别以观：

三项中最具争议性者，为第一项。其所以如此者，在于“专制”（despotic dictatorship/autocracy）一词究竟应包有多少内含？不唯学者各人之认知有差距，抑且于实际运用以分析中国历史时，亦少有人详加说明，并严守自订之分际。钱先生之所以反对视中国自秦或汉以来之政治皆是专制政治，系以为中国政治结构本身，具有某种制度上足以平衡权力之设计；“专权”现象，虽于若干朝代较为显著，却未可一概而论。此种具有"平衡权力"作用之结构性因素，主要根植于"设官分职"之政府系统中特殊之行政运作；与大体上以考试用人为主之"功名制文官制度"所产生之效益。对于反对钱先生说法之论者而言，坚持中国政治仍当归属于"专制政治"形态，立论之重点，在于：就权力之设计与运作言，"君权"仍是高于一切之上；中国体制中之设官分权，仅是君权执行上之分项。[48]故即使钱先生书中屡屡强调之相权，亦无真正可以制衡君权，或独立于君权之外之可能。此项对于钱先生意见之诤论，由于系依据西方"政治学"(politics/political science)之理论为说，故极普遍。[49]

今若舍弃西方学界始终于学理上并未真正成熟之"东方论"(Orientalism)[50]观点不论，[51]单就"专制政治"一概念之起源分析，西方古典时期之亚里士多德(Aristotle，公元前384/3—前322)，在其提出有关政治形态之分类时，彼所谓polity(*politeia*)或说constitutions之正确形态，及其所可能产生之恶化类型，本即不止就掌握权力之人数多寡立论，而亦依政治之"正义目的"与可以运作之结构系统论之，于其立论中，实已兼顾"形式之纯粹原理"与"实践"上之差异。故谓运作之恶质化，可能造就如"democracy"、"oligarchy"、"tyranny"三类"deviant constitutions"。[52]若依此论之，中国政治既于其历史之发展中，已建构配合其文化条件而有之"正当性"(legitimacy)基础，亦于运作中，发展出若干"理性化"之体制设计(some rationalized design in political system)；则在中国漫长之历史中，虽亦可于恶质化之运作下成为"专制"，却不得谓于任何状况下，必然是一种"despotic rule"。钱先生之观点，并非无可以立足之论据。唯在议论之双方，分辨"专制"与"非专制"之时，事实上乃又牵合于近代政治理论中"民主"(democracy)与"非民主"(undemocracy)之类分；故焦点转移至中国传统政治设计中，是否包含有"近代"义之所谓"制衡"(check and balance)要素一问题。是否存在真实之"制衡关系"，因而成为判断中国政治是否为"专制"之标准。钱先生之以统治阶层之容纳"参与"，乃至政府"职权分化"时所形成之行政牵制，为具有"限制君权"之作用，固是不同于现代政治学中所谓“权力制衡”之定义；然因中国政治未达于民主，即谓之为“专制”，亦系采取史论中比较宽泛之分类标准；易于产生对于个案认知上之误解。[53]当时批评中国历史者，正有一种依据特定之对于“中国政治结构特性”之判断，以否定中国一切“政治文化”之价值之倾向；故钱先生极力辨之。亦有极大贡献。特就现代学术中“政治分析”之论证尺度言，钱先生所指言中国长久以来所存在之“士人政府”与相应而有之“政治文化”，是否即能于性质上加以单纯化，称之为“士人政治”？[54]此一问题，必然牵涉及于“中国传统之精英政治，是否仍仅是‘威权政治’（authoritarian system）中之一型，并未真能达至以‘士人’作为政治主体”之质疑。此项争议，依旧无法避免。

其次，关于中国社会是否二千余年来皆是一“封建社会”之质疑。

就马克思主义学者言，中国必然曾存在此一社会发展形态；且此一社会结构之方式，系作为“奴隶社会制”与“资本主义社会制”两制间之一居间阶段。问题仅在于：中国封建制，始于何时？于何时结束？然不论主张封建制始于春秋之初，或主张封建制始于春秋、战国之交，由于中国比较具体之资本主义社会发展，乃迟至清中晚期始出现，于此之前，充其量，仅有若干“早期资本主义”社会现象之萌芽；故整体而言，中国有较详细历史记录之时期，泰半皆被归于所谓“封建制”阶段。而由于马克思理论，系被其理论之信仰者，视为成熟理论，其学说中所谓“亚细亚生产方式”（Asiatic Modeof Production）与“亚细亚社会”（Asiatic Societies）又曾于二十世纪三十年代由斯大林（Joseph Stalin，1879—1953）于其所主导之第弗利斯（Tiflis）会议（一九三零年）与列宁格勒（Leningrad）会议（一九三一年）中，将之定位为“标准类型”之变型，故凡有关东方与中国史之特殊性诠释，皆不免在“教条”式之历史思维上，又增多一层政治力之干预。此项干预，虽于五十、六十年代，因形势转变而逐渐放弛，然所谓“亚细亚社会”之特征研究，并未真能使中国史之诠释，脱离一既定之“世界史发展进程”之理论框架。

至于对"非马克思主义之社会史学者"而言，类如"封建社会式"之社会类型，皆系单独底被视为研究之对象；描述其最大程度之普遍特征，与在发生之因果上，探讨"封建制"与其他"社会形态"历史上之关联性，并非一事。因此并无必将中国历史高度文明期尽纳入"封建制"之理由。且因"封建社会"形态之存在，具有出自不同历史条件之可能，且亦不必然产生一定之后果，故无论中国社会于何一阶段出现"封建社会"形态，若此社会于其他文化素质之表现上，可经由历史线索之追查，寻找出与其他阶段在若干"特征"上之类似，即不能忽视此项类似之特征，所可能显示之文化意义。钱先生之于此一要点，拒斥马克思主义学者之观点，对于维护历史研究之空间，实属必要。

盖如二千年来之中国社会，系所谓"封建社会"之说一旦确立；则"封建的"一描述词，势将泛滥地被使用于任何论者所希望革除之传统社会之习性与观念上，从而降低历史研究者本身之客观性。[55]

钱先生论中国后代社会结构时，曾提出所谓"四民社会"之说。[56]"四民"一语，本出于《国语·齐语》所称引管子之言；[57]乃指士、农、工、商。[58]后世"士"一词，则用以兼指所谓"士君子"与"士大夫"。钱先生以"四民"论中国社会，固非就春秋时期言，而乃以指汉以后。而在钱先生之论法中，中国汉以后之社会，除魏晋南北朝士族衍成门第，系具有变相之"封建社会"特质，此种特质仍部分地延续于隋唐，使隋唐成为半门第社会外，两汉及宋以后（蒙元除外），中国主要皆为一"平民社会"。

钱先生之所谓"平民社会"，大意系指一社会无明显、确定之阶级区隔，或无强固之"种姓制度"存在。此说由于未于说法中，明确解释历史上中国"土地"与"人口"之关系，亦未说明"劳动人口"以及"市场结构"种种变化之情形，故比较上未多受注意。然钱先生于其论述中国历史时，反复强调一观念，即中国自古以来之所谓"士"，其作为中国特殊之智识分子与阶层，系具有极强烈之文化特性；中国历史之特殊走向，虽亦受许多随时变化之政治、经济乃至于社会条件之制约，然此一智识阶层之坚实之自主性与其理想性，实是缔造中国社会传承中“主要价值特征”之来源。钱先生此项看法，虽系延续当时注意讨论中国历史上智识分子如何“阶层化”（stratification）之问题而来。然自光绪间学者提出“二千年来之中国政治，秦政也”之同时，即提出“二千年来之中国学术，荀学也”之说，[59]对于中国历史上智识分子之牵涉于政治者，论史者泰半采取批判之态度；无论主张革新之启蒙派、社会史论派，甚或价值观点较为保守之新儒家学派中部分之提倡者，皆是如此。特设定对象时，取舍之宽窄不同，论列功过时，严厉之程度有别而已。钱先生同时肯定中国智识分子于中国历史中所曾扮演之肩负“文化功能”与“政治功能”之双重角色，自与其不认为中国之政治即“专制”一语可以概括，亦不认为中国之学术思想即“封建的”一语可以判定其性质有关。故钱先生虽可能未于中国社会演进史之议题上，提出完整而有力之说法，取代“定论式”之主张；然其抗拒“定论式”之历史解释方式，并于“文化发展所以存在歧异”之原因上，看重“学术”功能与“特殊之智识阶层特性”之重要，不能不谓具有极大之价值。

钱先生谓中国智识阶层具有精神上之独立性，从另一面言，即是主张中国学术于思维上，具有某种因“学术理性”而被赋予之自由。对于钱先生而言，当时论史者批判历史，本即是欲以批评思想；而吾人之所以不当轻易就中国历史遽下定论，正是应从另一面，基于对中国历史上特殊重要之智识分子之理解，逐步明了此一批智识分子之养成与存在，正是使中国历史发展之走向，不为某些政治与经济因素完全决定之原因。钱先生此项论中国史之核心观点，促使其用心解答，学术思维上“个人特有的”与“时代共有的”之关联，以及“个人特有的”与“历史传承的”之关联。钱先生于普遍之史论外，系统地从事有关中国学术思想之分析，即是循此历史研究之走向进行。

欲解答历史上有关学术思维之“个人特有的”与“时代共有的”，或“个人特有的”与“历史传承的”彼此间之关系，“思想课题”与“学术课题”两条线索，必须兼论。钱先生唯因自始即接受一种建立于“考辨”基础之“学术史”观念，故对于中国思想史上“问题线索”之发展，亦系本于一新的有关“经、子之书”与“经、子之学”所以形成之认识，而予以观察。且其最早期有关“先秦学术史”之考辨，乃当时学界整体工作中极重要之一部分。其重要性，可概述为五项：

钱先生第一项最重要之贡献，即是于当时“疑古”风气盛行之际，打破前此特定之所谓“伪经”、“改制”之说。

盖清末以来之“疑经”乃至“疑古”，最初乃自一种“子学式”之经学观念来；即认为：经学之成为经学，不唯于解读群经之背后，应有一会通之眼光；且历史上，亦实际上曾存在此种子学式之经学。此种观念，最终发展成为视“子学式之经学”即是“经学本质”之说。此说初成于廖季平（平，1852—1932）“今学”、“古学”之架构；后则变衍出康南海《新学伪经考》、[60]《孔子改制考》[61]两书中所拟测之“刘歆（字子骏，公元前 50—后 23）伪经”与“孔子改制”之说。[62]廖、康说之破“经”为“子”，不唯于史料之真实性上，不复崇信“视经书为圣人治化遗典”之观念；亦实际上彻底变改“圣人”于传统说法中之地位。其冲击于当时中国之学界，乃至依附传统政治“正当性”基础之满清政权，自是极为激烈。故清廷亦曾诏令禁止康氏书之刊行与贩售。后人论民国以降疑古、辨伪风气者，皆谓此风气之形成，乃部分地承受自康氏此种当时人称之为“今文学派”之影响。胡适之之建议梁任公，于讨论有关清代学术史之发展时，应特别说明此点，亦是同此意见。

唯康氏著论，得灵感于廖氏，本是先有一番逐渐成熟之意见于胸中，然后以所谓“考证”者证成其说；并非真有得于“考证学”之精神与方法。钱先生以史学之考证，攻破其说，不唯证明清末今文学者若廖、康辈之考证，非真考证；且经此一役，并“子学式之经学”亦击溃；“经学”自此无复能维持其自成体系，作为一种“研究学问之方法”之特质。经书与历史上之经学，皆止能成为研究之对象。

钱先生攻破康氏说之前，康氏门下最称高第弟子之梁任公，已先不信其师说之武断。任公不唯不信师说，其晚著如《先秦政治思想史》，[63]于史料之择取，且亦不作今、古文立场之判别；对于经书之真、伪，皆是逐一而论。其论中，即伏生所传二十八篇《尚书》中之《尧典》、《禹贡》之类，亦皆致疑，即是一例。特以任公之立场，不欲尽取其师之说而攻之，故但标示所谓“不慊”之语，于所著《清代学术概论》中。[64]然康说编织甚密，信从者颇不乏人；当时且亦有如崔适（字觯甫，1854—1924）辈之写作《春秋复始》、《史记探源》[65]等书，以为护卫。钱先生回忆录中言及早年获识于顾颉刚之初，顾氏时正于上庠主讲康氏之学，而同时先后，北京大学钱玄同则以弟子礼师事崔氏，改姓为“疑古”；[66]可见学界讲经学“康氏说”之占势力。凡此皆在任公一九二零年《清代学术概论》一书脱稿后。故知单就此一议题而论，孰是、孰非，亦仍是存而未决；必须以实际之考辨，拔赵帜易汉帜。

钱先生未著论驳康氏之先，经学未全破，经书之地位业已动摇。而在胡适之初返国门后未久，彼即著成并出版其《中国哲学史大纲·卷上》，提出“论哲学史必当辨析哲学史料之性质、并考论哲学思想所由产生之社会背景”之说；且将“中国哲学史”之讲述，剔除政治性经籍不论，直接自诸子中之老子、孔子起说。蔡孑民为作序，乃称其书具有“截断众流”之手段；[67]一时学界竞传其说，有纸贵洛阳之势。[68]即梁任公亦尽弃其较早著《论中国学术思想变迁之大势》时远溯“王官”以论学之旧见，而改其说为《老孔墨以后学派概观》（一九二零年）[69]中之所云。于此状况下，孔子是否有“改制”之思，刘歆是否有“伪经”之事，虽不必然影响中国学术当自“子学”起论之观点，却可能引致对于经书“史料性”不同之认定；从而与胡氏所谓“论思想当考辨其所以发生之时代背景”一事相关。[70]

因如古文经书非刘歆伪为，古文经书中之《周官》与《左传》，即不能不考虑其所可能具有之史料价值；其中《左传》之关系尤大。盖《周官》之可疑，汉人本有“六国阴谋之书”之说，不必由刘歆伪为而后然；而当时，则颇有因于康氏之说，而欲以其他证据证成《左传》之不足信者。钱先生回忆录中，曾叙及彼尝与胡适之共语，钱先生问胡氏，何以《中国哲学史大纲·卷上》论时代背景，舍《左氏》不用，而上采之《诗经》？胡氏答称：先生《先秦诸子系年》未问世，不知说法如何，然今论颇疑《左传》之伪，故不能遽据为说。[71]此事亦可见《左传》是否可信，关系当时学术史之讲明。固康氏说破，不即证《左氏》之真，然伪经亦应有伪经之时代背景，《左传》之所以致疑，刘歆助王莽篡汉，终仍是启疑之关键。否则《左传》言古事多有旁证，即非左丘明作，亦是言有所本，何可轻疑？钱先生驳康说一案，固是大事。

钱先生考先秦学术史第二件贡献，为考传世本《老子》书之晚出。《老子》书之属晚出，宋以来即不乏疑之者。唯《老子》书属道家，自来不视与儒家有渊源上之关系，且自来说经学在子学之先，《老子》一书是否晚出，亦并不构成学界之大问题。唯自胡适之著书，叙论中国哲学史，以老子居首，则依其说，思想必有发生之环境，何况为先起之第一家第一人？此为一必当讲明之事。

胡氏已说之不惬人意，前论已及；而当时更有因于考论思想环境，遂举言《老子》书必应如古来部分学者所疑，乃战国时人所著者，则为前称受胡适之影响之梁任公。而于任公之先，任公师康南海承前人言，已检出"《老子》书实系晚出"一事；特直至任公初读适之书时，任公似亦并未确认此点。故前所叙及之《老孔墨以后学派概观》一书，尚仍以"老"、"孔"、"墨"之叙次为说。唯该书著成（一九二零年）后未久，任公往北京大学讲演（一九二二年），即针对胡氏原书提出批评，谓不当叙次老子于孔子之先。[72]

任公说《老子》书晚出之可注意者，在其所举言之六事，不仅就思想系统，以及《史记・老子列传》中牴牾之处论之，乃更摘出《老子》书中用语，指明其所反映之社会现实，皆战国时事，非春秋时代所能有。此事提醒学界，考论"子书"真伪，或其著成年代，春秋、战国史势之不同，实为关键；胡氏论时代背景，远取《诗》三百为证，乃不切主题。

唯任公说出，虽受注意，学界考校子书头绪正纷，关于比较深刻之思想问题，仍处于摸索阶段；故有关《老子》一书之讨论趋于热炽，事尚在一九二七年后，以至于一九三一年、一九三二年间。钱先生《关于老子成书年代之一种考察》，即发表于一九三零年。与钱先生同时主张《老子》书应晚出，重要者，有冯芝生。[73]钱、冯二先生之说，既皆属以新方法治"思想"与"考证"，论又于此点符应，论势转强，故胡氏亦不得不为文答辩。[74]

综观此事之所以重要，主要在于凸显春秋、战国历史变动之意义，不仅为政治的，亦是社会的。论中国严格义之“哲学思维”之起源，必当于社会之条件有所说明；而叙言此后学术思想之展衍，亦不得忽略可能与其“存在状态”相关之社会背景因素。凡一说法，不能于此要点，有所叙明；或其诠释，不能对于历史之研究者，具说服力，即无重要意义。钱先生早年最大研究成果之汇集，为《先秦诸子系年》，主要即是以整个战国史事为其较论年世之着眼。而同时期学者论“思想”必及“史事”之新式之考辨，亦是出于同一问题之刺激而产生；直至“社会经济史”之观点介入，始将重点逐渐转移。

钱先生全盘考论“先秦诸子”之当与任公提辨“《老子》书乃晚出”一事相关，有一证，即钱先生发表《老子考察》文时，曾自记其稿乃初成于一九二三年，在任公提出说法后一年；而尚距投稿刊布之时有数年之遥。此期间，即钱先生构筑其“系年”论之最要阶段。然《先秦诸子系年》一书之重要，于此可说为第三项贡献者，实又不仅在为诸子之年代设定某一人认为近理之推测；或大略地说明一时代之背景而止。此因钱先生之作此书，脑海中有一为其所关切之战国史问题，即战国史之年历。《史记》谱春秋时事，以有《春秋》为依据，故厘然可纪；至如六国事，则诸国宝书尽毁于秦火，太史公谱《六国表》，唯据《秦记》。秦僻在西土，与中国交通本晚，故纪事多阙漏舛误；顾亭林乃谓其间有百余年事，考史者为之茫昧。亭林之后，清人考《六国表》发现一重要之方法，即是援引前人所轻忽之汲冢《竹书纪年》，以之作为对比参校之重要依据。唯因《纪年》久佚，后出之今本，乃经后人改乱；故朱右曾（字尊鲁，一字亮甫）[75]另自《史记索隐》中辑出真本。钱先生之前有王静安，亦为之补校；[76]特留存之问题仍多。钱先生既欲考论诸子，诸子生平可考者皆属零星事件，若欲因其事以考其人之年代，或传世书之真伪，如梁任公《诸子考释》、[77]《古书真伪及其年代》[78]所强调；[79]则唯有先将其间某子某事确切可信之载记，与真实之年历相系，然后就诸子间交往之关系，或思想议题之传承种种线索，为之考较。其有事不符应，或于“子学”发展之脉络难以说通者，则为之疑辨。故考事即是考年，考年即是谱历。钱先生汇集前人针对战国史事之表现于杂史与子书者所作之考论，逐一为之疏通，而以之系于所新成之《通表》，实是条理功深；后之论战国史与诸子书者，得此一书，关键具在，可以如网在纲。至于一子生卒年之估算，诸家考据本无定论可期，若其人之行年牵涉“子学”发展之脉络，则关系重；若人在渺茫之间，书亦不存，则考之、谱之，亦不过见一大概，出入无妨。至于传书是否可信，又非单凭考论其人其事所可决定。论之者，各人须有其自建之有关“先秦思想发展脉络”之说法，并以之作为“观念历史”较论之基础；其考辨之性质又与此不同。

论及先秦思想发展之脉络，首先当辨明议题；且此议题，必须具有于思想上驱迫人思维之力量。此即哲学史或思想史上所谓思想之“恒久性议题”(perennial issues)。点出此意，当时学界有一先行之开创者，为章太炎。其《国故论衡》，[80]当时人莫不读诵；即胡适之亦不例外。特其书简奥，读之者或不能得其头绪；故提示相关之思想议题及其建构条件，其流行之影响，不及胡适之之广。唯胡氏论“哲学史”，过于侧重“哲学作为知识方法”之意义，故于各家精神颇有走失。

虽则如此，胡氏书中对于“子学”发展，亦有数项立论极特出。其间颇为重要之一项，即古无真正独立之“名家”，汉人所指言之“名家”，实乃战国时期新起之后期墨家。[81]此说所以较之胡氏本人其他意见，尤显重要者，在于能提供考论先秦“形而上学”发展一条可能之线索。此条线索，胡氏本人因未充分明了属于哲学思维之“形而上学”发生之困难，故未尝认识及之；后乃为钱先生所提出讨论。此为钱先生考论先秦学术史可以述说之贡献中之第四项，即以“名学”议题之出现于先秦“形而上学”论述，作为辨明“名家”与“道家”关系之依据。

钱先生不信孔子有赞《易》之事、《易传》为春秋时代之书，此两点时人持相同意见者不少。然果依此说法，论孔子思想，可据者唯在《论语》与《春秋》。倘传本《老子》亦后出，则“先秦子学”之在春秋者，最先乃自“伦理学”(ethics)与“历史编纂学”(historiography)之思维来，中国“形而上学”之根源，究在何处？不能不予讨论。胡氏至终不承认《老》书为晚出，其心中自无此问题存在；钱先生则不然。钱先生考掘道家产生“形而上学”之原由，或与名家相关，主要在析论传本《老子》书首章二句：“道可道，非常道；名可名，非常名”；谓乃同时兼涉“本体论”与“名学”问题。至于庄子，其人本亦与名家之惠施相友善，抑且惠施系《庄》书内篇中唯一真正可见之讲友；《齐物论》中亦尝举论名家之辩题而为异说。今胡氏既论证名家主“兼爱”，乃墨家新派，则由“儒”而“墨”，而“名”，思想一步转出一步，逼出“形而上学”讨论，正是于思想之脉络中可以理解而赞同之事。故钱先生于前所引论之《老子考察》一文中，乃以此“议题”与“特定观念”发展线索之说明，为其思想考辨方面之辅助证据。

钱先生有关先秦学术史研究之第五项贡献，为考辨《老子》与《庄子》成书之先后，与其思想系统之差异。传本《老子》晚出，既经讨论，举证益多，当时取得辨说上之优势；然《老子》倘晚出，究系晚至何时始著成书，亦不能无一估计。当时辨之者，或说春秋末，或说战国初；不然则说之为战国中期、中晚，或晚，更有将之推迟至秦、汉者。不一而足。[82]钱先生考辨之重点，除较论先秦有关“可名为老聃之人”之传说外，重点在于“庄学”与“老学”之判宗。“黄老”与“老庄”，乃道家思想发展可辨形态中之两种，古人早有此说。即专就《老》书与《庄》书言，二书思想实有某些不同，亦是历来深于老庄之学者所觉察。然虽是老、庄之学有大致之差异，因《庄》书中外、杂篇中亦有明显近于《老子》理路之言者，故《老》之与《庄》，自来亦并非真能清楚划分。老、庄确然可以厘为别宗，始自清初王船山（夫之，字而农，号姜斋，1619—1692）之《庄子解》；而其关键则在依据《庄子》版本内、外、杂篇之结构，分别加以统整。确认除《天下》一篇性质较为特殊外，《庄》书唯内七篇意自连属，内容精纯，可大致信为庄子本人之学；至于其他外、杂篇，则虽有精言，守义不纯，皆当归为“衍庄者”所为。且其中亦间有专为《老》书思想作诠诂者。[83]钱先生据于此见，而益之以一种“思想议题”与“观念历史”之分析，将两家作进一步判分；并倡言《老》书必当于《庄》书内篇既成之后著，道家思想最先乃自庄子始，非由老子起。[84]

钱先生此一结论，以考据而言，由于文献不足，且当时西汉以及战国之《老》书犹未出土，故据今日之所得以论前，其所臆测，诚未能成立。然《老》书传衍递变，传世之本，已证实确有后人增入之成分；宋以来依此以疑其全书之晚出，非无识见。[85]而关系钱先生辨"名家"与"道家"关系最要之第一章，亦未见于楚墓之本；则即《老》书之出现，非晚于《庄子》之内七篇，其始见之本若何？先秦"形而上学"成立、发展之脉络为何？钱先生所关切之议题仍在。钱先生考辨之所见，就"研究史"之角度言，仍有其深化研究之重要意义。

钱先生考论学术思想，除此所叙先秦部分外，用力最深者，为宋与清，而成绩亦较多。至于汉代与魏晋南北朝部分，大体皆由前述有关"经学之考辨"与"道家思想之分析"两方面扩展。汉代部分以经学为线索，综合汉与汉以前之学以为讨论者，有《周官著作时代考》（著于一九三一年）、[86]《两汉博士家法考》（一九四三年）、[87]《孔子与春秋》（一九五三年）；[88]并前《刘向歆父子年谱》文，后辑为前所叙及之《两汉经学今古文平议》。魏晋部分，重要者则有《记魏晋玄学三宗》（一九四五年）、[89]《王弼郭象注易老庄用理字条录》（一九五五年）、[90]《王弼论体用》（一九五七年）、[91]《郭象庄子注中之自然义》（一九四八年）、[92]《释道家精神义》（一九五六年）[93]诸文；后并前考论庄、老曾辑为《老子辨》（出版于一九三五年）者，重编为《庄老通辨》。[94]

钱先生有关宋、清二代学术思想之研究，主要系成就两部巨著；此两部巨著，不唯于内容上，具有开拓研究领域之功，亦在著作之工程表现上，可为学界树立一新的里程碑。其有关清代之部分先成，为《中国近三百年学术史》，属"学术史"体；有关宋之部分后成，为《朱子新学案》，属改进后之"学案"体。至于其间相关之专著与论文，尚有多种，较著者已见前引。

"中国近三百年学术史"之成为现代学术史研究另一重点，最初系梁任公由其"清代学术"之概念扩衍而成。任公所作《清代学术概论》与后著之《中国近三百年学术史》[95]二书，本亦期望为中国学术之现代化，寻求一类近“现代性”质素之历史根源；[96]故其书之不专就清人经学上“汉、宋”，以及“今、古文”之争立说，自始即然。然中国学术议题，既自有传承，必欲于其间，说出一近于西方精神之质素，必只能于思想上分析。任公于此种可能之“思想质素”为何，或以之比论于科学之“实证主义”(positivism)观点，或以之涉论于西方近代哲学中所重视之“实践”(praxis)议题。[97]然凡其所指言之现象，实皆仅于中国学术特殊之讨论中存在；倘因此而竟谓中国社会当时亦存在可以辨识之“群众思潮”，如其所论，终嫌证据不足。故于其后，学者深入讨论，不能不另立观点。其重要之趋向有二：一为钱先生所主张之“学术”说；一为侯外庐(原名兆麟，又名玉枢，1903—1987)所主张之“思想”说。

此处为叙述之便，而暂立之二名，乃就两人所偏重者安立；非谓论“学术”可以无关乎“思想”，或论“思想”，可以置“学术”于不议。

钱先生所主张之“学术”说，系以其观念中所会通认识之“儒学”，作为判别此期各人学术风格之依准。此种综合之“儒学”观念，不唯为钱先生所有，钱先生亦相信乃中国历来真正重要之学者所同有；有清一代亦不例外。特学者之见解有高下，不全然一致。故凡此期学者内心所期以矫挽时弊，或有所激而故持之论调，据其见解，皆是大致在一种以“学术”观念为导向之文化中产生；政局只是学者所必须面对之环境。至于由社会一般大众所熏习形成之观念，则并未于学者之讨论中，明显见出可以论说之影响。

“学术应如何发展”之抉择，依据此种儒学观之判读，既必须立基于学者主观之识见，而清代学术之门类又系繁多，则能以宏观之视野，开拓风气、影响众人之少数重要学者，必成为综摄全局之人物。钱先生全书中所述清人之学与清人之事，引据详富，颇为惊人；然居上摄括之架构，仅以十数人名篇。则其论学之主张可知。而于此十数人之名单中，有为清人乃至民国以来学者所盛称者，如二王(王怀祖〔念孙，1744—1832〕；王伯申〔引之，1766—1834〕)，乃竟不与；仅以附见于他人项下。至于清初，则黄梨洲(宗羲，字太冲，1610—1695)、王船山、顾亭林已占三章。细绎其书，似钱先生乃主张：清初以至清中，中国学术之发展，实经历一极大之变化；清乾、嘉之走向考证，与前期精神已有所差异，当分别以观。钱先生此说，较之任公《清代学术概论》书中将清学视为同一趋势所衍成，固是极为不同。亦可谓：钱先生之以清初上推晚明，乃视清初与晚明为一延续之发展，具有独特之学术史地位；上不同于明学之主脉，下亦有别于清中。故所谓清初之新风气、新思想，仍系一"偏向发展"之转移。而任公则以清学为宋明学之反动，此一反动思潮，为整个清学发生之根源。[98]二人之观点不同。

至于较后之侯外庐，其所著《中国近世思想学说史》(出版于一九四四年)，[99]则是企图于学说之诠释中，增添一种"社会结构变动"之分析，以求能于特定之观点下，深入理解中国思想史上一种与"社会结构性质改变"相应之变化；具有为其个人抉择之"马克思主义"立场。[100]

钱先生《近三百年学术史》之写作，除独抒己见外，亦受同时期其他学者所提出议题之影响；乾嘉时期戴东原(震，1724—1777)、章实斋(学诚，1738—1801)之特受重视，即是一端。而其书，对于此后学界讨论此一时期学术史问题，影响则极深远；不在梁任公之下。此但检视学者所注意之问题，与所重视之材料而可知。至于观念之影响，则钱先生与任公之说，皆占势力。

钱先生于著《近三百年学术史》之外，亦曾着手重编《清儒学案》，惜稿于抗战期间没入长江。此事之可惜，在于：有清一代理学，可谓声光暗淡，其人其书世所少知；即知，亦未受重视。清唐镜海(鉴，1778—1861)曾有《国朝学案小识》[101]之编，民国则有徐世昌(字卜五，号菊人，1855—1939)所辑《清儒学案》；[102]然主事者，皆非于理学有深造。钱先生虽写成《近三百年学术史》，然碍于体裁与重点不同，此一脉络之描述，亦无由掺入其中。故无论就前人之作增损，抑或另撰，以钱先生之识见为此，或亦可引致学者之注意，增多学术研究之领域未可知。[103]然此事对于钱先生言，既非重要，钱先生之心力，遂亦未再投注。就理学言，钱先生选择之研究工作，系以"朱子之学"，作为论述学脉之主轴。

朱子之于儒学史，自来即占据一特殊之地位；且其地位，亦不仅止于“理学”意义而已。然就学问之系统言，“儒学”而不以一深刻之义理为其核心，“儒学”因个人生命力投入所产生之凝聚力易于分散，故论朱子，仍当先论其义理思想。唯“儒学”之义理，应以何者为依据？钱先生取择朱子作为其阐释“儒学”之主轴，最要点，在于：赞成朱子言义理，必以《论语》为宗之义。至于朱子所结合、营造之“理学”，对于其他哲学问题之探讨，为近人所重视者，则尚在其次。

若依钱先生之见解推说，理学家之思想，与先秦儒自有差异；此差异，即“理学”形成其自身之理论结构，从而表现一种特殊之“儒学”面相。然“理学”愈发展，其本身认识于“儒学”之本源愈应真切；否则亦有可能将之发展成另一种儒学，脱离原本之主轴。此所以朱子之合“理学”于“经学”，事关重要。相较之下，二程（颢，字伯淳，号明道，1032—1085；颐，字正叔，号伊川，1033—1107）于理学之树立，有奠基之功；程子乃至程门诸高第弟子，于四书义理，尤其《论语》一书所识，亦是迈越前代；虽则如此，彼等于儒学之统整，其所造之境，仍属有限。朱子注《论》、《孟》之由尊程子与程门诸老，至删改其《论孟精义》稿为《集注》，过程正有一番转折；可以仔细剖析。[104]亦可谓，自来读《论语》者，无如朱子之深；自来尊《论语》者，亦无如朱子之最。至于朱子之其他意见，如谓公羊家说《春秋》乃桑树著刀谷树出汁，[105]《易》之本义乃为卜筮作，[106]明义理不当专求之五经，[107]乃至自言“《书》中可疑诸篇，若一齐不信，恐倒了《六经》”之类；[108]居今而论，儒学者皆可以彻底明白其卓识之所在。故依钱先生之见，即此专主《论语》一点，朱子已为后世治儒学者，确立一义理之归宿；虽究心理学者，亦不应远离乎此。

必先明乎钱先生论儒学、论义理，于最核心之意义上，并不视之为必属一种“哲学的”本质，[109]而后其谓朱子乃集理学之大成，甚至推论朱子乃集孔子以下中国学术之大成之义，[110]方始可以掌握。然此亦并不等同谓“理学”乃非针对同时代之哲学性议题作探讨；二义当分别以观。

对于“理学”之研究而言，由于朱子地位之重要，而其著作乃至论“道”之言谈，种种材料之丰，又系古今莫匹；故历来编辑其语录者有之，考辨其意见先后之异同者有之，为之制作详尽之年谱者有之。钱先生尽其力以成《朱子新学案》一书，企图将中国学术史上，此一批数量庞大之著作材料，整理出规模，使后人考一事、论一义，皆可按图索骥；其功颇伟。即诠释之意见有所不同，学者亦是可同受其惠。其书之可贵，固不专在表现其一家之析论而已。

以上所叙，大体即钱先生论历史、论学术思想之意见中，关系最大者。至于各别之卓见，如“理”字于中国思想史上意义变衍之过程、唐代古文运动之真相、明代开国诸臣著书之心态、西魏府兵制之来历、关于古史地理之一种新意见、历史上之水利与水害、关于名家与《墨辩》之诠解种种，精言要义足供研究参考者，不胜枚举；学者依所专门，细心读之，自有所得。

三、钱先生义理思想之根源及对此可有之哲学解释

钱先生主张文化具有可能之自主性，源自其确信人可从义理之解悟中，获得人生意义之充实，与人生束缚之解放；以及确认独立、自主之智识阶层，具有导引社会文化走向之功能。论俱见前释。唯钱先生对于哲学基本问题之解答，到底抱持何种观点、站立于何种立场？由于钱先生自始即仅是承接当时学界所传播之有关西方学术“议题”与“方法”之概括性介绍之影响，并未从事一完整之“哲学系统”(philosophical system)之架构，且亦不以此种架构之探讨，为诠释中国学术思想发展必要之基础；故对于其本人思想立场之“哲学性质”之探讨，只能借由间接之途径获得。此一途径，即以其个人对于中国义理思想之历史发展之诠释与评量，以及阐述中国义理思想时之取舍，作为依据。

综括而言，钱先生之义理主张，其精神主要为一“有限”义之人性观。所以谓其精神乃立基于一“有限”义之人性观者，系指其对于义理之主张，乃依据“直接的道德体验”，及有关道德本源之“心”、“性”观念之“经验式之理解”；对于安置心、性观念之“形而上学”设论，虽承认其作为学说之“可以有”之价值，却不认为具有必能“决定”或“说明”其内容之效力。虽则于哲学之立场，钱先生仍是比较偏近于“实在论”(realism)之主张。

钱先生之不视严格的“形而上学”讨论为必要，事与其不视儒学之基本性格为“哲学的”有关。意即在其主张中，儒学可以是“哲学的”，然却不必然为“哲学的”。此种性质之判定，既是依据于儒家之原初性质起见，亦是参酌于儒学历史上之发展成说。

就“起源”问题论，由于儒家宗孔子，学术上亦尊崇一概念上之“六经”，故此问题，既牵涉子学，亦牵涉经学。胡适之讲论中国哲学史，叙自老子，排除经籍不论，系不主张经籍本身具有表现严格义之“哲学思维”之特质。今倘若就经籍中较无著作年代争议之《诗经》，以及部分之《尚书》言，《诗》、《书》所表现之“天命”观，系有一清楚之古代宗教背景，梁任公已言；[111]胡氏虽于《尚书》一书之真实性存疑，然论《诗经》，亦大体同于此一意见。此种看法，后并得殷墟发掘报告发表后，学者所作之“文化评估”之支持。唯于胡适之著成《中国哲学史大纲·卷上》之后，傅孟真出版《性命古训辨证》(出版于一九三八年)[112]之先，梁漱溟讲“东西文化及其哲学”一题于北京大学等处(一九二零年、一九二一年)。彼论述中国哲学之起源，引据《周易》为说，谓《周易》书中，具有足以表现中国“形上思维”特征之一种“变化的”哲学系统；且亦若相信，中国远古时代真有与《周易》相类之所谓《连山》与《归藏》。[113]

梁氏论文化，本亦系一“形态观”，然其形态观，乃据哲学思想之形态为说，前论已及。故于其观点中，“形而上学”、“知识态度”与“生活义理”，三者应具有某种必要之关联；且三者之发展，亦必须于历史中，真正表显为一种关联的体系，方始具有完整之“生活义理”之意义。然此一诠释之观点，究竟来自一臆想中理论之“应然”，抑或此项思维体系，自始即确然为中国哲学之本源？必须于哲学之史料有解说。固然梁氏之说法，乃系以“隐含之系统”说之；然形而上学之哲学质问，不论是否已有具体之说明形式，究与纯粹宗教性之“根源思维”，有基本性质上之差异。《诗》、《书》之“天命”观，如在“命”所据于“天”之一层上，系证明为“宗教的”；则时代相近且同与统治阶层之统治相关之《周易》，不能与之不相应，而独自表现为梁氏所谓“变化的”形而上学观点。

设若《周易》卦爻辞著成之时代，尚未存在可以脱离古代宗教思维之条件，则即使谓《周易》之卦画系统，寓含有可以导引出“纯粹”之形上思维之思想因素；此种导引因素，亦必仅是“能然的”与“启示的”。必须于真正的“形而上学课题”成立后，始能生发此种哲学影响。而就文献观之，此项条件，亦唯有于“子学”既起后方始存在。前述有关《老子》一书，是否早在春秋时期，即已完成后世传本之面貌？由是具有无比之重要性。盖如后人所指言之“老聃”，其人乃先孔子，且亲著此五千言之《老子》，则《易传》非不能由孔子作；倘《老子》一书之作成，如后世传本所显示，已在孔子之后，则《易传》思想与之比较，应在其前、抑后，关系亦大。

《老子》书之必当晚出，依钱先生及当时立场相近之论者之意见，主要在其用语多表现战国始有之社会现象与观念；至于《易传》之犹当更晚出，则涉及特殊观念之历史发展。盖若就“儒家思想原始性质为何”之讨论言，由于《周易》卦爻辞之原旨，依持此论者之说，并不含有原生性之“完整的”、“严格的”形而上学思维，故《易传》是否孔子作，涉及孔子义理思想应如何理解之问题。今若摒除《易传》所论于孔子学说系统之外，则孔子所言义理，可以依“哲学观念”说之者，唯在《论语》；《论语》中所记，则初无可以明确指为其自建之形而上学架构。凡宋以来，经指为具有隐含之形而上学意涵者，如“逝者如斯夫不舍昼夜”之类，论者皆是取《易传》中之“体”、“用”思想以实之；《论语》本身，初无可以表现出此种立场之语句。《论语》中即涵括性最大之“道”字，亦明显止具有“人道”义，尚未超脱“可以名言”之层次，而有以上指于宇宙之终极本源。故若订《老》书为晚出，而《易传》更在后，孔子之义理即不得谓乃由一高明之形而上学思想所衍生；此论与前此所叙梁漱溟之说，明显对立。

钱先生之不认形而上学之讨论，于儒家义理为绝对必要，不仅系因钱先生经考辨后主张：儒学之形而上学，乃有取道家之“道论”后创造，如前所释；亦根源于其本身对于孔子《论语》义理之体会。当时与钱先生同主《老子》、《易传》两书晚出，重要者，为前所叙及之冯芝生。冯芝生系客观地述说一中国之哲学史，“孔子义理”除历史上可说明之重要性外，对于其个人，并无特殊深切之意义。故于其论述中国哲学之起源时，孔子系以一“哲学之启蒙者”之地位，占有重要性；[114]犹如希腊哲学史之有苏格拉底(Socrates，公元前469—前399)。钱先生则于此，与冯氏之见差异。

盖若据《论语》中仅见“性”与“天道”概念之提出，而未加以哲学性质之讨论立说，孔子或止能居于哲学史萌芽奠基阶段。然孔子毕生论“礼”、论“仁”，皆从一人文历史之反省出发，其于人生义理之解悟，正有一经由“下学”而“上达”之实境；未可仅以“古无传承学术之私人教育，学术性私人教育自孔子始”一点，如当时学者所强调，即谓已道尽孔子位居于历史之重要性。

钱先生合“哲学之孔子”与“史学之孔子”为一，于理解上，必先有“哲学史之孔子”与“史学史之孔子”两方面之认识。而在其前，先作此区分之理解者，为章太炎；其说见于所著“重订本”《訄书》，[115]及再次增改而成之《检论》。[116]

然太炎极重史学史之孔子，而极轻视哲学史之孔子；[117]对于孔子义理之整体性理解，与钱先生不同。此事若止就孔子一人而论，孔子之义理思维与其历史思维可以相关，且实然相关，可以于《论语》中所记孔子之言证之；钱先生之理解，过于太炎。特太炎之激而为一种批评孔子之言论，亦有其所以然之个人处于当时代之原因，不难理解。然若牵涉及于历史上中国后代史学之发展，则“儒学”是否必重一种史学思维？或史学是否必具一种强烈之“儒学”色彩？此问题必将引生讨论。太炎于论法上，先将二者区分，亦系有其重要之意义。

钱先生对于孔子所论义理，与其史学间之关系之理解，若以一后人近似之规模比论，可举司马迁与顾亭林二人为参照。司马迁自叙其著成《太史公书》百三十篇，乃欲以“究天人之际，通古今之变，成一家之言”。[118]“古今之变”之认知，依其说，必透过史学研究之方法；然认知有理解层次上之不同，“通之”云者，系一逐步由下学而上达之过程。于此过程中，有关人之“意志之德性”（virtues of the Will）或云“伦理道德”（moral virtue）[119]之理解，与有关“人之世界之理解”，皆必须于研究者本身主观之思维与解悟中提升；故“究天人之际”，即是一结合“义理认知”与“历史思维”之探讨。钱先生论后代学术，极重史迁，亦极重《史记》，而其所以看重之故，犹不仅是一般史学史之观点，其意当即于此着眼。

次就顾亭林讨论。亭林不喜深谈义理，前引顾亭林语，曾有一言，谓：“古无所谓理学，古之理学经学也。”此语见于彼所作《与施愚山书》中；[120]其着重阐释义理与经学间之关系可知。至于亭林著《日知录》，则于“夫子之言性与天道”条下，又力申“夫子之教人，文、行、忠、信，而性与天道在其中矣”之义；[121]其不离于“人”以言“天”之意更显。[122]虽则亭林所主张“经学即理学”之言，若就汉以后学术史之发展论，语亦有弊，然钱先生一面尝指陈其偏，另一面亦仍极重其语，书中常有讨论。[123]由此可见，亭林所强调“上达”必奠基于“下学”之意，依钱先生之观点视之，固是理解孔子论学宗旨一极重要之论点；未可轻忽。

以上为有关孔子部分，次就后世之儒家论：儒家尊孔子，所谓儒学亦自孔门教育之传承而来，孔子义理之主张与其为学之概念，自极重要。然历史上儒学传承有变化，中国学术史中各别之学术分支，亦建构有其自身特殊之领域与方法；对于所谓“儒学特质”之判定，必然牵涉后代儒学发展之讨论。其间最重要者，即是宋明理学家言，与先秦以迄秦、汉间儒学之比较。

钱先生之不认为儒家义理学基础，最先乃自一“形而上学”理论发展而来，且不认为“形而上学”理论为必须，有一关键点，即认为：以历史反省作为理解“人于伦理上所可能者为何”之一种方式，所谓“究天人之际”，其实皆不离于所谓“知命”。而就“命”言，有福命，有德命，[124]君子就德命言“性”，本不必追问性命所从出之“天”，究系为如何之“天”。[125]盖不论作为“根源”义之天，乃一宗教义之上帝，或一哲学义之“绝对体”(the Absolute)，乃至其他，止要其系统之论述中，未排斥“目的性”(finality)之概念，[126]皆于人以“所受命”为“性”之一义无变改。[127]先秦儒之有取于道家之气化观，亦仅是历史发展实然之结果；[128]依其说，其间并无确然之哲学理论上之相需与必须。梁漱溟谓孔子义理，承自一“变化的”形而上学，其意盖指孔子之义理，乃系一依于彼所诠释之“天人合一”之思想。[129]然于气化中见所谓“体用不二”，与在心识之流行中见主宰，无论于前者推后，或于后者推前，皆须有哲学上推演之过程；否则即非哲学上之“相需”，亦不见为“必须”。故解释一哲学系统，不能仅以“形态”或“立场”作区分，而无“直接的语言材料”之解释。钱先生较论先秦以迄汉代儒、道思想之内容，皆就单个观念发展之过程，指陈其相互影响之迹。设使钱先生之所见为然，则梁氏所谓“变化的”宇宙观，其具体于道家与儒家中形成，固与孔、孟义理观念之来历，不必同出一源；亦不必成于一时。即如后人群推为儒家形而上学最要著作之《易传》，其云：“立天之道曰阴与阳，立地之道曰刚与柔，立人之道曰仁与义”，[130]明白将“阴”“阳”与“刚”“柔”、“仁”“义”等层次不同之观念联系一处，依其说，亦仅止为“组合的”，而非自始即为一“系统的”。[131]至于宋、明之理学家则不然，其思想，则显然已为“系统的”。然亦因此，理学家注解先秦典籍时，往往溢出原旨；两相比较，每有属于“观念性”或“结构性”之差异，可以辨识。[132]

钱先生指出理学家解经与原书义旨有“观念性”或“结构性”之差异，此意散见于相关各书与论文中；如《从朱子论语注论程朱孔孟思想歧点》[133]之类。比论之关键，多半皆是与“天”、“人”、“道”、“德”、“性”、“命”诸观念相涉之字词。

如《论语》“获罪于天，无所祷也”句，“天”明指上帝，乃朱子以

“理”字注之，曰：“天，即理也”，[134]清儒钱竹汀（大昕，字晓征，1728—1804）《十驾斋养新录》已讥之。[135]然朱子必如此注解，正有其不得不然；此事不唯可见宋儒理学之发展，曾建设独特之“存有学”(ontology)与“宇宙构成论”(cosmology)系统，[136]亦证《论语》如此等处有其正解，不应改字说之。又如《论语》“性相近，习相远”句，朱子注之，引程子语，谓此处“性”字乃指气质之性。[137]合“气质”言性，固是事实，然合气质言性，不即是偏指“气质之性”，《论语》言性，本未尝有“天地之性”、“气质之性”之分，而朱子以二程、横渠（张载，字子厚，1020—1077）之论说之，[138]此点亦见“理”、“气”二分乃后出，非先秦儒学所本有。[139]

以上二例，为《论语》涉及“天”与“性”之语句；双方之差异，属“存有学”范围。至于释《孟子》，则更有涉及广义之“认识论”(epistemology)方面者。钱先生有一极重要之较论，见于其所著《朱子新学案》中《朱子与二程解经相异》一文；其所释在于《孟子》之《尽心》篇。篇中孟子有言：“尽其心者，知其性也。知其性，则知天矣。”[140]“尽心”、“知性”、“知天”，本分三层叙说；“尽心”云者，即如孟子之依于人之经验，指示出人有四端之类。[141]至于“知天”之谓，孟子则以“莫之为而为者，天也；莫之致而至者，命也”[142]者说之。故“知天”，即犹如言“知命”；天之可知者，仅为其所以命人。知性即是知天。乃朱子《集注》之解孟子“尽心知性”之旨，竟谓人之自尽其心者，若不先知己性所有，则尽心无用力之地，故谓尽心即须知性，而性即理也，故知性即所以知天；将“尽心”、“知性”、“知天”合说一处，而以“知性”为统摄。若然，则“尽心可以知性”语，实际乃转成为“知性可以尽心”，其不为《孟子》原旨，明白可见。[143]凡此皆见理学家之特所用力处，有时即是其所以别异于先秦儒之处。

以类近一种“观念史”之眼光与方法，辨析儒学内部先后立说之不同，前人亦有近之者，即清戴东原《孟子字义疏证》[144]与阮芸台（元，字伯元，1764—1849）《塔性说》、《性命古训》[145]诸书或文所表现。故与钱先生同时之傅孟真，在其本人因殷墟考古发掘而作出有关殷周宗教观念之诠释时，即特意标明乃师承阮氏意，而以《性命古训辨证》名其书。唯清代之考据家，于其预设之观念中，本有一“儒家义理乃根源于经学”之观念，故有其能辨、有其不能辨。今若打破完整之“经学”观念，又必在《论》、《孟》、《易传》、《中庸》间作出分别，则由于《论》、《孟》书中仅有“哲学立场”之宣示，而尚未见系统之“形而上学”讨论，[146]故凡注解失实之辨证，止涉及个别之观念；至于宋明儒诠释《易传》、《中庸》之说法，则因其性质可能显示系统上之差异，故必须以较为复杂之哲学理论说之。钱先生除有专文讨论《易传》、《中庸》及《礼记》中若干重要篇章之宇宙观外，[147]另有一说法，散见于其所著《中国近三百年学术史》、《宋明理学概述》及《中国学术思想史论丛》诸书，即理学家除朱子所完成之“理、气二分”之理论外，亦有部分学者于设论时，比较近于《易传》、《中庸》二书中所表现之宇宙观形态。此一现象，上可追溯自宋，下可由明观察至清；[148]且综括而言，明末以至于清，正有一种欲自宋明返回于先秦之倾向。若然，则儒学中“形上”思想之内容，不仅是“发展的”，抑且可以是“多元化的”。儒学之评判，自“经学”观念打破后，止可能承认“义理”上启示之来源，即是孔子之教诲；至于儒学中“史学”与“哲学”之发展，则须以历史之进程说之，并无必尊之宗门。

虽则如此，于儒学历史之评判中，依前说，钱先生仍有一“朱子乃集后世大成”之说。此说若欲细加讨论，当分“集理学之大成”与“集儒学之大成”两层分析。“集儒学之大成”之意，乃一学术史之说法；已见前释。至于“集理学之大成”之说，虽同是析论学术史时所主张，钱先生之论法，则比较亦牵涉其本人哲学观点之选择。

何以谓钱先生所主张“朱子集理学大成”之说，比较亦牵涉其个人哲学观点之选择？盖因理学之分“程朱”与“陆王”，自有象山、阳明（王守仁，字伯安，1472—1529）即有此区分，自后两派争议各据立场，并无可获致之结论；章实斋乃有“宋儒有朱、陆，千古不可合之同异，亦千古不可无之同异也”之说。[149]钱先生早年应商务印书馆邀约，撰写《王守仁》一小册，[150]于阳明极致景仰之忱。此一敬意，即至钱先生晚年亦非有变。然钱先生论学之终不以“宗主”归于阳明，有一关键；此关键点，与历来批评于阳明者有关。即吾人如理解阳明之所谓“良知”，只从个人义理经验体会，则“良知”乃人道德心之发端，“致良知”亦是积善成德一重要法门；无可以疑议之理。历史上阳明人格之伟大，与阳明学传播所见出之力量，皆是事实。然倘若欲哲学地理解阳明所指言“良知决断”所源出之体，则阳明书中载阳明语，如谓“良知是造化的精灵。这些精灵，生天生地，成鬼成帝，皆从此出”[151]之类，其意指，实已由意识中可经验之善之意志之感发，上涉于无限之“绝对体”，论者只能以“唯心哲学”之观点说之；非复《孟子》书“孩提之童，无不知爱其亲者；及其长也，无不知敬其兄也”[152]之所谓“良知”，所能范围。

又如《传习录》载阳明一说，谓：目见花，则花与我一时分明，若目不见花，则花与我一时俱归于寂；[153]此亦绝非可依“常识”而理解之语。故除非确认儒家从来于形而上学，皆系偏向严格义之“观念论”(idealism)立场，且此立场于儒学义理为必须，否则欲学者主张于此，易招疑虑。[154]此事所关系者，犹不仅止于“工夫论”之层面而已。

固然就哲学之发展言，“阳明学”之于明代盛行，必然显示朱子之理学系统于哲学上有其未能充分解决之难题，阳明亦是面对此难题，提出一解决之可能，不能即以其是否依循历史旧轨而加轩轾。此所以阳明之学，时至今日，仍有其“可开拓”之理论空间。唯自阳明学盛行后，攻泰州(王艮，字汝止，号心斋，1483—1541)、龙溪(王畿，字汝中，1498—1583)者，推而上溯阳明，当时论者所以依于形而上学观点，疑王学之近禅，中间实有一种关心“儒学发展”之考虑，即儒学不应背离传统重视经、史学之学术规格。

正唯此种疑虑，于保守之儒学传统中，极为普遍，故自“江右王门”以下，阳明学之流衍中，仅于“工夫”层面强调阳明之教者，不在少数；抑且与高谈“本体”者，亦颇有嫡、庶之争。唯以今日对于“哲学”之理解言，哲学思维有其内在之逻辑结构，与论证时必然引致之“系统化”需求；凡内在于系统中所具有之思想成分，终必生发影响，无法纯以学者所设定之“教法”限定。故阳明学最终之理论结构，必然将于“后势”中产生一种激化“理学学术”之作用，亦是于分析中可以预期之事。

而就钱先生之观点言，儒学之基本特质，既非必要完成一种特殊之形而上学系统，则所谓“集理学之大成”，亦仍应是依“理学”之成为“儒学形态”之一种历史之综括性判断而说；对于各家哲学立场差异所引致之效应，与其价值之衡断，不能不联系之于此处所指“学术发展”之考量。故钱先生论中所谓“集大成”之意，即是主张：理学之有周、张、二程，无朱子则构不成一种新的儒学规模；而凡理学历史上所讨论之课题，皆已由朱子综括，阳明亦必须于此已完成之学术架构内，处理其特殊议题。所谓“陆王”，亦仅是理学内部问题之一种另向之探索而已。

钱先生以朱子为集儒学与理学之大成，显示钱先生不以阳明学之出现，具有真正的“儒学规模”上进展之意义；虽则此并不意味，即否定阳明学于哲学上所开创之价值。盖就儒学之进展言，阳明学虽强调实践，阳明亦有其自创之“以心通史”之说；然以严格之心学贯通史学，有实际上之困难。章实斋论浙东史学，曾谓浙东史学源出阳明“致良知”之教；[155]然此种结构，究系“组合的”，抑“共成的”？不能不加分析。钱先生虽重视章氏经史之说，早年亦曾论及“浙东源出阳明”之义，[156]然于其后论中，则颇质疑于阳明学是否真能“开出史学”一事。[157]

至于阳明学说于“哲学”论域中所可能建构之诠释评价，当时学界，自前所论及之梁漱溟《东西文化及其哲学》一书发表后，翌年（一九二二年）即有张君劢援引欧西之说，接续阐发梁氏所曾指出之“直觉方法”于“认识论”中之意义；引发所谓“科学与人生观”论战。[158]虽则当时论“直觉”者之旁借于此之前业已受到中国学者注意之法国柏格森（Henri-Louis Bergson，1859—1941）哲学，并无确然之成功，然此后学界开启有关“程朱”与“陆王”对立之讨论，运用及于西方认识论之分析概念，亦逐渐使此一原本属于中国学术史中之问题，被赋予一明晰之“哲学史”意义。钱先生对此，虽未深论，亦大致接受此种以“立论形态”为区分之讨论方式。

柏格森思想之于哲学领域具争议性，[159]在于柏格森欲以其所叙言之有别于“理智”之简择作用，而可直接接触“实体”之特殊之“直觉认知”，说为必要之形而上学方法；而不仅是为此一“直觉”概念之所由成立，奠立一形而上学基础。此种设论所涉及之“存有”之整一性，虽于其理论中乃属“根本的”、“延续的”，而非“高层的”；然在其内里，仍无法摆脱形而上学之建立中，所常见之“内在互证性”。因此若就哲学之严格要求言，评论者实亦只能依据此一“形而上学”本身建构之方式，承认其为一种“设论上之可能”；而非可不加怀疑地接受其说，并执持之以为检验一切形而上学之准则。否则就“哲学”之成为学术言，哲学分析本有之明晰性，势将遭受严重破坏。中国之于当时，建立“知识方法”之概念，本是主张“文化改造”者提倡“科学”所视为当务之急，故若于“思想”与“文化”之讨论中，遽然有人张大此种仅属“可能”，而又无法于运作中明确定义之“直觉”说，自是一不能不急予分辨之事；[160]以是引发争议。

唯柏格森哲学之能在当时于欧洲流行，亦是反映“科学文化”之不能完全解决人生问题，此点提醒中国学者：谈论中国“现代化”问题，不能仅止于注意时论所主张之“科学”与“民主”两项。

当时反对张氏《人生观》[161]一文所持观点之意见中，有一点极重要，即是不能接受张氏以“人生观”仅是一种主观之直觉，既无定义、无方法，亦无义理标准之说。[162]盖人生观如仅是主观之意见，而无可以讨论之依据，则“人生意向”将不能成为哲学中所可讨论之议题；亦将无“人生哲学”之可期。此点显为张氏个人诠解哲学义之“直觉”时，认识未透所引致；虽则张氏本人于日后之研究中，对于哲学中“直觉主义”(intuitionism)之内涵，已有较多认识。[163]

究实而言，“人生义理”之标准，究竟为何？此问题可以与“科学”所处理之“知识”问题，性质不同；而人何由而能认识此标准，亦可能有“方法”上之差异。唯当时主张“科学”者，既立基于一通俗义之“自然主义”(naturalism)观点，且又过于夸大所谓“科学的人生观”之概念，因而对于“人生义理”所必然涉及之哲学讨论，并无认识。[164]以是彼辈于“知识方法”之界定上，论势虽强，就“价值”之应如何建立言，其论点难以造成真正深远之影响。一切皆必须留待关心“伦理”问题，而又具有较深厚之哲学素养者之讨论。“程朱”、“陆王”之对比，即是于此一“论战”后一种“哲学”之心理氛围下，成为学者所选择之方向。

当时偏向主张“程朱”之立场者，主要关怀之重心，在于辨明人生哲学中之“义理”，与启蒙派学者所提出之“知识”，二者间系如何相关之问题。阐释程朱哲学中朱子“理”、“气”观念之哲学性质，有助于理解中国哲学之基本架构与形态，从而使学者较易于超脱“知识性问题”与“非知识性问题”相互混淆所产生之纠结。重要之学者为金龙荪(岳霖，1895—1984)与冯芝生。

金龙荪《论道》一书曾以简明之哲学语言，诠释所谓“道”；谓“道”即“式”与“能”，“式”与“能”系道之内容之二分，其义近于朱子所谓“理”与“气”。[165]倘若以金氏之说诠释朱子，则应可谓：“式”之先于“能”，乃是“理论条理”义之“先”，[166]“式”系“不存在而有”；故“式”之为“先有”，非“先存在”。此“存在”与“有”之分别，可以说明朱子以“理”为在“气”之先之义。

唯金氏说亦有与朱子明显差异处，乃在于：朱子虽主理不会造作，理之为“先”乃不得已说，然朱子亦谓气强而理弱，理拗不转气，理亦有管不得气之时；则在朱子说中，气实尚有“因动而生”之自然的、拗不转之“强”态；非理所能规范。与金氏书中所释之“势”义不同。[167]故“理”与“气”之关系，实不即等于金氏依逻辑而定义之标准的“式”与“能”；二者之说，盖仅是近而非同。

虽则如此，金氏以“式”与“能”释“形上”与“形下”，对于今人理解朱子所谓“理先气后”、“理气不离亦不杂”之说，仍是颇有澄清之功。

至于同时之冯芝生，亦论“理”、“气”，亦主“式”乃“不存在而有”；然冯氏另有一说，主“式”之为“有”，亦系以“潜存”之方式存在；则等于又说“理”为一种储能。故二说不免矛盾。冯氏于晚著《中国哲学史新编》第七册（出版于一九九一年）时，曾论及此事，已自承己说之误；谓不若金氏说之能解决二义间之纠葛。[168]

金氏与冯氏造论不全为诠古而作，尤其金氏之以"能"字释"气"，谓"能"义非可知、无可说，仅以充实"式"之可能而有出入，固不即是朱子说之本旨。至于论中借"概念分析"之方法，将传统理学中有关气质"清"、"浊"之复杂问题，全然避去，更有其属于近代"分析哲学"（analytic philosophy）之特色。

金氏此种义解，其所直接影响者，即是对于理学中所谓"义理之性"与"气质之性"之分，无法深切明了；故论中乃以物之"主性"与"属性"说之。"性"义既说为如此，则"性"字自止成"共相"之理之在"殊相"中所见者。如此，则人之辨善、恶，必仍止是"智"上事，而无实地"变化气质"之功。其前朱子论理、论性，本在"性""气"合论、分论处不一致，二氏于此不能辨，亦未有释，遂亦无能真认识中国理学问题之深刻面。

虽则如此，金氏以一种明晰且可直接联系于西方哲学系统之语言，将今人读古人书时易于混淆之观念，作出某种程度之疏理，仍是颇有助益。钱先生解朱子书"理先气后"之论时，尝引"未有飞机，当已先有飞机之理"之譬为喻；[169]此句正当年冯芝生、张岱年（字季同，1909—2004）诸人讨论"共相"、"殊相"时所提出。则钱先生之理解朱子，亦曾接受学界此一番讨论之影响，可以确知。

金岳霖曾谓以"道论"为题材之所谓"元学"（意指"存有学"与"形而上学"），可以是中国的，而"认识论"则无所谓"中国的"；[170]此语正显示现代"存有学"与"认识论"之理论搭配，皆是"选择的"，而非"结构的"。此因自有康德（Immanuel Kant，1724—1804）之"批判论哲学"（critical philosophy），就广泛之哲学影响言，十九世纪以来以迄二十世纪初之论者，皆无法不受康德于理论上将"物自身"（thing-in-itself）与"现象"（phenomenon）加以分割之影响；即使对于康德基本之哲学设论，学者亦提出种种质疑。故凡论及严格义之"抽象的知识命题"之证明，多被界定为仅限对应于"现象界"之观念系统；至于依假设而有之“物自身”，则不认系单纯之“理解力”所可触及。此种对于人类理性无法彻底解决“形而上学”问题之普遍的批判，促使学者抱持一种“哲学史”之观点，即对于今后任何“存有学”之发展，虽同意凡具有明确观点之学者，皆能于自身之系统内，变改此项有关“物自身”与“现象”之设定，以建立一“兼涉两面”之说法；然就系统外之立场言，则皆只能承认其为“合理的”，而难以将之视为乃“业经证明的”。“哲学之发展”与“哲学之批判”，因而发展成为性质相异之两事。

以是而言，以“哲学”之角度论中国思想，若自另一方向，走入“陆王”一脉，接续梁漱溟所主张“人生义理”应与“形而上学”相连贯之途径发展，而意图于此点上，仍作一种严格之“系统哲学”（systematic philosophy）之努力，自必将面临“存有学”与“认识论”应如何紧密结合之难题。此种虽可持续向前，却始终面临“论证”压力之情形，若依康德之后，回应其说而发展之日耳曼观念论（German Idealism）例之，亦是势有所同。

而若自另一面言，由于就学术观念言，中国之陆王学，“内圣”之外仍强调“外王”，故如因此而意欲将向来所谓“外王”问题，亦作一种“哲学性”而非“制度面”之讨论，则可能须于发展中，以一种近乎西方近代“历史哲学”（philosophy of history）之方式，将传统经史学之诠释，纳入其范围；以解决认识论中“主体”（subject）与“客体”（object）相对立之问题。倘若如此，则由此达至之哲学“系统化”之发展，必与民国初年以来所不断强调之“唯科学主义”（scientism）式之“知识”概念，乃至史学新方法之学风，形成一新的对峙。此种发展之潜势，亦是蕴蓄待发。

前谓梁漱溟曾指中国哲学之“形上思维”，自始即系所谓“变化的”；而于其论中，乃又同时谓：西方之哲学，则每是“静体的”。梁氏此说于“哲学史”之诠释是否有效？于何意义为有效？今姑不论。此一种“动”、“静”对比之概念，本出自西方学者研究西方近代哲学特质所以树异于古典哲学之成说；梁氏不过以比较“古典的”，论述为西方哲学之传统代表，而另以经其特殊诠释或选取之比较“近代的”，指为中国哲学之基本形态。然所谓“变化的”究竟为何？西方近代“日耳曼观念论”中，普遍地以某种“演化”(evolution)观念，替代彻底之“创造”观(creationism)，固已是明显地具有“现代”之标记；[171]然更有一巨大之冲击，出现于十九世纪后半西方之思想界，即是达尔文(Charles Robert Darwin，1809—1882)式之生物进化论(biological evolutionism)所衍生之哲学效应。此一冲击，对于仍坚持人之“精神主体”应有一“形上来源”之哲学家言，所必须克服或妥善说明者，即是“心”与“物”二者之对立性；否则即难以对抗新的“激进之物质主义”，对于演化中“目的性”概念之消解。中国自光绪以来，所谓“西学”对于当时人影响最大者，即是严又陵(复，字几道，1854—1921)等人所译赫胥黎(Thomas Henry Huxley，1825—1895)、斯宾塞(Herbert Spencer，1820—1903)二人之书。[172]故对于主张“陆王”之学者言，此一问题之压力，亦逐渐随中国学者对于近代哲学问题之理解而增强。民初“陆王学”之主导，嗣后由梁氏转入同时之熊十力，其间实有一明确之可分析之理路。

梁氏晚年评述熊氏，对其一生好谈“心”、“物”，颇不为然；谓乃熊氏个人才性癖好使然。[173]梁氏此说，若就中国传统义理学之立场言，主张“用心纯粹，不支不蔓”乃是真正紧要所在，且以之为评骘学术之标准，梁氏说虽严厉，固不为非。唯熊氏所认真处理者，乃时代共同之思想问题，梁氏早年亦尝从事于此；特两人一重思辨，一重践履，故深入点不同。熊氏正因才性好思辨，故于哲学之理论问题较为敏感；此亦有其所以为熊氏之处。

欲克服“心”、“物”之对立，困难点在于：若将“精神”(spirit)一概念投入于所谓“物质”(matter)，将实体之动力性，作出某种精神义之诠释，则物质“暗昧的”特性与精神“灵明的”特性，如何以一种“可变的”方式说之，而不犯逻辑上之谬误？实有其立论上不易克服之艰难。德、法精神主义(spiritualism)论者，后期逐步确认“存在”(existence)即是精神本质之活动，即是试图提出一解决之方案。于其所标示之意义中，凡所谓“灵明”与“暗昧”，皆仅是精神运动方向所展示之结果;"精神"以其工作,展现自身,故"暗昧"只是低阶之"灵明",并无自身之常德。然此种修正理论,所必遭遇之质疑,在于:若于此一议题之解决上,最终仍必须高估实体"形上本质"之单一圆满性,以作为"可变"方式之基础;则于其说法中,不免仍须夹入旧有之"堕落"或"障蔽"之概念因素;否则即无法说明"灵明的"与"暗昧的"并存之状态。故转衍而有本世纪初颇为流行之"柏格森主义哲学"(Bergsonism)。柏格森哲学虽于论述上,仍是主张"行动之实体"之概念;然实体之为运动,不仅于强度上有高、低阶之层次,于趋势上,亦有"或抟聚而为创造","或放弛而为呆滞"之两向。故于说明上,必须将此种实体运动中,所可见之"对立"与"互补",以"二元"(dualism)之方式,设立为"对比"之架构。所谓"生机",即是"生之冲动力"(*élan vital*)克服物质阻力时所示现;而生命于结构中所可有之价值,亦即在"演化"之过程中,逐步显现。柏格森之论点,以此成为当时"生命哲学"(Life Philosophy)之重要代表。

熊十力哲学之呈现其作为"新儒家"哲学之一支,而与梁漱溟差异,可依其著作之先、后,划分为两期:一为中年创作《新唯识论》之前期;而另一,则是晚年撰写《乾坤衍》之后期。

熊氏早年之造《新唯识论》,标举新义,虽遭同门辩难,认系悖论,实则其立论,仍深受业师欧阳竟无(渐,1871—1943)论佛法义时,以"涅槃"为体、"般若"为用之说之影响,[174]确信实体可以表显为"证量"(熊氏谓即"惑染克尽,真体呈露");故强调"体"虽无形无象,无作意,无杂染,然实备万理,凡生生化化之真实流,胥是真体显现。[175]

当时熊氏之辨儒、释,主要观点之建立,系立基于欧阳氏分析体、用时,指大乘证解于"体"之体用外,别立有"用"之体用之说。[176]故谓大乘空宗于本体论方面,虽谈本体为空寂,不谓本体亦是生化流行;然于宇宙论方面,则遮拨万象,欲令人自悟空寂之真体,故无本体、现象不得融一之过。至于大乘有宗,则一方面谈真如本体为恒静,一方面则建立种子,以为现界因缘,不免种、现二界对立,故有"二重本体"之失。[177]然无论空、有,依熊氏之说,皆未深了"即用显体"之义;此所以彼有《新论》之作。

熊十力借欧阳竟无之说，以区判空、有，而终则自立说义以为之敌，关键在于：欧阳氏所以指言涅槃可证者，正因“无生灭”亦有体用，与依“种”而幻有者区隔；熊氏则因不信业力和合之说，自无“净”、“染”之别，故依恒德说本有，论点转向儒义。虽则如此，熊氏《新论》析论“动势”之所原，为“翕”“辟”，不取《易传》依象言德之说，亦不取光绪间学者如严又陵之“质”、“力”相推说，[178]而以“辟”、“翕”为功能之两极，又以“翕”为“辟”之工具；[179]若然，则生灭之恒动与不生灭之体静，二者相涵相应，论中仍可见出欧阳氏之影响。

至于论中假说“心”、“物”为“辟”、“翕”，强调二者对立而互成，则正是同于此所叙言“精神主义”以至“生命哲学”论者会通心、物时之所关切。所异者，十九世纪后半以来论“心”、“物”者，推原实体之“精神”义，因受当时达尔文主义（Darwinism）“天择”说之影响，不得不承认“物质性”对于任何假设的“精神性势能”所造成之阻力；此一新的“对抗”概念之介入，于哲学之设论中，即使不驱使论者于“存有学”中正式将“心”、“物”区划为二元，如柏格森；亦必将进一步强化十九世纪以来哲学发展中所业已逐步显现之针对实体“目的性”之削减。此则难与熊氏取自欧阳氏之“性智证悟”说相合，故此时熊氏之说物迁，乃又主生化乃“故灭新生”、“刹那变现”，借以维系化势中所内涵“目的性”之完整；[180]熊氏“证量”说之基础，即在于是。

《新论》语体本初卷发表后，其弟子牟宗三去函讨论，谓西方之有柏格森，固为西方哲学家深识“变动”义者所未前有，然熊师之论之不同于柏格森者，乃在于柏格森但知有变而不知有常；至于传统西学之以逻辑理性把捉理型，则系从生化真实之流中抽出言之，故亦不能与满盈的真实之流相应如如，到处残缺。[181]牟氏此函，一方面显示当时熊、牟师弟子之讨论于心、物，亦曾注意及于柏格森哲学中说明“变动之实体”之论据，与早前梁漱溟于《究元决疑论》[182]一书中所提示者，有论题相近之处。[183]另一面，则亦可见出，由此而延伸之“如何证体”一问题，乃当时二人所共同关注之焦点。

依牟氏原函之意见，逻辑理性既有缺陷，则应由此种理性作用之外，另谋出路；故思提出“实践理性之止观论”一词以为因应。熊氏复函，以自所定义之所谓“证量”答之，谓：理型本非意想安立，乃法尔如是，特须有“超知之诣”，则真体自明自了。西学中理型世界，虽不过思维构画而成，非能证会；然即此理智思辨之功，亦不可废，以人生之颓堕，尚赖理智之光，攀缘全整体之理则，以趋向真实。

综合熊、牟二氏所论，似在彼时，二人对于当代哲学理论中，是否能于“理智”与狭义之“理性”所可观察之作用形式外，确认类如熊氏所标举之“性智”作用之全体，因以得出结论，并未如西方哲学界般，感受问题牵涉之复杂，与立论之困难。

熊氏《新论》各本既行，各方议论踵至，遂成声名；此著亦成为熊氏最为人知之作。唯熊氏晚年另著《体用论》（出版于一九五八年）、[184]《明心篇》（出版于一九五九年）[185]与《乾坤衍》（出版于一九六一年），[186]对于已说原旨，乃颇有更议。

其后期之论，一改原本所主张本体之现为“翕”、“辟”，“翕”仅是“辟”之工具之说，不再谓“翕”乃从属于“辟”；而谓翕、辟乃“显著分化”，翕、辟系以相反而归于统一，因以完成全体之发展。[187]此说若加细辨，实已明白承认“物质性”与“精神性”间之对抗，生化之流之生灭中亦有“连续”，不得谓“连续”乃作用中所无。[188]若然，则诠语虽异，其论“心”、“物”之观点，盖已趋近于熊氏本人前所讥斥之柏格森一脉；与前论大不相同。翕性与辟性，倘依此功用区分而谓皆迁转不已，则凡求万物之“一元实体”之所以“资生”、“资始”之义，亦不过能推知“万物之生存发展，皆系依凭本身自有之性能”而已。缘此推论，则义理之主张，就实义所可能言之，势必亦将约制于“限义之尽性观”一义。熊氏晚著中，极言孔子赞《易》，乃尊重万物自力，尊重万物威权，并以是义，力辟宗教与唯心哲学，即由此故。[189]理路如此，故熊氏依于此项后得，重新辨别儒、释，乃更集中辩驳释氏所言“一切诸行无常”、“一切法皆无自体”之旨。

盖就熊氏本人之说，自为比较，则可谓：其前期之论之区别“生灭”之用与“不生灭”之体，虽强调“体”在“用”中，“体”不在“用”外，非难释氏所主张，然于“化乃刹那生灭”一点，则与释氏所言，仍有其相近之处；故后期一旦得此新说，遂极力辨之。[190]

熊氏“义理主张”之核心，依于后期之说，主要在于建立万物依各自之内在根源而展示之自主性。[191]此言“内在根源”，于义虽可推说即是万物共有之一元，然此“真实之体”具复杂性，凡性命、心灵，乃至物质、能力，诸多原始之种性，皆含藏在内；而此体之以自身变动，造化日新，又必依流行而殊位，万物乃以此取资而“成”“始”有生。故凡辨“乾”、“坤”之为有，必不得离“异性交推以成变化”之义。若然，则此“真实之体”之为用，既非迷暗，亦非具目的，仅有随缘作主之势用（所谓“乾道”），与因循而生之惰性（所谓“坤道”）；生命力与物质惰性之交作，一方面创造新种，一方面则保存旧型，要皆以矛盾而得合一，而“乾”为之主导。[192]故就建立“标准”言，万物皆为造化主公，必以其本身自生自育之力为创造一切之依据。

至于“知识”之义，熊氏之见解，则认为：由于“真体”内部所含藏之“乾”、“坤”两性，已为万物各各取资以成就自己，非有离于万物所取资而可实然触知之全体；故凡涉及在物之理，必取用“客观征验”之方法以获得之，[193]与综观宇宙之大全、洞彻万物之源底之为智慧，非属一事。[194]

熊氏论“心”、“物”，最终放弃单一性之“本体”概念，此事所显示之属于“思想结构转变”之意义，因熊氏前、后著作语言之复杂，与议题之纠结，故并未为论其学者所详细辨明；亦未产生影响。论者如梁漱溟，虽摘出熊氏《明心篇》中“本体具生命、物质种种复杂性”语，认为乃背弃其早年“仁即本体”之说；然梁氏特以熊氏乃怠忽反己、耽求理论之过说之，固亦未能深识其转变之所以故。[195]

然此一经由熊氏独自营造之结果，实显示前叙清末以来“陆王学”由阳明以“良知”为化本之说立基，而创建之新论，其中“存有学”与“认识论”应如何结合之问题，有属于现代哲学之困难，必须解决。熊氏彻底之“证量”观念之最终由知识领域退出，承认“内在的”与“外在的"知识根源之并存，乃反映出：凡于认识论中主张深刻义之"直觉说"，或主张一切"亲知的"与"认知的"，皆须融入于特定之"真实"之证会，方始构成真正内涵之理论，所必将面对之立论上之困境。

梁氏晚年著《人心与人生》[196]（出版于一九八四年），大谈人类生物体质与社会生活之演化，将所谓儒、释义理之重点，约限于人生依本能而生之烦恼之解除（即"调和本能"与"解脱本能"两型），[197]同时写作《东方学术概观》（出版于一九八六年）一书，[198]主张儒家身心性命之学应于学术中另行定位，不应以西方之"哲学"视之。此一发展，就其本身之思想言，亦是表现出一种论势上之淡退。[199]比较而言，较未触及现代"心"、"物"问题之复杂面，而仍就熊氏"证量"一义作发挥者，则为受熊氏早年影响之牟宗三。

牟氏论析"证量"之可能，重点在于：如何于动势之变化中，说明"性智"发用之实际。前引牟氏与熊氏书，有谓逻辑理性之把捉理型，乃从生生化化真实流中抽出言之，故不能与满盈的真实之流相应如如，故到处残缺云云，即是表明其寻求"无限智心"之一种专注之企图。而当时牟氏函中所提出之"实践理性之止观论"一词，思想上可分辨出两种成分：一为佛家之止观法门；一为德国康德哲学中，有关不同性质之"理性作用"之分析。此两种成分之所以欲其结合，在于：若就彼所诠释之"陆王学"之立场批评，佛家之"圆境"，乃即一切相而离一切相，境随缘灭，于人性无立基处；至于康德之说，虽说出"理性"运作之具体方式，且以"实践理性"（practical reason）为优越，然"善"与"智"分，无契合实体之方法。故倘使依儒义而谓"证量"为可能，必当一面于理论上，将"性智"之所内具，涵盖康德所业已区分之"纯粹理性"（pure reason）与"实践理性"，将之结合，并承认"性智"之发用，具有内在完美之目的性；另一面，则必须说明妄念、妄见所从出之根源，类近佛家所为之破斥，并建立一借"悲"、"智"以达成"圆满"之方法。牟氏晚年仿天台宗判示圆教之方式，提出达至"圆善"之途径，[200]而较前，则于康德之批判论中，将康德所不承认为人"理智"范围所能拥有之"intellectual intuition"，即"智之直觉"，说解为中国哲学体证时所依用之凭据；[201]皆即是沿循此一思路发展而成。[202]

“圆教”或类近“圆教”之说，于自来哲学或宗教之理论中存在，有二项必要之基本假设：其一为“存有根源”之完美，如欧阳氏之言“涅槃是体”，即是；另一则是“证智”之应有，如欧阳氏之言“般若是用”，即是。熊氏晚说唯于“一元实体”之纯粹性，已不主张，故论中所言“客观知识之以客观方法获得”，与“洞彻万物源底之智慧发用”，此一区分，若以哲学之角度辨析，彼二者于“认知者心理条件之说明”，乃至“认知对象之预设”两面，皆必然应有所区隔；不得因“实体”浑全之指涉，即谓已将“观念性知识系统之建立”与“形而上学上之诠解”，结合为一。若然，则“证量”之实义，实际业已解构，难以复全。

至于牟氏所谓“intellectual intuition”，倘不立基于人人所即时而能之心理能力以设论，则必须于“唯圣为能”之假设中，举出实例。欧阳竟无于支那内学院讲《今日之佛法研究》，[203]强调佛法乃悟后成说，即是表明究竟义之“现量”无可以直接说明之境，故必须假借圣言量为“比量”，以为现量等流之因借。早前之熊氏，与日后持续发展之牟氏，于传统所谓“圣人”，除敷陈其“文化”义与“义理”义外，亦将其成圣之条件，予以一种“现代”义之哲学说明，使之成为同时具有“知识”与“道德”双重圆满性之典型，并用为诠解历来所谓“圣学”之标准，即是表现同一种立论上之必要。

然此一种“哲学”上与“哲学史”上之说明，既属哲学而非宗教，则于其立论之设立条件上，终不能比照佛学直接援纳“信仰”，或个人之“证境”，以作为其真实之哲学基础，则依据“哲学学术”之标准言，此种论述可经受批评之实义，究竟为何？且是否可以检证为儒学自始以来即有之内容？此两点不论于何时由何人提出，皆应感受“论证需求”上之巨大压力；并非可以置之于不议。

冯芝生晚著《中国哲学史新编》，说明其本人与金岳霖之哲学，谓彼二人之说，就议题言，皆与当时西方流行之“实在论”相关。[204]此事倘对照于熊、牟二氏之所主张，则有一呈现中国现代哲学发展“歧向”之意义。即“知识”与“价值”系必须分别处理之问题，程朱与陆王之所言，即使依现代哲学对于各项议题所理解者，予以充分哲学化，亦不能获得一致之结论。

二十世纪初重新兴起之各式之“实在论”主张，主要即是针对十九世纪后半以来哲学思潮中残存之“观念论”色彩所作之反动。而于此新的实在论运动中，有一共同之基础立场，即是认定凡于“意识”中可以显示为“对象”者，皆系被取纳，而非“被创造”（亦即认知者非以同一作为，既投向所知者，亦同时展现自身）；故“对象”之进入知识议题讨论之范围，不论真实与否，其设立之条件，与其所以可被认知之条件，皆不直接由一项推导出另一项，故亦无从使之于“系统”上成为严密之整体。对于此一涉及“人类认知有效性”之“未充分处理”之状态，持论者不仅承认“认知主体”与“对象”间之隔离，亦且维持止于特定方式下讨论之态度。相对于“精神主义”论者，乃至更严格之“观念论”论者之急于挽救人类“精神主体”地位所遭受强势之“唯物论式之自然主义”之冲击，而作出之“系统建构”之努力，此项看似无法周延之观点，虽若显现为“哲学宏观企图”之萎弱；然此一立场之实用价值，则使各自分别独立发展之现代学术，得以自由运作。故此一立场，倘若缺乏新的议题之刺激，虽可能难以持续其开创新局之势能，却可能成为学术界许多从事“局部问题”研究，而非“哲学体系”之建构者，实际上采取之立场。

钱先生论理学推尊朱子，一方面主张“理”、“气”二分，另一方面则不以“良知之决断”与“理解力之运用”为一事；[205]就哲学立场言，自较与金岳霖、冯芝生等人所标举之“新理学”相接近。

然钱先生于此之外，亦强调一种中国式之“天人合一”之思想，具有与此异类之思想质素，散见于其所著书中；且临终犹念念不忘，郑重申明其义于最终由夫人整理写成之遗言录中。[206]值得重视。

所谓“天人合一”，实际仅是一种文化思想之形态，其为“形态”，正与“心物合一”、“体用不二”等诸表示语之于哲学中相似。“天人合一”一语，不唯可以有不同之内涵，抑且此类思想，就宽泛之架构言，亦并非中国所独有。故钱先生谓“天人合一”之思想，为中国文化对世界最大之贡献云云，其实际指涉之内容，或应绎解为“特殊的”，抑且为“中国的”，始较近真。以下略依其平生说义，为之简要概括：

依钱先生说，中国固有思想中可以表现具有“天人合一”之思想义涵者，儒、道两家皆有可论。关于儒家部分，钱先生于其相关各书，论宋代理学家解读《论语》中孔子语，每指其好以“体”、“用”观念说之，乃求之过深，非《论语》正解；对于宋人此类论点之所以成立，钱先生则多就“思想史”之关系言之，以指陈所从出之历史渊源。而就钱先生之见解论之，凡孔子语中涉及于“天”之叹语，其原意之显现为“与天合一”，皆是一种深厚之情感之表露。此种情怀之义蕴，固可以《论语》中所传达与“知命”相关之语句加以理解。“命”字之涉及于人之“生存意义”之赋予，于孔子而言，既有属于“人之普同”之一面，亦有属于“个人之特有”之一面。而在此“普同的”与“特有的”并存之意义根源上，“天”仍保留有素朴之宗教义中本有之基本内涵；[207]且于孔子心中，亦始终保留对于此一宗教义之“天”之一种温情与敬意，并未完全抹去。故类如“逝者如斯夫”一语所表达之“流动的”与“生生不息的”之意蕴，实止能以“生命情感”之性质说之。将之哲学化，成为一种特定之“天德”概念，就儒家言，仍应俟之较晚出之《易传》。

孔子之“天人合一”，其方式系情感的，而非概念的；至于明白以“天”、“人”相对之概念，分指“自然”与“人道”而语其合，意态近于孔子者，依钱先生之说，则为道家之庄子。《庄子》书内篇《齐物论》中“天籁”之譬，即是一最重要之披露。《庄》书不唯见有此观念，抑且贯穿全书，俯拾皆是。唯庄子之主张于“天人合一”，仅主人依顺天，不主人于“天”之基础上，另有以人自订之价值为目标而产生之文化创造；故其“天人合一”之形态，与孔子合“人道”于“天”之思维有所差异。[208]

与庄子同时，则有孟子。孟子道性善，举出人所同有、必有之四端，且曰：“尽心可以知性，知性则知天矣”，盖重德命而轻福命，主张居易以俟命之自至；在其辨理中，可谓“天人合一”，即是“性道合一”。[209]此下《易传》、《中庸》虽受道家之说之影响而申义，然其说变庄、老“气化之一元”为“德性之一元”，“见智”之外“见仁”，尽性必至于命，仍是同于孟子所主张。[210] 再下至理学家出，以“浑然与物同体”为“仁”，又曰：“学者须先识仁”，则进一步融合儒义与道家庄子“混合内外”之旨；义更丰富。[211]

早期儒、道两家比较不在情感上主张“天人合一”，而仅于“体”“用”论上讨论“常”、“变”者，唯老子与荀子两家。老子主“知常”，荀子主“师化”，于“人”“天”之论法虽不同，然皆是深于“治术”一面，情感之意较为淡薄。[212]

以上所叙，为儒、道两家思想中可能与“天人合一”相关之讨论。钱先生于所著书中，既常依个人之观点，历考儒、道二家于思想史上相互影响之状况，又不主儒、道二家于思想上应予严格区分；则其所谓“中国思想之贡献”云云，必然不专指儒家。此点即在最后之遗言录中，亦已清楚表示。[213]

若以儒、道合论，则似可谓：钱先生之主张“天人合一”，乃是一种以人之“创造性作为”与人之“生活艺术情境”，同时即是自然之延伸与自然之完成之说。盖人性既出于天命，尽性至命，便应以“人”而完成“天”。然人若不知常而妄作，[214] 人文即可能违反自然。人与自然之当合为一，不仅应有此认识，抑且应有此情感。钱先生一生所处，正值“西化运动”浪潮高涨之时代，当时国人正希慕一种借科学文化以达至“人定胜天”之理想前景，而钱先生则退而倾注其毕生之力，以图表章中国固有文化思想中，一种圆满意境之想望，即所谓“中”、“和”，[215] 以抗拒全盘之否定论。此中所见出之识见与情感，正寓含有深刻之矫挽时弊之意旨，可以细绎而得。[216]

四、钱先生之学术观念及其所显示之学术史意义

钱先生论学术史既有所谓“集大成”之说，显示钱先生对于儒学，仍持有一种“体”之概念。然此一学术之“体”之概念，究竟为何？当

细为分析：

就历史发展言，中国学术语言中，使用“体”、“用”概念，有两种指意之方式：一类区别为“内”、“外”之体用，即以“事功”与“德性”为表里。另一类，则以“所宗主”者为“体”，而视其余为“用”。以前者言，近代学、政业已逐渐分途，学者之从政既不视为常态，学者个人亦不必然肩负天下之殷望；此即在前叙之梁任公一生中，已可见出此种转变。任公早年以年少俊艾投身变法，国人莫不以“国士”目之。然政变失败后，任公流亡海外，改以“教育国民”为己任，倡新学以新天下耳目；而国人尊之益甚。同时及稍后，则有章太炎、胡适之等人，并称大师。固然此诸大师之于当世，未尝无政治之活动；然天下人之所以敬礼此诸君子，实皆在此不在彼。任公返国后，曾于一短期间，出任北洋政府司法与财政总长；然任公之最终去职，功业未就，论者不以为憾。此正见学术之重要，已不专在培养政治人才，王静安于清末所主张政、学宜分途者，已渐成事实。[217]

此下学术人才大多入上庠列讲席，参加政党位居要津，即减士望。其他不必论，即北方北京、清华、燕京诸大学所访得之著名学人，已不可胜数。梁漱溟晚年回忆与北京大学一校之关系，曾谓乃北大培养一梁漱溟，而梁漱溟亦贡献于北大。[218]冯芝生为《三松堂自序》，[219]亦叙述当年求学日在校所亲见、接闻之事，历历犹在脑际；正见当时新教育、新风气所可能产生之深远影响。

故据此以论，钱先生自学而成，固证人才可以无所凭借，拔地而兴；然钱先生日后能有重大之成就与影响，亦仍是如梁漱溟语，乃当时优渥之学术环境所培养造就。自是以往，国人对于学界不世出之人才，已不复期待其为变法时期之康、梁，而转冀望其为中年以后之任公；或则为胡适之与钱先生。学术既与政治分途，学术所以贡献于政治之方式，亦自有所不同。就长远之效益言，此后学者亦唯有坚信一理，即纯粹学理探讨之标准愈趋严格，智识人口之质量愈益提升与增多，一切社会改革与文化创造，方始有以日近于光明。而此项体认本身，即是今后学者投注其关怀社会之悲心，且日进于义理之一起点。钱先生一生强调所谓“中国士人政治”之善，然世异时移，即钱先生本人之在当时，亦属一新时代下之新人物。古人有言“取其意者不必师其事”，近代中国正有一不同于往昔之变革。

学术之“体”，若以后一类言，于“宗主”取义，则凡宗主而可以“体”、“用”之“体”言之者，多为一“义理性”之体；否则虽有宗主，无所谓“为体”之义。后世论说儒义而有“体”、“用”之宗主者，可别为二：一为经学上之宗主，一为理学上之宗主。今经学之宗主既破，凡经学所关注讨论之问题，皆已为个别之学科研究，如政治学、社会学、伦理学、教育学之类所取代，则亦唯有理学上之宗主。理学之宗主，大别不外前叙之“程朱”与“陆王”两派；虽亦间有宗主横渠者，其流未广。故现代以来，今文经学既难为继，言儒学而真有所宗主者，亦仍大体可以此二种理论之形态，作为区分之基型。钱先生“集成”之说，就立场言，自是主张“程朱”；然若进一步细论，则实际重点，止是朱子。

此因钱先生极重视“理学”中程门学风传衍至朱子之一种重大转变，《朱子新学案》中曾有专文讨论。[220]故此一种“宗主”之说，不仅是“理学的”，亦已扩大为“儒学史的”；前论已详。而若就儒学所重视之“经学”与“史学”言，经义之整体性既已消散，未来经籍之研究，皆止能是各别底散入其他学门之中；有关历来“经学”之研究，则是属于“学术史”之范围。“经”与“经学”本身之研究，大体当以归入史学研究者最多。至于儒家典籍中之《论》、《孟》、《学》、《庸》，最为朱子所重视，谓是义理学核心；然《大学》一篇自明末以来以迄清初，如陈确（字乾初，1604—1677）、姚际恒（字立方，1647—？1715）等，已因疑辨而主张不应过分重视，[221]今则学者又续考《中庸》，谓系晚出而兼有道家之义，则《学》、《庸》非不可贵，其作为具有原创性贡献之重要性，不得与《论》、《孟》相埒。对于钱先生而言，其所以宗主于朱子而为之延续，则是一面将义理之核心，集中于《论》、《孟》，一面则是仿照朱子，扩大“儒学”之范围，将其转化为一种足以融合分歧，而终亦不失“主脉精神”之“中国学术”。

对于如何“融合分歧”，钱先生曾提出未来中国人应有九部“必读书”之构想，即于传统四书外，另增添《老子》、《庄子》、《六祖坛经》、《近思录》、《传习录》五部。[222]今姑不论此九部书放置一处，是否可于“思想”上构成一完整之“体”，钱先生此项意见，至少表示中国思想不唯分有儒、道、释二支，且三支非不可于某种意义上加以融合。

书所表现之义理不同，而我有以融会之，则所凭以融会者在我；而融会后之义理亦在我。此在朱子与阳明，本即是区分两途。钱先生最终不取径于阳明“以心通史”之义，而较近朱子之“格物穷理”说，正是可以符合其相对而言“宽松”之儒学定义。

唯依前论，传统经学中“经义”之现况既是如此，则舍去历史过往情势不论，往后以“儒家义理”为着眼，孔子与孟子固仍是可尊；然儒学已无一庞大之经学系统可供依据，文科学问之主要领域，即应是史学。此处有一必然将发生之问题，即史学既久已独立成学，“史学”是否尚需一儒学之立场？“史学”又是否可以有一儒学之立场？史学如必须有一儒学之立场，则无儒学即不应有史学，此显然非事实；中国历来以“史学”名家而儒学色彩不浓厚者，正不在少。至于史学是否可以有一儒学立场，则应检视此立场是否于史学不妨害？此项标准，应在史学而不在儒学。固然此亦可引发另一问题，即史学既根本可以独立于儒学之外，则“儒学”与“史学”真正之关联何在？

所以谓“儒学”是否于“史学”不妨害，标准之建立应在史学，不在儒学者，因儒学中发展出“理学”，就知识观念言，最初之要义，乃是欲于儒家形而上学中，确立人所应认知之“知识”对象，并说明其性质；至于当如何“格物”，则除与人事相关之义理外，并无其他“方法学”上之进展。而所以谓“除义理外并无确实之方法学上之进展”者，系因理学家口中之“理”，若依现代学术观点加以分析，既包有“普遍法则之理”，亦包有“道德判断之理”，亦包有“人事诠释之理”；理学家既未尝试加以分别，对于“知识命题”之需要特定条件下之证明，亦无传统上驱迫其循此深究之压力。故“理学”虽于部分哲学问题之讨论，有其成就，却非真能开启出严格义之“系统科学”。此事并非偶然底事实上未发生，而是未具有可由其“内部”发生之哲学上之因素；中国以往凡属科学领域之知识研究，如数学、天文、乐理之类，以及若干技术之进展，实际皆仍停留于各别研究之阶段，且亦缺乏有关“方法学”上之讨论。理学家关于此点，固无途径得以自我觉察。朱子所谓“用力之久，豁然贯通”者，其实另有其特殊之“形而上学”预设，与构成现代知识基础之认识论，立场并非一致。此点即前叙各家致力于诠解朱子“理”、“气”之说者，皆有所未辨；钱先生亦不例外。故凡今日有意于择取理学家之哲学意见，皆应清楚底认识此一古今差别之义。

虽则如此，就史学言，由于历史研究本身研究对象之特殊，黑格尔(Georg Wilhelm Friedrich Hegel，1770—1831)所谓历史学应是一世界史之哲学解释，不唯其本身“历史哲学”之建构乃是失败的，深信自己所作研究为“科学的”之马克思，亦未能真正成功。故历史学研究，至今仍属一种合理推测于历史发展程序之诠释之学，而非真能为一种说明“发生理由”之解释之学。故儒学之精神特质，若只停留为一种“文化关怀”之态度，就事论事，而留置“意义”一层，于学者自身之“文化思维”，与“义理体会”之中，则“儒学者”与“非儒学者”于作为一“历史研究者”之立场，可谓无分别。就史学言，所有研究者所可于分析中操作之概念与方法，皆仅是工具；故止需有一种针对研究者如何于“史料基础”上设定“史学议题”，并有效地依“工具性功能”使用“概念”之批评，即可建立成学。至于史家之“形而上学”或“伦理学”立场，皆可暂置勿论。

“史学”于学术方法之本质上，乃独立于“理学”或任何其他哲学系统之外，此语即如同谓其方法无真正的、完整的“形而上学”基础。然对于“理学”作为儒学而言，则“理学”与“史学”之形式结合，意义极为重大。因理学除“可辨识”之哲学特质外，理学亦仍是儒学。钱先生之主张凡理学应与同时期之经、史学合一，正是站立于“儒学之需求”上言。金岳霖、冯芝生于当代提倡“新理学”，主张“接着讲”而非“照着讲”。[223]然如所谓“接着讲”，仅是接着哲学中“形而上学”之议题讲，则“新理学”将只成为一与儒家立场有关之新的哲学，而非能涵盖旧义之所谓“儒学”。钱先生于主观之意愿上，未将“儒学”之概念放弃，却于实际之作为中，将儒家义理之“信仰性”降低，并将其内容放宽，使所谓“儒学”，发展成为一种包含学术史、思想史在内之“以历史学研究为基础之人文思维”，固正是另一种“接着讲”，而非“照着讲”。

比较而言，具有“理学”立场之历史学者，对于人类心灵，若仅将之视为乃“意志”之根源与“行为”之主体，同时亦承认事变中所具有之“复杂性”与“不可归约性”；则以“事理”为人所企图认知之对象，在心理上，较易使研究者注意分辨事理中明显与行为个体“意志”无关之部分。然若于“形而上学”之设论中，将事理之呈现，视为乃与精神之“客体化”不可分割，则哲学性之整体思维，势将取代具有史学意义之历史思维，而成为研究者思想之内容。于此状况下，由于哲学立论乃系“逻辑的”，而非“事实性的”；此种思维，即使不发展成为系统性之历史哲学，论者对于局部的、不相关联之历史研究，亦必然易在心理上产生拒斥。并且由于“哲学思维”本即具有驱迫自身迈向“系统理论”之压力，论者如先已重视“客体精神”呈现于“主体心理”之内容，则论史时，即易过于将个人内心经验扩大，从而衍绎出独断之史见。主观心理因素干扰于历史研究之可能，必因此大幅增加。理学立场中，相对而言，较能与“史学”相容者，为朱子而非阳明，其原因在此。至于个人论史，才性之外，亦受时代限制，历史研究观点与方法之建立，本身即系一变动之历史；避免主观心理之干扰，除立心平正外，亦须以“观念”摧破“观念”，事与论者之“学术立场”不尽相关。无论衡论古人如朱子，今人如钱先生，乃至同时期其他人，皆应是如此。

理学具有明确之“哲学”性质与价值；且此性质与价值，业经证明系能以普遍之“哲学标准”加以认定。此无可疑。至于理学作为“儒学”，则可透过“人生价值目标之确认”与“经由历史研究而得之人文思维”之结合，发展成为一种讨论“义理”之方式。此两项经由中国现代有关“学术史”研究而获致之见解，已成功地消解中国现代“西化浪潮”中“激进主义”(radicalism)所持之“全盘否定论”所带来之思想冲击。钱先生自系完成此一集体性工作之少数重要学者之一。

唯在此复杂之学术史、思想史与哲学史之研究中，虽显示民族文化中某些观念之存在，可以成为该文化体创造文明之思想驱力，且亦即此间接地证明“学者阶层”存在于社会之重要性；然中国文化有其价值，中国历史有其特殊性，不即表示揭露某些文化特质，加以强调，即能使中国具备足以完整地推动“现代化”之精神条件。于此一点上，启蒙派学者之提示，仍是极为重要。

启蒙派学者指言中国文化所欠缺者，主要有二项，曰科学与民主。此二项，就现实意义言，由废科举、兴学校，以至建立现代化所需之科学教育与研究机构；科学技术方面，中国至于今日，已逐步克服先期最困难阶段之障碍。至于两次革命，其后续之发展，虽始终距离理想目标极为遥远，然至少于理论之信仰上，国人所标举者，皆已是“民主”之理念；中国之国家机器与社会结构，亦已于万般艰苦与痛苦中，有大幅之改造。

唯科学与民主，本系一种“文化特质”之产物，此种特质，于价值思维与文化习性上，与中国历史中所表现之样态，确实存在某种冲突。此种冲突之消除，必须奠基于极深刻之文化反省；并非指出中国哲学中认识论之贫弱，或中国政治体制与政治文化中之缺陷，即可达致。“新文化运动”初期，论者所强调：中国缺乏西方形态之“理性精神”与“个体主义”(individualism)之“自由”、“平等”概念，仍是一项重要之发现。中国现代“现代化”之过程中，以民族历史经验为核心之“伦理意识”，与世界思潮中“平等理想”之结合，虽取得中国以如是庞大之社会，进行改革时，所需要之社会动力；然此种经结合而形成之心理发展，除有其属于“现代”之面貌外，亦仍是与中国社会之传统特性相近，而与西方启蒙运动以来之精神相远。中国现代化之道途，真要跨出“适应以生存”一义之外，仍尚有其不易克服之困难。

中国现代学界涉及“文化评量”时，此种难以达致“完整性结论”之状况，显示中国与西方文化之比较，其复杂度与深刻度，实远超出任何个人所能于一时想象。故如何进一步考掘出“中国思维”与“西方思维”深刻面之差异，并寻找出其成因，以增加国人对于人类文明“殊异性”与“共同性”之理解，仍是一需要于“现代化”之过程中，持续进行之事。而在此种种可堪比较，并应加以现代地诠释之方面中，除以上所业已分析之各点外，尚有一项未及深论之要点，即是有关中国历史中所存在之宗教现象问题。此宗教现象问题，既包括宗教教义之结构，亦包括宗教之社会形式；而其与中国智识分子，乃至学术思想之关系，虽非宗教现象本身，意义亦属重要。其中成为讨论焦点者，为道教与佛教。

属于道教部分，首先应予以判别者，为"子学之道家"与"宗教之道教"之区隔；其次则为"宗教道教"之基本性质（即其宗教类型），及其所凭以建立之社会基础。再其次，则是历史上道教之发展形态及其与政治、社会之关系。大致而言，研究者彼此间之观点差异及争议较少。

至于佛教与佛学部分，虽则儒、释异同，以及中国社会长久以来所存在之佛教宗派之兴盛，本即是中国论学术、思想以及其他历史面向者，向来重视之大节目；学者对此议题原不陌生。然现代以来，由于若干特殊因素之介入及转折，正有一种新的聚焦于"佛教"与"佛学"之研究观点之兴起；根本性地改变以往之论述。且此项改变，同时涉及对于中国文化特质，以及其"学术构成"之历史诠释。凡当时研究中国历史与文化之学者，莫不受其影响；梁任公、胡适之、钱先生皆在其中。故此点成为分析"中国现代历史文化论述"时，一绝不应忽视之要项。以下即就此一历史面向，及其中所涉及之种种关系，为疏理其脉络。

佛教系一伦理性宗教，然此"伦理性"所指，乃属宗教中之"类型性质"；[224]佛教本质仍是宗教。故就佛教之宗教立场言，因宣示教义而有"经"，与因论辨教义而有"学"，二者并皆以"信仰"为中心；并无脱离佛教而另有之佛学。必至现代以来，乃始有"依学术而讲佛学"，与"依佛学而讲佛教"之风气。唯此二事，虽相关，实亦不同。

梁任公《清代学术概论》曾谓清中晚期今文学家自龚（自珍，字瑟人，1792—1841）、魏（源，字默深，1794—1857）以下多兼治佛学，又特举以居士讲佛学有名之杨仁山（文会，1837—1911）；谓仁山兼通法相、华严，而以净宗教学者，学者敬信之，谭嗣同本其所得以著《仁学》，且常鞭策其友梁启超。[225]任公此一叙言极简要，"本其所得"，且仅四字；然其中颇有与现代中国学术发展相关者，则在此所说二事中之前一事。

梁任公言中所语及之杨仁山，彼于清末虽以居士而谈说佛法，然其所谈说，尚止是寻常讲论，非抗颜为师。今检其书，彼曾言及当时论佛经者，已颇有自"哲学"与"心理学"之角度说之者，或则疑凡佛经中所言"六种震动"、"人天两乘境界"等皆是比喻说教；然仁山不谓然。仁山力主说经者不当"破事说义"。[226]若然，则实可见，仁山固仍是持旧有矩矱未变，变之者犹后在谭氏，乃至同时期其他人。

任公论杨、谭关系语中，有谓谭氏之著书乃"本其所得"；虽则如此，任公意固指谭氏乃受仁山启发而自得之。则此项"启发"究竟为何？实值探究。

盖细按当时，谭氏之著《仁学》，以儒通佛，立论本非恪守一佛家立场，故虽受仁山之影响而自出枢机，此亦无足怪；然当时另有从杨氏游，而乃明白抗颜为佛教僧、俗师得大名者，则为前论所叙及之欧阳竟无。

欧阳氏《支那内学院院训释・释悲训》中曾有一语，谓："有悲者不住涅槃，无悲者沉空趣寂断灭而醒醉。法界之所呈，世界之所成，一悲之流行而已"，[227]《释教训》则曰："毕竟空义无所云教，而众生不知，方便大悲教乃权立。"[228]其所云"世界之所成，一悲之流行而已"，若就前引欧阳氏他处辨"体"、"用"之语理解，立论与谭氏《仁学》借名"以太"(ether)以为造化之所本，谓即电、即仁、即兼爱之说，[229]论旨虽异，论题则颇有相近之处。谭氏"以太"之说，比附科学，合心、物于其所谓"电"，论诚荒浅，[230]然其听闻佛学而造此论，其后欧阳氏亦以特殊之方式重新诠释佛教，[231]一师而得弟子二人如此，则显示仁山之以学者身份谈说佛义，当时环境必有于"思想"上促动儒、释合流之关切点，从而产生启示性之刺激；其事非尽关乎个人而已。

竟无《院训释》中又有《劝学》篇，谓物本天然，递嬗迁流之迹，彰然不诬；取天下之物，率天下之人，制物品类而养其欲乐，群焉分治，皆世道所有，然而应有究竟之学，取宇宙何以必须有山河大地之理而究之，以统大全。[232]文中“递嬗迁流”云云，指物化之变迁，与生物种类之分衍，虽不必即是完全等同于十九世纪后半以来西方科学界新获更议之特定之所谓“物竞天择”（natural selection）之进化说；[233]然细究此说所从出之本始关切点，与下文“制”、“养”云云所指涉社会中政治、经济种种体制发展，二者皆前论光绪间“进化哲学”思潮建说之要项，乃竟无论此，不得不谓之“彰然不诬”、“世道所有”，正显示此一思想趋势，及其所衍生之课题压力，对学者言乃无可逃避。[234]

至于两人哲学目标之差异，则在于：谭氏虽主所谓“冲决网罗”，毁弃名教，精神仍在“俗世”义之“世间”，故仅求“解放”不求“解脱”。释教仅以作思想之启导。竟无以佛义为究竟，则意在超凡，故“解脱缠缚”，仍是宗旨。唯竟无于说义中，亦尝力申佛教非宗教非哲学，[235]其见解本亦与传统义有所不同。故主《经》言“不生不灭”，乃所以诠论其所谓“体中之体”，而非可如旧说以释寂静之涅槃；涅槃仍应以生灭中之“无住”为大乘最胜义。遂进谓论佛义而主“断灭”者，乃无悲而沈空，并明谓大悲教乃依权便而设立。[236]若然，则此论虽不必于宗教所言之事一体推翻，然义依己诠，已是欲改佛教以为纯粹之佛学。今审其书，论中尝摘净宗专主宗教义之“信”、“愿”一事，谓乃偏执法门，即是一证。

至于竟无所主“究竟之学”云云，即使并非可纯用“思辨”之方法证成，其所指言之“究竟”义，于思想上，仍应定位为哲学中之“形而上学”。而“形而上学”中所涉及之“本体”之论，则亦正是谭氏论“仁”上推之于“以太”之所欲建设。

谭氏书著于光绪二十二年（1896），竟无书则迟至一九一七年始问世；而与竟无论相先后，则有前所叙及梁漱溟之《究元决疑论》（一九一六年）。[237]梁氏论中取用佛语，参合西学，而以“无明涡动”为化本，主题亦与《仁学》同；而《决疑论》一文，则固即是梁氏与熊十力订交论学之所缘。[238]凡此皆可证，前论所谓“以哲学论佛学”、“以佛学论佛教”,由一事生出另一事,势有不可遏。然此间关系,实不在佛门本身,而在儒学者。亦即:此事就其在现代中国之起缘论,自始乃由儒学中之变化肇因;特论者有所取资于佛学,遂亦逐渐影响佛教。非佛教之教义发展中先有此变化,而后遭时际会,乃有以影响儒学。

所以谓此事关键在于儒学者:佛教之终极目的,本为“出离生死”;其立教之企图,固非仅依烦恼位而说“解缚”。故“断灭烦恼”,即所以“了脱生死”;此二层于宗教义中相关而有别。舍去“了生死”一层究竟目的,即失去其所以为宗教之本质。[239]故以大悲教为“权教”,乃世间想法,佛教之传承中,自来并未承认此论。究论当时儒学者之所以采取此说,本另有一思想上之来历,即是西方近代以哲学、社会学与心理学讨论“宗教形式”演进时,对于宗教起源与其所内涵之人文性质之诠释。严又陵所译赫胥黎《天演论》中,赫胥黎即曾举佛教为例,谓“轮回因果”之说,乃天竺圣人持可言之理,引不可知之事,以解天道之难知。严氏且于所谓“可言之理”,又加引义,谓佛义有“不可思议”,在于寂不真寂、灭不真灭,最上之一理,孤立无对而无不冒,故以“不著文字言说相”者为真喻。严译《天演论》既大行世,此说乃亦随同受到学者注意。凡欧阳氏论中所谓“毕竟空义无可云教”,乃至以本体学论点讨论“涅槃”一义之体用,实亦受有赫胥黎说与严〈案〉之影响。[240]

唯西方此种新形态之研究,倘若辨明其严格之意义,虽于观点上可以标识出一种赫胥黎所指称之“不可知论”(agnosticism)[241]之立场;于其研究时,并不即能否定或忽视宗教创始时信仰者之真实的信仰心理。故于论说上,并无普遍地轻指一切宗教之“信”、“愿”皆乃权立非实教之说。

虽则如此,宗教研究中,依于此一观点专论佛教之性质,以佛教之宗教形式乃因方便而设教,确有一特殊之立说上之原因,即赫胥黎亦是受其影响而造论。此即是于此前后,西方学者研究现存之残缺之梵语(Sanskrit)与巴利语(Pāli)佛典,[242]乃至局部的、极为有限之印度历史现象,而非深入于具有“证境”之佛教后,所得之若干臆测之论点。[243]此种论点，后并得若干日本学者之承衍，以助成特定之所谓“根本佛教”与“原始佛教”之说。[244]其大旨谓：佛教教义之原始本质，仅是针对世间伦理而有，凡较早期经典中所涉及之信仰核心，如轮回、果报、涅槃等观念，皆系因袭印度婆罗门教（Brahmanism）所本有，佛陀瞿昙（Gautama the Buddha）及其后继者为求淑世，不得不因势利导，方便设教，故随顺于此以为说；凡此皆属“不了义”。实则“了义”之谓“出离”，宗旨、精神皆仍在世间；并无实然拔离生灭流转而有之涅槃。凡佛教所传俗世义之种种宗教形式与出世间之神话，实皆于释尊入灭后，经后人沾染婆罗门教言以及其他地域性宗教风习所增成；且又派生出种种立场不同之经典。其间唯大乘初期龙树（Nāgārjuna）“中观”一派，融旧出新，且保有较多之原始精神，最能振起颓势。然俗情既深，流衍益远，则外来成分益多，卒不免于堕落。此为佛教真正于印度衰亡之原因。至于传入中国与西藏之外国佛教，则皆仅各自为“发展的佛教”之一种面相；与原始，乃至“早期”不同。

西方与日本部分学者此一专就“宗教形式”与“典籍内容”之变化，以重新定义“佛教”之说法，于“设象立教”一点，虽近于章实斋《文史通义·易教》篇中所论；[245]然章氏乃至前人疑于佛说者之于此，本皆臆测无考据，故无真正影响。此辈学者，则因有运用于佛典之新式之考证为依凭，故论启而势不可止。然其立说实不无可议。最不当处，乃在论者各依其立论之需要，自订“根本义”与“方便义”之分别；而于所谓“了义”无正解。

盖宗教心理、宗教义旨之诠释与宗教文献之考辨，本属宗教之历史研究中，性质应予区分之两种方法；二者之操作，虽可于同一学者之假说中相互支撑，却不必然存在严格之“证明”关系；无论于“比较神话学”或“比较宗教学”，皆然。此点与思想史研究法中之所谓取证相仿。故倘若宗教史之研究，自始即采取一实用之“不可知论”之研究观点；则不论其假立之诠释，如何具有“近真”之可能，必无法自离于一外在于宗教经验之立场，因而难以重建宗教经验之实境。

就佛教言，设立“了义”与“不了义”之说解，本牵涉宣示教义时所以必要区分层次之实践上之理由；非真实进入宗教经验之深层，并彻底明白其意义者不能确知。故学者倘欲克服此种认知上之障碍，必应于另一种心境中，尝试宗教经验之体会与观察。否则轻执一种意见，且误认此种假设性之诠释，乃经由文献之考辨得出，必将丧失应有之批判精神。十九世纪至二十世纪初期，西方与日本之佛教史学者，正因有此过于自信之"了义"与"不了义"之分别，故于佛教宗义、教旨之关键点颇多误解。于彼辈之研究中，宗教与"类宗教"之区分，乃至"宗教形式"存在于社会应有之条件，或历史上所以引致某一宗教由盛而衰、而绝之客观原因等，皆未作出仔细之称量与考虑。

前文提及之杨仁山，曾于光绪四年随曾纪泽（字劼刚，号梦瞻，1839—1890）出使欧洲，结识日本净土真宗大谷派学者南条文雄（号硕果，1849—1927）。自是二人书信往返，杨氏多问及巴利语及梵语经典存留之状况。杨氏后又因南条氏之助，访得隋唐逸书逾数百种；[246]此事海内遍知。则从杨氏游者，注意日人著作，因受影响，自是可能。欧阳氏从游杨氏之日，曾受命赴日习"密"，后则以治"唯识"而又倡言能辨"唯识"、"名相"为二宗得盛名。彼于论中所指言"权立"之说，虽与时论不尽相同，依风气言，固亦是沾染而有。[247]欧阳氏后创立支那内学院，强调治佛学应有"递嬗"之观，[248]院内弟子若吕澂、王恩洋（字化中，1897—1964）等，俱以治佛学史为人知，而彼辈论著中，皆甚重境外佛学与西人、日人之说；当亦是循此而然。

倘若佛学脱离佛教之"宗教"义，而独立为佛教之新核心，则继此以往，僧团之地位与戒律之必要性，必将连带起革命性之变化。[249]欧阳氏非唯力斥"白衣不得说法"之旧例；[250]其筹设支那内学院《简章》之第一条，且明谓将以养成弘法利世之才而非出家自利之士为宗旨。此条后虽因同门太虚之摘疑而改订，[251]然佛学而仅以"抉择"与"抉择之知见"说之，即有僧团，亦不过为"佛教学术"之宣讲团；居士讲法至此，已非仅是宗教于教义许可之范围内，所从事之"俗世化"，而系宗教受"哲学"影响所产生之一种"去宗教化"之发展。

欧阳氏"方便大悲教乃权立"之说，虽于佛教是否具备"宗教性"

之判定上，受有新说影响；欧阳氏与此处所叙及之日本学者对于佛学“根本特质”之认识，双方见解之差异，仍极大。盖若依日人之一种特定说法，佛陀训示之本质乃是伦理学的，有关形而上学之讨论，佛陀之见，皆在破斥，不在建立；则印度之有佛陀，不过如中国之有孔子。原初佛学之伦理学，充其量，仅能是一种高妙之心理学；为解除“人生烦恼”之一种思维方法或技术。[252]声明其“原始”之义，除可作一种佛学“学术史”之研究起点外，其余之意义，则无非极力阐明“后世佛教”之为一种“历史发展”之产物。果若依于此说，则“佛陀”于理论上，实并无必尊之理。

欧阳氏则不然。欧阳氏诠立佛学，虽强调证不外假，圣言如公理许人论议；[253]然彼于说中，又坚信佛法乃悟后成说，而非由常见推知。佛之得悟，乃历劫修证而得。[254]则其立论之基础，明显地系以特殊之“认识论”为依据，取择在“宗教”与“哲学”之间；类近于设立一种“哲学之东方主义”。[255]而非仅是宣示一项伦理学之主张，或强调一种人文智慧。

吕澂为其师著传，曾谓欧阳氏早岁时，[256]尝患杂学则无要，故宗主“陆王”，年三十余乃从仁山学。今考其书，如言：“悲者，法尔如是，自然而具，现成不求，固有不后，尽人能由，而不知其所由”[257]云云，其所谓“悲”，虽是依“真”而议，非同于阳明据恻隐而上溯；然因其别处论说，如前所述，强调“用”即是生灭，且曰：“涅槃是体，菩提是用”，则用当而体现，能缘净则所缘即真，[258]真义所标心感之恻隐，仍与“体”义符应。其视佛法，盖乃以其所认定之特殊之“证会”为究竟，故类如上引其语之谓“世界之所成，一悲之流行而已”，其义之合“智”于“悲”，仍与阳明推求“良知”之说于“贯通上下”之旨者相近。依此可谓，欧阳氏之由“陆王”契入彼所自认之“唯识”，与前释梁、熊之探论于宇宙本体者，说虽有异，事本符会。

欧阳氏所得既在此，故其佛学有一核心，即是其所谓“佛知见”。[259]“佛知见”者，即是佛陀证后依“得”而示（欧阳氏谓之“后得”）之一种究极之论。此种究极之论之形而上学，严又陵于《天演论》案语中称之为“诸理会归最上之一理”，乃谈理见极，“超诸理解”之辩言。特严氏以此种“不可思议”者可由理解而追溯，其立场仍是依循常见；而欧阳氏则以“超证”为根源。二家形容“涅槃”之境虽似，理据实有不同。

虽则不同，欧阳氏之合“智”于“悲”，就凡众而言，仍当以“理解”为前事之功。盖既有佛而有圣言，超悟者即须假借，凡起悲而不能悟入佛知见，即于实境无造诣。若然，则教无古今，能悟于此即真，不悟于此即妄。佛之后有师，且亦必须有师，不论为缁、为素，不得以绍、袭者即谓非真。“陆王”精神，与“程朱”学问，非不可于此处合一。欧阳氏《院训释》论中有《作师》[260]之篇，义旨即在于是。

欧阳氏之由“陆王”转入现代佛学，虽仍维护佛教非属“世俗知见”之地位；然于其学理之说明中，佛教教旨中“圣言”之性质，实已有重大之更义。故其“超悟”说，影响力乃施于前论所及之熊十力，与其他俗世学者；对于“宗教”义之佛教发展本身，则作用相对较小。前叙熊十力《十力语要》中答牟宗三书，曾有一语，谓其学根本在于“证量”；此语即是凸显欧阳与熊氏，师、弟子二人立论所依据之基础，具有共同之思想成分。且由于二人论述“性智”之时，皆系面对西洋哲学中“认识论”之挑战，故依据“唯识”之名相分析，成为一种可采取之策略。此点亦可作为说明“唯识学”之所以受当时宗主“陆王”或最初由“陆王”悟入学问者重视之一重要提示。

本文此所举言熊、牟二氏之往返书信，乃收于《十力语要》之卷三；当在一九四零年夏卷二出版后作。而早在其前，梁任公于一九二二年曾赴“心理学会”演讲，讲题名《佛教心理学浅测》；[261]叙言达成佛教义之“无我”，有两径：一曰证，一曰学。“证”者，纯用直观，摆落言诠，炯然见出“无我”之圆相；而“学”，则是由学理上说明“我”之所以无。且进言佛学中最高之“证”，虽是超越于心理学；然佛学中讨论“心识之相”，即是心理学。任公此说，在梁漱溟发表《东西文化及其哲学》后次年，而为任公往支那内学院聆听欧阳竟无谈“唯识学”之同年稍前。欧阳氏即于是年演说《唯识抉择》，而张君劢之提出“直观”说，亦在同年。任公论说佛义，虽仅是依时论为响影，然当时谈“本体”者群趋于注意“唯识”之学，对于以重新定义之“超越之证悟”，作为验证“东方本体学”之方法，正有同会；特各人取义、造境间有殊异而已。欧阳竟无之言“佛教非宗教非哲学”，大体亦是类同此意。前叙仁山言，有谓时论不乏以哲学、心理学说佛教者；此依哲学、心理学而有之两途，终因时代“思想议题”之驱迫，而趋于合流。

宗教本以“信仰”为中心，故必重原始教义；凡宗教皆然。然若以“学术”为中心，则“原始”或“非原始”，仅是一考据问题。佛学之性质既经由学者改以现代学术所概略承认之“哲学”与“心理学”之方法加以理解，而所谓“理解”之方式，又系排除“神秘经验”之基础；则“语言表述”与“行为模式”之一种旁观式之解读，遂成为归纳“教僧思想系统”唯一之依据。中国与印度各成系统之佛学史，由是逐渐建立。而此一独立的、学术史式之“中国佛学史”之概念，一旦成立，则“佛学史”亦自然成为论中国思想史时，不可分割之部分。此种“佛学史”与“中国学术史”参合而有之观点，当时乃由部分居士佛学家与中国一般人文学者所共同达致。中国文化“人文性”特质之所以于史论中获致极度凸显，此一观点之建立，影响极大。其间提倡最力者，即为梁任公。前论钱先生最终遗言，有谓中国思想于世界最大之贡献，在于“天人合一”。此说除兼括儒、道二家义，如前所释外；若以钱先生往昔论述中之所论推说，固亦当包含其所释若干中国佛教或佛学之精神在内。[262]凡此，亦为此一影响下，所形成之观点。

梁任公之强调所谓“中国的佛教”，大体可分两期：第一期为其著《论中国学术思想变迁之大势》时所持之旧见；第二期则为自一九二零年起写作《佛学研究十八篇》[263]时之新见。新、旧见之差异，在于前一期任公虽已有“宗教演进”之概念，然于印度佛学所知者尚少，故极言大乘教义乃初萌于印度，而大成于支那；求大乘法者，当不于彼而于我。[264]至于后期，任公于佛学之新研究，渐有所知；故教义部分已有保留。彼乃谓：佛教之入中国，为进化、为退化，乃自属一问题；[265]然不论前期、后期，中国之佛教，皆当就其“中国之特色”而重视之。此“中国特色”之造成，除流布之过程中，受有各种可能因素之影响外，主要即是因译经、解经，皆是以熟悉中国学术观念之中国智识分子为吸纳、阐扬之主体；外僧之由多而少，渐至中国本身亦创立印度所无之教派，成立有别于印度之佛教，正是中国文化特有之表现。

任公之提出此说，由于并非纯就教义之理论谈，于其讨论之过程中，已多注意及于社会环境中各项因素之互动；尤以后期为然。故观点虽不纯由己发，议论亦多引而未就；然对于有关“玄学”与“佛学”之关系，“道教”与“佛教”之关系，中国教派与印度教派之异同，乃至佛典之翻译与辨伪，中、印之交通等研究，提示极多。任公于论中，且又时时归结于一“文化史”之观点；故与零碎止求一事、一义，或受限于单一观点者，颇有不同。汤锡予（用彤，1893—1964）、陈援庵等人，后来皆以史学治“宗教史”有成，与专言佛教思想发展者别异；任公之影响，固不宜忽视。前所叙及钱先生早年之著作《国学概论》，该书于“佛教传布”部分，多抄录任公说，亦可为任公说受时人重视之一证。[266]

宗教发展如何受“文化因素”影响，此系一复杂之史学问题，自须有历史研究之手段。历史研究之手段不足，徒有“概念”，无所用之；即用之，亦易致误。任公提示之影响在此。然任公前后各家，以“佛学”论佛教者，有一与前叙西人、日人相近之“易于致误”之方法上之缺点，即“宗教思维”，系一特殊思维，与“学术思维”不同；轻易以“学术思维”认系某一“宗教思维”之本质，一点错即可能全盘错。佛学复杂，看似多歧，中间许多说义之差别，如前言，乃牵涉“解悟”之层次、“修行”之法门，乃至“传法”之因缘等问题；非实地修行而确有悟境者不知。古人判教，“权”、“实”之分别，虽是各据立场；立论者之修证，实为必要之基础。非如今人仅依佛教语料之“可能之哲学义涵”，作为判别“教义结构”之唯一凭据。故凡综括底研究中国史者，倘于此关无法克服，由此种研究，推论而得之“文化影响”与“文化特质”之说，恐仍是难以经久而不磨。

任公所谓“中国的佛教”，依于此言，虽于佛教之根本的宗教性质，未能厘清；然任公论学术史，能打破历来视“佛学”为另类之立场限制，因而使所谓“子学”、“玄学”、“佛学”、“理学”，皆纳入一连贯之

“学术之流”中予以理解，仍有其实然导引研究方向之重要意义。特思想有“易变”之部分，有“不易变”之部分，亦必须深入其义理立场。此种研究，若仅就个别之“文化性观念”，加以历史之考察，则因“文化性观念”系与社会共成，既引领思维，亦受思维之影响而有时变改其内涵；故不论思维者之立场或其思维之性质如何，单以“观念”作为理解思想史中部分思想发展之线索，其研究易有成绩。任公本人于《先秦政治思想史》一书中所作有关《诗》、《书》“天道”观念之时代性研究，即有大贡献；[267]后来论此者，无不受其影响。傅孟真、郭沫若、钱先生皆然。此事本在当时有起因，非尽如傅氏所云乃一承乾嘉时代之遗轨。钱先生在港之日，曾著《王弼郭象注易老庄用理字条录》一文，历考“理”字观念之变衍，自先秦子学以下，经两汉迄魏晋王弼、郭象（字子玄，252—312）诸家，为详辨其义；并强调一说，谓：中国自魏晋以前，最重要之观念为“道”；魏晋以后，则“理”字之重要性，超出于“道”。其立论，贯通子学、玄学、佛学、理学而一之，即是继任公“观念史”之研究而来；故成绩远胜于乾嘉时代戴东原《孟子字义疏证》中相关之论述。

以上属于“个别观念”部分，若就思想之“整体系统”论，则以牵涉之广，其事即非如前项之易。任公取择清人攻击程朱之说，谓宋儒理学乃变造佛学而成，为儒表佛里，[268]已嫌荒疏；后人承其论“学术史”时所持“变迁大势”之论之影响，乃多认为中国之自始易于接受佛教，即因佛教重“修证”、信“自力”，与中国思维之路径近似，而中国人之“人文性”乃又高出于印度，故能造就具有中国特色之佛教。[269]观念如此，自易将相关之学术史变迁问题，直接联系于所谓中国文化之“人文性特质”，一并加以思考。若然，则中国思想之由汉末而魏晋，而南北朝，而隋唐，而宋，实际即是由儒而道，而释，又由道、释重返于儒。各时代之“思想议题”与“理念内涵”虽有不同，彼此限隔，然因于某种持续的、非关个人因素之文化习性，以是在其整体趋势之发展中，保有一种与民族“价值态度”相关之特殊之脉络，可以陈述。

任公此一囊括不同时代、不同思想形态而有之“往而复返”之文化诠释，系其讨论思想“时代性”之外，另一种观看历史之眼光；有其论述上之吸引力。然历史之推展、思想之变衍，其间牵涉之因素极多，宏观之论述，必先建立于细密之分析，且亦应有足够之批判精神。过于简化之处理，易流于武断。故凡任公所释，亦仅能为一种意见之表达；事实是否如此，则不必如任公所想象。

任公以“文化特质”之说法，渗进宏观式之学术史论，虽不必然正确，然对当时之影响则甚大。有一事例，即是胡适之有关“禅宗史”之唱说。胡适之论中国禅宗之发展，曾提出中国“新禅学”，乃中国宗教界一大革命之说；为时论所重视。今姑舍其有关“禅宗传法史”之考证部分不论，[270]其最初建立此“宗教革命”之概念，并非仅是参考西方论宗教时一种“论史”之观察角度；在其前，任公于《清代学术概论》一书中，已主张今后中国佛教之复活，应为一“佛教上之宗教改革”，[271]胡氏亦多少受其影响。故胡氏乃依循任公所论历史上“中国佛教”之特色，将之推演为一“条贯式”之设论；于其立说之内里，实际即是部分地接受任公有关中国文化具有某些“人文性特质”之说法。[272]关于此事，钱先生虽于“《六祖坛经》之著成”一案，不同意于胡氏等人之说。[273]然钱先生论唐代中国佛教之发展，特重任公所指出之华严、天台，与禅宗，且于《中国思想史》一书中著论，谓中国之出现禅宗思想，实乃中国思想史上一大转捩，中国“出世”之念，复返于“入世”，此为重要之一步，此下宋明儒复兴儒学，创造出理学上种种变化，最先之契机即始于此；[274]其说固亦大致由任公说发展而来。

任公论学术史，受限于自身之经验与时代之思潮，未能深识各式“义理思想”之根源差异，又急于以一种“大论述”之角度，诠释通盘历史；因而对于“思想”与“思想”间之关系，“思想”与“行动”间之关系，“思想”与“社会”间之关系，理解有所不足。此处所言，任公因于佛教史新论述之影响，而强化之观点，表现为过于强调中国思维中之“现世性”与“人文性”，因而忽略亦属中国后世思维中所有之“出世性”与“宗教性”，即是一例。其效应至今，亦仍有颇强之论势。然大体而言，任公论中所涉及之“文化特质”问题，姑不论其内容如何，就思维取径观察，亦仍是一具有启发意义之论点。钱先生一生之学术发展，由早年以迄晚年，亦正是由研究学术思想，而探讨及于民族精神，由民族精神，而申论及于文化特质；二人于若干取径与关切点上，亦颇有神契之处。特在钱先生之理解中，"文化特质"之成为文化特质，必有一发展成为"文化形态"之机制，须加深论；否则其说无法确立，亦无从发展成为完整之通史诠释。不得如任公般之浅说。

比较而言，"文化特质"问题，系有关"历史意义"之探讨中，性质最为复杂之一项。设立此一概念，用为诠释"历史现象"所由肇生之原因，本身即充满争议。唯对于"危机社会"而言，此类反省，却又常系影响智识阶层"价值取向"之一重要因素。现代有关"中国社会史"与"中国思想史"之研究，就其成为一时代之反省言，研究者皆不免须触及于此。然就大规模社会而言，究竟应视"社会"为文化之"机体"，抑应视社会为文化之"载体"，恐亦是必将涉论之问题。就取径之分别言，以"思想史"研究为主之学者，较易视"社会"为文化之机体，或期望"社会"成为文化之机体；而以"社会史"研究为主之学者，则较易仅视"社会"为文化之载体。此二种观点，各有其价值。钱先生以宏观所得之形态，作为"文化精神"呈现自我之方式，自是偏向于前者。于此一点上，凡受有某种"儒学"观念之启示者，不论其观察历史之眼光有宽、窄，或其观察历史之识见有深、浅，固皆有其相近之处。而就钱先生所主张之观点言，"世界史"之多元组合，既以"文化竞争"实然汰存后之深厚者，为其构成之主体，则较论其异同，不唯可以建立历史"宏观诠释"之基础；此种以特定之"形态学"为着眼之方法，亦即是透过"文化歧异性"之研究，以达成"人性探讨"之最佳途径。钱先生观念中所设想之"文化学"，概见于前所叙及之《文化学大义》者，盖即以此种研究，为其具体之内涵。而凡遗言录中所以精思于中国文化之究竟价值者，亦即出自此一始终未变之观察角度。钱先生晚岁双目失明后，随思虑所及，多所申议，以成《晚学盲言》[275]一种（出版于一九八七年）；亦正为同一观点之延伸。

综括以上各节所叙，可见民国以来之中国学界，讨论之问题诚多，意见亦极分歧；然有一点至明确，即不论论者之立场为何，皆不能忽视“现代学术观念”与“现代学术方法”所展现之冲击力；[276]中国传统学术体质之调整，必以充分理解此一冲击之意义为方向。民初学界人才萃聚所显示之多方面之可能，正使中国逐渐积累可贵之经验。特此一发展，乃一共同事业之结果，且亦必须就整体合观。个人之努力，皆是于此一结果上呈现。钱先生亦系其中重要之一人。所惜者，前期之盛，一挫于中日全面战争，再挫于政治发展无情之摧抑，遂使学术之传承大受影响。有本已讲明者，转趋暗晦；本已建立者，扫地以尽。钱先生病逝前后，如朱孟实（光潜，1896—1986）、梁漱溟、冯芝生诸人，亦皆以耄耋，相继凋零；而彼一世纪，亦近尾声。世人总括论之，皆谓中国值此新世纪之重启，正犹如一新生儿，拥有无穷美景在前。然社会经此重创而复苏，正不知文化之前景，是否亦可如政治改革以来经济状况之乐观？抗战初获胜利，学者竞返平、津，钱先生曾择太湖，傍水而居，日雇一小舟，徜徉湖上，随所思以成《湖上闲思录》[277]一小册；且又哀抚时局，发意笺注《庄子》。[278]自当时一刻至于先生之逝，[279]忽忽已历半世纪之久。此五十年间，世事诚无人所曾逆料。居后而论前，彼一辈名世学人，不论意见为何，皆系为此土与斯民贡献一生；然最终能如钱先生之获全而著述不断者，固无几人。钱先生一生于政治、经济问题之外，每强调“学术”与“人才”之关系，故极力凸显“学术”与“思想”对于历史之重要；而钱先生所处之时代，实亦系历史巨流之一缩影。历史已以自身，作出一实然之见证。后有知者，当有识于此。

注释

* 本文初稿原题《钱穆》，收入王寿南（1935— ）主编：《中国历代思想家》（更新版，台北：台湾商务印书馆，1999年），第24册，页229—354。此次纳编重订，颇多增易。

1 “历史理解”基于历史反省，而历史之所以可理解，或说历史可理解部分之所以可理解，必有某一种“历史性”之假设；此就“历史思维”(historical thinking)而言，乃无可避免。所谓“历史意义”，即是“历史性事物”与“非历史性事物”区界时之一种定义。唯“历史思维”之发展成为学术方法，今日学界仍充斥不同观点，甚至抱持一种“相对观”之历史评量，虽则此种有限义之“相对主义”(relativism)，并非指向“价值”(value)或“历史”(history)本身。以是凡属此种经人主动反省而存在之“意义”(meaning)讨论，必须与严格义之所谓“知识”(knowledge)认定，有所区隔。

2 “现代性”一词，或为一种“社会结构特质”之判解，或属一种“文化属性”之指涉，随论者论叙之意旨而有所差异；综论之前，当先有个别角度之观察。

3 钱穆：《论语文解》(上海：商务印书馆，1918 年)，收入钱穆撰，钱宾四先生全集编辑委员会主编：《钱宾四先生全集》(台北：联经出版事业公司，1998 年)，第 2 册。

4 钱穆：《论语要略》(上海：商务印书馆，1925 年；台北：台湾商务印书馆，1964 年)，并见钱穆：《四书释义》(台北：中华文化出版事业委员会，1953 年；修订再版，台北：台湾学生书局，1978 年)，收入钱穆撰，钱宾四先生全集编辑委员会主编：《钱宾四先生全集》，第 2 册。

5 钱穆：《国学概论》(上海：商务印书馆，1931 年；台北：台湾商务印书馆，1956 年；重排本，台北：台湾商务印书馆，1995 年；北京：商务印书馆，1997 年)，收入钱穆撰，钱宾四先生全集编辑委员会主编：《钱宾四先生全集》，第 1 册。

6 宾四师此书初版时，前有钱子泉(基博，别号潜庐，1887—1957)先生一序，唯序中所论多与原书意旨不符，故除依据“初版全文”复印者外，历次改版皆未存留。

7 章氏首次于上海，应浙江省教育会之邀，主讲国学大概及方法等题，讲辞经笔录，共有二本：一由曹聚仁(字挺岫，号听涛，1900—1972)记，名《国学概论》(上海：泰东图书局，1922 年；台北：五洲出版公司，1965 年；台北：联合图书公司，1968 年)；另本由张冥飞(名焘，字季鸿，1894—？1937)记，名《章太炎先生国学讲演集》(上海：中华国学研究会，1923 年；上海：平民印务局，1924 年再版；上海：梁溪图书馆，1926 年；上海：新文化书社，1935 年；另题《章太炎国学演讲录》，台北：文海出版社，1973 年)。至于日后于苏州“章氏国学研习会”所讲，与此相近，则另有孙世扬(字鹰若，1892—1947)承笔，经分录为《小学略说》、《经学略说》、《史学略说》、《诸子略说》、《文学略说》等五种者，后经编辑为一册出版(章太炎撰，潘重规〔1906—2003〕辑：《国学略说》〔香港：寰球文化服务社，1963 年；台北：学艺出版社，1971 年〕)。

8 宾四师曾著《四部概论》一文(原刊香港《人生》杂志，32 卷 5、6 期〔1967 年 9 月、10 月〕，见钱穆：《中国学术通义》〔台北：台湾学生书局，1975 年；增订本，台北：台湾学生书局，1982年〕，台湾学生书局增订本，页1—65；收入钱穆撰，钱宾四先生全集编辑委员会主编：《钱宾四先生全集》，第25册，分页1—67），文中依"四部"分论学术，体虽承前，然中间仍处处以"时代演变"之眼光说之；故亦仅是貌旧而实新。

9　任公早期此一明显之"致用"态度，自是受清中以来经学中所谓"今文学运动"之影响。故于彼之议论中，"学术"之概念，皆是以特殊之内涵，为约括之要点；门户是非之见，仍占分量。凡任公于《清代学术概论》（此书初曾以《前清一代中国思想界之蜕变》为题，原刊一九二零年十一月至一九二一年一月出版之《改造》第3卷第3—5号。一九二一年由上海商务印书馆出版单行本，易为今名。后编为梁启超：《饮冰室专集之三十四》，收入梁启超撰：《饮冰室合集》〔北京：中华书局，2003年重印本四刷〕，第8册）中所叙，其个人所受本师康南海（有为，原名祖诒，字广厦，号长素，1858—1927），乃至友朋陈通甫（千秋，1869—1896）、夏穗卿（曾佑，1863—1924）等人之启发，皆当如此理解。

10　康南海于清末民初主张"孔教"时，曾谓孔教为中国国魂（见康有为：《〈中国学会报〉题词》〔1913年2月11日〕，收入康有为撰，姜义华（1939—　）等编校：《康有为全集》〔北京：中国人民大学出版社，2007年〕，第十集，页16—18）。其意虽自义理言，非从学术着眼；然点出"国魂"二字，仍对学界有"启示"之意义（宾四师曾于论康氏"尊孔"主张时，提出此点，详所著《中国近三百年学术史》，第十四章《康南海》〔上海：商务印书馆，1937年；台北：台湾商务印书馆，1957年；重排本，台北：台湾商务印书馆，1995年；北京：商务印书馆，1997年〕，北京商务本，下册，页763；收入钱穆撰，钱宾四先生全集编辑委员会主编：《钱宾四先生全集》，第17册，页900）。任公继之，改以"学术思想"言之，应即是受其影响；值得注意。余英时（1930—　）先生论述宾四师毕生学术精神，曾言宾四师一生乃为故国招魂（见余英时：《一生为故国招魂——敬悼钱宾四师》一文，收入余英时撰：《犹记风吹水上鳞》〔台北：三民书局，1991年〕，页17—29），且谓宾四师受有任公乃至当时如《国粹学报》（1905—1911）之类言论之影响；亦是有见于此。本文此处所论，则更就康、梁以来观点之承袭与转变言之。

11　任公此一转变，于其一生意义极为重大；肇始之关键，在于光绪壬寅（1902）前后旅日期间，其思想由政治之维新，转向"新民"式之智育维新。当时所撰，有一关系其个人学术思想发展，颇为重要之著作，即是《论中国学术思想变迁之大势》〔1902〕（此书编为梁启超：《饮冰室文集之七》，收入梁启超撰：《饮冰室合集》，第1册）。此书不唯极言"学术思想"与"民族文化"间之关系，且亦增入一种西方近代讨论"思想"与"历史形势"如何相关之视野；将中国学术史之发展，粗分段落，取玄学、佛学一并纳入。虽则此时之任公，自承于个中若干段落，认识极浅，谓尚有待于日后之补论；然仍显示任公此时，已建立一种新形态之"学术变迁"之论点，以为论学之主导。此种观念与风格，与清中以前中国以"经学流衍"或"理学宗派"为较论学术同异之主体之儒学观，自是极为不同。

12 西方历史学者汤恩比（Arnold Joseph Toynbee，1889—1975）于所著《历史研究》（Arnold Joseph Toynbee, *A Study of History*〔1934—1954〕（abridged edition by D. C. Somervell, 1947; Laurel edition, 1965. the new one-volume edition, Illustrated, London, UK: Oxford University Press，1972；中译本，〔英〕汤恩比撰，陈晓林〔1949— 〕译：《历史研究》〔再版，台北：桂冠图书公司，1979年〕，据Somervell节本及后一种Toynbee氏自订之牛津插图单册本译）中，曾提出一假设性之概念，即以文明衰落后另一文明之代兴，为文明连续性之断裂；并以"连续性是否得以维持"，及"于何意义得以维持或竟而中断"，作为检视历史发展中各项因素所起作用之观察点。说详陈晓林译本第七章《希腊模式与中国模式》（见《历史研究》，上册，第一部《历史的形态》，页99—126〔Somervell节本Laurel edition, 1965；1969年版无同名章〕）。

13 梁任公于所撰《清代学术概论》一书中，曾提出所谓"思潮"之说（见梁启超：《清代学术概论・一》，编为《饮冰室专集之三十四》，收入梁启超撰：《饮冰室合集》，第8册，分页1—3），且以社会整体之互动说之，明显系受西方讨论十九世纪学术思想发展之说法所影响。特论中并未注意及于此种"文化互动"之所以产生，所应具备之条件，故其说颇见粗疏。

14 "形态史观"来自"形态学"（morphology）观点之运用。而"形态学"一词之学术义，最初见于歌德（Johann Wolfgang von Goethe，1749—1832）之著作，用以指有关植物生理学之一种研究；将之扩展于"文化史"领域，则代表特定之处理"历史现象"之方法。至于论者所据以建构论述之具体观点，寓含何种哲学上之意义，则皆有所不同，未可一概而论。中国当时接受此一研究方式之影响，系与译介德国史家史宾格勒（Oswald Arnold Gottfried Spengler，1880—1936）《西方之没落：世界史之形态学大纲》（*Der Untergang des Abendlandes: Umrisse einer Morphologie der Weltgeschichte*,〔1918—1922〕; authorized English translation with notes by Charles Francis Atkinson〔1880—1960〕, *The Decline of the West: Outline of a Morphology of World History*, 2 vols., New York, NY: Alfred A. Knopf Inc., 1932；中译本，史宾格勒撰，陈晓林〔1949— 〕译：《西方的没落》，台北：远流出版公司，2000年二版三刷，据1962年单册节本译）一书中之部分观点相关，故后亦有类如《文化形态史观》〔1946〕（林同济〔1906—1980〕、雷海宗〔原名得义，字伯伦，

1902—1962〕撰，上海：大东书局，1946 年；收入民国丛书编辑委员会编：《民国丛书》第一编〔上海：上海书店出版社，1989 年〕，第 44 册，据民国三十五年大东书局本影印）之类之著作出版；与宾四师之撰写《中国文化史导论》（参注〈17〉），时间相近。唯当时国内历史学者，对于西方学界何以出现类如史宾格勒所展现之"文化生命周期"之来历，则所知仍属有限。（宾四师关于汤恩比与史宾格勒历史观点之意见，可参看钱穆：《民族与文化》，讲辞之部，第二篇《中华民族之成长与发展》，第一章《中华民族之本质》〔台北："国防研究院"，1959 年；香港：自印本，1960 年；台北：联合出版中心，1960 年；台北：阳明山庄，1960 年；台北：三民书局，1969 年；台北：黎明文化出版社，1981 年；增订本，台北：东大图书公司，1989 年〕，东大版增订本，页 75—77；收入钱穆撰，钱宾四先生全集编辑委员会主编：《钱宾四先生全集》，第 37 册，分页 65—67）

15　钱穆：《秦汉史》，一九三二年北京大学讲义。香港：自印本，1957 年；台北：东大图书公司，1985 年。收入钱穆撰，钱宾四先生全集编辑委员会主编：《钱宾四先生全集》，第 26 册。

16　钱穆：《国史大纲》（上）（下）（上海：商务印书馆，1940 年；重庆：商务印书馆，1943 年；上海：国立编译馆，1944 年。台北："国立编译馆"，1952 年；香港：自印本，1955 年），收入民国丛书编辑委员会编：《民国丛书》第一编，第 75 册，据民国三十七年商务印书馆本影印；修订本，台北：台湾商务印书馆，1974 年；修订本二刷，香港：商务印书馆，1994 年。收入钱穆撰，钱宾四先生全集编辑委员会主编：《钱宾四先生全集》，第 27、28 册。

17　钱穆：《中国文化史导论》（重庆：正中书局，1948 年；二版，台北：正中书局，1951 年；台北："国防部总政治部"，1952 年；修订本，台北：台湾商务印书馆，1993 年），收入钱穆撰，钱宾四先生全集编辑委员会主编：《钱宾四先生全集》，第 29 册。

18　钱穆：《文化学大义》（台北：正中书局，1952 年），收入钱穆撰，钱宾四先生全集编辑委员会主编：《钱宾四先生全集》，第 37 册。

19　钱穆：《崔东壁遗书序》〔1935〕，见〔清〕崔述撰，顾颉刚点校：《崔东壁遗书》（台北：河洛图书出版社，1975 年，据亚东图书馆 1936 年排印本影印）；亦见钱穆：《中国学术思想史论丛》〔八〕（台北：东大图书公司，1980 年），页 283—294。收入钱穆撰，钱宾四先生全集编辑委员会主编：《钱宾四先生全集》，第 22 册，页 431—444。

20　钱穆：《先秦诸子系年考辨》（上海：商务印书馆，1935 年），收入民国丛书编辑委员会编：《民国丛书》第三编（上海：上海书店出版社，1991 年），第 2 册，据民国二十四年商务印书馆本影印；上海：上海书店，1992 年。改题《先秦诸子系年》（上海：商务印书馆，1937 年。修订本，香港：香港大学出版社，1956 年；台北：三民书局，1975 年；北京：中华书局，1985 年；台北：东大图书公司，1986 年），收入钱穆撰，钱宾四先生全集编辑委员会主编：《钱宾四先生全集》，第 5 册。

21 宾四师此文原名《刘向刘歆王莽年谱》，发表时由编辑者改为今名；刊登《燕京学报》第 7 期（1930 年 6 月）；后收入顾颉刚主编：《古史辨》第五册（收入民国丛书编辑委员会编：《民国丛书》第四编〔上海：上海书店出版社，1992 年〕，第 68 册，据民国二十四年朴社本影印），页 101—249。再后，则合他文，编为钱穆：《两汉经学今古文平议》（香港：新亚研究所，1958 年；台北：三民书局，1971 年；二刷，台北：东大图书公司，1978 年），东大版，页 1—163；收入钱穆撰，钱宾四先生全集编辑委员会主编：《钱宾四先生全集》，第 8 册，页 1—179。

22 原刊《燕京学报》第 8 期（1930 年 12 月）；后刊罗根泽（字雨亭，1900—1960）主编：《古史辨》第四册（收入民国丛书编辑委员会编：《民国丛书》第四编，第 67 册，据民国十九年朴社本影印），页 383—411。宾四师此文后收入《老子辨》（上海：大华书局，1935 年）、《庄老通辨》（香港：新亚研究所，1957 年；增订本，台北：三民书局，1971 年；第二次重编本，台北：东大图书公司，1991 年），东大版第二次重编本，页 21—59。收入钱穆撰，钱宾四先生全集编辑委员会主编：《钱宾四先生全集》，第 7 册，页 25—71。

23 宾四师于回忆录中，曾自谓其所主张之"考古"，与顾氏之"疑古"，精神意气乃属一贯（见钱穆：《八十忆双亲、师友杂忆合刊》〔台北：东大图书公司，1983 年〕，页 146；收入钱穆撰，钱宾四先生全集编辑委员会主编：《钱宾四先生全集》，第 51 册，页 171）。实则二人之间，仍有重要差异；宜加分辨。

24 其文云："序略，以拾遗补艺，成一家之言，厥协《六经》异传，整齐百家杂语。"（司马迁：《太史公自序》，见〔汉〕司马迁撰，〔南朝刘宋〕裴骃〔字龙驹〕集解，〔唐〕司马贞〔字子正〕索隐，〔唐〕张守节正义：《史记》〔北京：中华书局，1982 年〕，第 10 册，卷一百三十，页 3319—3320）。

25 有关顾颉刚考辨古史之基本意见，可参考其所撰《古史辨》第一册之《自序》〔1926〕（见顾颉刚主编：《古史辨》第一册〔收入民国丛书编辑委员会编：《民国丛书》第四编，第 65 册，据民国二十二年朴社本影印〕，页 1—103）。

26 就此点言，顾氏实不能如部分论史者所强调，乃当时"新史学"之缔造者。

27 说详胡适：《中国哲学史大纲・卷上》（收入民国丛书编辑委员会编：《民国丛书》第一编，第 2 册，据民国十五年商务印书馆本影印），分页 384—398。

28 郭沫若：《中国古代社会研究》（上海：联合书店，1930 年），收入民国丛书编辑委员会编：《民国丛书》第一编，第 76 册，据民国三十六年群益出版社本影印。

29　见郭沫若:《中国古代社会研究·自序》,同前注,分页3。

30　任公云:"学术思想之在一国,犹人之有精神也;而政事法律风俗及历史上种种之现象,则其形质也。故欲觇其国文野强弱之程度如何,必于学术思想焉求之。"(梁启超:《论中国学术思想变迁之大势》,《总论》,编为《饮冰室文集之七》,收入梁启超撰:《饮冰室合集》,第1册,分页1)任公此说与前注〈10〉所叙其师康氏以"孔教"代表中国国魂之说,虽有所不同,然其受康氏影响而深自探讨之痕迹,依是厘然可见。

31　钱穆:《宋明理学概述》(台北:中华文化出版事业委员会,1953年;台北:台湾学生书局,1977年;台北:中国文化大学出版部,1980年),收入钱穆撰,钱宾四先生全集编辑委员会主编:《钱宾四先生全集》,第9册。

32　钱穆:《中国思想史》(台北:中华文化出版事业委员会,1952年;台北:"国防部总政治部",1952年;香港,自印本,1956年;香港:新亚书院,1962年;台北:华冈出版公司,1971年;台北:台湾学生书局,1977年;台北,台湾商务印书馆,1992年),收入钱穆撰,钱宾四先生全集编辑委员会主编:《钱宾四先生全集》,第24册。

33　钱穆:《朱子新学案》〔一〕～〔五〕(台北:自印本,1971年;台北:三民书局,1982年),收入钱穆撰,钱宾四先生全集编辑委员会主编:《钱宾四先生全集》,第11—15册。

34　钱穆:《中国学术思想史论丛》〔一〕～〔八〕,台北:东大图书公司,1976—1980年。本书后经增补重编为十集,收入钱穆撰,钱宾四先生全集编辑委员会主编:《钱宾四先生全集》,第18—23册。

35　钱穆:《王守仁》,收入《万有文库》第一集(上海:商务印书馆,1930年;长沙:商务印书馆,1939年。收入《人人文库》,台北:台湾商务印书馆,1968年);再版,更名为《阳明学述要》(台北:正中书局,1955年),收入钱穆撰,钱宾四先生全集编辑委员会主编:《钱宾四先生全集》,第10册。

36　钱穆:《论语新解》(香港:新亚研究所,1963年;台北:自印本,1965年;台北:东大图书公司,1988年),收入钱穆撰,钱宾四先生全集编辑委员会主编:《钱宾四先生全集》,第3册。

37　冯著《中国哲学史》上卷,出版于一九三一年;全书出版于一九三四年。现收入民国丛书编辑委员会编:《民国丛书》第二编(上海:上海书店出版社,1990年),第1册,据民国三十六年商务印书馆本影印。收入冯友兰撰:《三松堂全集》(郑州:河南人民出版社,2001年),第2、3卷。

38　梁漱溟:《东西文化及其哲学》(北京:财政部印刷局,1921年),收入民国丛书编辑委员会编:《民国丛书》第一编,第4册,据民国十二年商务印书馆本影印;收入梁漱溟撰,中国文化书院学术委员会编:《梁漱溟全集》(济南:山东人民出版社,1989 年),第 1 卷。

39 梁漱溟:《中国文化要义》,收入民国丛书编辑委员会编:《民国丛书》第一编,第 4 册,据民国三十八年路明书局本影印;收入梁漱溟撰,中国文化书院学术委员会编:《梁漱溟全集》,第 3 卷。

40 《新唯识论》通行本多种,以重校本(北京:中华书局,1985 年)较胜,计收入文言本〔1932〕、语体文本〔1944〕,并熊氏所著《心书》〔1918〕、《破破新唯识论》〔1933〕,及刘定权(衡如,1900—1987)《破新唯识论》〔1932〕等。(《新唯识论》语体文本,收入民国丛书编辑委员会编:《民国丛书》第二编,第 8 册,据民国三十六年商务印书馆本影印。《新唯识论》文言文本,收入熊十力撰,萧萐父〔1924—2008〕主编:《熊十力全集》〔武汉:湖北教育出版社,2001 年〕,第 2 卷。《新唯识论》语体文本,收入第 3 卷;删定本〔1953〕,收入第 6 卷)。

41 熊十力:《十力语要》〔1947〕(重校本,北京:中华书局,1996 年),收入熊十力撰,萧萐父主编:《熊十力全集》,第 4 卷。

42 熊十力:《读经示要》〔1945〕,收入民国丛书编辑委员会编:《民国丛书》第五编(上海:上海书店出版社,1996 年),第 1 册,据民国三十四年南方印书馆本影印;收入熊十力撰,萧萐父主编:《熊十力全集》,第 3 卷。

43 熊十力:《原儒》〔1956〕,上、下卷合刊,收入熊十力撰,萧萐父主编:《熊十力全集》,第 6 卷。

44 梁氏评熊氏语见所著《读熊著各书书后》〔1961〕,收入梁漱溟撰,中国文化书院学术委员会编:《梁漱溟全集》,第 7 卷,《勉仁斋读书录》,页 734—785。

45 顾亭林云:"理学之名,自宋人始有之。古之所谓理学,经学也,非数十年不能通也。……今之所谓理学,禅学也,不取之五经而但资之语录,校诸帖括之文而尤易也。"见顾炎武:《与施愚山书》,《亭林文集》,卷三,收入〔清〕顾炎武撰,华忱之(1914—2002)点校:《顾亭林诗文集》(北京:中华书局,1983 年二版),页 58。

46 关于西方史上所谓"封建社会"之基本性质,论详法国年鉴学派(Annales School)史家布洛赫(Marc Bloch, 1886—1944)有关"封建社会"之研究(参见 Marc Bloch, *La Société féodale*, 2 vols., 1939—1940, translated into English by L. A. Manyon, *Feudal Society* 〔Chicago, IL: University of Chicago Press, 1961〕;中译本,〔法〕布洛克撰,谈古铮译:《封建社会》〔台北:桂冠图书公司,1995 年〕)。

47 论详宾四师所撰《论春秋时代人之道德精神》(原刊香港《新亚学报》2 卷 2 期〔1957 年 2 月〕,见钱穆:《中国学术思想史论丛》〔一〕〔台北:东大图书公司,1976 年〕,页 191—239;收入钱穆撰,钱宾四先生全集编辑委员会主编:《钱宾四先生全集》,

第18册，分页271—333）。

48 萨孟武（本炎，1897—1984）撰《中国社会政治史》（第1册1944年，第2册1962年，第3册1963年，第4册1965年；增订六版，台北：三民书局，1991年），即抱持此项看法。

49 论者意见之一，可参考张君劢（嘉森，号立斋，别署世界室主人，1887—1969）：《中国专制君主政制之评议》（台北：弘文馆出版社，1986年）。

50 西方学界有关"东方"及"东方学"之意涵，及其近代研究观点之变衍，可参看Edward W. Said（1935—2003），*Orientalism*（New York，NY：Vintage Books，1978）；中译本，萨依德撰，王志弘等译：《东方主义》（台北：立绪文化事业公司，1999年）。

51 亚里士多德认为东方政治之常见为"专制"，系根源于东方民族之奴性；此一观点，明显系来自一偏隘之"文化种性论"，难有学理上之根据。然此种属于古代之"ethnocentrism"，却有其极为深远之影响。比较而言，马克思（Karl Heinrich Marx，1818—1883）之提出"亚细亚生产方式"说，系能突破历来（包括"启蒙时期"以来新的有关东方社会之讨论）论说"东方"之成见，以深入于某种特定的结构性因素之本质。特马克思、恩格斯（Friedrich Engels，1820—1895）有关所谓"东方"之历史知识，相较于学界今日研究之所得而言，仍是过少；且此项观察之理论化，于二人之说中，亦尚未臻于成熟。故意虽创新，其价值仍属有限。

52 参见亚里士多德所著《政治学》第3、4卷（Politica，Book III，6，1278b 7—8，7，Book IV，1，1289a 7—8，2，1289b 12—13，in *The Student's Oxford Aristotle*，Vol. Ⅵ，translated into English under the editorship of W. D. Ross〔1877—1971〕，London：Oxford University Press，1942；本书转译自英译之中文译本，有涂克超之《亚里士多德的政治学》〔台北：自由太平洋文化事业公司，1965年〕，及苗力田〔1917—2000〕所主编之《亚里士多德全集》译本〔第9册，颜一、秦典华译，北京：中国人民大学出版社，1994年〕两种，另有译自W. L. Newman（1834—1923）之希腊原文校注本〔*The Politics of Aristotle*，with an introduction，two prefactory essays and notes critical and explanatory，4 vols.，Oxford，UK：The Clarendon Press，1887—1902〕者，则为吴寿彭译本〔《政治学》，北京：商务印书馆，1965年〕。各本差异颇大，吴本较胜，唯论者仍宜依原著或英译为分析之依准）。

53 近代深受马克思主义影响之学者，不断致力于寻找一属于结构性之原由，以解释中国乃至广义之"东方社会"，其特殊性之构成；著者如Karl A. Wittfogel（1896—1988）于所著《东方专制论》（Karl A. Wittfogel，*Oriental Despotism*〔New Haven，CT：Yale University Press，1957〕）中所提出之"hydraulic society"说。然此种虽非严格之"原生论"(the primordialist model),却亦与之相近之说法,实易令学者产生"先入为主"之观念,以致忽略个案间可能存在之差异;并可能因而夸大某一因素,实际对于历史之影响。

54　"政治形态"之定位,应以其"权力结构"之分析,为基本之着眼点。至于"政治文化"于权力结构内所显示之作用,则理论上仍属依附性质。

55　关于"封建"一词于中国语境中之名实问题,参见中国社会科学院历史研究所、中国社会科学院经济研究所、中国社会科学杂志社《历史研究》编辑部编:《"封建"名实问题讨论文集》(南京:江苏人民出版社,2008年)。

56　宾四师关于此点之意见,较详之说明,可参考所著《国史新论》(香港:自印本,1955年;台北:自印本,1955年;台北:三民书局,1969年;台北:东大图书公司,1981年;增订本,台北:东大图书公司,1989年。收入钱穆撰,钱宾四先生全集编辑委员会主编:《钱宾四先生全集》,第30册)相关各章。

57　见《国语·齐语》(1978年合校本,上海:上海古籍出版社,1998年一版),页226。

58　亚里士多德曾于《政治学》第六卷中将"common people"分为四类,即"husbandmen"、"mechanics"、"retail traders"、"labourers"(*Politica*, Book Ⅵ., 7, 1321a 5)。当时之希腊社会,固与中国不同,然此两段文献材料,正可比较。

59　此说出谭复生(嗣同,号壮飞,1865—1898),梁任公亦有此语;事见《清代学术概论·二十七》(编为《饮冰室专集之三十四》,收入梁启超撰:《饮冰室合集》,第8册,分页67)。谭复生云:"二千年来之政,秦政也,皆大盗也;二千年来之学,荀学也,皆乡愿也。惟大盗利用乡愿;惟乡愿工媚大盗。二者交相资,而罔不托之于孔。"(见谭嗣同:《仁学》,收入〔清〕谭嗣同撰,蔡尚思〔1905—2008〕、方行编:《谭嗣同全集》〔增订本,北京:中华书局,1998年三刷〕,下册,页337)任公则曰:"孔门之学,后衍为孟子、荀卿两派;荀传小康,孟传大同,汉代经师,不问为今文家、古文家,皆出荀卿,(原注:汪中说)二千年间,宗派屡变,壹皆盘旋荀学肘下。孟学绝而孔学亦衰。"(梁启超:《清代学术概论·二十五》,同上,分页61)

60　《新学伪经考》光绪十七年辛卯(1891)初印于广州,由广州康氏万木草堂刊行,各省五缩刷,甲午奉旨毁版;戊戌、庚子再奉旨毁版。丁巳(1917)重刊于北京,戊午秋七月定本成。详康有为《新学伪经考·题辞》(见一九一七年重刻本书首)。有关现今各版本异同,可参考朱维铮(1936—2012)、廖梅编校本《新学伪经考》(香港:生活、读书、新知三联书店,1998年)前所附之《导言》。

61　《孔子改制考》付梓于光绪二十三年丁酉(1897),刊成于次年戊戌,由上海大同译书局发行,一九二零年另刊行万木草堂丛书本;事详汤志钧(1924—　):《康有为传》(台北:台湾商务印书馆,1997年,页89)。现收入民国丛书编辑委员会编:

《民国丛书》第四编，第3册，据民国十一年刻本影印。收入康有为撰，姜义华等编校：《康有为全集》，第三集，页1—260。

62　廖氏曾于光绪十四年(1888)将所著《今古学考》分述为二篇，以《知圣篇》述今学，《辟刘篇》述古学，其大旨即康氏所本；特康氏深讳之，故后为廖氏所揭。关于此点宾四师曾有详论，见所著《中国近三百年学术史》，第十四章《康南海》(北京商务本，下册，页715—725；收入钱穆撰，钱宾四先生全集编辑委员会主编：《钱宾四先生全集》，第17册，页842—853)。前引汤《传》辨廖、康立说关系，亦主此说；唯引据仅上溯张西堂(政，1901—1960)《廖平古学考序》(见汤志钧：《康有为传》，页53)，未注明宾四师说。

63　梁启超：《先秦政治思想史》〔1922〕，编为《饮冰室专集之五十》，收入梁启超撰：《饮冰室合集》，第9册。

64　见梁启超：《清代学术概论·二十三》，编为《饮冰室专集之三十四》，收入梁启超撰：《饮冰室合集》，第8册，分页56。

65　崔觶甫，浙江绍兴人，清季邑诸生，未知名时仅以所学课授乡里，著书自娱。蔡孑民(元培，1868—1940)掌北京大学时，曾聘为文科教授。所著《论语足征记》〔1921〕、《史记探源》〔1924〕，皆由北京大学出版部出版。参见桥川时雄(字子雍，号醉轩，1894—1982)编《中国文化界人物总鉴》(北京：中华法令编印馆，1940年；东京：名著普及会，1982年，页504)。

66　事详钱穆：《八十忆双亲、师友杂忆合刊》，东大版，页132、142；收入钱穆撰，钱宾四先生全集编辑委员会主编：《钱宾四先生全集》，第51册，页154、167。

67　蔡序见于胡适：《中国哲学史大纲·卷上》，《民国丛书》本，分页1—3。

68　唯胡氏之作此书，其内容思想之发展，亦多有来历；不全由自创。其中之一例，即胡氏于未成书之先，先草一文发表，名《诸子不出于王官论》(原刊《太平洋》第1卷第7号〔1917年10月〕；后收录为《中国哲学史大纲·卷上》，《附录》，《民国丛书》本，分页1—10)，驳章太炎。此事就一方面论，固见出胡氏具有一种新的考据之眼光，与乾嘉朴学之旧轨不同；然自另方面言之，则亦显示新时代新课题之觉醒，其来非出一时一人，胡氏虽驳太炎，其"问题意识"，本亦自太炎来。胡氏于再版序中曾言：于近人中，最当感谢者为太炎；此言固非虚发。

69　编为梁启超：《饮冰室专集之四十》，收入梁启超撰：《饮冰室合集》，第8册。

70　"中国学术当自子学起论"之说，乃自一种评判"纯粹学术"之眼光说之；非关传统之分类。故"改制"、"伪经"之论即使成立，亦不过说"经"为"子"，于评判之标准无变改。

71　事亦见钱穆：《八十忆双亲、师友杂忆合刊》(东大版，页144；收入钱穆撰，钱宾四先生全集编辑委员会主编：《钱宾四先生全集》，第 51 册，页 169）。此处所叙，据平日所闻，稍有改易。

72 任公演讲大意，经记录刊载于一九二二年三月十三日北京《晨报副刊》，后则发表于《哲学》第 7 期（1922 年 11 月）。说详梁启超：《评胡适之〈中国哲学史大纲〉》（文见罗根泽主编：《古史辨》第四册，《民国丛书》本，页 305—307；亦编为梁启超：《饮冰室文集之三十八》，收入梁启超撰：《饮冰室合集》，第 5 册，分页 50—68）。

73 说详冯友兰：《老子年代问题》〔1931〕（见罗根泽主编：《古史辨》第四册，《民国丛书》本，页 420—422）、《中国哲学史中的几个问题——答适之先生及素痴先生》（原刊《大公报文学副刊》第 178 期〔1931 年 6 月 8 日〕，收入冯友兰撰：《三松堂全集》，第 11 卷，页 230—236）。

74 论详胡适：《与冯友兰先生论老子问题书》〔1930〕、《与钱穆先生论老子问题书》〔1932〕（见罗根泽主编：《古史辨》第四册，《民国丛书》本，页 417—420、411—414；收入季羡林主编：《胡适全集》〔合肥：安徽教育出版社，2003 年〕，第 4 卷，《致冯友兰先生书》，页 143—146、140—142）、《评论近人考据老子年代的方法》〔1933〕（见罗根泽主编：《古史辨》第六册〔收入民国丛书编辑委员会编：《民国丛书》第四编，第 69 册，据民国二十七年开明书店本影印〕，页 387—410；收入季羡林主编：《胡适全集》，第 4 卷，页 114—139）。

75 朱右曾，江苏嘉定人，道光十八年进士。

76 说详王国维：《古本竹书纪年辑校》〔1917〕、《今本竹书纪年疏证》〔1917〕，收入王国维撰，谢维扬、房鑫亮主编：《王国维全集》（杭州：浙江教育出版社，2009 年），第 5 卷，页 151—198、199—317。

77 即梁启超：《饮冰室专集之七十六至八十五》〔1926〕，收入梁启超撰：《饮冰室合集》，第 10 册。

78 梁启超：《古书真伪及其年代》〔1927〕，此书编为《饮冰室专集之一百四》，收入梁启超撰：《饮冰室合集》，第 12 册。

79 任公遗著中辨子书及其他古书真伪及其年代者，于《诸子考释》、《古书真伪及其年代》之前，则尚有《墨经校释》〔1920〕、《墨子学案》〔1921〕（与前书编为梁启超：《饮冰室专集之三十八、三十九》，收入梁启超撰：《饮冰室合集》，第 8 册）诸书，皆在胡适之《哲学史》一书刊行之后；其辨析之眼光，明显受胡氏影响。任公本于乾嘉考证之学有所知，故能因取径之易辙，短时间即有所成。

80 太炎《国故论衡》最初于一九一零年由日本秀光社排印出版，后收入章炳麟撰：《章氏丛书》（正、续编合订本，台北：世界书局，1958 年；正编据浙江图书馆 1919 年刻本影印，续编据成都薛氏崇礼堂 1943 年刻本影印）时则有增订。

81 说详胡适:《中国哲学史大纲·卷上》,第八篇《别墨》,页184—253。

82 湖北郭店楚墓出土竹简有《老子》书,为现存最早之本。该墓据学者估测,年代约属战国中期偏晚(释文及说明,参见荆门市博物馆编:《郭店楚墓竹简·老子释文注释》〔北京:文物出版社,1998年〕,页109—122)。此一考证如确属实,则《老子》一书之著成,最晚不得迟于此一墓葬期稍前。

83 见王夫之:《庄子解》,卷八,《外篇》,收入〔清〕王夫之撰,船山全书编辑委员会编校:《船山全书》(1—15册)(长沙:岳麓书社,1996年一版二刷),第13册,页184;同书,卷三十三,《杂篇·天下》,页462。

84 与宾四师同时,考论《老》书应晚出者,除主张《老子》非一人一时作,且成书极迟者外,多数皆主《老》书应在《庄》书前著。或则如张西堂,虽亦主《老》在《庄》后,然并未详释其所以然。

85 如郭店楚墓竹简本《老子》"绝仁弃义"句作"绝伪弃虑"(《老子》甲,见荆门市博物馆编:《郭店楚墓竹简》,页111;"虑"字或厘定为"诈"),显示以"绝仁弃义"作为道家之伦理学立场,因而表现一种反对儒家之针对性,事确晚出;如宾四师及当时若干学者所疑。说详裘锡圭:《关于〈老子〉的"绝仁弃义"和"绝圣"》(收入复旦大学出土文献与古文字研究中心编:《出土文献与古文字研究》第一辑〔上海:复旦大学出版社,2006年〕,页1—15)。

86 原刊《燕京学报》第11期〔1932年6月〕,见钱穆:《两汉经学今古文平议》,东大版,页285—434;收入钱穆撰,钱宾四先生全集编辑委员会主编:《钱宾四先生全集》,第8册,页319—493。

87 原刊中央大学《文史哲》第2卷第1号〔1944年7月〕,见钱穆:《两汉经学今古文平议》,同前注,东大版,页165—233;《钱宾四先生全集》,第8册,页181—261。

88 原刊香港大学东方文化研究院《东方学报》第1卷第1期〔1954年1月〕,见钱穆:《两汉经学今古文平议》,同前注,东大版,页235—283;《钱宾四先生全集》,第8册,页263—317。

89 原刊昆明《中央周刊》〔1945年〕、《建国月刊》〔1945年5月第1期,页6—46〕。见钱穆:《庄老通辨》,东大版第二次重编本,页345—365;收入钱穆撰,钱宾四先生全集编辑委员会主编:《钱宾四先生全集》,第7册,页431—455。

90 原刊香港《新亚学报》1卷1期〔1955年8月〕,见钱穆:《庄老通辨》,同前注,东大版第二次重编本,页367—403;《钱宾四先生全集》,第7册,页457—499。

91 见钱穆:《庄老通辨》,同前注,东大版第二次重编本,页405—410;《钱宾四先生全集》,第7册,页501—508。

92 原刊《学原》2卷5期〔1948年9月〕,见钱穆:《庄老通辨》,同前注,东大版第二次重编本，页 411—445；《钱宾四先生全集》，第 7 册，页 509—550。

93 原刊香港《新亚学报》2 卷 1 期〔1956 年 8 月〕，见钱穆：《庄老通辨》，同前注，东大版第二次重编本，页 190—257；《钱宾四先生全集》，第 7 册，页 225—307。

94 参前注〈22〉。

95 梁启超：《中国近三百年学术史》〔1924〕，编为《饮冰室专集之七十五》，收入梁启超撰：《饮冰室合集》，第 10 册。

96 任公于《概论》中，承前旧见，以有清一代相当于西方史中之"文艺复兴"期（见梁启超：《清代学术概论・一、三十一》，编为《饮冰室专集之三十四》，收入梁启超撰：《饮冰室合集》，第 8 册，分页 3、74—75）。而于同书另处立说，则以当日之中国，为类同于西方之所谓"启蒙"期（页 80）。

97 任公于《概论》一书，指出清代考证学中，富具有一种"科学精神"，并谓此一精神乃未来中国发达科学之根基（同前注，页 76—79）。至于写作《中国近三百年学术史》时，则于前论学术主流之外，另提出一"排斥理论，提倡实践"之学术支流（见梁启超：《中国近三百年学术史》，编为《饮冰室专集之七十五》，收入梁启超撰：《饮冰室合集》，第 10 册，分页 2）。凡此皆见任公著书所受时论之影响。

98 任公于《概论》中，曾借佛说一切流转相之所谓"生"、"住"、"异"、"灭"，以明思潮之起灭（见梁启超：《清代学术概论・一》，编为《饮冰室专集之三十四》，收入梁启超撰：《饮冰室合集》，第 8 册，分页 2—3）。此种方便，宾四师偶亦有相近之论法；如其论先秦子学之有《吕氏春秋》、唐代禅宗之有《宗镜录》，即其例（见钱穆：《宋明理学概述》，台湾学生书局版，页 1—2；收入钱穆撰，钱宾四先生全集编辑委员会主编：《钱宾四先生全集》，第 9 册，页 1—2）。唯任公论中以思潮之"反动"为常例，宾四师说中则无之。

99 侯外庐：《中国近世思想学说史》（上、下卷），重庆：三友书店，1944—1945 年；重版时更名为《近代中国思想学说史》，亦分上、下册，上海：生活书店，1947 年。

100 侯氏于抗战期间写作此书，以有政治忌讳，故观点之说明，颇为简略。原书十七世纪至十九世纪中叶部分之改作，迟至一九五五年始克竟稿；经收编为其所主编之《中国思想通史》第五卷，题为《中国早期启蒙思想史》（参见侯外庐：《中国思想通史》第五卷〔北京：人民出版社，1956 年〕，《自序》，页 1）。

101 唐鉴：《国朝学案小识》，台北：广文书局，1972 年，据光绪十年孟春月重镌四砭斋原本影印；济南：山东友谊书社，1990 年。

102 徐世昌等编纂，沈芝盈、梁运华点校：《清儒学案》，北京：中华书局，2008 年。

103 此书幸有一存留，可窥见其大概，即原书之《序目》〔1942〕；及所附柳诒征（字翼谋，亦字希兆，号知非，晚年号劬堂，1880—1956）所撰之《清儒学案摘钞》（详钱穆:《清儒学案序目》,原刊《四川省立图书馆集刊》第3期〔1942年11月〕,见《中国学术思想史论丛》〔八〕〔台北:东大图书公司,1980年〕,页364—388;收入钱穆撰,钱宾四先生全集编辑委员会主编:《钱宾四先生全集》,第22册,页589—640)。

104　论详所撰《朱子之四书学》、《朱子与二程解经相异》各文(见钱穆:《朱子新学案》〔四〕,三民版,页180—229、301—509;收入钱穆撰,钱宾四先生全集编辑委员会主编:《钱宾四先生全集》,第14册,页201—256、339—569)。

105　见〔宋〕黎靖德辑:《朱子语类》,卷八十三,收入〔宋〕朱熹撰,朱杰人(1945—　)等主编:《朱子全书》(修订本)(上海:上海古籍出版社,2010年),第17册,页2833。

106　同前注,卷六十六,第16册,页2179。

107　朱子云:"《语》、《孟》工夫少,得效多;《六经》工夫多,得效少。"同前注,卷十九,第14册,页644。

108　同前注,卷七十九,第17册,页2718。

109　就此点而言,王静安亦有类似之见。静安云:"我国无纯粹之哲学,其最完备者,唯道德哲学与政治哲学耳。至于周、秦、两宋间之形而上学,不过欲固道德哲学之根柢,其对形而上学非有固有之兴味也。"论详王国维:《论哲学家与美术家之天职》,见王国维:《静安文集》,收入王国维撰,谢维扬、房鑫亮主编:《王国维全集》,第1卷,页132。

110　论详所撰《朱子学提纲》(单行本,台北:自印本,1971年;台北:三民书局,1986年。页1—3。亦见钱穆:《朱子新学案》〔一〕,同前注,三民版,页1—3;《钱宾四先生全集》,第11册,页1—3)。

111　任公说:论详所撰《天道观念表现于诗书两经者》、《天道观念之历史的变迁》(见梁启超:《先秦政治思想史》〔1922〕,《前论》,第二章《天道的思想》附录一、附录二,编为《饮冰室专集之五十》,收入梁启超撰:《饮冰室合集》,第9册,分页22—27、27—29)二文。

112　傅斯年:《性命古训辨证》,收入傅斯年撰,陈槃(1905—1999)等校订:《傅斯年全集》(台北:联经出版事业公司,1980年),第2册,页159—404。

113　说详梁漱溟:《东西文化及其哲学》,第四章《西洋中国印度三方哲学之比观》,《民国丛书》本,页114—121;收入梁漱溟撰,中国文化书院学术委员会编:《梁漱溟全集》,第1卷,页441—448。

114　冯芝生写作此部《中国哲学史》之先,曾另有一专文,名《孔子在中国历史中之地位》(原刊《燕京学报》第2期〔1927年12月〕,后辑入《三松堂学术文集》〔北京:

北京大学出版社，1984 年〕，页 119—131），论及此事。

115　太炎所据以区分此二者之眼光，除系依照西方“哲学”与“史学”领域之划分为考量外，另有一研究中国学术史之重要观察点，即是区分“智识阶层”与“智识阶层所发展之学术”为二。故就“儒”字之所指论，有依前者言，亦有依后者言。依前者言，则“儒”、“道”、“名”、“墨”、“法”、“阴阳”等之所以成为一学派，皆是奠立于同一社会基础；若以言其身份，莫不可同得此一“儒”之类名。若依后者言，则先秦子学之所成就，实以广义之“哲学”与“史学”为其最要之内容。凡章实斋所指称为王政之迹之“六经”，对于诸子而言，皆仅可提供为理解古人“治道”与“治术”之依凭；各家于面对此一批史料之同时，仍须有一“理论性”之思维，加入其中，乃有以真正成学。孔子由是具有启导儒家哲学之外，另一种“学术史”上之地位，与中国史学之形成密切相关。

116　《訄书》初刻，出版于光绪二十六年〔1900〕（上海：上海古籍出版社，1985 年，据原刻手写底本影印）；重订排印本，出版于光绪三十、三十二年〔1904/1906〕（东京：翔鸾社排印本初版、二版；台北：世界书局景翔鸾社二版句读本，1971 年二刷）。《检论》九卷，则收入一九一五年所刊成之《章氏丛书》（参注〈80〉）。

117　太炎于哲学，重释氏之学，远在重儒学之上；宾四师之于此，实颇难理解与接受。故其早年为《余杭章氏学别记》（原刊天津《大公报图书副刊》185 期〔1937 年 6 月〕，见钱穆：《中国学术思想史论丛》〔八〕，东大版，页 342—347；收入钱穆撰，钱宾四先生全集编辑委员会主编：《钱宾四先生全集》，第 22 册，页 533—538）时，评诠之语，取论尚宽；俟其晚岁之撰《太炎论学述》（原刊《中央研究院成立五十周年纪念论文集》〔1978 年 6 月〕，同上，东大版，页 348—363；《钱宾四先生全集》，第 22 册，页 539—560），乃谓：幸太炎之思想于当时及身后未见力量，否则其为祸之烈，当尤驾乎其所深恶之后起之“新文化运动”之上。究论宾四师之所以如此重辞责之，固因其所尊，本在人心所可体认之义理，并不视儒学之本质，须为“哲学的”；因而于太炎之仅依其所得于佛义者，居然为古今高下之评骘，格格不能入。实则太炎所主，乃欲为一“新学术运动”，非“新文化运动”。故依其意，哲学、史学不唯可分论，亦应分论。凡依“学理”而为立言之据者，积累至今而为“故”（“故”即“文献”之意），无不可受批评；亦应受批评。此其书所以名之曰“论衡”。故以“哲学”而论，虽孔子亦非不可为评骘。

118　语出司马迁《报任少卿书》。见〔汉〕班固（字孟坚，32—92）撰，〔唐〕颜师古（字籀，581—645）注：《汉书》（北京：中华书局，1962 年），第 9 册，卷六十二，《司马迁传》，页 2735；亦见〔梁〕萧统（字德施，501—531）编，〔唐〕李善注：《文选》（上海：上海古籍出版社，1986 年），第 5 册，卷四十一，页 1865。

119　就精神领域言，“德性”之最高，无论儒、道，皆主有所谓“自然”之境；佛家则云“如如”。凡此皆已超出于所谓“意志”之范围外。然依循“伦理”观念而培养之“意志之德性”，对于儒家与佛家而言，仍属“实践”之过程中所必须经历。

120　亭林云：“愚独以为理学之名，自宋人始有之。古之所谓理学，经学也，非数十年不能通也。……今之所谓理学，禅学也，不取之五经而但资之语录，校诸帖括之文而尤易也。”（顾炎武：《与施愚山书》，见《亭林文集》，卷三，收入顾炎武撰，华忱之点校：《顾亭林诗文集》，页 58。已见前引，参注〈45〉）此文常为学者所引述。然所谓“今之所谓理学”，究竟是否包括宋人而并斥之？则颇费斟酌。今人之解读，亦多有不同。钱师宾四曾谓亭林“古之所谓理学，经学也”句，“经学”乃自汉以至于宋通言之，而“古之理学”，则专指宋，以其合于经，同于经，故曰即经学；至于“今之所谓理学”，则指明而言（说见钱穆：《顾亭林学述》，原刊台北《“国立”故宫博物院图书季刊》4 卷 2 期〔1973 年 10 月〕；见《中国学术思想史论丛》〔八〕，东大版，页 52—73。收入钱穆撰，钱宾四先生全集编辑委员会主编：《钱宾四先生全集》，第 22 册，页 79—107）。其论颇详。而余则以为，亭林此说或有别解。亭林于他处言：“今之言学者必求诸《语录》，《语录》之书始于二程，前此未有也。今之语录几于充栋矣。而淫于禅学者实多，然其说盖出于程门。故取慈溪（黄震，字东发，1213—1281）《黄氏日钞》所摘谢氏（良佐，字显道，1050—1103）、张氏（九成，字子韶，1092—1159）、陆氏（九渊，字子静，1139—1193）之言，以别其源流，而衷诸朱子之说。……呜呼！在宋之时，一阴之《姤》也，其在于今，五阴之《剥》也。有能繇朱子之言，以达夫圣人下学之旨，则此一编者，其硕果之犹存也。”（见顾炎武：《下学指南序》，同上，卷六，页 131—132）据此，亭林于宋虽宗朱子，谓可以折中流别而得圣人之意；然宋儒于经学之外，别有以“语录”为据之理学，终自程子已启其端。故凡其所谓“古之所谓理学”云云，其意当谓：古无“理学”之名，当古之时，经学即是理学；自宋人而始有“理学”之名，遂别有语录之学；至于明，而风气愈烈，不取之五经而但资之语录，故流而为禅学。此一说法，当亦可通。论详拙作《市镇文化背景与中国早期近代智识群体——论清乾隆嘉庆时期吴皖之学之兴起及其影响》（本文初稿原发表于上海社会科学院所举办之《第三届世界中国学论坛》〔上海：上海社会科学院，2008 年 9 月 8 日〕；后刊登于《文与哲》第 13 期〔2008 年 12 月〕，页 219—270，并收入戴景贤撰：《明清学术思想史论集》下编〔香港：中文大学出版社，2012 年〕，页 181—240）一文。

121　论详顾炎武撰，陈垣（字援庵，1880—1971）校注：《日知录校注》（合肥：安徽大学出版社，2007 年），上册，卷七，“夫子之言性与天道”条，页 381。

122　依前论，宾四师论近三百年学术史，极重视于今人所指谓之“清初三大儒”，即黄梨洲、顾亭林、王船山。宾四师于他书中，且评此明末以至清初之诸老，谓皆于史学有极卓绝之表现；亭林特为其一（语详《中国史学名著》，《章实斋文史通义》〔台北：三民书局，1973 年〕，册 2，页 336；收入钱穆撰，钱宾四先生全集编辑委员会主编：《钱宾四先生全集》，第 33 册，页 413）。

123 宾四师晚年于明清以来诸儒，颇多重述；前注〈120〉所引《顾亭林学述》，亦其中一篇。参见《中国学术思想史论丛》〔八〕，东大版，页 52—73；收入钱穆撰，钱宾四先生全集编辑委员会主编：《钱宾四先生全集》，第 22 册，页 79—107。

124 "命"之区分为二种，于朱子已言之。《语类》载或人问："颜渊不幸短命。伯牛死，曰：'命矣夫！'孔子'得之不得曰有命'。如此之'命'，与'天命谓性'之'命'无分别否？"朱子曰："命之正者出于理，命之变者出于气质。要之，皆天所付予。"（见黎靖德辑：《朱子语类》，卷四，收入朱熹撰，朱杰人等主编：《朱子全书》〔修订本〕，第 14 册，页 209）即其说。后则有王船山，正式将之区分为"福命"、"德命"二词；说详王夫之：《周易外传》，卷三，《困》，收入王夫之撰，船山全书编辑委员会编校：《船山全书》，第 1 册，页 934—936。

125 宾四师于此，将"儒家思想"说为乃强烈的情感主义者，却巧妙地交融了"理智"的功能；乃强烈的个己主义，却巧妙地调和了人我、内外的冲突；乃强烈的现实主义者，却巧妙地渗透了一切天人不可知界的消息。论详所撰《儒家之性善论与其尽性主义》（原刊上海《新中华月刊》1 卷 7 期〔1933 年 4 月〕，见钱穆：《中国学术思想史论丛》〔二〕〔台北：东大图书公司，1980 年〕，页 242；收入钱穆撰，钱宾四先生全集编辑委员会主编：《钱宾四先生全集》，第 18 册，分页 2）。

126 所谓"排斥'目的性'之哲学立场"，"激进之物质主义"（radical materialism），即其中之一。

127 宾四师于此，将儒家之"性善"论，依焦里堂（循，1763—1820）之诠义，说为乃是从"历史之进化"为着眼（关于焦里堂以人智之进化言"性善"之义，参见钱穆：《中国近三百年学术史》，第十章《焦里堂阮芸台凌次仲》，北京商务本，下册，页 504；收入钱穆撰，钱宾四先生全集编辑委员会主编：《钱宾四先生全集》，第 17 册，页 588—589）；论详所撰《儒家之性善论与其尽性主义》（见钱穆：《中国学术思想史论丛》〔二〕，东大版，页 243；收入钱穆撰，钱宾四先生全集编辑委员会主编：《钱宾四先生全集》，第 18 册，分页 4）。

128 宾四师谓孔子虽建立前所未有之人生哲学，然于宇宙方面，则未屏绝素朴之天神观。天神观之破坏，始于庄老道家，而后各家不得不随之以俱变。其融庄老激烈破坏之宇宙论，以与孔孟中和建设之人生论，凝合无间而成为一体，则出于战国晚世以迄秦皇、汉武间之新儒；其说可以《易传》与《小戴礼记》中诸篇为代表（以上论旨，说详所撰《易传与小戴礼记中之宇宙论》〔1944〕，原刊《思想与时代》第34期〔1944年5月〕，见钱穆：《中国学术思想史论丛》〔二〕，同前注，东大版，页256—282；《钱宾四先生全集》，第18册，分页25—74）。

129　说详梁漱溟：《东西文化及其哲学》，第四章〈西洋中国印度三方哲学之比观〉，《民国丛书》本，页114—125；收入梁漱溟撰，中国文化书院学术委员会编：《梁漱溟全集》，第1卷，页441—451。

130　参见朱熹：《周易本义》，《周易说卦传第八》，收入朱熹撰，朱杰人等主编：《朱子全书》（修订本），第1册，页153。

131　关于"阴"、"阳"、"刚"、"柔"、"仁"、"义"等观念之发展，宾四师自其早年，即有一特有之见解，至终未改，见于所撰《关于老子成书年代之一种考察》〔1930〕、《再论老子成书年代》〔1933〕、《三论老子成书年代》〔1947〕（见钱穆：《庄老通辨》，东大版第二次重编本，页21—59、61—102、103—112；收入钱穆撰，钱宾四先生全集编辑委员会主编：《钱宾四先生全集》，第7册，页25—71、73—119、121—130）诸文。

132　如清之戴东原，即主"理"字之于先秦，无论就其通诂言，或就书义所使用之特指说，皆无与"道"字相趋近之用法；"理"字之有延展性之语义表现，而与"道"字具类似之哲学义涵，其事实属晚出。东原并以此指摘宋儒，其言云："问：宋儒之言形而上下，言道器，言太极两仪，今据孔子赞《易》本文疏通证明之，洵于文义未协。其见于理气之辨也，求之六经中无其文，故借太极、两仪、形而上下之语以饰其说，以取信学者欤？曰：舍圣人立言之本指，而以己说为圣人所言，是诬圣；借其语以饰吾之说，以求取信，是欺学者也。诬圣欺学者，程、朱之贤不为也。盖其学借阶于老、庄、释氏，是故失之。凡习于先入之言，往往受其蔽而不自觉。在老、庄、释氏就一身份言之，有形体，有神识，而以神识为本。推而上之，以神为有天地之本，（原注：老氏云："有物混成，先天地生。"又云："道之为物，惟恍惟忽。忽兮恍兮，其中有象；恍兮忽兮，其中有物。"释氏书："问：'如何是佛？'曰：'见性为佛。''如何是性？'曰：'作用为性。''如何是作用？'曰：'在目曰见，在耳曰闻，在鼻臭香，在口谈论，在手执捉，在足运奔。遍见俱该法界，收摄在一微尘，识者知是佛性，不识唤作精魂。'"）遂求诸无形无迹者为实有，而视有形有迹为幻。在宋儒以形气神识同为己之私，而理得于天。推而上之，于理气截之分明，以理当其无形无迹之实有，而视有形有迹为粗。益就彼之言而转之，（原注：朱子辨释氏云："儒者以理为不生不灭，释氏以神识为不生不灭。"）因视气曰'空气'，（原注：陈安卿云："二气流行万古，生生不息，不成只是空气，必有主宰之者，理是也。"）视心曰'性之郛郭'，（原注：邵子〔雍，字尧夫，谥号康节，1012—1077〕云："心者，性之郛郭。"）是彼别形神为二本，而宅于空气宅于郛郭者为天地之神与人之神。

此别理气为二本,(原注:朱子云:"天地之间,有理有气。理也者,形而上之道也,生物之本也;气也者,形而下之器也,生物之具也,是以人物之生,必禀此理然后有性也,禀此气然后有形。")而宅于空气、宅于郛郭者,为天地之理与人之理。由考之六经、孔、孟,茫然不得所谓性与天道者,及从事老、庄、释氏有年,觉彼之所指,独遗夫理义而不言,是以触于形而上下之云,太极两仪之称,顿然有悟,遂创为理气之辨,不复能详审文义。其以理为气之主宰,如彼以神为气之主宰也。以理能生气,如彼以神能生气也。(原注:老氏云:"一生二,二生三,三生万物。万物负阴而抱阳,冲气以为和。")以理坏于形气,无人欲之蔽则复其初,如彼以神受形而生,不以物欲累之则复其初也。皆改其所指神识者以指理,徒援彼例此,而实非得之于此。学者转相传述,适所以诬圣乱经。善夫韩退之氏(愈,768—824)曰:'学者必慎所道。道于杨(朱)、墨、老、庄、佛之学而欲之圣人之道,犹航断港绝潢以望至于海也。'此宋儒之谓也。"(见戴震:《孟子字义疏证》,卷中,收入〔清〕戴震撰,杨应芹(1943—)、诸伟奇(1949—)主编:《戴震全书》〔修订本,合肥:黄山书社,2010年〕,第6册,页176—177)参见拙作《论戴东原章实斋认识论立场之差异及其所形塑学术性格之不同》(初稿原刊《文与哲》第10期〔2007年6月〕,页375—446;并于上海师范大学中国近代社会研究中心所举办之《"比较视野下的地域社会研究——徽州与江南的文化认同与地方发展"国际学术研讨会》〔上海:上海师范大学,2007年11月12—15日〕中宣读。其节录之本,则改题为《戴东原论学之基本观点及其认识论立场》,收入唐力行〔1946— 〕主编:《江南社会历史评论》第1期〔北京:商务印书馆,2009年6月〕,页111—147。后收入戴景贤撰:《明清学术思想史论集》下编,页91—180)一文。

133 见钱穆:《孔子与论语》(台北:联经出版事业公司,1974年),页129—164;收入钱穆撰,钱宾四先生全集编辑委员会主编:《钱宾四先生全集》,第4册,分页263—310。

134 见朱熹:《四书章句集注·论语集注》,卷二,〈八佾第三〉,收入朱熹撰,朱杰人等主编:《朱子全书》(修订本),第6册,页88。

135 见钱大昕:《十驾斋养新录》,卷三,"天即理"条,收入〔清〕钱大昕撰,陈文和主编:《嘉定钱大昕全集》(南京:江苏古籍出版社,1997年),第7册,页62—63。

136 关于朱子哲学系统中,"存有学"与"宇宙构成论"两方面,理论建构之说明,参见拙作《王阳明哲学之根本性质及其教法流衍中所存在之歧异性》(本文初稿发表于北京大学中国语言文学系、美国耶鲁大学东亚语言文学系、北京大学中国古文献研究中心所联合举办之《中国典籍与文化国际学术研讨会》〔北京:北京大学,2010年3月8—9日〕;后刊登于《文与哲》第16期〔2010年6月〕,页283—366;

并收入戴景贤撰:《明清学术思想史论集》上编〔香港: 中文大学出版社,2012年〕,页29—112)一文。

137 见朱熹:《四书章句集注·论语集注》,卷九,《阳货第十七》,收入朱熹撰,朱杰人等主编:《朱子全书》(修订本),第6册,页219。

138 《朱子语类》载:"亚夫(戛渊,号莲塘)问:'气质之说,起于何人?'曰:'此起于张、程。某以为极有功于圣门,有补于后学。'"参见黎靖德辑:《朱子语类》,卷四,入朱熹撰,朱杰人等主编:《朱子全书》(修订本),第14册,页199。

139 参前注〈132〉。关于横渠之影响,论详拙作《程学阁著作集》第五种《宋元学术思想史论集》上编《论张横渠之二重性论及其位于北宋理学中之位置》(待刊)一文。

140 参见朱熹:《四书章句集注·孟子集注》,卷十三,〈尽心章句上〉,收入朱熹撰,朱杰人等主编:《朱子全书》(修订本),第6册,页425。

141 "四端"之说,参见朱熹:《四书章句集注·孟子集注》,卷三,《公孙丑章句上》,同前注,页289—290。

142 参见朱熹:《四书章句集注·孟子集注》,卷九,《万章章句上》,同前注,页376。

143 宾四师谓朱子之解"尽心知性",有先、后之异说;本文此所释,以"尽心"为"知至"之谓,乃《四书章句集注》中之《孟子集注》说。而其前,朱子中年之见,则主"尽心"在先,"知性"在后。宾四师并历考其解义,谓朱子尝四易其说,而最终又变,卒归于孟子原旨,以"尽心"为"知性"之工夫;惜未及将此意于《集注》作最后之改定(说详钱穆:《朱子新学案》〔四〕,《朱子与二程解经相异下: 五、论尽心知性》,三民版,页480—499;收入钱穆撰,钱宾四先生全集编辑委员会主编:《钱宾四先生全集》,第14册,页537—559)。

144 戴震:《孟子字义疏证》,收入戴震撰,杨应芹、诸伟奇主编:《戴震全书》(修订本),第6册;戴震撰、何文光整理:《孟子字义疏证》,北京: 中华书局,1982年二版二刷。

145 阮元:《塔性说》,见〔清〕阮元撰:《研经室集》(收入《四部丛刊》,台北: 台湾商务印书馆,1979年台一版,第90册,据原刊初印本影印),《研经室续三集》,卷三,页2—4a;阮元:《性命古训》,见阮元撰:《研经室集》,同上,《研经室一集》,卷十,页1—32a。

146 参注〈128〉。

147 论详所撰《易传与小戴礼记中之宇宙论》〔1944〕、《中庸新义》〔1955〕、《中庸新义申释》〔1956〕、《关于中庸新义之再申辩》〔1956〕、《中庸之明与诚》〔1942〕(见钱穆:《中国学术思想史论丛》〔二〕,东大版,页256—282、283—306、307—323,后两篇东大版未收;收入钱穆撰,钱宾四先生全集编辑委员会主编:《钱宾四先生全集》,第18册,分页25—74、89—118、119—141、143—174、175—184)。

148 宾四师尝谓如船山之辨孟子性善义,即乃越过程、朱,一依濂溪(周敦颐,字茂叔,1017—1073)、横渠之说,以会通之于《易传》、《中庸》;其于阐发孟子当时之本义,宜为得其近是。而其解义,基本上,则乃由"唯气之一元论",转出"德性之一元论"。又谓:就先秦思想言,唯气一元,乃《易》、《庸》与庄、老之所同;德性一元,乃《易》、《庸》所独,为后起儒家采取庄、老道家之说,以自成其儒家之新宇宙论者。横渠之主"唯气一元"与"德性一元",亦自先秦旧说来;而二程之提倡"唯理一元",则于宋儒言义理中,独为一种新说。又谓:二程之主张"唯理一元",终不免重于"天"而轻于"人",陆、王之反对程、朱,主张以"心即理"代替"性即理",亦不失为一种侧重于人本位之要求;而矫枉者过其正。船山盖因不满于陆、王,以是追溯之于濂溪、横渠,求以矫枉程、朱立言之所偏,故有其取径。论详钱穆:《王船山孟子性善义阐释》(原刊《香港大学五十周年纪念论文集》〔1966年〕,见《中国学术思想史论丛》〔八〕,东大版,页74—103;收入钱穆撰,钱宾四先生全集编辑委员会主编:《钱宾四先生全集》,第22册,页129—168)。

149 章学诚:《朱陆》,见〔清〕章学诚撰,叶瑛(字石甫,1896—1950)校注:《文史通义校注》(北京:中华书局,2008年六刷),上册,卷三,内篇三,页262。

150 参注〈35〉。

151 见王守仁:《传习录》下,收入〔明〕王守仁撰,吴光(1944—)等编校:《王阳明全集》(新编本)(杭州:浙江古籍出版社,2011年),第1册,卷三,《语录三》,页115。

152 孟子曰:"人之所不学而能者,其良能也;所不虑而知者,其良知也。孩提之童,无不知爱其亲者;及其长也,无不知敬其兄也。亲亲,仁也;敬长,义也。无他,达之天下也。"见朱熹:《四书章句集注·孟子集注》,卷十三,《尽心章句上》,收入朱熹撰,朱杰人等主编:《朱子全书》(修订本),第6册,页430。

153 《传习录》云:"先生游南镇,一友指岩中花树问曰:'天下无心外之物,如此花树,在深山中自开自落,于我心亦何相关?'先生曰:'你未看此花时,此花与汝心同归于寂。你来看此花时,则此花颜色一时明白起来。便知此花不在你的心外。'"(见王守仁:《传习录》下,收入王守仁撰,吴光等编校:《王阳明全集》〔新编本〕,第1册,卷三,《语录三》,页118)

154 宾四师晚年曾评阳明以良知为"造化精灵",及良知是一"虚无体"之说,谓已近道、释宗旨,非儒家言;而严滩之别,阳明答王龙溪(畿,字汝中,1498—1583),有谓"有心俱是实,无心俱是幻;无心俱是实,有心俱是幻",则尤近禅宗"一心建万法而亦无一法可得"之意。并谓凡此皆系阳明晚年思维由人文界转进自然界所致(论详所撰《双溪独语》,《篇十八》〔台北:台湾学生书局,1981 年〕,页 193—200;收入钱穆撰,钱宾四先生全集编辑委员会主编:《钱宾四先生全集》,第 47 册,页 334—342)。可见宾四师之终取朱子,不取阳明,与其对于阳明说义之重新解读,事固有关。

155　章学诚:《浙东学术》,见章学诚撰,叶瑛校注:《文史通义校注》,上册,卷五,内篇五,页 523—524。

156　宾四师著《近三百年学术史》时,曾引据实斋《文史通义》书中《浙东学术》与《朱陆》两篇,谓实斋与戴东原论学之异同,溯而上之,即浙东学术与浙西学术之异同,其在清初,则为顾亭林与黄梨洲,其在南宋,即朱陆之异同也(见钱穆:《中国近三百年学术史》,第九章《章实斋》,北京商务本,上册,页 426—430;收入钱穆撰,钱宾四先生全集编辑委员会主编:《钱宾四先生全集》,第 16 册,页 494—498)。

157　宾四师后于课堂讲说“中国史学名著”,论及章实斋,乃曰章氏“浙东学术”之说未可遽信,说详《中国史学名著》,《从黄全两学案讲到章实斋文史通义》(三民版,册 2,页 312;收入钱穆撰,钱宾四先生全集编辑委员会主编:《钱宾四先生全集》,第 33 册,页 381—382)。

158　相关各文参详汪孟邹编辑:《科学与人生观》,上海:亚东图书馆,1925 年;收入民国丛书编辑委员会编:《民国丛书》第一编,第 3 册,据民国十四年亚东图书馆本影印。

159　柏格森之时、空观,占据其哲学系统中极重要之位置;然其对于科学知识之欠缺深厚基础,亦使其论点,备受学者指摘。尤其柏格森与著名物理学家爱因斯坦(Albert Einstein,1879—1955)之公开辩论,更使其声名受挫。关于柏格森哲学之重新估量,可参考 Alan R. Lacey, *Bergson* (London & New York: Routledge, 1989)一书。

160　张君劢曾比较“人生观”与“科学”之差异,将之归纳为五点,即:一、科学为客观的,人生观为主观的;二、科学为论理的方法所支配,而人生观则起于直觉;三、科学可以“分析之方法”下手,而人生观则为综合的;四、科学为因果律所支配,而人生观则为自由意志的;五、科学起于对象之相同现象,而人生观则起于人格之单一性(见张君劢:《人生观》,原刊北京《清华周刊》272 期〔1923 年 3 月〕;后收入汪孟邹编辑:《科学与人生观》,《民国丛书》本,分页 4—9)。

161　同前注,《民国丛书》本,分页 1—13。

162　参见丁文江(字在君,1887—1936):《玄学与科学——评张君劢的“人生观”》,原刊北京《努力周报》48、49 期〔1923 年 4 月〕;后收入汪孟邹编辑:《科学与人生观》，《民国丛书》本，分页 1—30。

163 张氏后除致力中国宪政运动外，仍持续关怀人生义理之建设问题，意图为其所简择之“直觉主义”，寻找一系统化之哲学依据；而其归宿，则亦是以阳明为宗。相关著作，计有：张君劢：《比较中日阳明学》（台北：中华文化出版事业委员会，1955 年）；Carsun Chang, *The Development of Neo-Confucian Thought* (New York: Bookman Associates, 1957；中译本，张君劢撰，程文熙主译：《新儒家思想史》〔台北：弘文馆出版社，1986 年〕)；Carsun Chang, *Wang Yang-Ming: Idealist Philosopher of Sixteenth Century China* (Jamaica, NY: St. John's University Press, 1962；中译本，张君劢撰，江日新译：《王阳明——中国十六世纪的唯心主义哲学家》〔台北：东大图书公司，1991 年〕)等书。其立论，一方面主张“唯心论”于中国古代有深远之传统，另一方面则谓王阳明乃中国第一位将“心”强调为“唯心一元论”基础之哲学家（参见中译本，张君劢撰，江日新译：《王阳明——中国十六世纪的唯心主义哲学家》，第四章《王阳明的〈传习录〉》，页 54）；论中且谓阳明所言之“心即理”，实即爱尔兰哲学家巴克莱（Bishop George Berkeley，1685—1753）“存在即知觉”一说之中国版（同上，《附录》一，页 85）。

164 参见胡适：《〈科学与人生观〉序》〔1923〕，收入汪孟邹编辑：《科学与人生观》，《民国丛书》本，分页 1—33。

165 金岳霖：《论道》，长沙：商务印书馆，1940 年；收入民国丛书编辑委员会编：《民国丛书》第二编，第 8 册，据民国二十九年商务印书馆本影印。此所引论，见该书第一章《道，式——能》，分页 29—35。

166 金氏曾谓此“先”义，乃逻辑义之先；后则谓逻辑学中，无此所指言之“先”义（见金岳霖：《论道》，《绪论》，同前注，分页 7—8）。故本文此处代释为“条理义之先”。

167 金氏论“势”义，见于该书第八章《无极而太极》，8·9、8·10、8·11、8·12（金岳霖：《论道》，同前注，分页 329—337）。其论“势”主“势无必至，而有所依归”，“情求尽性，即势求依于理”，谓“势”之为“相对的”，乃因“一个体不会尽它所有性，一性亦不会完全现实”。此“势”义，就“情求尽性”言，近于孟子“激则可使在山”义；非关“气质之性”与“义理之性”本身之不一致。

168 冯著第七册后出，收入繁体字版《中国哲学史新编》（台北：蓝灯文化事业公司，1991 年），另亦发行为单行本，题名《中国现代哲学史》（香港：中华书局，1992 年）。收入冯友兰撰：《三松堂全集》，第 10 卷。关于冯说之矛盾，参见冯友兰：《中国哲学史新编》，第七十九章《中国哲学现代化时代中的理学（下）——冯友兰的哲学体系》第六节《“新理学”的理论矛盾》，蓝灯版，第七册，页 178—179；收入冯友兰撰：《三松堂全集》，第 10 卷，页 632。

169　论详宾四师所撰《中国思想通俗讲话》(香港：自印本，1955年；台北：国民出版社，1956年；增订本，台北：东大图书公司，1990年，东大版增订本，页13；收入钱穆撰，钱宾四先生全集编辑委员会主编：《钱宾四先生全集》，第24册，分页14)、《朱子学提纲》(见钱穆：《朱子新学案》〔一〕，三民版，页39；收入钱穆撰，钱宾四先生全集编辑委员会主编：《钱宾四先生全集》，第11册，页41。单行自印本，页39)。

170　论见金岳霖：《论道》，《绪论》，《民国丛书》本，分页25—28。关于其观点之说明，参见冯友兰：《中国哲学史新编》，第七十八章《中国哲学现代化时代中的理学(上)——金岳霖的哲学体系》第六节《近代化与民族化》，蓝灯版，第七册，页160—163；收入冯友兰撰：《三松堂全集》，第10卷，页624—627。

171　关于"evolution"此一观念于西方历史中之变衍，可参考 Peter J. Bowler, *Evolution: The History of an Idea*, Berkeley & L. A., CA: University of California Press, c1984。

172　严氏译赫胥黎《天演论》(Thomas Henry Huxley, *Evolution and Ethics, and Other Essays* 〔1893〕, Teddington, Middlesex, UK: Echo Library, 2006)一书，初刻正式出版于光绪二十四年(湖北沔阳：卢氏慎始基斋木刻，1898年；若依现今学者所考，则陕西味经售书处于光绪二十一年已先有刊本，时更在前)，早于所译斯宾塞《群学肄言》(Herbert Spencer, *The Study of Sociology* 〔1873〕, Michigan Historical Reprint Series, Ann Arbor, Michigan: Scholarly Publishing Office, University of Michigan Library；中译本，〔英〕斯宾塞尔撰，严复译：《群学肄言》，上海：文明编译书局，1903年；订正本，上海：商务印书馆，1908年)全书初版之刊行五年。

173　梁氏评熊氏，谓熊氏严重的失败，在其本体论与宇宙论；此乃因熊氏菲薄宗教，酷好哲学之故。且进而论熊氏未深透于所谓"我执"问题，实乃因自逞其才，怠于反己，因于最根本之问题上疏了神(语见所著《读熊著各书书后》，收入梁漱溟撰，中国文化书院学术委员会编：《梁漱溟全集》，第7卷，《勉仁斋读书录》，页759—773)。

174　竟无云："涅槃一名，向来皆以不生不灭解释之，此大误也。不生不灭所以诠体也，非以诠用。诸佛证得涅槃而作诸功德尽未来际，故其涅槃实具全体大用无所欠缺；其体固不生不灭，其用则犹是生灭也。此生灭之用所以异于世间者，以尽破执故，烦恼、所知、二障俱遣；以真解脱故，相缚、粗重缚、一切皆空。障缚既除，一切智智乃生，即此妙智以为用，一切自在而有异于世间。假使仅以不生不灭为言，则涅槃犹如顽空，果何以诠于妙智之用耶？"见欧阳渐：《唯识抉择谈》(欧阳竟无先生演讲，聂耦庚笔记，吕澂〔字秋逸，1896—1989〕校定：《唯识抉择谈》,收入欧阳渐撰:《欧阳大师遗集》〔台北:新文丰出版公司,1976年〕,第2册,总页1363—1364)。

175 熊氏以默识、证会为"证量",谓佛氏所谓证量,"证"指证会,"量"则系"知"义,证会之知,名为证量(说见熊十力:《十力语要》,卷三,中华书局重校本,页277;收入熊十力撰,萧萐父主编:《熊十力全集》,第4卷,页359)。熊氏此说,推究其所自出,盖由欧阳竟无以"胜义现证"为学的之说演来;故乃偏指,非通诂。未可以言"世俗现证"。欧阳氏之说,见于支那内学院编:《内学年刊》(第一至四辑合编)(台北:鼎文书局,1975年),第一辑〔1924〕,〈叙言〉,页3—4。

176 即"体"、"用"可依义别为:"体中之体"、"体中之用";"用中之体"、"用中之用"(见欧阳竟无先生演讲,聂耦庚笔记,吕澂校订:《唯识抉择谈》,收入欧阳渐撰:《欧阳大师遗集》,第2册,页1359—1399)。竟无之始演此义,时熊氏在支那内学院;列弟子籍(熊氏入居支那内学院,始自一九二零年,迄于一九二二年;详见梁漱溟《忆熊十力先生》〔1983〕,收入梁漱溟撰,中国文化书院学术委员会编:《梁漱溟全集》,第7卷,《散篇论述1983年》,页522—523)。

177 熊氏《新唯识论》、《十力语要》中阐发此义者颇多,此处用《新论》语体本说(论详熊十力:《新唯识论》,中华书局重校本,页428—429;收入熊十力撰,萧萐父主编:《熊十力全集》,第3卷,页231—233)。唯熊氏于"本体"、"实体"二词常混用,且文中尝谓:西洋哲学中与现象对称之"实体",及佛家所云"法性"、易家所云"形上",皆指所谓"宇宙本体"而为之称(同上,页431;《熊十力全集》,页235)。固"本体"、"实体"本有其于汉语中之用义,亦可有个人独特之专例;然熊氏明白将三组语词作如是对比,甚至指西洋哲学中之"现象"一词,即同"宇宙"(同上,页431;《熊十力全集》,页235),则显然对于西洋哲学中"因现象而对称本体",与"依具自立性而指言实体"之两种命义,皆有所未辨。

178 严氏评点《庄子·达生》"合则成体,散则成始"句云:"……合则成体,《易》所谓'精气为物'者是也;散则成始,《易》所谓'游魂为变'者是也。生则自散移之于合而成体,死则自合移之于散而成始……"继之又曰:"斯宾塞谓天演翕以合质,辟以出力,即同此义。翕以合质者,合则成体也,精气为物也;辟以出力者,散则成始也,游魂为变也。"(见严复:《侯官严氏评点庄子》〔台北:艺文印书馆,1970年,据原稿本影印〕,卷五,页1b—2a;严氏合论斯宾塞语大意,又先见于所译《天演论》上篇《导言二》案语)。评《知北游》"聚则为生,散则为死"句则云:"今世科学家所谓一气常住,古所谓气,今所谓力也。"(见严复:《侯官严氏评点庄子》,同上,卷五,页23a)严氏于此二处,援引西方物理学中之"质""能"(即文中所谓"力")变化说,以论气之聚、散,并以之诠解《庄》、《易》相关语句,语虽约简,后论者多承受其影响；中国哲学思想之能与现代知识相关系，此点不可谓不重要。

179　说详熊十力：《新唯识论》，中华书局重校本，页 322—323；收入熊十力撰，萧萐父主编：《熊十力全集》，第 3 卷，页 104—105。

180　熊氏当时立论，取择盖在"空寂"与"创化"二者之间。《新论》语体本曾有一辨，其说云："佛家证见性体空寂，其为确然亲证，自不容疑。……但于生化德用，则不免忽略……如其无生无化，则性体亦死物矣！故谈空寂而不悟生化，要非识性德之全。然有不可不知者，凡谈生化者必须真正见到空寂，乃为深知生化。……从来哲学家谈生化者，大概在生化已形处推测，而不知生化之真须于生化未形处体认。所谓在生化已形处推测者，这种看法似是把生化看做是一种绵延或持续的生力之流。……殊不知，生化的本体元自空寂。……其生也，本无生，其化也，本无化。因为生化的力用才起时，即便谢灭，不是起和灭的中间有个留住的时分，更不是一种持续和扩张的生力之流，如柏格森氏所谓如滚雪球越滚越大。……实则，生化之妙，好像电光的一闪一闪，是刹那刹那、新新而起，也就是刹那刹那，毕竟空，无所有"（熊十力：《新唯识论》，中华书局重校本，页 394—396；收入熊十力撰，萧萐父主编：《熊十力全集》，第 3 卷，页 190—193），可为参考。

181　牟氏去函及熊氏复函，收入《十力语要》，卷三（中华书局重校本，页 275；收入熊十力撰，萧萐父主编：《熊十力全集》，第 4 卷，页 357）；前注所引说，即出熊氏复函。

182　《究元决疑论》原刊一九一六年《东方杂志》第 5、6、7 期；一九二三年，收入《梁漱溟卅前文录》，同年出版单行本，编入上海商务印书馆所刊行之《东方文库》。今收入梁漱溟撰，中国文化书院学术委员会编：《梁漱溟全集》，第 1 卷，页 3—20。

183　梁氏文中主要比论之对象为《东方杂志》（12 卷 4、5 期）所刊黄士恒译介法人鲁滂（G. Le Bon, 1841—1931）《物质新论》（*The Evolution of Matter*）一书中之观点；唯亦颇受达尔文、斯宾塞、叔本华（Arthur Schopenháuer, 1788—1860）与柏格森等人之影响。梁氏并于一九二一年发表《唯识家与柏格森》（原刊《民铎》3 卷 1 期〔1921 年〕《柏格森号》。同期另有吕澂《柏格森哲学与唯识》一文，题旨相近）一文，专论柏格森与唯识家。梁氏此文后收入《梁漱溟卅前文录》（见梁漱溟撰，中国文化书院学术委员会编：《梁漱溟全集》，第 4 卷，《散篇论述》，页 644—649）。

184　熊十力：《体用论》〔1958〕（重校本，北京：中华书局，1996 年二刷），收入熊十力撰，萧萐父主编：《熊十力全集》，第 7 卷。

185　熊十力：《明心篇》〔1959〕（重校本，北京：中华书局，1996 年二刷），收入熊十力撰，萧萐父主编：《熊十力全集》，第 7 卷。

186　熊十力：《乾坤衍》〔1961〕（重校本，北京：中华书局，1996 年二刷），收入熊十力撰,萧萐父主编:《熊十力全集》,第7卷。

187 说详熊十力:《体用论》,第一章〈明变〉(中华书局重校本,页50—68;收入熊十力撰,萧萐父主编:《熊十力全集》,第7卷,页14—35)。此一论点之提出,就熊氏晚年理论之建设言,极重要;冯芝生《中国哲学史新编》第七册,曾将部分文句择出讨论。唯冯氏于综合说明时,乃又杂引《新论》混说之,未加审别。则冯氏于熊氏立说先后之异同,与其所以故,盖亦并未深知。

188 熊氏云:"万物同资取乎一元实体,以成其始,以弘其生。……譬如桃树,自萌芽开始,层层生新,形性莫同。……终乃硕果出现,发展完成。故综桃树发展之完形而观之,则其始乎芽,中经多数异形,终乃至乎果。如此复杂之发展,要皆桃树自身本有种子含藏复杂性故也。……物质与生命等现象,皆由实体内部本有此类互不相同的性质,故得后先出现耳。"(熊十力:《乾坤衍》,第二分《广义》,中华书局重校本,页485—486;收入熊十力撰,萧萐父主编:《熊十力全集》,第7卷,页550—551)又曰:"世俗或以为芽生,而种子不存。此乃大谬。芽之始生也,资取于种子,以成其始。当此际也,种子变为新芽,只改换其旧形耳。非种子消灭不存。种子含藏之复杂性,亦随新生之芽,及新生之根干,乃至新生之果,相与俱转。"(同上,中华书局重校本,页506;《熊十力全集》,第7卷,页576)此说以所"含藏"者,说明"发展"资取之因;较之前注〈180〉所引旧说之言"生本无生",论旨明显不同。

189 孔子赞《易》,乃"尊重万物之自力"、"尊重万物之威权",二语见熊十力:《乾坤衍》,同前注,中华书局重校本,页505、506;《熊十力全集》,第7卷,页575、577。

190 熊氏《乾坤衍》一段云:"昔者余初研佛法,觉其宇宙论分别法相、法性。……法相,佛氏说为生灭法。生灭一词……应以'生灭灭生'四字说明之,方不误。问:'何谓生灭灭生?'答:任何物都不守其故。……故佛氏观一切法相……终归于灭。虽灭故不无新生,而新者不得暂住。法相亦如幻耳。……法性,佛氏说为不生不灭法,所谓真如。……据佛氏说,法相(现象)与法性(实体)截然破作两重世界,互不相通。……如何可说不生不灭法是生灭法之实体?……余始于怀疑,终乃坚决反对。久之,放弃一切旧闻。……渐悟体用不可离而为二。……维时见解犹粗,……忽然回忆伪五经中之《周易》,温习《乾》、《坤》二卦,遂于两《彖传》领会独深,坚信其为孔子之言。此外,甚多窜乱。余自是归宗孔子。"(同前注,中华书局重校本,页466—467;《熊十力全集》,第7卷,页528—529)论中"新者不得暂住"语,正《新论》所主张"刹那生灭"义,已见前注〈180〉,则见熊氏言中所谓"见解犹粗",固有实指。

191 此"自主性",熊氏谓之乃万物各各皆备之一元。此说乍见,若即宋人所谓"物物一太极”之意；然因其论中强调万物本有“乾阳”、“坤阴”二性，此二性一为性命、为心灵，一为物质、为能力，不得独取，故非是一说。说详《乾坤衍》（同前注，中华书局重校本，页504—507；《熊十力全集》，第7卷，页574—577）。“内在根（生）源”之说，可参见同书第一分《辨伪》，中华书局重校本，页407；《熊十力全集》，第7卷，页454；第二分《广义》，中华书局重校本，页480、483、495、497、505、507、526、528；《熊十力全集》，第7卷，页544、548、563、566、575、578、601、604等处。

192　此说大义，亦详《乾坤衍》，第二分《广义》（同前注，中华书局重校本，页512—517；《熊十力全集》，第7卷，页584—590）。

193　熊氏论中，一面强调万物之一元，非可外求，孔子作《易》肯定实体，乃万物之真实自体，故圣人不说实体为万物之第一因，不以实体为主，而以万物为主（说详《乾坤衍》，同前注，中华书局重校本，页480—484；《熊十力全集》，第7卷，页544—550）；另一面，则确认欲得有体系宏密之知识，必根据客观存在之事物，精究客观之方法，分工而治，专一不杂（同上，第一分《辨伪》，中华书局重校本，页398；《熊十力全集》，第7卷，页442）。其说盖已承认知识设立之基础，系有“内”、“外”不同之根源；与前论强调完整性之证会，大不相同。

194　熊氏《乾坤衍》一书分辨“知识”与“彻悟”于所依凭基础之差异，可以见于其论孔子之学。其言曰：“孔子之学，包含成己成物两方面。成己，则由格物致知而上穷万有之原，反观我生之真。以其知识之所及，彻悟之所至，征验之于日用作为之际，期于道德、智慧、知识，融成一片。”又曰：“格物者，穷究万物之理。致知者，即由格物而得有精密、正确的知识，益求推广也。万有之原即是我生之真，我生之真即是万有之原，实不可判之为二也。……知识必由乎客观的方法，征验事物而得。彻悟发于内部天然的明几，综观宇宙之大全，洞彻万物之源底。……是乃智慧之事，非有内部生活之修养者莫由致。……此言圣学为人道树立大中与至高之矩则。”（同前注，第二分《广义》，中华书局重校本，页520；《熊十力全集》，第7卷，页593—594）

195　此处叙引梁氏评熊氏语，见梁氏所著《忆熊十力先生》（收入梁漱溟撰，中国文化书院学术委员会编：《梁漱溟全集》，第7卷，《散篇论述1983年》，页522—524）。梁氏而外，其他论者于熊氏先后立说，亦多混说无别；前注〈187〉叙引冯芝生说，即其一例。至于熊氏于《体用论》中所称“今得成此小册，故《新论》宜废”语（见熊十力：《体用论》，《赘语》，中华书局重校本，页44；收入熊十力撰，萧萐父主编：《熊十力全集》，第7卷，页7），论者或据其所自言“余之学宗主《易经》，以体用不二立宗。就用上而言，心主动以开物，此乾坤大义也。与佛氏唯识之论，根本无相近处。《新论》不须存”云云，谓其意盖指前论尚借径释氏语以论己意，此则全然扫去，不再依傍，故云；如蔡仁厚（1930— ）《熊十力先生学行年表》（台北：明文书局，1987年，页62）。不然，则依此“宜废”语，专以《体用论》以后各著，为考论其说之依据，如陈来（1952— ）《熊十力哲学的体用论》（收入陈来：《哲学与传统：现代儒家哲学与现代中国文化》〔台北：允晨文化公司，1994年〕，页4）。皆未深及此所较论。

196 梁漱溟：《人心与人生》（上海：学林出版社，1984年），收入梁漱溟撰，中国文化书院学术委员会编：《梁漱溟全集》，第3卷。

197 梁氏“本能”二字，乃依心理学义说。然若承认为“本能”，即不应说为“可解脱”；倘可解脱，则必非本能。梁氏此语，于心理学为不可通。其所以最终逼出此语，实因梁氏受时论影响，于佛法“真”、“俗”二谛，采取一种新式之论法，故于性之“净”、“染”义，辨之未明。

198 梁漱溟：《东方学术概观》（重排本，香港：中华书局，1988年），收入梁漱溟撰，中国文化书院学术委员会编：《梁漱溟全集》，第7卷，《散篇论述1975年》，页324—367。

199 梁氏于《读熊著各书书后》一文中，曾自评早作《东西文化及其哲学》、《中国文化要义》二书；谓前一书可存者少，后一书可存者亦不多（见梁漱溟：《读熊著各书书后》，收入梁漱溟撰，中国文化书院学术委员会编：《梁漱溟全集》，第7卷，《勉仁斋读书录》，页750）。

200 说详牟宗三：《圆善论》（台北：台湾学生书局，1985年）一书。

201 详所著《智的直觉与中国哲学・序》〔1971〕（台北：台湾商务印书馆，1984年四刷），页2。

202 牟氏曾谓“无限智心”，若不被人格化成为一无限性之个体存有，即可不因此个体存有之虚幻，而亦成为虚幻（牟宗三：《圆善论》，台湾学生书局版，页245）。然“无限智心”之所以需要实体圆满性之假设，本是基于“观念论”中“他我与此我必须同一”之理论上之必要；就立论之性质言，乃是依据一种本体学上之设论。故凡假设为“圆满”之最上实体，无论是否将之人格化成为个体存有，皆非片面的知解理性，所可碰触。故无论“无限智心”一概念，系依何种方式设立，本身即寓含有“体”、“用”两面之义。“肯定”无限智心，固如牟氏言，乃实践上事，然如仅以“用”释“体”；此“体”之内容，于本体论上，依然需要充分说明。并非设立其“无限”义，即可自然解决。

203 收入支那内学院编：《内学年刊》第一辑，鼎文版，页10—15。

204 见冯友兰：《中国哲学史新编》，第七十九章《中国哲学现代化时代中的理学（下）——冯友兰的哲学体系》第六节《“新理学”的理论矛盾》，蓝灯版，第七册，页

178—179;收入冯友兰撰:《三松堂全集》,第10卷,页640。

205　宾四师早年著《论语要略》时,曾以《论语》书中本有之"直"字释"仁",谓"仁者直心由中,以真情示人,故能自有好恶"(说详钱穆:《论语要略》,第五章《孔子之学说》,见钱穆:《四书释义》,台湾学生书局修订再版,页76—77;收入钱穆撰,钱宾四先生全集编辑委员会主编:《钱宾四先生全集》,第2册,分页78—79),且进而论"直道"(同上,台湾学生书局修订再版,页84—89;《钱宾四先生全集》,第2册,分页87—92);盖颇近于理学家言中之简直者。稍后著《王守仁》时,则谓理学创始自宋,结束于明,阳明为明代理学之重镇,理学至于阳明可谓达于顶峰;书中于阳明《答顾东桥书》中所谓"拔本塞源之论",且极辞称赏,谓乃千古大议论(见钱穆:《阳明学述要》,正中书局版,页1、74—86;收入钱穆撰,钱宾四先生全集编辑委员会主编:《钱宾四先生全集》,第10册,分页1、81—92)。是宾四师早年亦曾留意儒学未来发展走向"陆王"之可能,然宾四师最终仍是择定朱子作为统摄后世儒学之核心;即使"知识"与类知识之"历史认知"于宾四师之论中,亦未必有精细之划分。其所以如是,此所言"良知决断"与"理解力之运用"不当混同,应亦是因素之一。

206　该文篇名《中国文化对人类未来可有的贡献》,文载一九九零年九月二十六日台北《联合报》,第28、29版(见钱穆:《世界局势与中国文化》〔重编本〕,收入钱穆撰,钱宾四先生全集编辑委员会主编:《钱宾四先生全集》,第43册,页419—429)。

207　"素朴的"三字,见于《关于老子成书年代之一种考察》(见钱穆:《庄老通辨》,东大版第二次重编本,页27;收入钱穆撰,钱宾四先生全集编辑委员会主编:《钱宾四先生全集》,第7册,页32)一文。

208　参见宾四师所撰《双溪独语》,《篇一》、《篇二》、《篇三》(台湾学生书局版,页1—43;收入钱穆撰,钱宾四先生全集编辑委员会主编:《钱宾四先生全集》,第47册,页1—71)各文。

209　参见宾四师所撰《比论孟庄两家论人生修养》(原题《孟庄论人生修养之比较观》,原刊《时代精神》第10卷第2期〔1944年5月〕,曾收入《中国人之宗教社会及人生观》;一九五七年收入香港新亚研究所出版之《庄老通辨》,改今篇名。见钱穆:《庄老通辨》,东大版第二次重编本,页263—283。收入钱穆撰,钱宾四先生全集编辑委员会主编:《钱宾四先生全集》,第7册,页329—353)。

210　"气化之一元"、"德性之一元"之说,见宾四师所撰《庄老与易庸》(一九五一年六月香港新亚文化讲座演讲稿,收入《新亚文化讲座录》;增修稿,收入钱穆:《庄老通辨》,同前注,东大版第二次重编本,页341;《钱宾四先生全集》,第7册,页

427)一文。

211　关于儒家论"性"之旨,宾四师曾将之分为"孔、孟"、"《易》、《庸》"、"程、朱"、"陆、王"四派(论详钱穆:《辨性》,原刊《思想与时代》36期〔1944年9月〕,见钱穆:《中国学术思想史论丛》〔五〕〔台北:东大图书公司,1978年〕,页211—256;收入钱穆撰,钱宾四先生全集编辑委员会主编:《钱宾四先生全集》,第20册,分页361—424)。

212　参见宾四师所撰《中国思想史》,《一三、荀卿》、《一四、老子》,台湾学生书局版,页56—68、68—78;收入钱穆撰,钱宾四先生全集编辑委员会主编:《钱宾四先生全集》,第24册,页54—64、64—74。

213　参注〈206〉。

214　借《老子》语。参见老聃撰,王弼(字辅嗣,226—249)注:《老子道德经注》,第十六章,收入〔魏〕王弼撰,楼宇烈(1934—　)校释:《王弼集校释》(北京:中华书局,2009年四刷),上册,页36。

215　参见宾四师晚年所撰《中与和》篇(见钱穆:《晚学盲言》(下),下篇"德性行为修养之部",《六六、中与和》〔台北:东大图书公司,1987年〕,页776—780;收入钱穆撰,钱宾四先生全集编辑委员会主编:《钱宾四先生全集》,第49册,页1227—1235)。

216　参见宾四师所撰《双溪独语》,《篇二十二》、《篇二十三》、《篇二十四》、《篇二十五》、《篇二十六》(台湾学生书局版,页233—286;收入钱穆撰,钱宾四先生全集编辑委员会主编:《钱宾四先生全集》,第47册,页391—463)各文。

217　王静安早年曾撰《论哲学家与美术家之天职》(见王国维:《静安文集》,收入王国维撰,谢维扬、房鑫亮主编:《王国维全集》,第1卷,页131—133)一文,文中区分"当世的政治之用"与"具独立价值之纯粹的哲学与美术之用",申言中国无纯粹之哲学,凡哲学家莫不兼为政治家,故其最完备者,唯道德哲学与政治哲学,即周秦、两宋之形而上学,亦不过欲固道德哲学之根柢,故期望今后之哲学家能勿忘其神圣的天职。而同集中另有之《论近年之学术界》(同上,页121—125)一文,则谓当时之学术界,一面应破本国、外国之见,一面则应勿以学术意见为政论之手段,学术庶可有发达之日。

218　此约括梁漱溟语;说详汪东林:《梁漱溟问答录》〔增订本〕(长沙:湖南人民出版社,1992年二版四刷),页33—35。

219　冯友兰:《三松堂自序》(北京:生活、读书、新知三联书店,1984年),收入冯友兰撰:《三松堂全集》,第1卷。

220　参注〈110〉。

221　陈确《大学辨》四卷，及相关文献四篇，现收入新校本《陈确集》(北京：中华书局，1979年)，下册，《别集》，卷十四至十七，页552—624。姚际恒《礼记通论》，书今不传，其辨《大学》语，唯引见杭大宗(世骏，别字堇浦，1696—1773)《续礼记集说》(台北：明文书局，1992年，据浙江书局刊本影印)，第10册，卷九十七，页5733—5814。简启桢、江永川辑校：《礼记通论辑本》(收入林庆彰〔1948—　〕主编《姚际恒著作集》〔台北："中央研究院"中国文哲研究所，1994年〕，第3册，页433—447)，即从杭著中辑出。

222　说详宾四师所撰《复兴中华文化人人必读的几部书》(原刊《青年战士报》〔1968年2月〕，见钱穆：《中国文化丛谈》〔台北：三民书局，1969年〕，册2，页359—383；收入钱穆撰，钱宾四先生全集编辑委员会主编：《钱宾四先生全集》，第44册，页217—244)。

223　参见冯友兰：《中国哲学史新编》，第七十八章《中国哲学近代化时代中的理学(上)——金岳霖的哲学体系》，蓝灯版，第七册，页144；收入冯友兰撰：《三松堂全集》，第10卷，页610。

224　"local religion"与"ethical religion"之分别，及其与"文献记录"一事之关系，参见Jack Goody(1918—2015)，*The Logic of Writing and the Organization of Society* (Cambridge, UK: Cambridge University Press, 1986)。

225　参见梁启超：《清代学术概论·三十》，编为《饮冰室专集之三十四》，收入梁启超撰：《饮冰室合集》，第8册，分页73。

226　仁山语，见杨文会：《与释幻人书一》，《等不等观杂录》，卷五，收入杨文会撰：《杨仁山居士遗著》〔1919〕(台北：河洛图书出版社，1973年，据金陵刻经处原刻本影印)，页5b，新编页860。

227　见欧阳渐：《支那内学院院训释·释悲训第二·体相一》，收入支那内学院编：《内学年刊》第三辑，鼎文版，页466—467；收入欧阳渐撰：《欧阳大师遗集》，第1册，页43。

228　《支那内学院院训释·释教训第三·说教三》，支那内学院编《内学年刊》第一至四辑中未见；收入欧阳渐撰：《欧阳大师遗集》，第1册，页138。

229　论详谭嗣同：《仁学》，收入谭嗣同撰，蔡尚思、方行编：《谭嗣同全集》(增订本)，下册，页291—293。

230　王国维曾于《论近年之学术界》一文中，论及谭说之浅薄，其言云："近七八年前侯官严氏(复)所译之赫胥黎《天演论》……出，一新世人之耳目。……嗣是以后，达尔文、斯宾塞之名腾于众人之口；物竞天择之语，见于通俗之文。顾严氏所奉者，英吉利之功利论及进化论之哲学耳，其兴味之所存，不存于纯粹哲学，而存于哲学之各分科,如经济、社会等学,其所最好者也。故严氏之学风,非哲学的,而宁科学的也,此其所以不能感动吾国之思想界者也。近三四年,法国十八世纪之自然主义,由日本之介绍而入于中国,一时学海波涛沸渭矣。然附和此说者,非出于知识,而出于情意。彼等于自然主义之根本思想,固懵无所知,聊借其枝叶之语,以图遂其政治上之目的耳。由学术之方面观之,谓之无价值可也。其有蒙西洋学说之影响,而改造古代之学说,于吾国思想界上占一时之势力者,则有南海□□□之《孔子改制考》、《春秋董氏学》,浏阳□□□之《仁学》。□氏以元统天之说,大有泛神论之臭味。……□氏之说,则出于上海教会中所译之《治心免病法》,其形而上学之以太说,半唯物论、半神秘论也。人之读此书者,其兴味不在此等幼稚之形而上学,而在其政治上之意见。□氏此书之目的,亦在此而不在彼,固与南海□氏同也。"(王国维:《论近年之学术界》,见王国维:《静安文集》,收入王国维撰,谢维扬、房鑫亮主编:《王国维全集》,第 1 卷,页 122—123)王氏此说有所见、有所未见。然王氏乃当时人,此一叙述性之说明,亦有其值得注意之处。

231　欧阳氏后曾讲一题,名《佛法非宗教非哲学而为今日所必需》(原刊《民铎》3 卷 3 期〔1922 年〕),代表其意见,颇为时论所注意(见欧阳渐讲,王恩洋笔记:《佛法非宗教非哲学》,收入欧阳渐撰:《欧阳大师遗集》,第 4 册,页 3457—3482)。

232　语见欧阳渐:《支那内学院院训释·释悲训第二·劝学六》,收入支那内学院编:《内学年刊》第三辑,鼎文版,页 492—493;收入欧阳渐撰:《欧阳大师遗集》,第 1 册,页 99—100。

233　达尔文之进化说,由于系将演化中生物之结构变演以"突变"之方式说之,故对十九世纪初以来仍然保有"目的性"概念之演化观,冲击甚大。杜林(Eugen Dühring,1833—1921)于其 *Kursus der Philosophie*〔1875〕(中译本,〔德〕杜林撰,郭官义、李黎译:《哲学教程——严密科学的世界观和人生观》〔北京:商务印书馆,1991 年〕)一书中,极力为"拉马克主义"(Lamarckism)辩护,以抗拒逐渐取得优势之"达尔文主义"(Darwinism),即是显示此种哲学效应之影响。

234　学者当时承受此压力而思借助于佛学,以完成一种可以满足存有学、认识论与人生义理之哲学系统,可于另外二例中见之。一为前文所论及重新诠解中国学术之章太炎,一为与欧阳竟无义属同门之太虚(1889/1890—1947)。太炎光绪乙未(1895)前后曾受夏曾佑、宋平子(恕,号六斋,1862—1910)影响,涉猎《法华》、《华严》、《涅槃》诸经,然未有深得;甲辰年(1904)于狱中获读《瑜伽师地论》、《因明入正理论》、《成唯识论》诸书,乃颇有所获。越两年,发表《俱分进化论》、《无神论》、《建立宗教论》、《人无我论》诸文。其明年,撰《五无论》,又一年,则撰《四惑论》

(俱见《太炎文录初编·别录》,卷二、卷三,收入前所引叙之《章氏丛书》,下册,《正编》)。论中多取其本人由佛学所得之启示,以与部分之"进化哲学"参合为说,并据以衡论各类"哲学"与"宗教"之观点,受到学界注意。至于太虚,其论佛学,虽处处与欧阳氏不同;然后亦于一九四四年发表《人生佛教与层创进化论》讲辞,提出其自所定义之"层创进化论"。其说与 Samuel Alexander(1859—1938)、C. Lloyd Morgan(1852—1936)等人所提出之"emergent evolutionism"有类近之处(有关太虚部分,可参考杨惠南〔1943— 〕:《从"人生佛教"到"人间佛教"》,收入杨惠南撰:《当代佛教思想展望》〔台北:东大图书公司,1991 年〕,页 101;又,当时 C. Lloyd Morgan 之 *Emergent Evolution* (London, UK: Williams and Norgate, 1927)一书,中文曾有施友忠译本,题为《突创进化论》〔收入《汉译世界名著》,长沙:商务印书馆,1938 年〕,亦是学界所共见)。

235 讨论佛教是否为宗教,于"宗教"应先有定义。大体言,"宗教"与"哲学"之最大界别,在于宗教立基于信仰,哲学立基于理性。所谓宗教立基于信仰,系指宗教必有"此世"外"他界"存在之信仰;且此项信仰,于信仰者并不以应充分解答理性之质疑为必要。因此宗教虽可依哲学而说明,其信仰之核心部分,则并非哲学性质。唯因如此,故宗教基于信仰需求,必有表达或深化其信仰之仪轨;而哲学则不论是否发展成为义理信仰,必不能真正自发底创造仪式行为。欧阳氏论中辨佛教非宗教,但取特定之"一神论"(monotheism)为比较,若单就此一命题言,实是辨理未精。必当如章太炎,明言礼佛、念佛,除礼、念己心外,再无对越之对象,乃始是为自己所提"佛教非宗教"一说,掌握要点。章氏说见于内藤湖南(本名虎次郎,字炳卿,1866—1934)旧藏章氏旅居东京时为讲演所备之《佛学手稿》,此据汤志钧:《章太炎传》(台北:台湾商务印书馆,1996 年,页 401)所引。

236 论详欧阳竟无先生演讲,聂耦庚笔记,吕澂校订:《唯识抉择谈》(收入欧阳渐撰:《欧阳大师遗集》,第 2 册,页 1339—1402)。

237 参注〈182〉。

238 梁、熊才性、志趣不同,然二人于民国初年,关切体用之学,而俱引西学,以比合佛旨,谓能以此融相入性,取径亦非无所近。此但观熊氏早岁所作《记梁君说鲁滂博士之学说》(见熊十力:《心书》,中华书局重校本,页 20—21;收入熊十力撰,萧萐父主编:《熊十力全集》,第 1 卷,页 25—26)之存稿而可知。而于熊氏撰作此文之次年,熊氏去函漱溟,表示曾读其《究元决疑论》,欲以学相商,二人于是订交;事见梁氏所撰《忆熊十力先生》(收入梁漱溟撰,中国文化书院学术委员会编:《梁漱溟全集》,第 7 卷,《散篇论述 1983 年》,页 522)一文。

239 当时议论,多有以"禅"破"净"之说,谓宗门"唯心净土"、"自性弥陀"二语,方是真义;而拨净法之“信愿持名”,以为乃“权”非“实”。故印光大师(1862—1940)特草《净土决疑论》,以纠论者之说;其分疏“禅”、“净土”、“有禅”、“有净土”四者之义云:“禅者,即吾人本具之真如佛性,宗门所谓父母未生以前本来面目。宗门语不说破,令人参而自得,故其言如此。实即无能无所,即寂即照之离念灵知,纯真心体也。(原注:离念灵知者,了无念虑,而洞悉前境也。)净土者,即信愿持名,求生西方。非偏指唯心净土,自性弥陀也。有禅者,即参究力极,念寂情亡,彻见父母未生前本来面目,明心见性也。有净土者,即真实发菩提心,生信发愿,持佛名号,求生西方也。禅与净土,唯约教约理。有禅有净土,乃约机约修。教理则恒然如是,佛不能增,凡不能减。机修须依教起行,行极证理,使其实有诸己也。二者文虽相似,实大不同,须细参详,不可优侗。”(释印光:《净土决疑论》,见《印光法师文钞》,卷二,收入释印光撰:《印光大师全集》〔台北:佛教出版社,1991年二版〕,第1册,页366)

240 严氏《评点老子道德经》〔1905〕(台北:广文书局,1970年台二版)于《老子》“有物混成,先天地生,寂兮寥兮,独立不改。周行而不殆,可以为天下母”句,批云:“……不生灭,无增减,万物皆对待,而此独立;万物皆迁流而此不改”(上编,页二十四),其说以“不生灭”释“体”之独立不改,义可与此所引《案语》相互发明。

241 “不可知论”于严格之命义中,并不否定任何“形而上学”设论之可能,而仅是否定人于超越性之“精神存有”有认知之能力。然就非以哲学为专业之学者言,常易将之混同于“无神论”(atheism)之主张。此种易有之立场混淆,尤其常出现于热切期望被视为正确,而又无法分辨“科学研究方法”与“科学自然主义”二者间差异之“科学论者”;如 Karl Popper(1902—1994)所指出(参见 Karl Popper, *Conjectures and Refutations: the Growth of Scientific Knowledge*, New York, NY: Harper & Row,1968, c1965)。

242 关于佛教经典使用之“语言”问题,可参考 Franklin Edgerton (1885—1963), *Buddhist Hybrid Sanskrit — Grammar and Dictionary* (New Haven, CT: Yale University Press, 1953; Reprint Edition, Delhi: Motilal Banarsidass Publishers, 1993)一书中之说明(该书导论部分,曾由学者译出,参见〔美〕佛兰克林·爱哲顿著,陈美冶译:《佛教混合梵文导论》,《佛教语言论集》〔收入蓝吉富主编:《世界佛学名著译丛》,台北:华宇出版社,1985年,第22册,页37—86〕),及季羡林(字希逋,又字齐奘,1911—2009)《原始佛教的语言问题》〔1956〕、《再论原始佛教的语言问题——兼评美国梵文学者佛兰克林·爱哲顿的方法论》〔1958〕、《三论原始佛教的语言问题》〔1984〕诸文(收入季羡林撰:《季羡林全集》〔北京:外语教学与研究出版社,2009〕,第九卷,学术论著一,《印度古代语言》,页343—367、368—

394、415—462)。

243 最初著名之例,如十九世纪学者 E. Burnouf(1801—1852)所作有关巴利语与梵语佛典之研究,及彼所提出之有关"佛教教典研究"与"探讨佛教教义原始成分"二者间关系之看法,即属一种纯粹文献考辨之方式。此种方式,日后之发展,由于借助"宗教史"研究中经常使用之"消减法"(即"substraction",比利时学者 Louis de La Vallée-Poussin〔1869—1938〕用语),对于宗教中必有之神迹神话,乃系采取一"自然神学"(natural theology)之观念加以诠释,故有关"教义"部分之结构,亦常以一种"神话学"之说法为主轴(概略之状况,可参见 J. W. de Jong〔1921—2000〕,"A Brief History of Buddhist Studies in Europe and America," *The Eastern Buddhist* n. s. 7/1〔May 1974〕: 55—106; n. s. 7/2〔Oct. 1974〕: 49—82。Delhi, India: Sri Satguru Publications, 1976;中译本,〔荷兰〕狄雍撰,霍韬晦译:《欧美佛学研究小史》〔收入蓝吉富主编:《世界佛学名著译丛》,第 71 册〕)。此种方法,纯就方法言,固是可以成说,然如未能兼顾(或不具备条件兼顾)完整之宗教实践,而予以适当底观察,则终属一种臆测。西方学者有关"涅槃"(Nirvāṇa)之诠释,自十九世纪以来,随研究者对于佛教"综合了解"之增加而变改,即是一证。有关"涅槃"义之西方诠释,概略性之说明,可参考 Guy Richard Welbon, *The Buddhist Nirvāṇa and Its Western Interpreters* (Chicago, IL: University of Chicago Press, 1968)及 J. W. de Jong 之评论(文载 *Journal of Indian Philosophy*, 1, 1972, pp. 396—403;中文译文附录于 de Jong 前揭书之霍韬晦译本《欧美佛学研究小史》后)。

244 "根本佛教"与"原始佛教",本系日本学者姉崎正治(1873—1949)、木村泰贤(1881—1930)相对于欧洲学者如 Thomas William Rhys Davids(1843—1892)等所谓 Early Buddhism 而提出之对应词。而自宇井伯寿(1882—1963)主张应于所谓"Early Buddhism"更加细分,遂判别为两种;且颇为此下日本、中国以新方法考论"原始佛教"圣典之学者所承用。特各家所设立之定义与标准,互有不同。姉崎说,见于所著《根本佛教》〔1910〕;木村说,见于所著《原始佛教思想论》〔1923〕(欧阳瀚存中译本,上海:商务印书馆,1933 年;台北:台湾商务印书馆,1958 年);宇井说,见于所著《原始佛教资料论》〔1922〕(原刊《东洋哲学》第 28 卷 7、8 号〔1922 年 7、8 月〕;后收入氏著《印度哲学研究·第二》〔东京:甲子社书房,1926 年;东京:岩波书店,1965 年〕)。关于此问题,亦可参考宫本正尊(1893—1983)撰,妙峰译:《原始佛教与根本佛教》(见《原始佛教研究》,收入张曼涛主编:《现代佛教学术丛刊》〔台北:大乘文化出版社,1978 年〕,第 94 册,页 243—253)一文。

245 章实斋云："……佛氏之学，来自西域，毋论彼非世官典守之遗，且亦生于中国，言语不通，没于中国，文字未达也。然其所言与其文字，持之有故而言之成理者，殆较诸子百家为尤盛。反复审之，而知其本原出于《易》教也。盖其所谓心性理道，名目有殊，推其义指，初不异于圣人之言。其异于圣人者，惟舍事物而别见有所谓道尔。至于丈六金身，庄严色相，以至天堂清明，地狱阴惨，天女散花，夜叉披发，种种诡幻，非人所见，儒者斥之为妄，不知彼以象教，不啻《易》之龙血玄黄，张弧载鬼。是以阎摩变相，皆即人心营构之象而言，非彼造作诳诬以惑世也。"（章学诚：《易教下》，见章学诚撰，叶瑛校注：《文史通义校注》，上册，卷一，页 19）章氏此论盖自儒家"设教"之观点来，而益之以一种"象教"之论法；与上述近人说，有相近处。

246 见杨文会：《汇刻古逸净土十书缘起》，《等不等观杂录》，卷三，收入杨文会撰：《杨仁山居士遗著》，页 3a，新编页 753。

247 论者亦有据欧阳竟无自叙为学次第，而主张其论中考辨佛义，乃援乾嘉之方法以入佛学之研究者；说与此异。参见徐清祥、王国炎：《欧阳竟无评传》（南昌：百花洲文艺出版社，1995 年），第三章《奔走凄惶托足金陵》，页 23。

248 说见欧阳渐：《今日之佛法研究》，收入支那内学院编：《内学年刊》第一辑，鼎文版，页 13。

249 现代以来，以新义之佛学为佛教中心，因而主张改变僧团之性质者，日本于明治间已先有例；中国倡其说者，亦屡有之。后乃因政治而事加剧，至有皈依弟子于佛教会中正式提议毁戒者。虚云老和尚（1840—1959）晚岁于艰危之际，曾自题造像，中云："末法无端，谬欲出头，嗟兹圣脉，一发危秋"，盖亦正为争一大领衣而发心（事略见朱镜宙（字铎民，1889—1985）：《江西永修云居山真如寺虚云和尚传》、年谱"癸巳师一百一十四岁"附录《末法僧徒之衰相》、"己亥师一百二十岁"临终语诸条，收入岑学吕等编：《虚云和尚年谱、法汇合刊》〔台北：新文丰出版公司，1996 年〕，页 8、256—261、426）；至于其开示语中，屡屡申言戒法、戒体、戒行、戒相之重要，认系佛法根本，亦皆是针对此弊而为劝救（言戒部分，详年谱"乙未师一百一十六岁"附录《戒期开示：戒律是佛法根本》以下〔同上，页 375—386〕）；则此中关系可知。

250 说见欧阳渐：《支那内学院院训释・释师训第一・辟谬五》，收入支那内学院编：《内学年刊》第三辑，鼎文版，页 461；收入欧阳渐撰：《欧阳大师遗集》，第 1 册，页 30—31。

251 《支那内学院简章》参见徐清祥、王国炎：《欧阳竟无评传》，《附录》二《支那内学院一览表》，页 207—214，太虚《关于支那内学院文件之摘疑》〔1919〕一文则收入《太虚大师全书》（台北：海潮音社，1955 年一版），第 16 编，页 88—93。

252 关于西方心理学界对于佛教"无我"思想之兴趣，与其研究，可参考 Eric Fromm

(1900—1980), D. T. Suzuki(1870—1966) & R. De Martino, *Zen Buddhism and Psychoanalysis*(New York, NY: Harper & Row, 1960); John R. Suler, *Contemporary Psychoanalysis and Eastern Thought* (Albany, NY: State University of New York Press, 1993)。

253 论详欧阳渐:《佛法非宗教非哲学而为今日所必需》(见欧阳渐讲,王恩洋笔记:《佛法非宗教非哲学》,收入欧阳渐撰:《欧阳大师遗集》,第4册,页3457—3459)。

254 同前注,页3471。

255 此种哲学立场,因先有关乎"信仰"之结论,故与依"哲学"而产生之信仰,如海德格(Martin Heidegger, 1889—1976)所谓"哲学信仰",亦有根本性质上之差异(海德格尔说,参见 Martin Heidegger, *Sein und Zeit* 〔1927〕〔Tübingen: Max Niemeyer, 1979〕; translated into English by John Macquarrie & Edward Robinson, *Being and Time* 〔New York, NY: Harper, c1962〕;中译本,〔德〕马丁·海德格撰,王庆节、陈嘉映译:《存在与时间》〔台北:久大、桂冠图书公司,1990年〕)。海德格所谓人由"存有者的"(*outisch*)存在状态提升为"存有学的"(*ontologisch*)存在,虽亦需要"存有者"于自身生存状态之处境中,寻求真实;然其整体"真境"之说明,所站立之基础,仍为人于自己意识中所可依凭于"即时的生存状态"而掌握之悟解能力。故彼所谓"信仰",乃是哲学底发展自我,所显示之一种过程性质;而非是对于所希求达至之不可思议境界之直接的认定。

256 欧阳竟无宗主"陆王"系于甲午战后,吕澂《亲教师欧阳先生事略》(原刊支那内学院编:《欧阳竟无大师纪念刊》〔1943〕,收入国家图书馆分馆编:《中华佛教人物传记文献全书》〔北京:线装书局,2005年〕,第48册,页24241—24244)谓事在年二十时,微误。徐、王《评传》,谱其事于光绪二十一年,竟无年二十五(见徐清祥、王国炎:《欧阳竟无评传》,附录一,页189),较是。

257 见欧阳渐:《支那内学院院训释·释悲第二·体相一》,收入支那内学院编:《内学年刊》第三辑,鼎文版,页466;收入欧阳渐撰:《欧阳大师遗集》,第1册,页43。

258 "涅槃"依欧阳氏说,若兼指"体"、"用"言,则涅槃实具全体大用而无所欠缺;若专就"体"言,则"用"与之对。本文此引诸语,并见欧阳竟无先生演讲,聂耦庚笔记,吕澂校订:《唯识抉择谈》(收入欧阳渐撰:《欧阳大师遗集》,第2册,页1366)。

259 说详欧阳渐:《支那内学院院训释·释师训第一·师体三》,收入支那内学院编:《内学年刊》第三辑,鼎文版,页454—455;收入欧阳渐撰:《欧阳大师遗集》,第1册,页15—18。

260 见欧阳渐:《支那内学院院训释·释师训第一·作师一》,同前注,《内学年刊》第三辑,鼎文版,页449—45;《欧阳大师遗集》,第1册,《竟无内学》,页5—10。

261 梁氏讲词稿《佛教心理学浅测：从学理上解释"五蕴皆空"义》,原刊《心理》第1卷第4号〔1922年10月〕;后编为所著《见于高僧传中之支那著述》之附录。见梁启超：《饮冰室专集之六十八》,收入梁启超撰：《饮冰室合集》,第9册,分页39—57。

262 说详宾四师所撰《复兴中华文化人人必读的几部书》(见钱穆：《中国文化丛谈》,三民版,册2,页359—383;收入钱穆撰,钱宾四先生全集编辑委员会主编：《钱宾四先生全集》,第44册,页217—244)一文。其所列举之"今后人人必读之书",计有：《论语》、《孟子》、《大学》、《中庸》、《老子》、《庄子》、《六祖坛经》、《近思录》、《传习录》,共九部。则其意见可知。

263 此十八篇者,即梁启超《饮冰室专集》之五十一至六十八(收入梁启超撰：《饮冰室合集》,第9册)。任公另有《论佛教与群治之关系》(原刊《新民丛报》第23号〔1902年12月30日〕,编为《饮冰室文集之十》,收入梁启超撰：《饮冰室合集》,第2册,分页45—52)一文,亦受时人注意。

264 详见梁启超：《论中国学术思想变迁之大势》,《佛学时代》,第四节《中国佛学之特色及其伟人》,编为《饮冰室文集之七》,收入梁启超撰：《饮冰室合集》,第1册,分页76。

265 语见梁启超：《佛教教理在中国之发展》〔1920年〕,编为《饮冰室专集之五十八》,收入梁启超撰：《饮冰室合集》,第9册。

266 详见宾四师所撰《国学概论》,第七章《南北朝隋唐之经学注疏及佛典翻译》,台湾商务重排本,页173—187;收入钱穆撰,钱宾四先生全集编辑委员会主编：《钱宾四先生全集》,第1册,页198—214。

267 参注〈111〉。

268 说见梁启超：《清代学术概论·三》,编为《饮冰室专集之三十四》,收入梁启超撰：《饮冰室合集》,第8册,页7。

269 宾四师论佛教于中国所以得以发展,并建立"中国化之宗派"之原因,意见颇与梁氏相近,参见《中国思想史》,《二五、南北朝隋唐之佛学》(台湾学生书局版,页147—150;收入钱穆撰,钱宾四先生全集编辑委员会主编：《钱宾四先生全集》,第24册,页140—143)。

270 胡适之有关"禅宗史"之考证,曾受日本曹洞宗学者忽滑谷快天(1867—1934)之影响;参见江灿腾(1946—)：《胡适禅学研究的开展与诤辩——第一阶段(1925—1935)的分析》(收入江灿腾撰：《中国近代佛教思想的诤辩与发展》〔台北：南天书局,1998年〕,页503—542)。忽滑谷快天所作《达磨以前中土之禅学》有淡庐译文,原刊《微妙声》第1—4期(见《禅宗史实考辨》,收入张曼涛主编：《现代佛教学术丛刊》,第4册,页29—77)。

271　说见梁启超:《清代学术概论·三十三》,编为《饮冰室专集之三十四》,收入梁启超撰:《饮冰室合集》,第8册,页79。

272　宾四师有关佛教思想与中土思想之比论,乃至佛教之中国化、佛学对于中国思想之影响等,论详所撰《佛教之中国化》〔1945〕、《佛学传入对于中国思想界之影响》〔1946〕(见钱穆:《中国学术思想史论丛》〔三〕,收入钱穆撰,钱宾四先生全集编辑委员会主编:《钱宾四先生全集》,第19册,页391—410、411—423)二文。

273　宾四师驳胡适之主张神会(敕谥真宗大师)乃唐代"新禅学"之建立者(即胡氏所称"凡言禅皆本曹溪,其实皆本荷泽"之说),以及相关问题之各文,经收入于东大版《中国学术思想史论丛》第四册者,计有《神会与坛经》〔1945〕、《读六祖坛经》〔1969〕、《六祖坛经大义》〔1968〕、《记坛经与大涅槃经之定慧等学》〔1963〕、《评胡适与铃木大拙讨论禅》〔1977〕等。《钱宾四先生全集》第19册同书,则增入《略述有关六祖坛经之真伪问题》〔1969〕、《再论关于坛经真伪问题》〔1969〕二篇。至于胡适之考论禅学各文,可参考柳田圣山(1922—2006)编:《胡适禅学案》(台北:正中书局,1975年台初版)。

274　说详宾四师《中国思想史》,《二八、慧能以下之禅宗》、《二九、宋元明时代》,台湾学生书局版,页168—171;收入钱穆撰,钱宾四先生全集编辑委员会主编:《钱宾四先生全集》,第24册,页162—163。

275　钱穆:《晚学盲言》(上)(下)(台北:东大图书公司,1987年),收入钱穆撰,钱宾四先生全集编辑委员会主编:《钱宾四先生全集》,第48、49册。

276　宾四师晚年对于日后中国之学术发展,学界应秉持何种态度,曾有一列举之讨论,经结集为《现代中国学术论衡》(台北:东大图书公司,1984年;长沙:岳麓书社,1986年。收入钱穆撰,钱宾四先生全集编辑委员会主编:《钱宾四先生全集》,第25册)一书;可代表其一种综合性之看法。

277　钱穆:《湖上闲思录》(香港:人生出版社,1960年;台北:自印本,1969年;台北:东大图书公司,1980年),收入钱穆撰,钱宾四先生全集编辑委员会主编:《钱宾四先生全集》,第39册。

278　钱穆:《庄子纂笺》(香港:自印本,1951年;增订版,香港:东南印务公司,1955年;台北:自印本,1969年;重印本,台北:东大图书公司,1985年),收入钱穆撰,钱宾四先生全集编辑委员会主编:《钱宾四先生全集》,第6册。

279　二书之撰述,并始于一九四八年。

参考书目

《国语》,上海:上海古籍出版社,1998年一版。

丁文江:《玄学与科学——评张君劢的“人生观”》,原刊北京《努力周报》48、49 期,1923 年 4 月。收入汪孟邹编辑:《科学与人生观》,《民国丛书》本,分页 1—30。
中国社会科学院历史研究所、中国社会科学院经济研究所、中国社会科学杂志社《历史研究》编辑部编:《“封建”名实问题讨论文集》,南京:江苏人民出版社,2008 年。
支那内学院编:《内学年刊》(第一至四辑合编),台北:鼎文书局,1975 年。
木村泰贤撰,欧阳瀚存译:《原始佛教思想论》,上海:商务印书馆,1933 年;台北:台湾商务印书馆,1958 年。
王夫之:《周易外传》,收入王夫之撰,船山全书编辑委员会编校:《船山全书》(1—15 册),长沙:岳麓书社,1996 年一版二刷,第 1 册。
——:《庄子解》,收入王夫之撰,船山全书编辑委员会编校:《船山全书》,第 13 册。
王守仁:《传习录》下,收入王守仁撰,吴光等编校:《王阳明全集》(新编本),杭州:浙江古籍出版社,2011 年,第 1 册。
王国维:《古本竹书纪年辑校》,收入王国维撰,谢维扬、房鑫亮主编:《王国维全集》,杭州:浙江教育出版社,2009 年,第 5 卷。
——:《今本竹书纪年疏证》,收入王国维撰,谢维扬、房鑫亮主编:《王国维全集》,第 5 卷。
——:《论近年之学术界》,见王国维:《静安文集》,收入王国维撰,谢维扬、房鑫亮主编:《王国维全集》,第 1 卷。
——:《论哲学家与美术家之天职》,见王国维:《静安文集》,收入王国维撰,谢维扬、房鑫亮主编:《王国维全集》,第 1 卷。
史宾格勒撰,陈晓林译:《西方的没落》,台北:远流出版公司,2000 年二版三刷,据 1962 年单册节本译。
司马迁:《太史公自序》,见司马迁撰,裴骃集解,司马贞索隐,张守节正义:《史记》,北京:中华书局,1982 年,第 10 册。
布洛克撰,谈古铮译:《封建社会》,台北:桂冠图书公司,1995 年。
宇井伯寿:《原始佛教资料论》,原刊《东洋哲学》第 28 卷 7、8 号,1922 年 7、8 月。收入《印度哲学研究》,东京:甲子社书房,1926 年;东京:岩波书店,1965 年。
朱维铮、廖梅编校:《新学伪经考》,香港:生活、读书、新知三联书店,1998 年。
朱熹:《四书章句集注》,收入朱熹撰,朱杰人等主编:《朱子全书》(修订本),上海:上海古籍出版社,2010 年,第 6 册。
——:《周易本义》,收入朱熹撰,朱杰人等主编:《朱子全书》(修订本),第 1 册。
江灿腾:《中国近代佛教思想的诤辩与发展》,台北:南天书局,1998 年。
牟宗三:《智的直觉与中国哲学》,台北:台湾商务印书馆,1984 年四刷。

——:《圆善论》,台北: 台湾学生书局,1985 年。
老聃撰,王弼注:《老子道德经注》,收入王弼撰,楼宇烈校释:《王弼集校释》,北京: 中华书局,2009 年四刷,上册。
余英时:《一生为故国招魂——敬悼钱宾四师》,收入余英时撰:《犹记风吹水上鳞》,台北: 三民书局,1991 年。
佛兰克林·爱哲顿撰,陈美冶译:《佛教混合梵文导论》,《佛教语言论集》,收入蓝吉富主编:《世界佛学名著译丛》,台北: 华宇出版社,1985 年,第 22 册,页 37—86。
吴寿彭译:《政治学》,北京: 商务印书馆,1965 年。
吕澂:《柏格森哲学与唯识》,原刊《民铎》3 卷 1 期,1921 年,《柏格森号》。
——:《亲教师欧阳先生事略》,原刊支那内学院编:《欧阳竟无大师纪念刊》。收入国家图书馆分馆编:《中华佛教人物传记文献全书》,北京: 线装书局,2005 年,第 48 册,页 24241—24244。
岑学吕等编:《虚云和尚年谱、法汇合刊》,台北: 新文丰出版公司,1996 年。
杜林撰,郭官义、李黎译:《哲学教程——严密科学的世界观和人生观》,北京: 商务印书馆,1991 年。
汪孟邹编辑:《科学与人生观》,上海: 亚东图书馆,1925 年。收入《民国丛书》第一编,上海: 上海书店出版社,1989 年,第 3 册,据民国十四年亚东图书馆本影印。
汪东林:《梁漱溟问答录》(增订本),长沙: 湖南人民出版社,1992 年二版四刷。
狄雍撰,霍韬晦译:《欧美佛学研究小史》,收入蓝吉富主编:《世界佛学名著译丛》,第 71 册。
阮元:《性命古训》,见阮元撰:《研经室集》,收入《四部丛刊》,台北: 台湾商务印书馆,1979 年台一版,第 90 册,据原刊初印本影印。
——:《塔性说》,见阮元撰:《研经室集》,收入《四部丛刊》,第 90 册。
姉崎正治撰,欧阳瀚存译:《根本佛教》,上海: 商务印书馆,1933 年;台北: 台湾商务印书馆,1958 年。
季羡林:《原始佛教的语言问题》、《再论原始佛教的语言问题——兼评美国梵文学者佛兰克林·爱哲顿的方法论》、《三论原始佛教的语言问题》,收入季羡林撰:《季羡林全集》,北京: 外语教学与研究出版社,2009 年,第 9 卷,学术论著一,《印度古代语言》,页 343—367、368—394、415—462。
忽滑谷快天撰,淡庐译:《达磨以前中土之禅学》,原刊《微妙声》第 1—4 期。见《禅宗史实考辨》,收入张曼涛主编:《现代佛教学术丛刊》,台北: 大乘文化出版社,1978 年,第 4 册,页 29—77。
杭大宗:《续礼记集说》,台北: 明文书局,1992 年,第 10 册,据浙江书局刊本影印。

林同济、雷海宗撰:《文化形态史观》,上海:大东书局,1946 年。收入《民国丛书》第一编,第 44 册,据民国三十五年大东书局本影印。

金岳霖:《论道》,长沙:商务印书馆,1940 年。收入《民国丛书》第二编,上海:上海书店出版社,1990 年,第 8 册,据民国二十九年商务印书馆本影印。

侯外庐:《中国近世思想学说史》(上)(下),重庆:三友书店,1944—1945 年;重版时更名为侯外庐:《近代中国思想学说史》(上)(下),上海:生活书店,1947 年。

——:《中国思想通史》第五卷,北京:人民出版社,1956 年。

施友忠译:《突创进化论》,收入《汉译世界名著》,长沙:商务印书馆,1938 年。

柳田圣山编:《胡适禅学案》,台北:正中书局,1975 年台初版。

胡适:《中国哲学史大纲·卷上》,收入《民国丛书》第一编,第 2 册,据民国十五年商务印书馆本影印。

——:《诸子不出于王官论》,原刊《太平洋》第 1 卷第 7 号,1917 年 10 月;后收录为《中国哲学史大纲·卷上》,〈附录〉,《民国丛书》本,分页 1—10。

——:《〈科学与人生观〉序》,收入汪孟邹编辑:《科学与人生观》,《民国丛书》本,分页 1—33。

——:《与冯友兰先生论老子问题书》、《与钱穆先生论老子问题书》,见罗根泽主编:《古史辨》第四册,收入《民国丛书》第四编,上海:上海书店出版社,1992 年,第 67 册,据民国十九年朴社本影印,页 417—420、411—414。收入季羡林主编:《胡适全集》,合肥:安徽教育出版社,2003 年,第 4 卷,《致冯友兰先生书》,页 143—146、140—142。

——:《评论近人考据老子年代的方法》,见罗根泽主编:《古史辨》第六册,收入《民国丛书》第四编,第 69 册,据民国二十七年开明书店本影印,页 387—410。收入季羡林主编:《胡适全集》,第 4 卷,页 114—139。

苗力田主编,颜一、秦典华译:《亚里士多德全集》,北京:中国人民大学出版社,1994 年,第 9 册。

唐鉴:《国朝学案小识》,台北:广文书局,1972 年,据光绪十年孟春月重镌四砭斋原本影印;济南:山东友谊书社,1990 年。

宫本正尊撰,妙峰译:《原始佛教与根本佛教》,见《原始佛教研究》,收入张曼涛主编:《现代佛教学术丛刊》,第 94 册,页 243—253。

徐世昌等编纂,沈芝盈、梁运华点校:《清儒学案》,北京:中华书局,2008 年。

徐清祥、王国炎:《欧阳竟无评传》,南昌:百花洲文艺出版社,1995 年。

涂克超译:《亚里士多德的政治学》,台北:自由太平洋文化事业公司,1965 年。

班固撰,颜师古注:《汉书》,北京:中华书局,1962 年。

荆门市博物馆编：《郭店楚墓竹简・老子释文注释》，北京：文物出版社，1998年。
马丁・海德格撰，王庆节、陈嘉映译：《存在与时间》，台北：久大、桂冠图书公司，1990年。
康有为：《孔子改制考》，收入《民国丛书》第四编，第3册，据民国十一年刻本影印。收入康有为撰，姜义华等编校：《康有为全集》，北京：中国人民大学出版社，2007年，第三集。
——：《〈中国学会报〉题词》，1913年2月11日，收入康有为撰，姜义华等编校：《康有为全集》，第十集，页16—18。
张君劢：《比较中日阳明学》，台北：中华文化出版事业委员会，1955年。
——：《中国专制君主政制之评议》，台北：弘文馆出版社，1986年。
——：《人生观》，原刊北京《清华周刊》272期，1923年3月。收入汪孟邹编辑：《科学与人生观》，《民国丛书》本，分页1—13。
张君劢撰，江日新译：《王阳明——中国十六世纪的唯心主义哲学家》，台北：东大图书公司，1991年。
张君劢撰，程文熙主译：《新儒家思想史》，台北：弘文馆出版社，1986年。
梁启超：《论中国学术思想变迁之大势》，见《饮冰室文集之七》，收入梁启超撰：《饮冰室合集》，北京：中华书局，2003年重印本四刷，第1册。
——：《老孔墨以后学派概观》，见梁启超：《饮冰室专集之四十》，收入梁启超撰：《饮冰室合集》，第8册。
——：《墨经校释》，见梁启超：《饮冰室专集之三十八》，收入梁启超撰：《饮冰室合集》，第8册。
——：《佛教教理在中国之发展》，见梁启超：《饮冰室专集之五十八》，收入梁启超撰：《饮冰室合集》，第9册。
——：《前清一代中国思想界之蜕变》，《改造》第3卷第3—5号，1920年；单行本，易名《清代学术概论》。上海：上海商务印书馆，1921年。见梁启超：《饮冰室专集之三十四》，收入梁启超撰：《饮冰室合集》，第8册。
——：《墨子学案》，见梁启超：《饮冰室专集之三十九》，收入梁启超撰：《饮冰室合集》，第8册。
——：《先秦政治思想史》，见梁启超：《饮冰室专集之五十》，收入梁启超撰：《饮冰室合集》，第9册。
——：《佛学研究十八篇》，见梁启超：《饮冰室专集之五十一至六十八》，收入梁启超撰：《饮冰室合集》，第9册。
——：《中国近三百年学术史》，见梁启超：《饮冰室专集之七十五》，收入梁启超撰：

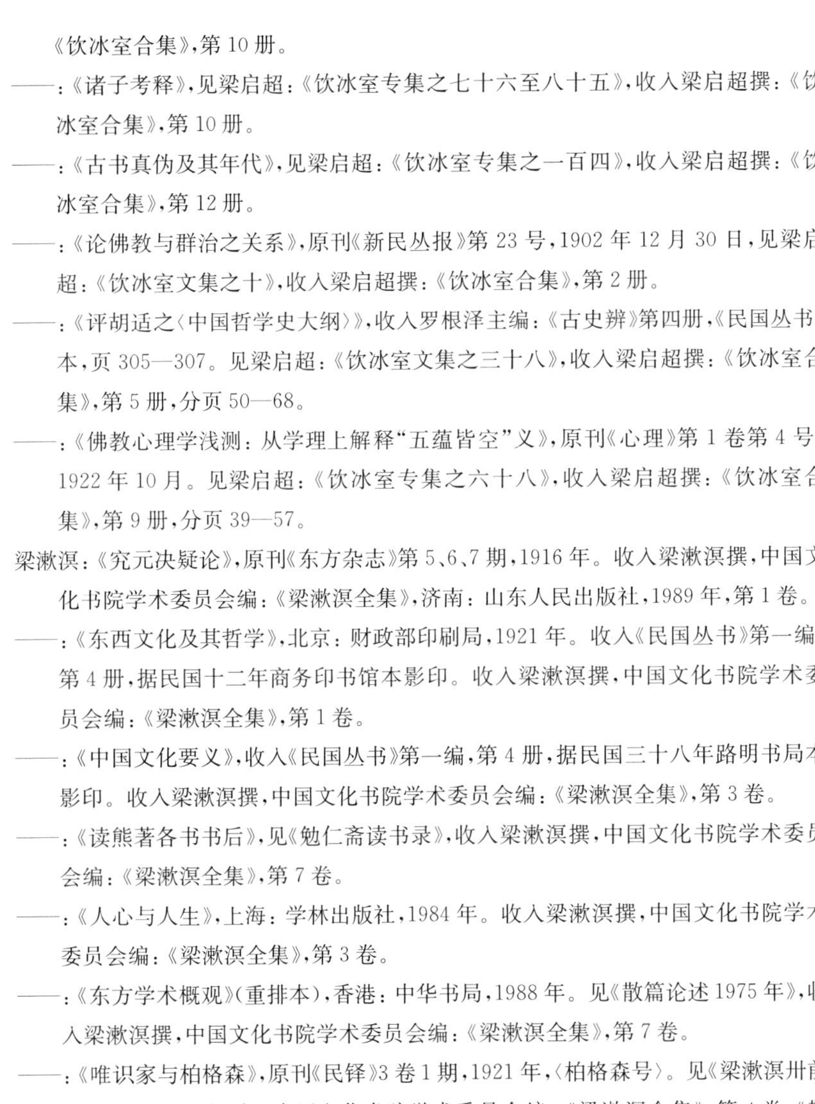

《饮冰室合集》,第10册。

——:《诸子考释》,见梁启超:《饮冰室专集之七十六至八十五》,收入梁启超撰:《饮冰室合集》,第10册。

——:《古书真伪及其年代》,见梁启超:《饮冰室专集之一百四》,收入梁启超撰:《饮冰室合集》,第12册。

——:《论佛教与群治之关系》,原刊《新民丛报》第23号,1902年12月30日,见梁启超:《饮冰室文集之十》,收入梁启超撰:《饮冰室合集》,第2册。

——:《评胡适之〈中国哲学史大纲〉》,收入罗根泽主编:《古史辨》第四册,《民国丛书》本,页305—307。见梁启超:《饮冰室文集之三十八》,收入梁启超撰:《饮冰室合集》,第5册,分页50—68。

——:《佛教心理学浅测:从学理上解释"五蕴皆空"义》,原刊《心理》第1卷第4号,1922年10月。见梁启超:《饮冰室专集之六十八》,收入梁启超撰:《饮冰室合集》,第9册,分页39—57。

梁漱溟:《究元决疑论》,原刊《东方杂志》第5、6、7期,1916年。收入梁漱溟撰,中国文化书院学术委员会编:《梁漱溟全集》,济南:山东人民出版社,1989年,第1卷。

——:《东西文化及其哲学》,北京:财政部印刷局,1921年。收入《民国丛书》第一编,第4册,据民国十二年商务印书馆本影印。收入梁漱溟撰,中国文化书院学术委员会编:《梁漱溟全集》,第1卷。

——:《中国文化要义》,收入《民国丛书》第一编,第4册,据民国三十八年路明书局本影印。收入梁漱溟撰,中国文化书院学术委员会编:《梁漱溟全集》,第3卷。

——:《读熊著各书书后》,见《勉仁斋读书录》,收入梁漱溟撰,中国文化书院学术委员会编:《梁漱溟全集》,第7卷。

——:《人心与人生》,上海:学林出版社,1984年。收入梁漱溟撰,中国文化书院学术委员会编:《梁漱溟全集》,第3卷。

——:《东方学术概观》(重排本),香港:中华书局,1988年。见《散篇论述1975年》,收入梁漱溟撰,中国文化书院学术委员会编:《梁漱溟全集》,第7卷。

——:《唯识家与柏格森》,原刊《民铎》3卷1期,1921年,〈柏格森号〉。见《梁漱溟卅前文录》,收入梁漱溟撰,中国文化书院学术委员会编:《梁漱溟全集》,第4卷,《散篇论述》,页644—649。

——:《忆熊十力先生》,见《散篇论述1983年》,收入梁漱溟撰,中国文化书院学术委员会编:《梁漱溟全集》,第7卷。

章炳麟:《訄书》初刻本,上海:上海古籍出版社,1985年,据原刻手写底本影印。

——:《訄书》重订排印本,东京:翔鸾社,1904年;东京:翔鸾社,1906年;台北:世界书局,1971 年二刷,据翔鸾社二版句读本影印。
——:《太炎文录初编·别录》,收入章炳麟撰:《章氏丛书》(正、续编合订本),台北:世界书局,1958 年,正编据浙江图书馆 1919 年刻本影印,续编据成都薛氏崇礼堂 1943 年刻本影印,下册,《正编》。
——:《国故论衡》,收入章炳麟撰:《章氏丛书》,上册,《正编》。
——:《检论》,收入章炳麟撰:《章氏丛书》,上册,《正编》。
章炳麟主讲,张焘记:《章太炎先生国学讲演集》,上海:中华国学研究会,1923 年;上海:平民印务局,1924 年再版;上海:梁溪图书馆,1926 年;上海:新文化书社,1935 年;另题《章太炎国学演讲录》,台北:文海出版社,1973 年。
章炳麟主讲,曹聚仁记:《国学概论》,上海:泰东图书局,1922 年;台北:五洲出版公司,1965 年;台北:联合图书公司,1968 年。
章炳麟撰,潘重规辑:《国学略说》,香港:寰球文化服务社,1963 年;台北:学艺出版社,1971 年。
章学诚:《朱陆》,收入章学诚撰,叶瑛校注:《文史通义校注》,北京:中华书局,2008 年六刷,上册。
——:《易教下》,收入章学诚撰,叶瑛校注:《文史通义校注》,上册。
——:《浙东学术》,收入章学诚撰,叶瑛校注:《文史通义校注》,上册。
郭沫若:《中国古代社会研究》,上海:联合书店,1930 年。收入《民国丛书》第一编,第 76 册,据民国三十六年群益出版社本影印。
陈来:《熊十力哲学的体用论》,收入陈来撰:《哲学与传统:现代儒家哲学与现代中国文化》,台北:允晨文化公司,1994 年。
陈确:《陈确集》(新校本),北京:中华书局,1979 年。
傅斯年:《性命古训辨证》,收入傅斯年撰,陈槃等校订:《傅斯年全集》,台北:联经出版事业公司,1980 年,第 2 册。
斯宾塞尔撰,严复译:《群学肄言》,上海:文明编译书局,1903 年;订正本,上海:商务印书馆,1908 年。
汤志钧:《章太炎传》,台北:台湾商务印书馆,1996 年。
——:《康有为传》,台北:台湾商务印书馆,1997 年。
汤恩比撰,陈晓林译:《历史研究》(再版),台北:桂冠图书公司,1979 年,据 Somervell 节本及后一种 Toynbee 氏自订之牛津插图单册本译。
冯友兰:《中国哲学史》,收入《民国丛书》第二编,第 1 册,据民国三十六年商务印书馆本影印。收入冯友兰撰:《三松堂全集》,郑州:河南人民出版社,2001 年,第 2、3 卷。

——:《三松堂自序》,北京:生活、读书、新知三联书店,1984 年。收入冯友兰撰:《三松堂全集》,第 1 卷。

——:《中国哲学史新编》,台北:蓝灯文化事业公司,1991 年。收入冯友兰撰:《三松堂全集》,第 9、10 卷。

——:《中国现代哲学史》,香港:中华书局,1992 年。

——:《孔子在中国历史中之地位》,原刊《燕京学报》第 2 期,1927 年 12 月。收入《三松堂学术文集》,北京:北京大学出版社,1984 年,页 119—131。

——:《老子年代问题》,见罗根泽主编:《古史辨》第四册,《民国丛书》本,页 420—422、《中国哲学史中的几个问题——答适之先生及素痴先生》,原刊《大公报文学副刊》第 178 期,1931 年 6 月 8 日。收入冯友兰撰:《三松堂全集》,第 11 卷,页 230—236。

杨文会:《汇刻古逸净土十书缘起》,《等不等观杂录》,收入杨文会撰:《杨仁山居士遗著》,台北:河洛图书出版社,1973 年,据金陵刻经处原刻本影印。

——:《与释幻人书一》,《等不等观杂录》,收入杨文会撰:《杨仁山居士遗著》。

杨惠南:《从"人生佛教"到"人间佛教"》,收入《当代佛教思想展望》,台北:东大图书公司,1991 年。

裘锡圭:《关于〈老子〉的"绝仁弃义"和"绝圣"》,收入复旦大学出土文献与古文字研究中心编:《出土文献与古文字研究》第一辑,上海:复旦大学出版社,2006 年,页 1—15。

熊十力:《心书》,收入熊十力撰,萧萐父主编:《熊十力全集》,第 1 卷。

——:《新唯识论》文言文本,收入熊十力撰,萧萐父主编:《熊十力全集》,武汉:湖北教育出版社,2001 年,第 3 卷。

——:《十力语要》(重校本),北京:中华书局,1996 年。收入熊十力撰,萧萐父主编:《熊十力全集》,第 4 卷。

——:《新唯识论》语体文本,收入《民国丛书》第二编,第 8 册,据民国三十六年商务印书馆本影印。

——:《读经示要》,收入《民国丛书》第五编,上海:上海书店出版社,1996 年,第 1 册,据民国三十四年南方印书馆本影印。收入熊十力撰,萧萐父主编:《熊十力全集》,第 3 卷。

——:《新唯识论》删定本,收入熊十力撰,萧萐父主编:《熊十力全集》,第 6 卷。

——:《原儒》,收入熊十力撰,萧萐父主编:《熊十力全集》,第 6 卷。

——:《体用论》(重校本),北京:中华书局,1996 年二刷。收入熊十力撰,萧萐父主编:《熊十力全集》,第 7 卷。

——:《明心篇》(重校本),北京:中华书局,1996 年二刷。收入熊十力撰,萧萐父主编:《熊十力全集》,第 7 卷。

——:《乾坤衍》(重校本),北京:中华书局,1996 年二刷。收入熊十力撰,萧萐父主编:《熊十力全集》,第 7 卷。

——:《新唯识论》(含文言本、语体文本、《心书》、《破破新唯识论》,及刘定权《破新唯识论》),北京:中华书局,1985 年。

欧阳渐:《欧阳大师遗集》,台北:新文丰出版公司,1976 年,第 1 册。

欧阳渐讲,聂耦庚笔记,吕澂校订:《唯识抉择谈》,收入欧阳渐撰:《欧阳大师遗集》,第 2 册。

欧阳渐讲:《佛法非宗教非哲学而为今日所必需》,原刊《民铎》3 卷 3 期,1922 年。见欧阳渐讲,王恩洋笔记:《佛法非宗教非哲学》,收入欧阳渐撰:《欧阳大师遗集》,第 4 册,页 3457—3482。

蔡仁厚:《熊十力先生学行年表》,台北:明文书局,1987 年。

黎靖德辑:《朱子语类》,收入朱熹撰,朱杰人等主编:《朱子全书》,第 14、17 册。

桥川时雄编:《中国文化界人物总鉴》,北京:中华法令编印馆,1940;东京:名著普及会,1982 年。

萧统编,李善注:《文选》,上海:上海古籍出版社,1986 年。

钱大昕:《十驾斋养新录》,收入钱大昕撰,陈文和主编:《嘉定钱大昕全集》,南京:江苏古籍出版社,1997 年,第 7 册。

钱穆:《论语文解》,上海:商务印书馆,1918 年。收入钱穆撰,钱宾四先生全集编辑委员会主编:《钱宾四先生全集》,台北:联经出版事业公司,1998 年,第 2 册。

——:《论语要略》,上海:商务印书馆,1925 年;台北:台湾商务印书馆,1964 年。

——:《王守仁》,收入《万有文库》第一集,上海:商务印书馆,1930 年;长沙:商务印书馆,1939 年。收入《人人文库》,台北:台湾商务印书馆,1968 年。再版,更名为《阳明学述要》,台北:正中书局,1955 年。收入钱穆撰,钱宾四先生全集编辑委员会主编:《钱宾四先生全集》,第 10 册。

——:《国学概论》,上海:商务印书馆,1931 年;台北:台湾商务印书馆,1956 年;重排本,台北:台湾商务印书馆,1995 年;北京:商务印书馆,1997 年。收入钱穆撰,钱宾四先生全集编辑委员会主编:《钱宾四先生全集》,第 1 册。

——:《秦汉史》,一九三二年北京大学讲义。香港:自印本,1957 年;台北:东大图书公司,1985 年。收入钱穆撰,钱宾四先生全集编辑委员会主编:《钱宾四先生全集》,第 26 册。

——:《先秦诸子系年考辨》,上海:商务印书馆,1935 年。收入《民国丛书》第三编,上

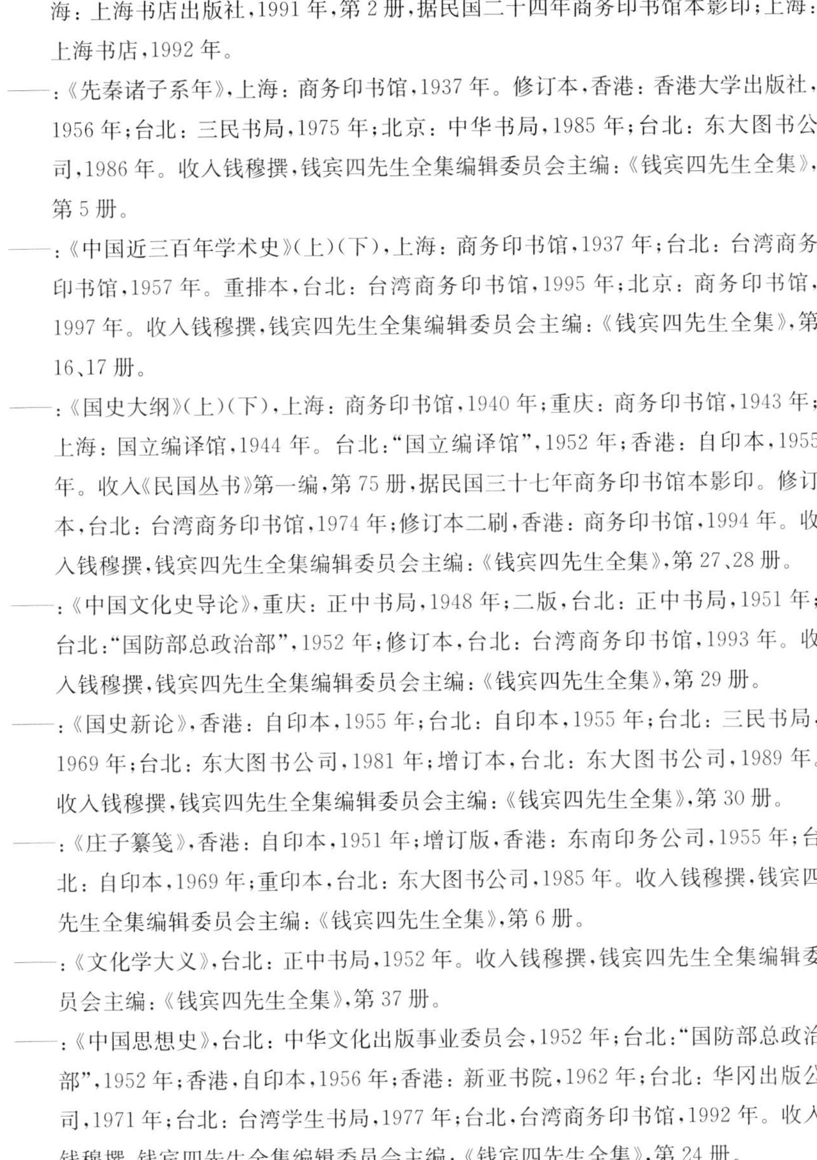

海：上海书店出版社，1991 年，第 2 册，据民国二十四年商务印书馆本影印；上海：上海书店，1992 年。

——：《先秦诸子系年》，上海：商务印书馆，1937 年。修订本，香港：香港大学出版社，1956 年；台北：三民书局，1975 年；北京：中华书局，1985 年；台北：东大图书公司，1986 年。收入钱穆撰，钱宾四先生全集编辑委员会主编：《钱宾四先生全集》，第 5 册。

——：《中国近三百年学术史》（上）（下），上海：商务印书馆，1937 年；台北：台湾商务印书馆，1957 年。重排本，台北：台湾商务印书馆，1995 年；北京：商务印书馆，1997 年。收入钱穆撰，钱宾四先生全集编辑委员会主编：《钱宾四先生全集》，第 16、17 册。

——：《国史大纲》（上）（下），上海：商务印书馆，1940 年；重庆：商务印书馆，1943 年；上海：国立编译馆，1944 年。台北："国立编译馆"，1952 年；香港：自印本，1955 年。收入《民国丛书》第一编，第 75 册，据民国三十七年商务印书馆本影印。修订本，台北：台湾商务印书馆，1974 年；修订本二刷，香港：商务印书馆，1994 年。收入钱穆撰，钱宾四先生全集编辑委员会主编：《钱宾四先生全集》，第 27、28 册。

——：《中国文化史导论》，重庆：正中书局，1948 年；二版，台北：正中书局，1951 年；台北："国防部总政治部"，1952 年；修订本，台北：台湾商务印书馆，1993 年。收入钱穆撰，钱宾四先生全集编辑委员会主编：《钱宾四先生全集》，第 29 册。

——：《国史新论》，香港：自印本，1955 年；台北：自印本，1955 年；台北：三民书局，1969 年；台北：东大图书公司，1981 年；增订本，台北：东大图书公司，1989 年。收入钱穆撰，钱宾四先生全集编辑委员会主编：《钱宾四先生全集》，第 30 册。

——：《庄子纂笺》，香港：自印本，1951 年；增订版，香港：东南印务公司，1955 年；台北：自印本，1969 年；重印本，台北：东大图书公司，1985 年。收入钱穆撰，钱宾四先生全集编辑委员会主编：《钱宾四先生全集》，第 6 册。

——：《文化学大义》，台北：正中书局，1952 年。收入钱穆撰，钱宾四先生全集编辑委员会主编：《钱宾四先生全集》，第 37 册。

——：《中国思想史》，台北：中华文化出版事业委员会，1952 年；台北："国防部总政治部"，1952 年；香港，自印本，1956 年；香港：新亚书院，1962 年；台北：华冈出版公司，1971 年；台北：台湾学生书局，1977 年；台北，台湾商务印书馆，1992 年。收入钱穆撰，钱宾四先生全集编辑委员会主编：《钱宾四先生全集》，第 24 册。

——：《四书释义》，台北：中华文化出版事业委员会，1953 年；修订再版，台北：台湾学生书局，1978 年。收入钱穆撰，钱宾四先生全集编辑委员会主编：《钱宾四先生全集》，第 2 册。

——:《宋明理学概述》,台北:中华文化出版事业委员会,1953年;台北:台湾学生书局,1977年;台北:中国文化大学出版部,1980年。收入钱穆撰,钱宾四先生全集编辑委员会主编:《钱宾四先生全集》,第9册。

——:《中国思想通俗讲话》,香港:自印本,1955年;台北:国民出版社,1956年;增订本,台北:东大图书公司,1990年。收入钱穆撰,钱宾四先生全集编辑委员会主编:《钱宾四先生全集》,第24册。

——:《民族与文化》,台北:"国防研究院",1959年;香港:自印本,1960年;台北:联合出版中心,1960年;台北:阳明山庄,1960年;台北:三民书局,1969年;台北:黎明文化出版社,1981年;增订本,台北:东大图书公司,1989年。收入钱穆撰,钱宾四先生全集编辑委员会主编:《钱宾四先生全集》,第37册。

——:《湖上闲思录》,香港:人生出版社,1960年;台北:自印本,1969年;台北:东大图书公司,1980年。收入钱穆撰,钱宾四先生全集编辑委员会主编:《钱宾四先生全集》,第39册。

——:《论语新解》,香港:新亚研究所,1963年;台北:自印本,1965年;台北:东大图书公司,1988年。收入钱穆撰,钱宾四先生全集编辑委员会主编:《钱宾四先生全集》,第3册。

——:《朱子新学案》〔一〕~〔五〕,台北:自印本,1971年;台北:三民书局,1982年。收入钱穆撰,钱宾四先生全集编辑委员会主编:《钱宾四先生全集》,第11—15册。

——:《朱子学提纲》(单行本),台北:三民书局,1971年;台北:三民书局,1986年。见钱穆:《朱子新学案》〔一〕,收入钱穆撰,钱宾四先生全集编辑委员会主编:《钱宾四先生全集》,第11册。

——:《中国史学名著》,台北:三民书局,1973年。收入钱穆撰,钱宾四先生全集编辑委员会主编:《钱宾四先生全集》,第33册。

——:《孔子与论语》,台北:联经出版事业公司,1974年。收入钱穆撰,钱宾四先生全集编辑委员会主编:《钱宾四先生全集》,第4册。

——:《中国学术思想史论丛》〔一〕~〔八〕,台北:东大图书公司,1976—1980年。收入钱穆撰,钱宾四先生全集编辑委员会主编:《钱宾四先生全集》第18—23册。

——:《双溪独语》,台北:台湾学生书局,1981年。收入钱穆撰,钱宾四先生全集编辑委员会主编:《钱宾四先生全集》,第47册。

——:《八十忆双亲、师友杂忆合刊》,台北:东大图书公司,1983年。收入钱穆撰,钱宾四先生全集编辑委员会主编:《钱宾四先生全集》,第51册。

——:《现代中国学术论衡》,台北:东大图书公司,1984年;长沙:岳麓书社,1986年。

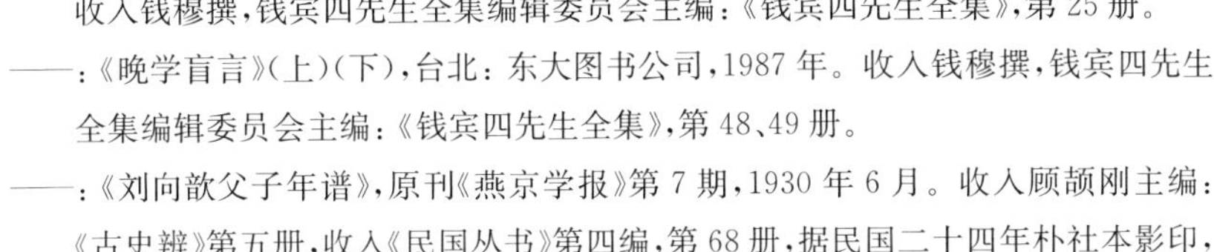

收入钱穆撰，钱宾四先生全集编辑委员会主编：《钱宾四先生全集》，第 25 册。

——：《晚学盲言》（上）（下），台北：东大图书公司，1987 年。收入钱穆撰，钱宾四先生全集编辑委员会主编：《钱宾四先生全集》，第 48、49 册。

——：《刘向歆父子年谱》，原刊《燕京学报》第 7 期，1930 年 6 月。收入顾颉刚主编：《古史辨》第五册，收入《民国丛书》第四编，第 68 册，据民国二十四年朴社本影印，页 101—249。见《两汉经学今古文平议》（香港：新亚研究所，1958 年；台北：三民书局，1971 年；二刷，台北：东大图书公司，1978 年），东大版，页 1—163。收入钱穆撰，钱宾四先生全集编辑委员会主编：《钱宾四先生全集》，第 8 册，页 1—179。

——：《关于老子成书年代之一种考察》，原刊《燕京学报》第 8 期，1930 年 12 月。后刊罗根泽主编：《古史辨》第四册，《民国丛书》本，页 383—411。收入《老子辨》，上海：大华书局，1935 年、《庄老通辨》（香港：新亚研究所，1957 年；增订本，台北：三民书局，1971 年；第二次重编本，台北：东大图书公司，1991 年），东大版第二次重编本，页 21—59。收入钱穆撰，钱宾四先生全集编辑委员会主编：《钱宾四先生全集》，第 7 册，页 25—71。

——：《周官著作时代考》，原刊《燕京学报》第 11 期，1932 年 6 月。见《两汉经学今古文平议》，东大版，页 285—434。收入钱穆撰，钱宾四先生全集编辑委员会主编：《钱宾四先生全集》，第 8 册，页 319—493。

——：《儒家之性善论与其尽性主义》，原刊上海《新中华月刊》1 卷 7 期，1933 年 4 月。见钱穆：《中国学术思想史论丛》〔二〕，台北：东大图书公司，1980 年，页 242。收入钱穆撰，钱宾四先生全集编辑委员会主编：《钱宾四先生全集》，第 18 册，分页 1—18。

——：《再论老子成书年代》、《三论老子成书年代》，见钱穆：《庄老通辨》，东大版第二次重编本，页 61—102、103—112；收入钱穆撰，钱宾四先生全集编辑委员会主编：《钱宾四先生全集》，第 7 册，页 73—119、121—130。

——：《崔东壁遗书序》，见崔述撰，顾颉刚点校：《崔东壁遗书》，台北：河洛图书出版社，1975 年，据亚东图书馆 1936 年排印本影印。亦见钱穆：《中国学术思想史论丛》〔八〕，台北：东大图书公司，1980 年，页 283—294。收入钱穆撰，钱宾四先生全集编辑委员会主编：《钱宾四先生全集》，第 22 册，页 431—444。

——：《余杭章氏学别记》，原刊天津《大公报图书副刊》185 期，1937 年 6 月。见钱穆：《中国学术思想史论丛》〔八〕，东大版，页 342—347。收入钱穆撰，钱宾四先生全集编辑委员会主编：《钱宾四先生全集》，第 22 册，页 533—538。

——：《清儒学案序目》，原刊《四川省立图书馆集刊》第 3 期，1942 年 11 月。见《中国学术思想史论丛》〔八〕，东大版，页 364—388。收入钱穆撰，钱宾四先生全集编辑委员会主编:《钱宾四先生全集》,第22册,页589—640。

——:《易传与小戴礼记中之宇宙论》,原刊《思想与时代》第34期,1944年5月。见钱穆:《中国学术思想史论丛》〔二〕,东大版,页256—282。收入钱穆撰,钱宾四先生全集编辑委员会主编:《钱宾四先生全集》,第18册,分页25—74。

——:《比论孟庄两家论人生修养》,原刊《时代精神》第10卷第2期,1944年5月。见钱穆:《庄老通辨》,东大版第二次重编本,页263—283。收入钱穆撰,钱宾四先生全集编辑委员会主编:《钱宾四先生全集》,第7册,页329—353。

——:《两汉博士家法考》,原刊中央大学《文史哲》第2卷第1号,1944年7月。见钱穆:《两汉经学今古文平议》,东大版,页165—233。收入钱穆撰,钱宾四先生全集编辑委员会主编:《钱宾四先生全集》,第8册,页181—261。

——:《辨性》,原刊《思想与时代》36期,1944年9月。见钱穆:《中国学术思想史论丛》〔五〕,台北:东大图书公司,1978年,页211—256。收入钱穆撰,钱宾四先生全集编辑委员会主编:《钱宾四先生全集》,第20册,分页361—424。

——:《记魏晋玄学三宗》,原刊昆明《中央周刊》,1945年;《建国月刊》1945年5月第1期,页6—46。见钱穆:《庄老通辨》,东大版第二次重编本,页345—365。收入钱穆撰,钱宾四先生全集编辑委员会主编:《钱宾四先生全集》,第7册,页431—455。

——:《神会与坛经》、《读六祖坛经》、《六祖坛经大义》、《记坛经与大涅槃经之定慧等学》、《评胡适与铃木大拙讨论禅》,见钱穆:《中国学术思想史论丛》〔四〕,台北:东大图书公司,1978年,页91—127、128—140、141—150、151—154、204—215;收入钱穆撰,钱宾四先生全集编辑委员会主编:《钱宾四先生全集》,第19册,分页117—164、165—181、183—194、219—224、289—302。

——:《佛教之中国化》、《佛学传入对于中国思想界之影响》,见钱穆:《中国学术思想史论丛》〔三〕,收入钱穆撰,钱宾四先生全集编辑委员会主编:《钱宾四先生全集》,第19册,分页391—410、411—423。

——:《郭象庄子注中之自然义》,原刊《学原》2卷5期,1948年9月。见钱穆:《庄老通辨》,东大版第二次重编本,页411—445。收入钱穆撰,钱宾四先生全集编辑委员会主编:《钱宾四先生全集》,第7册,页509—550。

——:《庄老与易庸》,1951年6月香港新亚文化讲座演讲稿,收入《新亚文化讲座录》;增修稿,收入钱穆:《庄老通辨》,东大版第二次重编本,页341。收入钱穆撰,钱宾四先生全集编辑委员会主编:《钱宾四先生全集》,第7册,页417—430。

——:《孔子与春秋》,原刊香港大学东方文化研究院《东方学报》第1卷第1期,1954年1月。收入钱穆:《两汉经学今古文平议》,东大版,页235—283。收入钱穆撰,

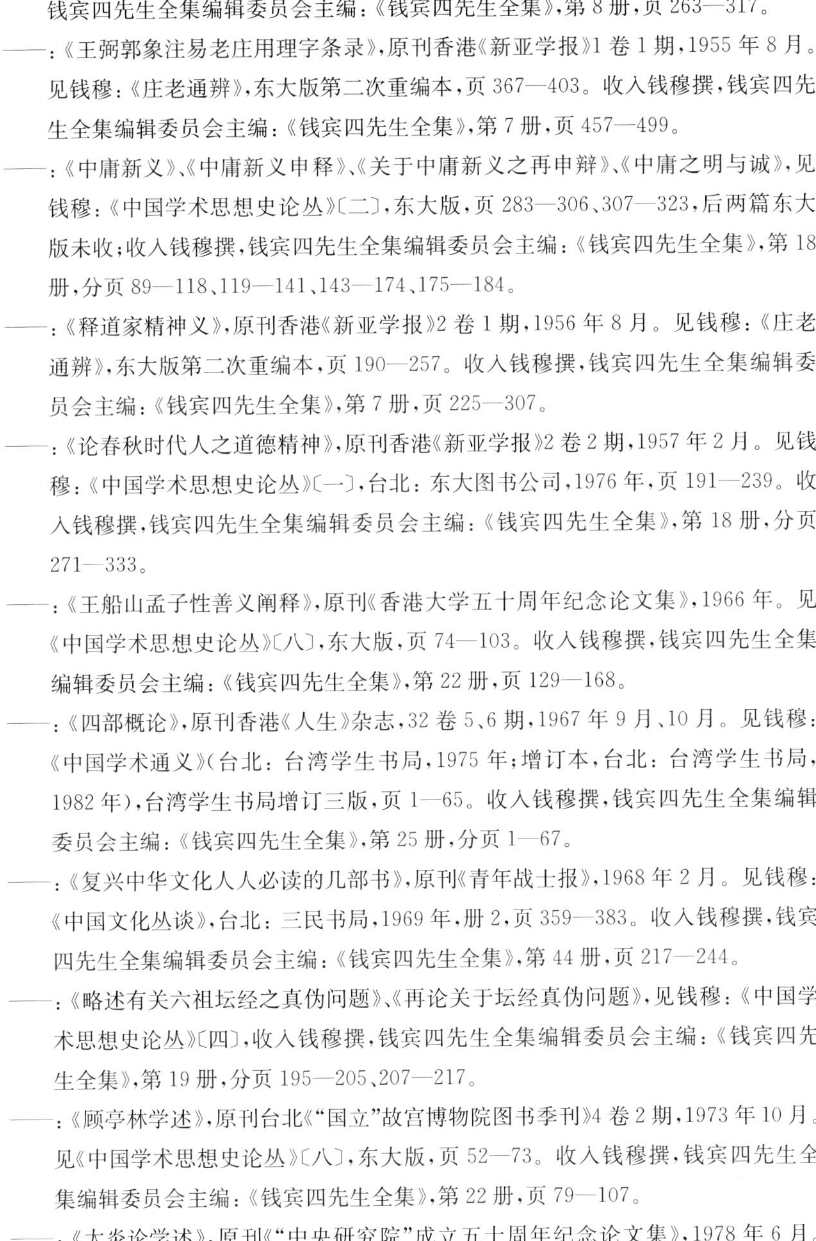

钱宾四先生全集编辑委员会主编:《钱宾四先生全集》,第 8 册,页 263—317。

——:《王弼郭象注易老庄用理字条录》,原刊香港《新亚学报》1 卷 1 期,1955 年 8 月。见钱穆:《庄老通辨》,东大版第二次重编本,页 367—403。收入钱穆撰,钱宾四先生全集编辑委员会主编:《钱宾四先生全集》,第 7 册,页 457—499。

——:《中庸新义》、《中庸新义申释》、《关于中庸新义之再申辩》、《中庸之明与诚》,见钱穆:《中国学术思想史论丛》〔二〕,东大版,页 283—306、307—323,后两篇东大版未收;收入钱穆撰,钱宾四先生全集编辑委员会主编:《钱宾四先生全集》,第 18 册,分页 89—118、119—141、143—174、175—184。

——:《释道家精神义》,原刊香港《新亚学报》2 卷 1 期,1956 年 8 月。见钱穆:《庄老通辨》,东大版第二次重编本,页 190—257。收入钱穆撰,钱宾四先生全集编辑委员会主编:《钱宾四先生全集》,第 7 册,页 225—307。

——:《论春秋时代人之道德精神》,原刊香港《新亚学报》2 卷 2 期,1957 年 2 月。见钱穆:《中国学术思想史论丛》〔一〕,台北:东大图书公司,1976 年,页 191—239。收入钱穆撰,钱宾四先生全集编辑委员会主编:《钱宾四先生全集》,第 18 册,分页 271—333。

——:《王船山孟子性善义阐释》,原刊《香港大学五十周年纪念论文集》,1966 年。见《中国学术思想史论丛》〔八〕,东大版,页 74—103。收入钱穆撰,钱宾四先生全集编辑委员会主编:《钱宾四先生全集》,第 22 册,页 129—168。

——:《四部概论》,原刊香港《人生》杂志,32 卷 5、6 期,1967 年 9 月、10 月。见钱穆:《中国学术通义》(台北:台湾学生书局,1975 年;增订本,台北:台湾学生书局,1982 年),台湾学生书局增订三版,页 1—65。收入钱穆撰,钱宾四先生全集编辑委员会主编:《钱宾四先生全集》,第 25 册,分页 1—67。

——:《复兴中华文化人人必读的几部书》,原刊《青年战士报》,1968 年 2 月。见钱穆:《中国文化丛谈》,台北:三民书局,1969 年,册 2,页 359—383。收入钱穆撰,钱宾四先生全集编辑委员会主编:《钱宾四先生全集》,第 44 册,页 217—244。

——:《略述有关六祖坛经之真伪问题》、《再论关于坛经真伪问题》,见钱穆:《中国学术思想史论丛》〔四〕,收入钱穆撰,钱宾四先生全集编辑委员会主编:《钱宾四先生全集》,第 19 册,分页 195—205、207—217。

——:《顾亭林学述》,原刊台北《"国立"故宫博物院图书季刊》4 卷 2 期,1973 年 10 月。见《中国学术思想史论丛》〔八〕,东大版,页 52—73。收入钱穆撰,钱宾四先生全集编辑委员会主编:《钱宾四先生全集》,第 22 册,页 79—107。

——:《太炎论学述》,原刊《"中央研究院"成立五十周年纪念论文集》,1978 年 6 月。见钱穆:《中国学术思想史论丛》〔八〕,东大版,页 348—363。收入钱穆撰,钱宾四先生全集编辑委员会主编：《钱宾四先生全集》，第22册，页539—560。

——：《中国文化对人类未来可有的贡献》，文载一九九零年九月二十六日台北《联合报》，第28、29版。见钱穆：《世界局势与中国文化》〔重编本〕，收入钱穆撰，钱宾四先生全集编辑委员会主编：《钱宾四先生全集》，第43册，页419—429。

戴景贤：《钱穆》，收入王寿南主编：《中国历代思想家》（更新版），台北：台湾商务印书馆，1999年，第24册。

——：《论戴东原章实斋认识论立场之差异及其所形塑学术性格之不同》，刊登《文与哲》第10期，2007年6月，页375—446；上海师范大学中国近代社会研究中心：《"比较视野下的地域社会研究——徽州与江南的文化认同与地方发展"国际学术研讨会》论文，上海：上海师范大学，2007年11月12—15日；收入戴景贤撰：《明清学术思想史论集》下编，香港：中文大学出版社，2012年，页91—180。

——：《市镇文化背景与中国早期近代智识群体——论清乾隆嘉庆时期吴皖之学之兴起及其影响》，上海社会科学院：《第三届世界中国学论坛》论文，上海：上海社会科学院，2008年9月8日；刊登《文与哲》第13期，2008年12月，页219—270；收入戴景贤撰：《明清学术思想史论集》下编，页181—240。

——：《王阳明哲学之根本性质及其教法流衍中所存在之歧异性》，北京大学中国语言文学系、美国耶鲁大学东亚语言文学系、北京大学中国古文献研究中心：《中国典籍与文化国际学术研讨会》论文，北京：北京大学，2010年3月8—9日；刊登《文与哲》第16期，2010年6月，页283—366；收入戴景贤撰：《明清学术思想史论集》上编，香港：中文大学出版社，2012年，页29—112。

——：《论张横渠之二重性论及其位于北宋理学中之位置》，收入《程学阁著作集》第五种《宋元学术思想史论集》上编（待刊）。

戴震：《孟子字义疏证》，收入戴震撰，杨应芹、诸伟奇主编：《戴震全书》（修订本），合肥：黄山书社，2010年，第6册。

戴震撰、何文光整理：《孟子字义疏证》，北京：中华书局，1982年二版二刷。

简启桢、江永川辑校：《礼记通论辑本》，收入林庆彰主编《姚际恒著作集》，台北："中央研究院"中国文哲研究所，1994年，第3册。

萨依德撰，王志弘等译：《东方主义》，台北：立绪文化事业公司，1999年。

萨孟武：《中国社会政治史》，第1册1944年，第2册1962年，第3册1963年，第4册1965年；增订六版，台北：三民书局，1991年。

谭嗣同：《仁学》，收入谭嗣同撰，蔡尚思、方行编：《谭嗣同全集》（增订本），北京：中华书局，1998年三刷。

严复：《评点老子道德经》，台北：广文书局，1970年台二版。

——:《侯官严氏评点庄子》,台北:艺文印书馆,1970 年,据原稿本影印。

释太虚:《关于支那内学院文件之摘疑》,收入《太虚大师全书》,台北:海潮音社,1955 年一版,第 16 编。

释印光:《净土决疑论》,见《印光法师文钞》,收入释印光撰:《印光大师全集》,台北:佛教出版社,1991 年二版,第 1 册。

顾炎武撰,陈垣校注:《日知录校注》,合肥:安徽大学出版社,2007 年。

顾炎武撰,华忱之点校:《顾亭林诗文集》,北京:中华书局,1983 年二版。

顾颉刚:《古史辨·自序》,见顾颉刚主编:《古史辨》第一册,收入《民国丛书》第四编,第 65 册,据民国二十二年朴社本影印,分页 1—103。

Aristotle. Politica, Book III, in *The Student's Oxford Aristotle*, Vol. VI, translated into English under the editorship of W. D. Ross, London, UK: Oxford University Press, 1942.

Bloch, Marc. *La Société féodale*, 2 vols., 1939—1940, translated into English by L. A. Manyon, *Feudal Society*, Chicago, IL: University of Chicago Press, 1961.

Bowler, Peter J. *Evolution: The History of an Idea*, Berkeley & L. A., CA: University of California Press, c1984.

Chang, Carsun. *The Development of Neo-Confucian Thought*, New York, NY: Bookman Associates, 1957.

Chang, Carsun. *Wang Yang-Ming: Idealist Philosopher of Sixteenth Century China*, Jamaica, NY: St. John's University Press, 1962.

Edgerton, Franklin. *Buddhist Hybrid Sanskrit — Grammar and Dictionary*. New Haven, CT: Yale University Press, 1953; Reprint Edition, Delhi: Motilal Banarsidass Publishers, 1993.

Fromm, Eric. Suzuki, D. T. & Martino, R. De. *Zen Buddhism and Psychoanalysis*, New York, NY: Harper & Row, 1960.

Goody, Jack. *The Logic of Writing and the Organization of Society*. Cambridge, UK: Cambridge University Press, 1986.

Heidegger, Martin. *Sein und Zeit*, c1927, Tübingen: Max Niemeyer, 1979; translated into English by John Macquarrie & Edward Robinson, *Being and Time*, New York, NY: Harper, c1962.

Huxley, Thomas Henry. *Evolution and Ethics, and Other Essays*, c1893, Teddington, Middlesex, UK: Echo Library, 2006.

Jong, J. W. de. "A Brief History of Buddhist Studies in Europe and America," *The*

Eastern Buddhist n. s. 7/1(May 1974): 55—106; n. s. 7/2 (Oct. 1974): 49—82, Delhi, India: Sri Satguru Publications, 1976.

Lacey, Alan R. *Bergson*, London & New York: Routledge, 1989.

Morgan, C. Lloyd. *Emergent Evolution*, London, UK: Williams and Norgate, 1927.

Newman, W. L. *The Politics of Aristotle*, 4 vols., Oxford, UK: The Clarendon Press, 1887—1902.

Popper, Karl. *Conjectures and Refutations: The Growth of Scientific Knowledge*, New York, NY: Harper & Row, 1968, c1965.

Said, Edward W. *Orientalism*, New York, NY: Vintage Books, 1978.

Spencer, Herbert. *The Study of Sociology*, 1873, Michigan Historical Reprint Series, Ann Arbor, Michigan: Scholarly Publishing Office, University of Michigan Library.

Spengler, Oswald Arnold Gottfried. *Der Untergang des Abendlandes: Umrisse einer Morphologie der Weltgeschichte* (1918—1922); authorized English translation with notes by Charles Francis Atkinson, *The Decline of the West: Outline of a Morphology of World History*, 2 vols., New York, NY: Alfred A. Knopf Inc., 1932.

Suler, John R. *Contemporary Psychoanalysis and Eastern Thought*, Albany, NY: State University of New York Press, 1993.

Toynbee, Arnold Joseph. *A Study of History* (1934—1954), abridged edition by D. C. Somervell, 1947; Laurel edition, 1965. the new one-volume edition, Illustrated, London, UK: Oxford University Press, 1972.

Welbon, Guy Richard. *The Buddhist Nirvāṇa and Its Western Interpreters*. Chicago, IL: University of Chicago Press, 1968. Reviewed by J. W. de Jong, *Journal of Indian Philosophy*, 1, 1972, pp. 396—403.

Wittfogel, Karl A. *Oriental Despotism*, New Haven, CT: Yale University Press, 1957.

叁

论钱宾四先生“中国文化特质说”之形成与其内涵*

一、钱先生学术中之“家言特质”与其价值思维之整体性

司马迁（字子长，公元前145/135—前86）著《史记》，曾自言乃“究天人之际，通古今之变，成一家之言”。[1]所谓“成家”，依中国学术史之发展，约有二义：一指针对特定议题或特定研究领域，而为之一种特有之“处理方式”之创造；其规模可为他人所遵循。另一，则是就学说之哲学意义，谓其具有自身之完整性，足以树异于其他同一理论层次之学说；且于真理之追寻上，具有较为长远之启示意义。[2]现代中国学术，经历前所未有之巨变，其间居于关键之影响地位者，虽不皆明显具有“立言成家”之企图；然学术之困境，有赖风气之开新，以谋易弦而更张，故即使学者不自居为一世之师，具才力而成器局者，犹必有闻其风而悦之者。清末民国初年以来，风气屡变而益新，得声名、受瞩目者辈出；其因虽关乎当时中国普遍之文化状态，然人才发展之走向，则受有世变之影响。钱师宾四（穆，1895—1990）厕其间，亦其中一人。

钱先生之学受瞩目，以其所侧重讨论者，皆当时学界争议之焦点；而其所运用之方法，与研究之观点，就议题所直接涉及者言，亦系同时代所可理解。余前论《钱穆》一文，于此已详。[3]唯就议题之研究论，一时代之学术成果，必消纳于个别领域之论辩中；个人贡献，无法

独自隔离于整体学界研究之外。则此种学术影响，固应皆属事项的，而非整体的。然如一学者之学术，足以生发超越“议题”之影响，且此影响非限一时，则必在其学术讨论之内里，具有某种思想之启迪性；即使并非达至完整哲学意义之“成家”，亦必带有此种“家言”性质之色彩。钱先生之学术影响，是否具有持续作用之潜力，固有待历史之证明；然其思想之是否具有此种特质，则可由个别学者单独进行分析。此即本文所欲加以探讨者。

钱先生之并未真正面对“系统化哲学议题”之讨论，并求取一完整之理论架构，此但稍检其书而可知。[4]其缘由，实乃因在钱先生之观念中，“义理”之完整性，乃是事实的；既非纯由运思所建立，亦无法完整地由概念之逻辑结构，加以表述。[5]此一源自其本人对于儒学核心特质之理解，自始即贯串于其有关儒学发展之历史诠释之中。故对于钱先生而言，实践义理，并获取“认知”之方法，最要之部分，仍在于人对于自身“道德本心”之直接体验。唯此项体验，如要达致“道德”意义之充实完满，于理论上，虽可全由自成，然除历史上少数卓越之个人外，[6]多数状况，仍须经由某种“成德典范”之启示，然后始能使个人于谦卑之基础上，逐步提升自我。[7]就此一面言，钱先生论学，始终保留一“圣人”之概念，与一历史上圣人之地位，以之作为其儒学观之核心，抑且成为其评断儒学之标准，其因在是。

而自另一面言，道德本心之体验，虽是成德基础，个人“人生价值”之具体圆满，依钱先生之见解，则必当有属于其特定的、个人所承担之“时代使命”之完成。此一自我承担之使命之体认，其认识，来自承担者对于人类群体生活，亦即人之社会性与伦理性之表现，有所了解；此一。另一，则是须对社会之文化机体之凝聚，与其延续、发展，有一属于“历史精神”之识见。因此就君子成德之自我要求言，“尊德性”不能无“道问学”之配合；伦理思维与历史思维，必应有“义理”层次上之结合。而亦即在此意义上，个人之生命，乃有以与其所存在共同生活之群体生命，确实结合为一。

钱先生此一信念，若追溯其源，盖即是《论语》中孔子所言“不知命，无以为君子也”[8]之“知命”义。而钱先生之阐明此义，并予以具体之实践，则是表现于其所戮力于整体中国学术史、思想史，乃至一般史、文化史之诠释工作中；此项工作，成为其毕生之志业。[9]

二、钱先生有关学术、思想、文化研究之关切焦点与其“中国文化特质说”之提出

“学术史”之成为清末以来研究中国历史者所关注，有其属于“延续学术门派争执”之前因；亦有其属于新的“历史观点”介入之缘由。前者为汉、宋及今、古文之争；而后者，则明显是因中国本有之学术观点，承受西方史学之冲击，中国学者祈求对于中国文化及其历史，有一足以放置于“世界史”中之理解所引致。而中国学术之历史发展，由于长久以来导引中国智识分子之思维，因此亦成为理解中国历史所不可轻忽之一环。

钱先生对于前者引生之争议，其所作之讨论，有属于就事论事者，亦有依其儒学观点而为之评判者。[10]至于后者，钱先生关切之焦点，则在于如何定位中国智识分子长久以来所积蕴之人文精神，并说明其与中国历史之关系。[11]

本文此处联系钱先生之“义理态度”，与其有关学术、思想乃至文化方面之研究，就分析角度言，有一重要之诠释观点，即在于说明：钱先生之历史诠释，就其统整之文化观点言，其实并未采取严格之“认识论”标准，将“历史”视为一仍有待发掘真相之外在之客体，从而不断质疑历史研究之方法；[12]而系依于其“人性论”之观点，将“历史”视为乃是具有“主体性”(subjectivity)之人，以群体之方式，将其“主观精神力量”，展示于其“生存环境与需求”时之一种综合之表现。[13]因此不论结合多少议题之个别研究，当“历史研究”成为一种“叙述”时，钱先生皆系将创造历史远景之真正动力，归结于各种表现程度不同之所谓“中国人”。亦即中国历史乃是由中国人所创造出之一部历史。[14]此所指“理想”意义之“中国人”，其意义之核心内容，乃至充实“价值”之

方式，并不能仅止说明为是“儒家的”，而应更正确地说明为：乃由孔子义理所导引而充实，并依孔子之理想为评判之标准。[15]

钱先生之不迳以中国义理价值之核心，为出于广泛义之“儒学”，而必将之说明为乃出自孔子；此一强调之重点，显示钱先生所认为中国学术之核心力量，乃至中国历史之核心精神，当其“凝聚为一”时，皆系由一最深邃之核心点向外扩散。凡属于“派别的”、“个人的”、“时代的”、“观念的”，乃至“社会的”、“族群的”之种种变化发展，皆系为此中心之吸力所维系。[16]所谓“义理”义之“中国人”，实即经由此中心所照射，从而被赋予可以展现不同“精神色度”之个体。故于钱先生之文字使用中，“中国思想传统”，或“中国历史精神”，[17]成为不断重复之语词。

正唯钱先生之历史诠释，系奠立于此种“义理”义之“中国人”之概念，[18]故其对于中国历史之态度，始终为乐观的、期待的，亦常显示为同情的。[19]然此一属于价值意义之历史信念，如何证明其为“实存的”，而非“虚构的”，则须将“义理力量”造成“历史影响”之机制，借议题之讨论，予以说明。因此于钱先生之史论中，类如“中国文化特质”之说法，成为表达之方式。

钱先生形塑其所主张之“中国文化特质说”之论述结构，大体涵盖几项重点，即价值信仰、思维方式、生活伦理、社会构造与艺术情调。

其中“价值信仰”一项，属于“义理”之核心，主要即是以“性”、“命”观为主干之“人道”思维；特随中国历来主要思想家，所触及之“天”、“人”关系之探讨，以及思想、观念之缘会，可以展显为不同形态。[20]于此种“价值阐释”之说明中，作为“主轴的”，与作为“展延的”，系依“诠释者”对于“义理之本质与其涵摄范围”之体验与认知，作为建构方式。

其次关于“思维方式”一项，则是以“义理”为基础所产生之思维运作方式。钱先生主要之说，可将之归纳为二项：一谓中国人由于重视现世价值，且其态度为乐观的，[21]故自始其面对世事，即有一种“务实”之精神；[22]且于其看重现世之圆满、自足、清明之精神价值之充实过程中，不断释放一种导引人趋向更广大、更深邃之“精神和同境界”之创造力。[23]而其所成就，则表现于历史上中国“宏伟之国家”，与“和谐之社会”之缔造。[24]其次则将中国人之思维方式，与西方之哲学思维作一对比，谓西方之所重在“分析”，必先有分析，然后有综合；中国人则系以其实践之亲证为基础，不断将经由历史发展所积累之伦理性与社会性经验，纳入于其融合之义理思维中。[25]

依钱先生说，正因中国人有此前两项特质，故中国人基于其生活态度所建构之生活理想与社会伦理，亦重“和合”，不重“分别”；[26]中国人强固之生活习性，与稳定之“社会结构”（social structure），皆与此紧密关联。而中国社会之所以能由一种义理态度与思维方式，造成如此广大平和之社会，有其极高之自主性与同质性，且历经历史上无数变动与冲击，依然绵延不断；主要即是因中国自春秋、战国以来，即逐渐形成之一强固且理想性极高之智识阶层。自是而后，“士”、“农”、“工”、“商”所组成之“四民社会”，成为历史常态。[27]此种社会结构，与西方历史之发展路径，并非一致；故亦不当即以西方之历史经验，作为诠释中国社会演化之标准与基础。[28]此为“中国文化特质”中属于“生活伦理”与“社会构造”之两项。

至于最终一项，属于“艺术情调”方面；钱先生之见以为：中国文化中所造就之民族艺术风格，虽不断有属于民间地域性发展所产生之成分，持续加入，乃至外国因素之影响；然最终成为具有绵延性之审美特质，则亦仍是由“士人”之传统所主导。无论文学、[29]美术、[30]戏曲，[31]皆然。

三、“文化特质说”建构之条件与其史学意涵

“文化特质说”一经提出，所必然将面对之质疑为：“特质”，或“特质”之相关语，其定义究竟为何？“文化特质”是否真实存在？提出

“特质说”于史学之意义为何？

大体而言，文化如可依“特质”归约，至少应有二项先决条件，须承认其存在：其一，为个别文化之特殊性；其二，为文化之历史绵延性。[32]

第一项所谓“文化特殊性”，非指现象上，或说状态上之殊异；而必应是属于构成形式，或条件上之不同。因此承认不同文化体间具有此种内在之殊异性，且此殊异性具有决定其发展进程之特质，即是等同于否定文明演进之历程为共通的。[33]

至于基于此项观点而延伸之特定之“绵延性”观念，不唯其主张，不将“文化”视为乃人类意识与行动之偶然之结果；[34]且于此“绵延性”之内涵上，其义亦与所谓“演化”（evolution）之意指不同。

盖“演化”之观念，就其运用于文化历史之义涵言，事实上必有一种“文明层级”之概念于其中。亦即文化之歧异虽是事实的，却并非为本质的。故即使吾人承认文化演化，并非由单一进程所决定，“文明层级”上之比较，依旧是置于共同之评量标准之上。因此若就此“特殊性”与随之而有之“绵延性”两项理论上之条件言，钱先生之“文化特质说”，与当时中国所引介、流衍之深受“演化论”（evolutionism）影响之史学观点相较，不论此种“演化论”所着眼系立基于物质条件或精神条件，皆是明显对立。钱先生之史学，于总体上，常为学者归纳为文化之“保守主义”，或“守成主义”，其因盖即在是。

而当学者作出此种归纳时，不论其用语是否精确，或更换为更适合其意指之表述，其立场皆是“批判的”。钱先生“史学观点”之必受争议，其实亦是凸显钱先生之观点，有其立论之特殊立场。而钱先生整体之史学，是否具有启发性？亦是视钱先生此项观点是否有其可取，或是否可因此激发研究者产生新的议题，或深化若干议题之讨论而定。

任一史家之历史诠释，如其所秉持之观点，为单一的、一贯的与清晰的，而其所尝试之诠释又系整体的，则由于叙述之偏隘性，对于其他观点与其他描述，即使并非不能相容，亦可能产生某种程度之排斥；以是难以真正成为可为不同研究领域与派别之学者所普遍接受之观点。此亦是所有欲建立一种特殊之“文化哲学”（philosophy of culture）者，所将共同面对之问题。

然一种文化哲学，或一种具有文化哲学观点之史学，由于系将“历史之展演”与“人性之探讨”相关联，因此对于反省“人”如何成为一不断寻求“意义”（meaning）之“存有者”（*ens*/*Seiendes*）之思维而言，必有重要之启示；且亦确实可以深化某些文化或文化史议题之讨论，提高其价值层次。钱先生之史学观点于此意义上，正具有此种可激发人“价值想象”之力量。

钱先生之史学观点，足以深化学术议题之讨论，最要之一点，在于：“学术”或“价值信仰”之作用于历史，究竟能有若何“形塑文化”之力量？其功能与方式，是否可以界定，或说明？智识阶层之“自主性”，是否于中国历史中确然存在？其与“政治权力系统”间之关系，是否达致若干程度之“平衡”？中国文化是否因智识阶层之长久稳固存在，从而于其内里，存在足够导引其发展之一种“人文理性”？[35]钱先生个人解答此一系列之相关问题，曾运用两项属于近代中国所接受西方影响而强化之观念：一曰“民族”，一曰“国家”；将之与“历史”与“文化”之问题结合。[36]

钱先生于此，主要之观点，系主张：民族创造文化，文化亦有时进一步抟聚民族；中国民族之于历史中得以绵延不绝，其力量主要来自文化。而中国之“国家”形式，则为保障中国民族与文化得以存续之重要基础。若然，则于其理解中，人之“义理性发展”，虽系建立于共同之人性基础，其实并不能自外于人自身所处之文化环境；而深沉丰厚之文化，则亦不能不受其所由创造之“民族历史”所影响。故钱先生尝言“人生”、“民族”与“文化”，现象虽三分，其体则一。[37]

倘依此义推说，民族生存与文化发展并轨之民族性文化，实应是人类创造“生活历史”时，实质上最具强韧力量之方式；中国历史所展现之价值，应以此为评量之角度。钱先生此一说法，等于视人之高层次之创造活动，无论其为“信仰的”、“智识的”，或“生活形态的”，皆已部分地为历史之轨迹所制约；并将于“普同价值之世界历史”达成之前，一直携带“历史”之印记。果若如此，则反向论之，是否人之“义理解悟”，亦必同时是“语言的”与“思想史的”？此亦是必将引生之问题。[38]

以上各点，就未来可能产生之议题效应言，可以是普遍的，亦可以是特殊的。所谓“普遍的”，系指历史之现实为个别的，而有关“人性发展”与“人类命运”之理解，则有普遍议题，必须思维。因此有关特殊历史现象之专题研究，经过史学家“类比方法”之导引，皆有可能启示普遍议题之讨论。中国现代自接受一新的“世界史”观念之冲击，“中国史”与“世界史”之关系究竟为何？此一问题，可谓一直盘旋于中国学者之脑海中。甚至中国改革之方向，亦与此项历史思维，密不可分。

而就其中对立之两种立场言，主张中国历史正处于已知之人类文明发展进程之一阶段，为其普遍类型之一特殊事例或变化形态之说法，与主张中国历史系展现人类历史另一种尚未为历史研究者所充分认知之一项“可能”之论点相较，前者明显占居于主流地位。故倘若日后有关中国史之研究，乃至中国未来发展所展现之趋向特征，仍是证明中国历史不唯大体可以由其他文明之历史经验解释，且其发展方向，亦是可以基于此项理解而概略预测；则钱先生所抱持“人生”、“民族”、“文化”三者一体之观点，必是过分高估“价值信念”，乃至“学术传承”所可能造就之历史影响。则中国历史研究，于普遍议题上所可能提供之参考价值，恐仍止是展现“区域的”与“过程的”历史之可能。

然如有关中国历史之研究，仍于主要之历史进程之解释上，显示诠释上之困难，或无法排除不断之争议，[39]而中国于克服“现代化”之政治、经济障碍后之发展，其所呈显之社会特性，仍持续展示强烈之文化风格，[40]且于此风格中，有效底凝聚并增长其文化创造力之精神动能，与其他社会出现明显差异；则钱先生之观点，即可能产生对于历史学者重要之启示。即使对于钱先生说法之具体内容，不免有所争议。

其所以如此，系因：如最终之答案为后者，则有关"世界史"之理解，一种新的"思想史"与"社会史"结合之诠释角度，即可能因中国史之研究而产生。若然，则中国史研究之重要性，势必因此增加。此为钱先生之史观所可能产生之"议题效应"之属于"普遍"者。

至于"议题效应"之属于"特殊"者，则主要可能发生于两方面：一为有关中国智识阶层于中国历史中，所承担之"社会功能"问题；一为有关中国义理思想，未来发展之前景问题。此二项，本皆是现代中国研究"学术史"与"一般史"之重要议题；抑且亦将持续成为重要问题。

关于前者，钱先生之核心论述，其所可能提供之提示，在于：欲明了中国智识分子所曾于中国历史中承担之使命，或所曾产生之影响、作用，论者除须具有研究"社会功能"，与分析"社会结构"之眼光外，中国智识分子内在之"精神特质"，亦为一决不当忽视之要点。此种精神特质，不唯立基于一种长期存在之价值信仰，且此种价值信仰，系与其特殊之"历史意识"(historical consciousness)与"历史想象"(historical imagination)相结合。[41]故学者研究其思想，不应仅是注意其观念之系统与结构，亦应注意其叙述历史或事件之语言表述。钱先生常言：西方文化精神之主脉乃宗教的、哲学的与科学的，而中国则为义理的与历史的；此一判断语，即建立于钱先生对于中国智识分子性格之深层了解之上。

至于后者，本质上属于"中国学术现代化"问题之一环。简要而言，此问题即是：在中国学术经历改造之后，此一新的学术规模与风格，是否仍足以使继起之中国智识精英，能于传承教育与进行其他本业之活动之中，经受一种崇高理想之启迪；且于其中培养出一种坚韧、深厚之情操？就历史观之，此一项发展，固可能影响未来中国之整体文化表现。

钱先生对于学术前景之看法，基本上，仍是由其自所体会之"儒学之体用观"出发。亦即每一时代之学术，若要真正产生力量，必须于其内里，具有一种精神性之统合；且此种精神性之统合，必须由个人于其义理生活中完成。学术发展之有时代性之转移，即是卓越之个人面对学术之衰败，或时代问题之严重挑战，所建立之新的“精神指标”所造成之影响。而于钱先生之判断与期待中，中国人文学术之未来发展，于“价值信仰”与“学术思维”之方式上，应仍能以此一形态，延续其主要特质。[42]此一论法，由于在其标定之学术性质上，乃是融合“义理的”与“历史的”思维为一，而非针对议题所产生之思辨，亦非针对单一之义理问题提出主张；故不唯与民初以来“新史学”所企图建立之学术标准不同，亦与“哲学化”地处理中国义理思想或设定一种特定之义理法门之趋势有异。

钱先生此一种看法，就涉及“历史地理解中国学术史”而言，是否正确？此属历史问题；可以依议题讨论。至于未来中国人文学术，“哲学”与“史学”究竟系分向发展？抑仍将产生某种与“中国价值观”相关之互动？则属于一种涉及未来之预测；学者之判断，主要意义，仍在展现其对于可能影响于历史整体发展之因素之理解。至于事实上之结果，由于历史发展中必然存在“偶然的”，乃至无法充分认知之因素，以是“预测”并不依其结果是否成为事实，而决定其价值。[43]

四、钱先生“中国文化特质说”之来历与其思维架构

上述所谓“特质”之说，就文化史或“文化比较”之研究言，由于强调“价值观念”、“精神力量”与“思维方式”之重要，因此于其企图解释历史变迁之原因与发展走向时，若要具有说服力，必须联系于各项与“社会发展功能”相关之议题研究，并以某种方式将之整合。当时有一可资参考之论例，钱先生曾于其著作中约略提及。此一论例，即是其说已部分地为国人所引介之德国史家史宾格勒（Oswald Arnold Gottfried Spengler，1880—1936），彼所标举之“历史形态学方法”。[44]此种观点，不仅系结合部分“功能”（function）分析之研究；且其对于“进步社会”之功能演化，倾向于强调在其各别功能系统间，存在一种

“整体性”之自然节调。此种功能调节，类近于生物因维生所需，而产生之“机体现象”。于其观点中，此一“节调”之持续存在，对于愈复杂、愈庞大之社会，即愈困难。[45]一个伟大文明之存在，往往盛极而衰，甚至无法持续绵延；“整体功能”之无法节调，常是主因。以故在其有关历史之分析中，“生理的”与“病理的”二种原由之对立，常是最终思维之焦点。此一思考方式，与将“历史之变迁”视为乃历史形势所造成之结局，论点可谓迥异其趣。盖于“形势”观中，力量互动之主体，乃是“分别的”与“无序的”；“形势”即是造成历史发展之原因，而非仅是其背景或外缘条件。

历史原因中，“生理的”与“病理的”于分析线索上之对立，对于钱先生而言，亦正是彼在面对当时中国学界不断增强之文化批判时，所作出之与自身观点相应之回应方式。盖中国现代智识界，自从于历史之世变中，产生强烈之“文化危机意识”以来，极度之文化自谴，其趋势愈后愈甚。而于种种批判之中，对于中国社会，乃至中国历史缺陷之指陈，皆有将中国病源，追溯之于古史之倾向。[46]亦即中国近代文明之停滞不前，其因绝不只为政局之溃坏，或国力之薄弱，而应有一种属于“文化构成”条件上之理由，使其发展承受无法突破之限制。有关中国“国家构成”之方式，与支撑此项结构之基础，由是成为与“学术史研究”同等重要之议题。而依当时学者所感受，凡此皆与秦汉之一统，乃至一统之“结构形式”相关。

在当时中国学界有关此一问题之讨论过程中，对于一种长期历史现象之持续，究竟应将之归因于“民族性”(national character)，或某种“文化特性”(cultural uniqueness)，或“结构形势”？学者实际皆在摸索之中。盖若将之归因于“民族性”，则中国人既是一被注定无法突破其先天限制之民族，则中国文化之最终将为历史淘汰，亦是一无法逃避之命运。此必走向一极度悲观之看法。若将之归因于文化之局部特性，则仅批评历史之病态，而不能于其发展中，指出其所以能存续之理由，其论亦不能持久。[47]

而在其时，另有一种分析之眼光逐渐取得优势，即是以“冲突论”

(conflict theory)为主之社会学学说，及其所带来之“社会史”研究。此种研究角度，由于在“功能”意义上，或“结构”意义上，虽将社会视为一“实体”(entity)，并不将社会视为一完整之“机体”，亦不将人之“行为趋向”视为人性自然发展或意志力之结果；故在其辨析之眼光中，社会结构形态与其变迁之历史说明，任何属于“特征”、“特性”之指涉，其实皆是“现象的”与“标识性的”；决定历史发展之因素，则是属于“社会的”，而非“理念的”，或“精神的”。“历史”仅是“社会”存在与变动产生之结果。

此一种观点所以显现为强势，主要在于当其提出一时代之历史解释时，对于影响社会发展之不同因素，能有完整之联系；即使个别特殊之说法，常无法免除争议。而由于此种社会学与社会史学之影响，前此为民初学界所争执之“文化价值理念”问题，其重要性相对降低。中国社会发展究竟处于一种何样之状态？乃至中国史究竟于“演化”意义上，何时处于何一阶段？成为较之争议中西文化孰优孰劣？何项为优何项为劣？更为引人注意之焦点。此种史学争议，由“学术史”转向“社会史”之发展，就议题之相关性言，具有足以开拓视野、提供研究手段之功能；故其产生导引研究方向之作用，实亦是势有必至。钱先生面对此种史学议题与分析角度之冲击，压力自是极大。

钱先生之以“文化精神”为核心之“特质”说，就回应“中国文化缺陷论”而言，其主要之论点，在于：一自始即生理不够健全之文化，决不能久经历史变动之考验，而依然有以持续发皇之理；故凡文化中“缺点”之存在，皆应是相对于“生理”而有之病征。病虽为生理中所可能，然受病乃因于形势，生理如能即时调适，则病不必然足以害生。于历史之过程中，认识所曾受病，虽是必需；然不应即以“病征”，说为即是生命之“本质”。过度之文化自谴，必将戕害文化之生机。

至于面对以“社会冲突”为历史变迁主因之说法，钱先生之对应，于论说上，则是将“冲突”归结于历史“偶发”之结果。钱先生并不认为经济方式之转变，对于高度文明社会，依然具有一如其在“早期人类社会发展阶段”中所位居之关键地位。高度文明社会，政治与其他文化功能之节调，具有使社会摆脱物质条件限制之更高动能。此一种“动能”上之差异，使钱先生于论述文化时，将文化区分为“物质的”、“社会的”与“精神的”三类；谓此三者，既是三阶层，亦是人文演进之三阶段。钱先生于论中，且以“战斗性”、“组织性”与“融和性”三者，作为三阶段文化达成其目的之方法特性。[48]

钱先生之以“生理”与“病理”相对立之观点，虽与“文化形态观”相近；然就此种观点之运用言，钱先生有一与史宾格勒差异颇大之不同。盖史宾格勒之“文化生命观”，乃是“个体的”。意即于其观点中，世界并无“超级”之文明，一如一切生命皆是有限的。因此“文化”，就其个体生命之主要韵律而言，最终之结局，皆必然走向衰落。[49]此种悲观论，并非简单地出自论者悲观之心理，而是就其整体观点所推导出之必然结论。[50]而于钱先生则不然。

钱先生立论之儒学基础，使其确信，“文化”虽透过历史条件发展出特定之形式，不皆属人之意志所可决定；然其真实之基础，实仍在人性。特此“人性”内涵之最大范围，系以“潜能”之方式为人所拥有。[51]故如认定人仅能于众多“特殊之形式”中，采择其一，以实践人性，且此一“形式”亦被历史所决定；[52]则人之“可能”即受限制。如史宾格勒所言。然人若能把握有效的、得以不断探寻“人性可能”之义理方法，不断充实、变化之，因而培养出真实之“智慧”；则文明之命脉，必可因智慧之导引而存续。

而正因钱先生之“文化生机论”，与史宾格勒所言，有此重要不同，故钱先生所认定存在于社会各别“功能系统”间之整体节调，若欲求其能长久绵延，必须其“生理”符合于可长、可久之理；而非可听任于所谓自然之韵律。于此意义上，人之主动之“义理作为”，实际上被放置于较诸“历史形势”所能产生之“限定作用”更高之位置。钱先生所谓“人生”、“民族”与“文化”三者一体之论说，“民族”亦仅能是“人生”与“文化”二者发展之常有形式；“人生价值”与“文化精神”，并不以“民族”之概念或其认同意识，为最先之根源。而真正表现人之主动之“义理作为”者，实际上仍是于“行为”意义上，完全独立之“个体之人”。此即是“道德意志力量”之可贵。

依此而论，钱先生论史，虽常流露明显之民族情感，然其所主张，与其将之解释为“民族主义”(nationalism)式的，毋宁应将之说为乃属于一种“道德之精英主义”(moral elitism)。依其理想，道德精英不唯应是社会之领导者，且其不断之自我反省，与自我提升，方始是人类文明真正的维护者。对于民族历史与文化之珍惜，其实即是对于能孕育产生此种道德精英之环境之重视。[53]“中国”存在之意义在此。[54]

五、钱先生“中国文化特质说”所可能具有之启示意义

综括而言，钱先生之历史观，有其重要之着眼点；且亦在其论述之中，完成一完整之历史图象。然此一历史之诠释角度，若将之放置于现今史学研究中，其重要性究竟为何？由于当前对于中国学术史、思想史，乃至中国历史上智识分子活动历史之研究，仍存在研究者观点与内容上极大之差异与争议，故讨论者难于获致共有之结论；甚至不易产生讨论时之交集。倘若中国最终“现代化”之完成，中国智识阶层并未扮演最关键之地位，或中国智识分子虽扮演重要角色，然其主要之精神特征，业已根本转换，且证明原本之精神与“现代化”之要求冲突，则现代以来，中国基于改革要求，而对中国智识分子及其思维传统所进行之批判，即在“方向上”为正确。钱先生之观点，自不能成立。然如最终之结果，中国所展现之新的文化走向，中国之义理思维，仍于中国人最深层之“文化思维”中，居于核心地位，且中国文化之发展，亦能呈显极为丰富之可能；则钱先生之观点与其论述，如前所言，亦将证明有其极值重视之价值。中国现代以来之历史研究，不能谓无偏失。

以上为就“观点”言，其状况如此。至于依历史研究中所存在之“多元方法”论，由于凡任何以“生命观”，或其他单一观点，看待历史

之增长与消退，其自身所运用之历史逻辑，必有其限制，不易兼顾历史之复杂性；尤其若其所处理之议题，涉及不同文化之比较。故对于个别之史家而言，从事宏观之文化比较，此项企图，虽常具有无比之魅力；当其面对具体之研究对象时，实必有对象上“熟悉”与“不熟悉”之差异，论断难致精审。此在一切建立宏伟“历史理论”者，皆所不免。钱先生于所著《文化学大义》一书中，曾倡议建立一种以全面的“比较文化研究”为基础之“文化学”。[55]然截至目前，由于“方法学”(methodology)上之要求，各个领域之研究，无论其设定之原始标的为何，其实际上所建立之研究规格，皆是以“可操作”之方法，为其定义方式。故文化之比较研究，仅能于有限议题之导引下进行。宏观式之文化比较研究，除若干属于学者个人意见之陈述外，尚无真正可持续大规模进行之学术方法。

盖就作为历史发展主体之“社会”言，“社会”系由分别独立之个体所组成，因此人之个体性与人之社会性，皆于“社会”之生成，扮演极为重要且复杂之角色。今日人类从事自身心理、行为与文明之研究，对于影响“人性发展”与“社会构成”之因素，究竟存在多少可辨识之项目，亦仍无法确定并予以有效掌握。故说明“因素”与“因素”间之关系，其判断，皆不免带有某种哲学角度；因而采取一种角度，即造成一种隔离之视界。故就史学界整体而言，“历史诠释”本身，必然将成为一不断寻求更广视野之过程；任何可操作之方法之价值，皆属相对的，而非绝对的。钱先生之史学，亦属如此。唯依本文此处所分析，就其主脉言，钱先生之观点，本应归属于中国儒学之价值观与其学术理念，面对新的文化挑战时之一种努力于展延其智慧与生命之发展，有其涉及“如何重新凝聚中国精神文明力量”一问题之深刻意义，且具有重要之启示价值。而钱先生最终所展示之特有之史学观点，则由于确然能提供极为重要之观察角度；不唯呈现出中国历史属于“精神层面”之一种不应忽视之内涵，且对于此种内涵之深层意义之考掘，与近代依“演化”观而形成之“中国史诠释”，观点不同。此一差异，不仅关系“人类文明”特殊的一项“历史进程”之理解，且于未来深化后之讨论中，具有开拓史家视野，促使其重新反省于世界历史中“价值观发展”之重要性。故其观点，必然将纳入统整后之中西史学，成为其中极具特色之一支。

注　释

* 本文初稿原刊《台大历史学报》第 26 期(2000 年 12 月)，页 39—62。

1 司马迁《报任少卿书》云：“亦欲以究天人之际，通古今之变，成一家之言。”(文收班固：《司马迁传》，见〔汉〕班固〔字孟坚，32—92〕撰，〔唐〕颜师古〔字籀，581—645〕注：《汉书》〔北京：中华书局，1962 年〕，第 9 册，卷六十二，页 2735；亦见〔梁〕萧统〔字德施，501—531〕编，〔唐〕李善〔？—689〕注：《文选》〔上海：上海古籍出版社，1986 年〕，第 5 册，卷四十一，页 1865)

2 荀子于《非十二子》篇，论先秦子学家言，曾有“其持之有故，其言之成理”(见荀况撰，〔清〕王先谦〔字益吾，号葵园，1842—1917〕集解，沈啸寰、王星贤点校：《荀子集解》〔北京：中华书局，2008 年六刷〕，上册，卷三，页 91)之评；“成理”即言其思想具有自身论理之系统性，而“有故”则是表明其所说明，于事理之本原，有部分之认知。

3 即本书前论《钱宾四先生所关注之时代问题与其学术取径》一文。

4 宾四师曾著《中国思想史》(台北：中华文化出版事业委员会，1952 年；台北：“国防部总政治部”，1952 年；香港，自印本，1956 年；香港：新亚书院，1962 年；台北：华冈出版公司，1971 年；台北：台湾学生书局，1977 年；台北，台湾商务印书馆，1992 年。收入钱穆撰，钱宾四先生全集编辑委员会主编：《钱宾四先生全集》〔台北：联经出版事业公司，1998 年〕，第 24 册)，书中选取之思想名家，大体皆与一般“哲学史”所择列者无异；而其所以取名“思想史”，则主要在于强调中国义理思想中有关“宇宙”与“人生”之观点，乃至其理论建构，其性质不同于西方纯思辨之“哲学”。故宾四师《序》中曾言：纵谓中国无纯正哲学，亦非苛论(同上，台湾学生书局版，页 1—10；《钱宾四先生全集》，第 24 册，页 5—14)。此意亦见于他文，其所撰《易传与小戴礼记中之宇宙论》(原刊《思想与时代》第 34 期〔1944 年 5 月〕，见钱穆：《中国学术思想史论丛》〔二〕〔台北：东大图书公司，1980 年〕，页 256—282；收入钱穆撰，钱宾四先生全集编辑委员会主编：《钱宾四先生全集》，第 18 册，分页 25—

74)，亦其中一例。至于其书立论之着眼与研究方式，虽名为“思想史”，亦与西方所谓“history of ideas”或“intellectual history”之研究法，颇有不同。

5 宾四师对于孔子“义理方法”之阐释，基本上系以“学术”与“教育”之方式加以表述。此一观察取向，可于《孔子之教与学》〔1953〕、《本论语论孔学》〔1956〕、《孔学与经史之学》〔1952〕、《孔子之史学与心学》、《孔子之心学》〔1970〕(见钱穆：《孔子与论语》〔台北：联经出版事业公司，1974 年〕，页 97—105、67—95、107—128、251—258；收入钱穆撰，钱宾四先生全集编辑委员会主编：《钱宾四先生全集》，第 4 册，分页 159—174、201—236、237—261、417—426、427—440。《孔子之心学》一文未收入联经版)诸文中，略觇其意。

6 《论语》载孔子语，有所谓“生而知之者，上也”(语出《论语·季氏》篇；参见〔宋〕朱熹〔字元晦，1130—1200〕撰：《四书章句集注·论语集注》〔北京：中华书局，2010 年十四刷〕，卷八，页 172—173)之语，此一表述，由于涉及“人性”是否具备“义理条件”上之具足，故于孔子论学之理论上，极关重要。盖所谓“生而知之”者，非不学，然其所学，特以触发其智；至于其义理之展现，则皆由其自所启发、充实之德外发，并未有先其人而存在之“至德”为之引领。德国存在主义哲学家雅斯培(Karl Theodor Jaspers，1883—1969)于编写 *Die grossen Philosophen* (München, Germany: R. Piper & Co., 1957; edited by Hannah Arendt, translated into English by Ralph Manheim, *The Great Philosophers: The Foundations*, San Diego: Harcourt, Brace, Jovanovich, 1962；中译本，〔德〕卡尔·雅斯贝尔斯撰，李雪涛主译：《大哲学家》〔北京：社会科学文献社，2005 年〕)时，曾于真正为众所公认之伟大之哲学家，如 Plato(公元前 427—前 347)、St. Augustine(354—430)、Immanuel Kant(1724—1804)之前，另举出人类历史中四位“典范性人物”(paradigmatic individuals)，即孔子、佛陀、苏格拉底(Socrates，公元前 469—前 399)与耶稣，谓系于世界历史有决定性之影响。此种说法，即是企图说明人类价值信仰与历史上少数卓越个人间之关系。

7 朱子解《论语·学而》篇“学而时习之”之“学”字云：“‘学’之为言，‘效’也。人性皆善，而觉有先后；后觉者必效先觉之所为，乃可以明善而复其初也。”(见朱熹撰：《四书章句集注·论语集注》，卷一，页 47)其重点在于强调，“学”本于“觉”，“觉”乃性之能；以此说“性本善”之旨。然无觉虽不成学，“学”之义，则仍主于“效”；“效”字乃依义理之学“应有所宗主”之义而有。至于同时之陆象山(九渊，字子静，1139—1193)，其论“道”，则较不重视义理之学之传承条件，而专主于阐明“学”之最终所得，须自性自悟，否则必非“真学”一义；故倡言“六经皆我注脚”(语见〔宋〕陆九渊撰，钟哲点校：《陆九渊集》〔北京：中华书局，2008 年二刷〕，卷三十四，《语录上》,页395);二人取舍于议题者,可谓各有偏重。

8　语出《论语・公冶长》篇;参见朱熹撰:《四书章句集注・论语集注》),卷十,页195。

9　亦即因此,钱先生虽于个别议题之选择,皆有其属于"当代"之学术认知,且于其具体之"处理"上,亦系逐一分别进行;就其个人思维之"整体性"而言,仍于其内里,具有一种属于"儒学思维"之关联。

10　有关宾四师评骘"汉、宋"及"今、古文之争"之主要意见,参见其所著《两汉经学今古文平议》(香港:新亚研究所,1958年;台北:三民书局,1971年;二刷,台北:东大图书公司,1978年。收入钱穆撰,钱宾四先生全集编辑委员会主编:《钱宾四先生全集》,第8册)与《中国近三百年学术史》(上)(下)(上海:商务印书馆,1937年;台北:台湾商务印书馆,1957年;重排本,台北:台湾商务印书馆,1995年;北京:商务印书馆,1997年。收入钱穆撰,钱宾四先生全集编辑委员会主编:《钱宾四先生全集》,第16、17册),以及本书前论《钱宾四先生所关注之时代问题与其学术取径》。

11　关于此点,宾四师实深受一人之影响,即是在其前提倡"学术史"研究之梁任公(启超,字卓如,1873—1929)。任公曾承沿其师康南海(有为,原名祖诒,字广厦,号长素,1858—1927)之"国魂"说,提出一见解,谓一国之学术即一国之精神;宾四师之观点与之近。唯任公虽欲讲明中国学术史,于其理解中,实并无一确定之属于"义理核心"之理念;此则与宾四师异。论详本书前论《钱宾四先生所关注之时代问题与其学术取径》第一题《钱先生所处之时代与当时之学术环境》。此事余英时(1930—　)先生,亦曾论及。彼于论述宾四师学术精神时,曾指出宾四师之学术路径,盖颇受任公乃至当时如《国粹学报》(1905—1911)之类言论之影响;参见所著《一生为故国招魂——敬悼钱宾四师》(收入余英时撰:《犹记风吹水上鳞》〔台北:三民书局,1991年〕,页17—29)。

12　就任何历史家言,将"历史"视为研究之客体,乃当然;然历史家并不皆时时将"历史"视为乃一极复杂、难知之对象,从而不断批判前人研究历史之观点、方法,甚至质疑人类认知历史之能力。此处所谓"非将历史视为一仍有待发掘真相之客体",即依此意论述。

13　宾四师于《中国历史精神》(印度尼西亚:雅加达《天声日报》,1952年;再版,台北:国民出版社,1954年;香港:自印本,1963年;台北:自印本,1965年;台北:台湾商务印书馆,1965年;修订本,台北:东大图书公司,1976年;台北:"国防部总政治作战部",1976年;台北:阳明山庄,1983年。收入钱穆撰,钱宾四先生全集编辑委员会主编:《钱宾四先生全集》,第29册)一讲稿中,曾引述孟子"所过者化,所存者神"(语出《孟子·尽心章句上》;参见朱熹撰:《四书章句集注·孟子集注》,卷十三,页352)一语,以说明其所主张"历史作为人存在经验"之意义(钱穆:《中国历史精神》,第一讲《史学精神和史学方法》,同上,东大版修订本,页5;《钱宾四先生全集》,第29册,分页10)。亦即于"人之存在意义"上,宾四师主张"过去"、"现在"、"未来",系由一相贯串之生命所联系,其意义与价值,亦由是而被赋予。而正因"过去"、"现在"、"未来",于人文世界同属一"化",故存在于其内里者,乃"神而莫测";此一"神而莫测"者,即是历史之精神。

14 宾四师于《中国文化史导论》(重庆:正中书局,1948年;二版,台北:正中书局,1951年;台北:"国防部总政治部",1952年;修订本,台北:台湾商务印书馆,1993年。收入钱穆撰,钱宾四先生全集编辑委员会主编:《钱宾四先生全集》,第29册)一书中,虽举言文化形成与地理环境、历史形势之关联,然最终,则以民族文化之"精神特质",为决定文化发展走向之最要因素;故谓:欲认识与评判中国历史之特殊意义与价值,必先了解中国人之人生观念与其文化精神(钱穆:《中国文化史导论》,第一章《中国文化之地理背景》,同上,台湾商务修订本,页17—20;《钱宾四先生全集》,第29册,分页19—20)。而于其他论著中,宾四师比较中、西文化之异同,将文化区别为"内倾性"与"外倾性",亦是以文化发展中,经由塑造而共同表显之"人生性格"为说;参见《文化学大义》(台北:正中书局,1952年;收入钱穆撰,钱宾四先生全集编辑委员会主编:《钱宾四先生全集》,第37册)与《中国文化与中国人》(原刊"国防研究院"《中西文化论集》〔1966年9月〕,见钱穆:《中国历史精神》,《附录一》,东大版修订本,页129—145;收入钱穆撰,钱宾四先生全集编辑委员会主编:《钱宾四先生全集》,第29册,分页161—180)一文。

15 儒学之成为"家言",因宗孔子而有;然儒术所传习,则有所谓"经艺"之学。故分辨"尊孔子"与"尊儒学",于观念上之所同与所异,必涉及于"孔子"与"六经"关系之讨论。宾四师辨"经"名之所昉始,与"经学"概念之成立,最早始于《国学概论》(上海:商务印书馆,1931年;台北:台湾商务印书馆,1956年;重排本,台北:台湾商务印书馆,1995年;北京:商务印书馆,1997年。收入钱穆撰,钱宾四先生全集编辑委员会主编:《钱宾四先生全集》,第1册)一书《孔子与六经》一章(同上,台湾商务重排本,页1—28;《钱宾四先生全集》,第1册,页1—31)。其中有关《诗》、《书》、礼、乐与《周易》部分,大体意见日后皆持守未变;而有关《春秋》一项,则有新意发挥。较详者为所撰《孔子与春秋》(原刊《东方学报》第1卷第1期〔1954年〕,收入钱穆:《两汉经学今古文平议》,东大版,页235—283;收入钱穆撰,钱宾四先生全集编辑委员会主编:《钱宾四先生全集》,第8册,页263—317)。至于宾四师分辨"儒学发展"各历史阶段之特点,则多注意其学术观念与思想架构方式之转移；尤其重视宋以后以“四书”为义理学核心之趋势。其大旨，可概见于《朱子学提纲》（单行本，台北：自印本，1971 年；台北：东大图书公司，1986 年。亦见《朱子新学案》〔一〕〔全五册，台北：自印本，1971 年；台北：三民书局，1982 年〕，收入钱穆撰，钱宾四先生全集编辑委员会主编：《钱宾四先生全集》，第 11 册）、《孔子与论语》（参注〈5〉）与《中国学术通义》（台北：台湾学生书局，1975 年；增订本，台北：台湾学生书局，1982 年。收入钱穆撰，钱宾四先生全集编辑委员会主编：《钱宾四先生全集》，第 25 册）各书。

16　宾四师考论孔子之生平、志业、思想，及其与中国学术、中国文化之关系，除专著如《论语要略》（上海：商务印书馆，1925 年；台北：台湾商务印书馆，1964 年。并见钱穆：《四书释义》〔台北：中华文化出版事业委员会，1953 年；修订再版，台北：台湾学生书局，1978 年〕，收入钱穆撰，钱宾四先生全集编辑委员会主编：《钱宾四先生全集》，第 2 册）、《先秦诸子系年》（《先秦诸子系年考辨》，上海：商务印书馆，1935 年；收入民国丛书编辑委员会编：《民国丛书》第三编〔上海：上海书店出版社，1991 年〕，第 2 册，据民国二十四年商务印书馆本影印；上海：上海书店，1992 年。改题《先秦诸子系年》，上海：商务印书馆，1937 年。修订本，香港：香港大学出版社，1956 年；台北：三民书局，1975 年；北京：中华书局，1985 年；台北：东大图书公司，1986 年。收入钱穆撰，钱宾四先生全集编辑委员会主编：《钱宾四先生全集》，第 5 册）、《论语新解》（香港：新亚研究所，1963 年；台北：自印本，1965 年；台北：东大图书公司，1988 年。收入钱穆撰，钱宾四先生全集编辑委员会主编：《钱宾四先生全集》，第 3 册）、《孔子与论语》（参注〈5〉）、《孔子传》（台北：综合月刊社，1975 年；台北：东大图书公司，1987 年。收入钱穆撰，钱宾四先生全集编辑委员会主编：《钱宾四先生全集》，第 4 册）之外，其他涉及者，尚所在多有。其尊孔子与重视《论语》，可谓无以复加。而就其所表现于类如《本论语论孔学》（原刊香港《新亚学报》2 卷 1 期〔1956 年 8 月〕，见《孔子与论语》，联经版，页 67—95；收入钱穆撰，钱宾四先生全集编辑委员会主编：《钱宾四先生全集》，第 4 册，分页 201—236）与《孔学与经史之学》（原刊香港《民主评论》3 卷 20 期〔1952 年 10 月〕，同上，联经版，页 107—128；《钱宾四先生全集》，第 4 册，分页 237—261）诸文者观之，宾四师之视“孔学”与历史上承衍、发展之“儒学”，实有可辨之分际。宾四师晚岁应台湾孔孟学会之邀，撰写有关孔子之传记，乃后因书中所疑辨于孔子赞《易》之事，与审议者不合，遂取回原稿，另行出版（事详钱穆：《孔子传》，再版《序》，分页 1—3；收入钱穆撰，钱宾四先生全集编辑委员会主编：《钱宾四先生全集》，第 4 册，分页 15—17；及《全集》版〈出版说明〉）。此事亦可显示：宾四师此一生平主张，实始终未变。

17 宾四师曾谓所谓“历史精神”,即指导历史不断向前之精神;亦即“领导精神”。论详所撰《民族与文化》,讲辞之部,第三篇《中国历史演进与文化传统》,第一章《历史的领导精神》(台北:“国防研究院”,1959 年;香港:自印本,1960 年;台北:联合出版中心,1960 年;台北:阳明山庄,1960 年;台北:三民书局,1969 年;台北:黎明文化出版社,1981 年;增订本,台北:东大图书公司,1989 年),东大版增订本,页 116;收入钱穆撰,钱宾四先生全集编辑委员会主编:《钱宾四先生全集》,第 37 册,分页 108。

18 宾四师曾谓中国人一向对于“民族”一观念,所偏重乃在文化上,与西方之“民族”观不同。论详所撰《民族与文化》,讲辞之部,第二篇《中华民族之成长与发展》,第一章《中华民族之本质》,同前注,东大版增订本,页 77—78;《钱宾四先生全集》,第 37 册,分页 67—68。

19 宾四师《国史大纲》(上)(下)(上海:商务印书馆,1940 年;重庆:商务印书馆,1943 年;上海:国立编译馆,1944 年。台北:“国立编译馆”,1952 年;香港:自印本,1955 年。收入民国丛书编辑委员会编:《民国丛书》第一编〔上海:上海书店出版社,1989 年〕,第 75 册,据民国三十七年商务印书馆本影印。修订本,台北:台湾商务印书馆,1974 年;修订本二刷,香港:商务印书馆,1994 年。收入钱穆撰,钱宾四先生全集编辑委员会主编:《钱宾四先生全集》,第 27、28 册)序言中曾有一语,谓读其书者,应备四大信念,其中一项即:对于本国之历史,国民除求知之外,亦应由有所知而产生一番“温情与敬意”(同上,台湾商务版,上册,分页 1;《钱宾四先生全集》,第 27 册,页 19)。宾四师此语,自是带有明显之“爱护民族与国家”之情感。然宾四师此一爱护中国之情感,乃源自一文化情感,而非族群意识。

20 即如佛教,原本为出世性宗教,然清末民初以来一种新式之佛教史之说法,则以为佛教之于中国发展,亦形成一种具有中国文化特色之“中国的佛教”;宾四师大体亦同意此项说法。宾四师且谓唐代之天台、华严、禅宗三宗,实际业已中国化;已有中国传统人文精神之羼入。语见其所撰《民族与文化》,讲义之部,下篇《中国历史演进与文化传统》,第五章《中国文化本质及其特征》(东大版增订本,页 46;收入钱穆撰,钱宾四先生全集编辑委员会主编:《钱宾四先生全集》,第 37 册,分页 39)及《中国思想史》,《二五、南北朝隋唐之佛学》(台湾学生书局版,页 147—150;收入钱穆撰,钱宾四先生全集编辑委员会主编:《钱宾四先生全集》,第 24 册,分页 140—143)。至于其所撰《佛教之中国化》、《佛学传入对于中国思想界之影响》(见钱穆:《中国学术思想史论丛》〔三〕,收入钱穆撰,钱宾四先生全集编辑委员会主编:《钱宾四先生全集》,第 19 册,分页 391—410、411—423)二文,则对于台、贤、禅、净四大宗派之所谓“佛教之中国化”,更有一属于自己之定义方式。且直至宾四师之晚年，此意见亦仍执持未变；说详所撰《双溪独语》，《篇十六》（台北：台湾学生书局，1981 年，页 171—180；收入钱穆撰，钱宾四先生全集编辑委员会主编：《钱宾四先生全集》，第 47 册，页 297—310）至于此处所述此一新的佛教史之说法之来历，及相关讨论，参见本书前论《钱宾四先生所关注之时代问题与其学术取径》之第四题《钱先生之学术观念及其所显示之学术史意义》。

21 所谓“乐观”之信念，系认为现世之理想为人所可能，且确信其终究可以达成。雅斯培于所著 *Vom Ursprung und Ziel der Geschichte*（Zürich, Swiss: Artemis Verlag, 1949; translated into English by Michael Bullock, *The Origin and Goal of History*, New Haven: Yale University Press, 1953；中译本，〔德〕卡尔·雅斯贝斯撰，魏楚熊、俞新天译：《历史的起源与目标》〔北京：华夏出版社，1989 年〕）一书中，认为彼所指言之“轴心时期（Axial Period）”（公元前八百至前二百年），世界若干主要文明区域，包括中国、印度及所谓“西方”（Iran, Palestine, Greece），皆同时产生一种重要之价值观念之提升。其中属于“宗教”之两支，若依约翰·希克（John Hick, 1922—2012）于宗教学上之区分以为诠释，则可谓：倘依其肯定宇宙终极之善而论，虽仍是“乐观的”，就其否定“世界”而言，则不得不谓是“悲观的”（关于希克之说，参见 John Hick, *An Interpretation of Religion: Human Responses to the Transcendent*, London, UK: MacMillan, 1989；中译本，〔英〕约翰·希克撰，王志成译：《宗教之解释》〔成都：四川人民出版社，1998 年〕，页 33—38、67—69）。此一悲观精神，使人超越“功利目的”之追求，从而真正认识及于“永恒价值”。其精神，可谓与轴心时期之前，古代宗教之常为“乐观”者迥异。唯就中国学术核心之信念观之，中国先秦之“子学”，儒、墨，甚至道家，其价值理念，皆既是永恒的，亦是现世的。而其乐观之态度，则来自一种长远之历史观点；不唯与雅斯培所说伦理性宗教之状况有别，与希腊哲学，亦有若干不同。

22 宾四师平素行文、言谈较少使用西方“理性”（reason）一词。彼于涉及“知识”与“实践”之议题时，曾谓：中国人之哲学精神，即其“求知”精神；中国人之“求道”精神，盖近于西方实事求是之科学精神（语见钱穆：《民族与文化》，讲义之部，下篇《中国历史演进与文化传统》，第六章《中国的哲学道德与政治思想》，东大版增订本，页 54；收入钱穆撰，钱宾四先生全集编辑委员会主编：《钱宾四先生全集》，第 37 册，分页 45—46）。此二语，不唯不与西方分析“理性”时之说法相当；且以“实事求是”为“科学精神”，亦明显乃是牵于时论而为之谈。然若就其实然之本旨推求，其以中国人求知，乃以“哲学精神”为之，而中国人之“科学精神”，则表现于求道，亦必有所指。其意指，当在强调中国人于“求知”、“求道”时，所同有之一种“务实性”。

23　关于此点，宾四师将之说为乃是一种儒家之“尽性主义”；论详所撰《儒家之性善论与其尽性主义》（原刊上海《新中华月刊》1 卷 7 期〔1933 年 4 月〕，见钱穆：《中国学术思想史论丛》〔二〕，东大版，页 242；收入钱穆撰，钱宾四先生全集编辑委员会主编：《钱宾四先生全集》，第 18 册，分页 2）。

24　关于中国历史上“宏伟国家”与“和谐社会”之缔造，宾四师之论，说详所著《国史新论》（香港：自印本，1955 年；台北：自印本，1955 年；台北：三民书局，1969 年；台北：东大图书公司，1981 年；增订本，台北：东大图书公司，1989 年。收入钱穆撰，钱宾四先生全集编辑委员会主编：《钱宾四先生全集》，第 30 册）所撰各文。

25　关于中国“哲学”与“道德”之特色，宾四师之说，论详所撰《民族与文化》，讲义之部，下篇《中国历史演进与文化传统》，第六章《中国的哲学道德与政治思想》，东大版增订本，页 51—62；收入钱穆撰，钱宾四先生全集编辑委员会主编：《钱宾四先生全集》，第 37 册，分页 43—52。

26　宾四师晚年曾应香港中文大学新亚书院之请，担任“钱宾四先生学术讲座”首次讲演者，讲题为“从中国历史来看中国民族性及中国文化”。宾四师自谓此题乃其最近三十年向学之总纲，且于其中第二讲《中国人的性格》中，提出有关“分别性”与“和合性”如何表现于“民族特性”之论述，以之作为阐述中、西文化不同之重心（钱穆：《从中国历史来看中国民族性及中国文化》〔台北：联经出版事业公司，1979 年；香港：中文大学出版社，1979 年〕，页 21—45；收入钱穆撰，钱宾四先生全集编辑委员会主编：《钱宾四先生全集》，第 40 册，分页 23—50）。

27　宾四师对于中国社会历史特性之分析，除以“士”、“农”、“工”、“商”之四民社会，为其常态结构（论参所著《中国社会演变》、《再论中国社会演变》〔见《国史新论》，东大版增订本，页 1—35、37—55；收入钱穆撰，钱宾四先生全集编辑委员会主编：《钱宾四先生全集》，第 30 册，页 1—42、43—65〕，及《民族与文化》一书中《中国社会之结构》一章〔东大版增订本，页 13—20；收入钱穆撰，钱宾四先生全集编辑委员会主编：《钱宾四先生全集》，第 37 册，页 9—15〕）外，亦曾将其性质，总括描绘为一“士中心社会”。且依各时期“士”之动态，将中国历史之社会分期，区分为“封建社会”、“游士社会”、“郎吏社会”、“门第社会”、“科举社会”；说见所撰《中国历史上社会的时代划分》（一九五五年于日本东京大学之讲辞，原刊日本《东方学》第十二辑〔1956 年 6 月〕，一九五八年转载于香港《人生》杂志，5 卷 3 期；亦见《全集》版《国史新论》〔收入钱穆撰，钱宾四先生全集编辑委员会主编：《钱宾四先生全集》，第 30 册，页 67—77〕）一文。此说与一般社会史之分期法，无论着眼点与建立之基础，皆甚为不同。

28　参见钱穆：《国史大纲》，《引论》，台湾商务修订本，分页 1—34；收入钱穆撰，钱宾四先生全集编辑委员会主编：《钱宾四先生全集》，第27册，分页21—59。

29　宾四师有关“文学史”之论述，表现其观点较为完整者，为《中国文学史概观》（原刊《中华日报》〔1977年12月9—11日〕，收入《中国文学论丛》〔增订本，台北：东大图书公司，1983年〕，页47—64；收入钱穆撰，钱宾四先生全集编辑委员会主编：《钱宾四先生全集》，第45册，页55—75）一文。

30　宾四师有关“美学”议题方面之专论较少；涉及画论者，唯《理学与艺术》（原刊台北《“国立”故宫博物院图书季刊》7卷4期〔1973年夏季〕，收入《中国学术思想史论丛》〔六〕〔台北：东大图书公司，1978年〕，页212—236；收入钱穆撰，钱宾四先生全集编辑委员会主编：《钱宾四先生全集》，第20册，分页279—312）一文。文中强调艺术自人生流出，故应贵从人生看艺术，亦应贵自艺术观人生。文化、时代不同，艺术之发展斯亦有别。中国后代社会之变，最要在宋代；艺术之变亦与之相应。中国之绘画，由汉至明约分四期，其间唯唐以迄五代之禅学期，与宋、元、明之理学期，始达至“人生”与“艺境”之合一。禅学时代之画境贵“无我”，而理学时代之画主“有我”，为其分野之大较。

31　宾四师论“戏曲”语，除与他类文学合论者之外，另有《中国京剧中之文学意味》一文（见钱穆：《中国文学论丛》，东大版增订本，页167—175；收入钱穆撰，钱宾四先生全集编辑委员会主编：《钱宾四先生全集》，第45册，页199—220）。

32　宾四师曾定义“文化”一词为：“时空凝合的某一大群的生活之各部门、各方面的整一全体。”（见钱穆：《文化学大义》，《二、文化学是什么一种学问》，正中书局版，页4；收入钱穆撰，钱宾四先生全集编辑委员会主编：《钱宾四先生全集》，第37册，分页6）然此实一宽泛之定义方式，其作用仅在设定“文化研究”之普遍范围；若要鉴别一种“文化诠释”之内涵，则明显不足。故此处之分析，并未全然遵照宾四师本人之定义。

33　宾四师此一历史观点，曾清楚表达于其《国史大纲》，《引论》（同注〈28〉）中。唯宾四师亦非谓历史之演进，全无相似之处；参见本书后论《论钱宾四先生研究历史之角度与其建构史观之过程及方式》第二题《钱先生有关历史发展之“主体性建构”之设论与其当代意义》。

34　宾四师之主张历史有一不断指导其向前之“精神”，如注〈17〉所指言之“领导精神”，即是不认为历史中所存在之“偶然性”，其作用大于人类文化所可凝聚之精神力量。

35　此处释意，使用“人文理性”一词，虽无精确之定义，然观点在于强调此一理性之关切核心，乃环绕于人类之福祉，与其精神之充实。

36　宾四师曾谓中国古人不仅无鲜明之民族观，亦无鲜明之国家观；说见钱穆：《民族与文化》，讲义之部，上篇《中华民族之成长与发展》，第一章《中华民族之本质》，东大版增订本，页 8；收入钱穆撰，钱宾四先生全集编辑委员会主编：《钱宾四先生全集》，第 37 册，分页 5。

37 参阅《民族与文化》(同前注，东大版增订本，分页 1；《钱宾四先生全集》，第 37 册，分页 9）及其内文之说明。

38 雅斯培于前注〈21〉所叙及之《历史的起源与目标》一书中，虽曾谓"轴心时期"中国、印度与西方，皆同时产生于人类历史有决定性影响之伟大的思想运动，并于文化路径上"典型底重现"其整体之特征；然在其讨论"历史的统一"之时，却强调在文化并列之"个别统一"间，并不存在"统一"之普遍性。故谓"统一"仅能是历史之目标，而非事实（Karl Jaspers, *The Origin and Goal of History*, Part 3, ch. 3, pp. 255—265；中译本，卡尔・雅斯贝斯撰，魏楚熊、俞新天译：《历史的起源与目标》，页 293—305）。雅斯培此一论述，倘具意义，则显示人之义理性创造，至少于真实义之"普同价值"建立之前，皆与其语言、观念之使用，有极紧密之关联。

39 中国"早期国家"(early state)之形成与其社会结构，可依世界史之共同标准加以诠释；且此项诠释，已完全改变中国人对于中国古史原本之理解。此事无可争议。中国现代以来面对西方势力之冲击，其历史发展之主要走向为"现代化"(modernization)之进行，此亦甚为明显。以西方世界史之标准，企图为中国历史之社会演进，作出分期，最大之困难，在于如何说明中国之"中古史"。马克思主义学者，将中国历史，自秦汉以下以至于清代之某一时间点，皆说为"封建制时期"；此种借"变型"说，而增扩之解释方法，必将使"封建社会"一词，发生基本定义上之混淆，难于持续。

40 中国于"现代化"之过程中，虽出现强烈之文化自我批判，与剧烈之改革行动，实则于其纷杂之现象背后，集体之"文化意识"，与经由长期发展所造就之"社会特性"，仍扮演极为重要之角色。此一点，即就对中国了解仍属有限之西方学者而言，亦已觉察。如美国政治学者白鲁恂(Lucian Pye, 1921—2008)，于所著 *The Spirit of Chinese Politics: A Psychocultural Study of the Authority Crisis in Political Development* (Cambridge Massachusetts/London: The MIT Press, 1968; new edition, Cambridge Massachusetts: Harvard University Press, 1992)一书中，即企图以"政治心理学"(political psychology)之角度，说明中国现代政治现象之成因。其研究视野之广度与观察深度，虽因专业议题之选择，无法开展；然其以非中国人之立场，注意及于中国人之集体心理反应，与行为特征，则可提示研究者，政治改革之理念，与贯彻理念之行为心理，非属一事。研究者于研究时，应将影响之因素，一一区隔。至于以研究开发中国家"现代化"著称之杭亭顿（Samuel

Huntington, 1927—2008), 于其近作 *The Clash of Civilizations and the Remaking of World Order* (New York, NY: Simon & Schuster, 1996;中译本,〔美〕杭亭顿撰,黄裕美译:《文明冲突与世界秩序的重建》〔台北:联经出版事业公司,1997年〕)中,则更认为中国于“现代化”之过程中及其后,实际上仍将继续保持其固有之主要价值观点,且此项价值信仰,将成为未来与西方价值观相冲突之因素。其论中分析“后冷战时代”世界多元化之趋势,注意及于各国政治背后社会价值观点及文化心理之差异,值得重视(详该书第四部《文明的冲突》,中译本,杭亭顿撰,黄裕美译:《文明冲突与世界秩序的重建》,页247—417)。然杭亭顿于描述此种差异时,未能明显区分“价值系统”呈显于“思想”、“社会”及“政治作为”三种不同层次之差异,因而于“政治冲突”与“文明冲突”二者间之关联,有过当之推论,则为一失。

41　余前著《钱穆》一书(即本书前论《钱宾四先生所关注之时代问题与其学术取径》),曾特举宾四师《崔东壁遗书序》(见〔清〕崔述撰,顾颉刚点校:《崔东壁遗书》,台北:河洛图书出版社,1975年,据亚东图书馆1936年排印本影印。收入钱穆:《中国学术思想史论丛》〔八〕〔台北:东大图书公司,1980年〕,页283—294;收入钱穆撰,钱宾四先生全集编辑委员会主编:《钱宾四先生全集》,第22册,页431—444)一文,阐释宾四师如何于《序》中,区别“历史真相”与“后人关于历史之想象”为二,强调“历史想象”实于塑造智识分子“文化性格”一事上,产生影响。宾四师此一论点,对于理解“儒学”之性质与其发展,极具重要性。

42　宾四师《现代中国学术论衡》(台北:东大图书公司,1984年;长沙:岳麓书社,1986年。收入钱穆撰,钱宾四先生全集编辑委员会主编:《钱宾四先生全集》,第25册)一书,衡论中国现代学术,曾主张中西、新旧学术,有其异,亦有其同,倘加比较,可以评得失,亦可以求会同。书中且举“宗教”、“哲学”、“科学”、“心理学”、“史学”、“考古学”、“教育学”、“政治学”、“社会学”、“文学”、“艺术”、“音乐”等十二项为例言之(见《现代中国学术论衡·序》,同上,东大版,页1—5;《钱宾四先生全集》,第25册,分页5—10),可以代表其大体之意见。

43　马克思(Karl Heinrich Marx,1818—1883)对于资本主义社会未来结果之推断,即是近代一极为显著之例。然马克思本人对于历史之一种“定论主义”式之信仰,其分析历史时所提出之观点、议题,乃至联系历史现象间相互关系之陈述,仍持续刺激学者之思维,成为近代史学重要来源之一。

44　史宾格勒于所著《西方之没落:世界史之形态学大纲》(*Der Untergang des Abendlandes: Umrisse einer Morphologie der Weltgeschichte* 〔1918—1922〕; authorized English translation with notes by Charles Francis Atkinson 〔1880—

1960〕, *The Decline of the West: Outline of a Morphology of World History*, 2 vols., New York, NY: Alfred A. Knopf Inc., 1932;中译本,史宾格勒撰,陈晓林〔1949— 〕译:《西方的没落》〔台北:远流出版公司,2000年二版三刷〕,据1962年单册节本译)一书中,所表现之"文化形态史观",为一种史学之"生机论"(vitalism);其论与宾四师之说相契合之一点,在于史宾格勒讨论文化之生成,系以文化之整体的"价值理念"与"机能形态"为核心,而此点,亦为宾四师所强调。唯此书翻译为中文极迟,宾四师仅由他人引述得知其部分梗概,故文中偶一提及,所论不多。而宾四师所受于史宾格勒之影响,主要之观点有二:一在史宾格勒有关"民族"、"文化"与"历史"三者之"形态学联系";一在具体之将文化分为"农业文化形态"、"游牧文化形态"与"商业文化形态",并主张近代之"商业文化形态",与过往之"游牧文化形态",有其相近之处(参见钱穆:《文化学大义》,《七、文化的衰老与新生》,正中书局版,页65—67、70;收入钱穆撰,钱宾四先生全集编辑委员会主编:《钱宾四先生全集》,第37册,分页77—79、83)。

45 于史宾格勒所描绘之"有机逻辑"(organic logic)中,生命扩张后所产生之耗竭与僵化,其根源来自彼所谓生命"灵魂"之自身;亦即其书中所言:"灵魂乃其自身广延之补充物"(The soul is the complement of its extension.)(Oswald Spengler, *The Decline of the West: Outline of a Morphology of World History*, ch. 1, p. 37;中译本,史宾格勒撰,陈晓林译:《西方的没落》,页78。唯所引英译译文微误)。故亦可谓,于其分析中,文化之"生理的"与"病理的"之过程,实是同时并进。

46 夏穗卿(曾佑,1862—1924)之《中国古代史》(上海:商务印书馆,1933年;收入民国丛书编辑委员会编:《民国丛书》第二编〔上海:上海书店出版社,1990年〕,第73册,据民国二十四年商务印书馆本影印),可以为此一种史论趋势之先期代表。

47 陈寅恪(1890—1969)于当时学界争论"上古史"与"秦汉史"之际,肆其力于隋唐政治史之研究,除展现一种新的研究方法外,另一层隐含之用意,即是表明历史之演进,有其与时变化之条件,并非以一种概念式之"文化特性"说,即可释明。唯对于"民族文化"是否亦在整体之"历史变化"中,有其延续之某些属于精神或形态之特征,其成因为何,陈氏则未深论。

48 详钱穆:《文化学大义》,《三、文化的三阶层》,正中书局版,页7—23;收入钱穆撰,钱宾四先生全集编辑委员会主编:《钱宾四先生全集》,第37册,分页11—28。

49 宾四师曾谓当时颇有学者因于史宾格勒之文化理论,主张中国实已经历数次循环,非同一文化之延续者,然此实未掌握中国文化内里之真精神与真面目。论详所著《文化学大义》,《七、文化的衰老与新生》,同前注,正中书局版,页65—81;《钱宾四先生全集》,第37册,分页77—95。

50 史宾格勒于书中，讨论世界历史于其“展现形式”之外，是否亦于文化之内里，存在一“生命之历程”时，称此项历史逻辑所衍绎者，为“历史人性之形上结构”（a metaphysical structure of historic humanity）（Oswald Spengler, *The Decline of the West: Outline of a Morphology of World History*, ch. 1, pp. 3—4；中译本，史宾格勒撰，陈晓林译：《西方的没落》，页 37—39）。

51 宾四师曾以人所禀赋之“本质”与“可能”，诠释“性”字；论详《中国思想通俗讲话》，第二讲《性命》（香港：自印本，1955 年；台北：自印本，1956 年；增订本，台北：东大图书公司，1990 年。东大版增订本，页 25—47；收入钱穆撰，钱宾四先生全集编辑委员会主编：《钱宾四先生全集》，第 24 册，分页 27—52）一题。

52 史宾格勒曾以“每一文化皆有属于自身之数学”一语，用以说明个体文化之“有机历史”中，所存在之“形式世界”（form-world）。而其否定有“单一数学”存在之譬喻，则是显示，于其观念中，生命之于众多“可能的形式”之中实践其一，而将“生成变化之过程”（becoming），实现为“已生成者”（the become）之时，个体文化“由盛而衰”之宿命，即不可避免（Oswald Spengler, *The Decline of the West: Outline of a Morphology of World History*, ch. 1, 2, pp. 3—90；中译本，史宾格勒撰，陈晓林译：《西方的没落》，页 37—145）。

53 宾四师此一观点，若以儒学之语言言之，即是“道”有能然，“理”有必然。“能然”者，人能弘道，非道弘人；“必然”者，顺之则得吉，逆之则得凶。中国历史绵延不绝，必有得乎理势所宜然者；而其所以能然，则亦必有得乎人性之真切处。故中国历史之应予理解，与中国文化之值得保存，对于儒家“道学价值”之信仰者而言，其事与单纯地基于民族情感而爱护其历史者，固有所不同。此一看待“中国”与“中国文化”之态度，与清初顾亭林（炎武，字宁人，1613—1682）、黄梨洲（宗羲，字太冲，1610—1695）、王船山（夫之，字而农，号姜斋，1619—1692）等人重视“道统”存续，因而重视“中国”之存在，颇有义理上相通之处。

54 宾四师对于文明历史之看法，大体而言，仍是维持清末、民国初年中国学界所通行之中国、印度、西方“三大系统”之说。其中印度之世界影响，仅偏于某儿方面，故宾四师之文化比较，仅在“类型”之意义上，以三者并比（详钱穆：《文化学大义》，《五、文化七要素》，正中书局版，页 51—52；收入钱穆撰，钱宾四先生全集编辑委员会主编：《钱宾四先生全集》，第 37 册，分页 61—62）；有时则另加“回教文化”一型（如《世界文化之新生》〔原刊香港《民主评论》2 卷 4 期，1950 年 8 月，收入《文化学大义》，《附录一》，同上，正中书局版，页 95—96；《钱宾四先生全集》，第 37 册，分页 113—114〕一文）。余则常以“中国”与“西方”相对为言。

55 参见钱穆：《文化学大义》，《一、为什么要讲文化学》、《二、文化学是什么一种学问》,正中书局版,页1—6;收入钱穆撰,钱宾四先生全集编辑委员会主编:《钱宾四先生全集》,第37册,分页1—9。

参考书目

卡尔·雅斯贝斯撰,魏楚熊、俞新天译:《历史的起源与目标》,北京:华夏出版社,1989年。

卡尔·雅斯贝尔斯撰,李雪涛主译:《大哲学家》,北京:社会科学文献社,2005年。

史宾格勒撰,陈晓林译:《西方的没落》,台北:远流出版公司,2000年二版三刷,据1962年单册节本译。

朱熹:《四书章句集注》,北京:中华书局,2010年十四刷。

余英时:《一生为故国招魂——敬悼钱宾四师》,收入余英时撰:《犹记风吹水上鳞》,台北:三民书局,1991年。

杭亭顿撰,黄裕美译:《文明冲突与世界秩序的重建》,台北:联经出版事业公司,1997年。

约翰·希克撰,王志成译:《宗教之解释》,成都:四川人民出版社,1998年。

夏曾佑:《中国古代史》,上海:商务印书馆,1933年。收入《民国丛书》第二编,上海:上海书店出版社,1990年,第73册,据民国二十四年商务印书馆本影印。

班固:《司马迁传》,见班固撰,颜师古注:《汉书》,北京:中华书局,1962年,第9册。

荀况撰,王先谦集解,沈啸寰、王星贤点校:《荀子集解》,北京:中华书局,2008年六刷,上册。

陆九渊撰,钟哲点校:《陆九渊集》,北京:中华书局,2008年二刷。

萧统编,李善注:《文选》,上海:上海古籍出版社,1986年,第5册。

钱穆:《论语要略》,上海:商务印书馆,1925年;台北:台湾商务印书馆,1964年。

——:《国学概论》,上海:商务印书馆,1931年;台北:台湾商务印书馆,1956年;重排本,台北:台湾商务印书馆,1995年;北京:商务印书馆,1997年。收入钱穆撰,钱宾四先生全集编辑委员会主编:《钱宾四先生全集》,第1册。

——:《先秦诸子系年考辨》,上海:商务印书馆,1935年。收入《民国丛书》第三编,上海:上海书店出版社,1991年,第2册,据民国二十四年商务印书馆本影印。上海:上海书店,1992年。

——:《中国近三百年学术史》(上)(下),上海:商务印书馆,1937年;台北:台湾商务印书馆,1957年。重排本,台北:台湾商务印书馆,1995年;北京:商务印书馆,1997年。收入钱穆撰,钱宾四先生全集编辑委员会主编:《钱宾四先生全集》,第

16、17册。

——:《国史大纲》(上)(下),上海:商务印书馆,1940年;重庆:商务印书馆,1943年;上海:国立编译馆,1944年。台北:"国立编译馆",1952年;香港:自印本,1955年。收入《民国丛书》第一编,上海:上海书店出版社,1989年,第75册,据民国三十七年商务印书馆本影印。修订本,台北:台湾商务印书馆,1974年;修订本二刷,香港:商务印书馆,1994年。收入钱穆撰,钱宾四先生全集编辑委员会主编:《钱宾四先生全集》,第27、28册。

——:《中国文化史导论》,重庆:正中书局,1948年;二版,台北:正中书局,1951年;台北:"国防部总政治部",1952年;修订本,台北:台湾商务印书馆,1993年。收入钱穆撰,钱宾四先生全集编辑委员会主编:《钱宾四先生全集》,第29册。

——:《国史新论》,香港:自印本,1955年;台北:自印本,1955年;台北:三民书局,1969年;台北:东大图书公司,1981年;增订本,台北:东大图书公司,1989年。收入钱穆撰,钱宾四先生全集编辑委员会主编:《钱宾四先生全集》,第30册。

——:《文化学大义》,台北:正中书局,1952年。收入钱穆撰,钱宾四先生全集编辑委员会主编:《钱宾四先生全集》,第37册。

——:《中国历史精神》,印度尼西亚:雅加达《天声日报》,1952年;再版,台北:国民出版社,1954年;香港:自印本,1963年;台北:自印本,1965年;台北:台湾商务印书馆,1965年。修订本,台北:东大图书公司,1976年;台北:"国防部总政治作战部",1976年;台北:阳明山庄,1983年。收入钱穆撰,钱宾四先生全集编辑委员会主编:《钱宾四先生全集》,第29册。

——:《中国思想史》,台北:中华文化出版事业委员会,1952年;台北:"国防部总政治部",1952年;香港,自印本,1956年;香港:新亚书院,1962年;台北:华冈出版公司,1971年;台北:台湾学生书局,1977年;台北,台湾商务印书馆,1992年。收入钱穆撰,钱宾四先生全集编辑委员会主编:《钱宾四先生全集》,第24册。

——:《四书释义》,台北:中华文化出版事业委员会,1953年;修订再版,台北:台湾学生书局,1978年。收入钱穆撰,钱宾四先生全集编辑委员会主编:《钱宾四先生全集》,第2册。

——:《中国思想通俗讲话》,香港:自印本,1955年;台北:自印本,1956年;增订本,台北:东大图书公司,1990年。收入钱穆撰,钱宾四先生全集编辑委员会主编:《钱宾四先生全集》,第24册。

——:《先秦诸子系年》,上海:商务印书馆,1937年;修订本,香港:香港大学出版社,1956年;台北:三民书局,1975年;北京:中华书局,1985年;台北:东大图书公司,1986年。收入钱穆撰,钱宾四先生全集编辑委员会主编:《钱宾四先生全集》,

台北：联经出版事业公司，1998年，第5册。
——：《两汉经学今古文平议》，香港：新亚研究所，1958年；台北：三民书局，1971年；二刷，台北：东大图书公司，1978年。收入钱穆撰，钱宾四先生全集编辑委员会主编：《钱宾四先生全集》，第8册。
——：《民族与文化》，台北："国防研究院"，1959年；香港：自印本，1960年；台北：联合出版中心，1960年；台北：阳明山庄，1960年；台北：三民书局，1969年；台北：黎明文化出版社，1981年；增订本，台北：东大图书公司，1989年。收入钱穆撰，钱宾四先生全集编辑委员会主编：《钱宾四先生全集》，第37册。
——：《论语新解》，香港：新亚研究所，1963年；台北：自印本，1965年；台北：东大图书公司，1988年。收入钱穆撰，钱宾四先生全集编辑委员会主编：《钱宾四先生全集》，第3册。
——：《朱子学提纲》(单行本)，台北：三民书局，1971年；台北：三民书局，1986年。亦见钱穆：《朱子新学案》〔一〕(全五册，台北：自印本，1971年；台北：三民书局，1982年)；收入钱穆撰，钱宾四先生全集编辑委员会主编：《钱宾四先生全集》，第11册。
——：《孔子与论语》，台北：联经出版事业公司，1974年。收入钱穆撰，钱宾四先生全集编辑委员会主编：《钱宾四先生全集》，第4册。
——：《孔子传》，台北：综合月刊社，1975年；台北：东大图书公司，1987年。收入钱穆撰，钱宾四先生全集编辑委员会主编：《钱宾四先生全集》，第4册。
——：《中国学术通义》，台北：台湾学生书局，1975年；增订本，台北：台湾学生书局，1982年。收入钱穆撰，钱宾四先生全集编辑委员会主编：《钱宾四先生全集》，第25册。
——：《从中国历史来看中国民族性及中国文化》，台北：联经出版事业公司，1979年；香港：中文大学出版社，1979年。收入钱穆撰，钱宾四先生全集编辑委员会主编：《钱宾四先生全集》，第40册。
——：《双溪独语》，台北：台湾学生书局，1981年。收入钱穆撰，钱宾四先生全集编辑委员会主编：《钱宾四先生全集》，第47册。
——：《现代中国学术论衡》，台北：东大图书公司，1984年；长沙：岳麓书社，1986年。收入钱穆撰，钱宾四先生全集编辑委员会主编：《钱宾四先生全集》，第25册。
——：《儒家之性善论与其尽性主义》，原刊上海《新中华月刊》1卷7期，1933年4月。见钱穆：《中国学术思想史论丛》〔二〕，台北：东大图书公司，1980年，页241—255。收入钱穆撰，钱宾四先生全集编辑委员会主编：《钱宾四先生全集》，第18册，分页1—18。

——:《崔东壁遗书序》,见崔述撰,顾颉刚点校:《崔东壁遗书》,台北:河洛图书出版社,1975年,据亚东图书馆1936年排印本影印。

——:《崔东壁遗书序》,见钱穆:《中国学术思想史论丛》〔八〕,台北:东大图书公司,1980年,页283—294。收入钱穆撰,钱宾四先生全集编辑委员会主编:《钱宾四先生全集》,第22册,页431—444。

——:《易传与小戴礼记中之宇宙论》,原刊《思想与时代》第34期,1944年5月。见钱穆:《中国学术思想史论丛》〔二〕,东大版,页256—282。收入钱穆撰,钱宾四先生全集编辑委员会主编:《钱宾四先生全集》,第18册,分页25—74。

——:《佛教之中国化》、《佛学传入对于中国思想界之影响》,见钱穆:《中国学术思想史论丛》〔三〕。收入钱穆撰,钱宾四先生全集编辑委员会主编:《钱宾四先生全集》,第19册,分页391—410、411—423。

——:《世界文化之新生》,原刊香港《民主评论》2卷4期,1950年8月。见钱穆:《文化学大义》,《附录一》,正中书局版,页85—105。收入钱穆撰,钱宾四先生全集编辑委员会主编:《钱宾四先生全集》,第37册,分页101—124。

——:《中国社会演变》、《再论中国社会演变》,见《国史新论》,东大版增订本,页1—35、37—55。收入钱穆撰,钱宾四先生全集编辑委员会主编:《钱宾四先生全集》,第30册,页1—42、43—65。

——:《孔学与经史之学》,原刊香港《民主评论》3卷20期,1952年10月。见钱穆:《孔子与论语》,联经版,页107—128。收入钱穆撰,钱宾四先生全集编辑委员会主编:《钱宾四先生全集》,第4册,分页237—261。

——:《孔子之教与学》、《孔子之史学与心学》、《孔子之心学》,见钱穆:《孔子与论语》,联经版,页97—105、251—258。收入钱穆撰,钱宾四先生全集编辑委员会主编:《钱宾四先生全集》,第4册,分页159—174、417—426、427—440。《孔子之心学》一文未收入联经版。

——:《孔子与春秋》,原刊《东方学报》第1卷第1期,1954年。见钱穆:《两汉经学今古文平议》,东大版,页235—283。收入钱穆撰,钱宾四先生全集编辑委员会主编:《钱宾四先生全集》,第8册,页263—317。

——:《中国历史上社会的时代划分》,原刊《东方学》第十二辑(日本,1956年6月);香港《人生》杂志,5卷3期(香港,1958年)。见钱穆:《国史新论》,收入钱穆撰,钱宾四先生全集编辑委员会主编:《钱宾四先生全集》,第30册,页67—77。

——:《本论语论孔学》,原刊香港《新亚学报》2卷1期,1956年8月。见钱穆:《孔子与论语》,联经版,页67—95。收入钱穆撰,钱宾四先生全集编辑委员会主编:《钱宾四先生全集》,第4册,分页201—236。

——:《中国文化与中国人》,原刊“国防研究院”《中西文化论集》,1966 年 9 月。见钱穆:《中国历史精神》,《附录一》,东大版修订本,页 129—145。收入钱穆撰,钱宾四先生全集编辑委员会主编:《钱宾四先生全集》,第 29 册,分页 161—180。

——:《理学与艺术》,原刊台北《“国立”故宫博物院图书季刊》7 卷 4 期,1973 年。见钱穆:《中国学术思想史论丛》〔六〕,台北:东大图书公司,1978 年,页 212—236。收入钱穆撰,钱宾四先生全集编辑委员会主编:《钱宾四先生全集》,第 20 册,分页 279—312。

——:《中国文学史概观》,原刊《中华日报》,1977 年 12 月 9—11 日。见钱穆:《中国文学论丛》(增订本),台北:东大图书公司,1983 年,页 47—64。收入钱穆撰,钱宾四先生全集编辑委员会主编:《钱宾四先生全集》,第 45 册,页 55—75。

Hick, John. *An Interpretation of Religion: Human Responses to the Transcendent*, London, UK: MacMillan, 1989.

Huntington, Samuel. *The Clash of Civilizations and the Remaking of World Order*, New York, NY: Simon & Schuster, 1996.

Jaspers, Karl Theodor. *Die grossen Philosophen*, München, Germany: R. Piper & Co., 1957; edited by Hannah Arendt, translated into English by Ralph Manheim, *The Great Philosophers: The Foundations*, San Diego: Harcourt, Brace, Jovanovich, 1962.

——*Vom Ursprung und Ziel der Geschichte*, Zürich, Swiss: Artemis Verlag, 1949; translated into English by Michael Bullock, *The Origin and Goal of History*, New Haven, CT: Yale University Press, 1953.

Pye, Lucian. *The Spirit of Chinese Politics: A Psychocultural Study of the Authority Crisis in Political Development*, Cambridge, Massachusetts/London: The MIT Press, 1968; new edition, Cambridge, Massachusetts: Harvard University Press, 1992.

Spengler, Oswald Arnold Gottfried. *Der Untergang des Abendlandes: Umrisse einer Morphologie der Weltgeschichte* (1918—1922); authorized English translation with notes by Charles Francis Atkinson, *The Decline of the West: Outline of a Morphology of World History*, 2 vols., New York, NY: Alfred A. Knopf Inc., 1932.

肆

论钱宾四先生之义理立场与其儒学观*

一、钱先生义理思想之根源与其哲学意涵

钱师宾四(穆,1895—1990)于中国现代学术史之发展中,有其特殊贡献,亦占据特殊之位置;此不论就史学之发展方向言,或实际之历史研究成绩言,皆是如此。论者之意见,经久而论定,歧异可渐趋一致。唯有关义理思想部分,钱先生之立场,与其处于今日之地位,究竟应如何评价?则不仅今日具有争议,且此争议短期内难于消弭。[1]

钱先生具有明显之儒家色彩,与自觉之"儒家"意识,此二项特质,读其书者皆可感受。然"儒家意识"与"儒学意识",其间有分;具有确切之儒家意识,并不意味其学术思维,即为纯粹之儒学意识所支配。

"儒家意识"之形成,主要来自一种"价值信仰";与伴之而有之"成就价值"之志意。此二点,皆须上溯孔子对于孔门,乃至后学之启示。故儒家意识之形成,与尊崇孔子,其事不可分。至于"儒学意识",则是历史发展之产物。自先秦以迄清末,中国宗主孔子而以"儒"义讨论道术,因而形成之学术观念,颇有流别;不仅观念非一,其内容与范围,亦皆不同。

钱先生之崇仰孔子,乃尊信孔子所言之"仁"与"圣",乃尊信孔子所言之"志道"、"据德"、"依仁"、"游艺",乃尊信孔子所言之"下学"与

"上达";凡此所据,皆在《论语》。至于"学术"观念,则钱先生不唯自始即非持守以"经学"为儒学核心之旧轨;且于学术观念之分疏上,亦是将其所关注之"史学"与"义理之学",分判为"虽相关联,却应区别"之二者。[2]故就"价值信仰"之角度言,钱先生具有明确之儒家立场,且此一立场至终未变;就学术之观念言,钱先生之于"史学"与"义理之学",虽于其观念之底里,具有一种沉潜于"儒学史"而后自得之通识,且于特定意义上,乃延续旧学中若干较为"传统性"之观念,然与此同时,钱先生却自始即承受"现代思想"之冲击,并于回应时代需求之过程中,实际建立一种并未完全脱离"现代"之发展风格。[3]以是钱先生之学术,综合而论,"儒学观念"实仅是组成其思想之成分,并未扩展成为一系统之"儒学规格";亦未曾以纯然之"儒学意识",作为建构其整体学术观念之支配因素。[4]

此处所以将钱先生对于"史学"与"义理之学"之分疏,归属为乃是钱先生回应"当代思想"之冲击,从而建立其独特风格之一部分,其中既包含有旧学术之影响,亦清楚底具有"现代"之标记;主要系因清末以来,于中国所接受之西方影响中,"人"之存在,系被安置于一宽广视野之"自然"(*natura*/nature)概念中。依此西方现代意义之"自然"视野,人之"存在"意义,对于人虽属重要;人对于整体"存在"意义之理解与想象,则是远超出以"人"为核心之思维。因此于"自然演化"与"人文演化"之观念联系中,所谓"人性"问题之探讨,事实上已含有一种借"自然史"与"世界史"之形式,而展现之历史思维。本于此项历史思维,人对于"自我"之探寻,其实乃是反观于人类本于其所赖以生存之条件,透过"历史"而展现之可能,与其所形成之共同命运。此种"省思"之思维方式,就性质言,虽不与儒家"本于人性以论人道"之观念冲突,亦不与儒学观念影响下之史学概念扞格,然于其内里,因种种"知识增进"而肇生之想象空间,终是不同。以是而论,钱先生论中国历史之强调其为人类"文明形态"之一种可能,论中国义理思想之强调其为一种"价值"之选择与体验,于论述之基础上,固皆与过往之中国儒学,具有一定关联,从而呈现某些鲜明之"儒学"影响；然就具体成形之属于个人当前之意识言，则亦是多少展现此种属于“现代”之存在感。[5]

此处所言，现代中国所接受西方现代意义之“自然”视野，若就构成之特性分析，由于其内部，包含有一种近代以来人类所独有之有关“时间”、“空间”以及“活动”之认识，故具有极为强大之改变学者“观看世界之角度”之势能。于其影响下，所谓“世界”，其实即是“文明”之展现。而“文明”，则是具有选择性、发展性之人类集体作为，其间存在由于“偶然性机会”所造成之风险。[6]个人之价值选择，必须透过“参与群体”之互动性行为，融合于其中，始具有“表现”之意义。而亦正因此，现代学术思维之最终发展，一切有关于“人性”与“人类历史”之理解，皆无法仅依据简化之“存在本质”或“历史规律”之概念，予以确切之说明或衍绎。[7]钱先生之以一种义理方式，涵盖其所有思维，却于真正可处理之“史学议题”与“史学方法”上，接受当代新思潮之部分影响，即是显示于“史学议题”与“价值议题”上，钱先生并不认为二者可于同一“哲学系统”中予以贯串与解释；“史学”与“义理之学”，于其判断中，虽有可合，然亦势所必分。[8]

钱先生此种反对将一切有关于“人性”与“人类历史”之理解，皆仅依据简化之“存在本质”或“历史规律”之概念，予以确切之说明或衍绎之观点，[9]实际亦影响彼对于儒学之“核心特质”，与其“可变易形式”之认定。此种衡断，主要以下述两点，为其关键：一为对于“经学”观念之消解；另一，则是于实际之论述上，将过往理学家之思想，切割为“哲学的”与“义理的”二部，而并不如同时期多数论者之即以前者为后者解释之主要依据。

有关第一项对于“经学”观念之消解：钱先生所摒拒者，不仅为清末之所谓“今文”家言；其实并“古文家”种种说法，亦一并弃绝。此因于钱先生之认定中，“经”之观念与“经学”之发展，虽出自儒家后学，然此种以“经学”观念，论历史与义理，不唯与孔子之教有所差异，且于学术思维上，事实上亦混淆“史学”与“义理之学”之真实依据。无法真正推动学术之进展。至于第二项，钱先生对于朱子与阳明之所论,其实皆有其属于个人之择取;而择取之标准,则与此处所叙钱先生对于“史学”与“义理之学”所作之分疏相关。

钱先生之于朱子与阳明有所择取,主要在于钱先生与朱、王二家“知识立场”之差异。此一点,亦显示钱先生不仅不主张以“经学”为核心之儒学,其实亦并不发展以“理学”为核心之儒学。盖“理学”之为儒学,不仅乃是一种义理之学,亦是一种企图将“儒学”于某种程度“哲学化”之哲学。[10]而就中国魏晋以降之哲学发展需求言,“认识论”(epistemology)之建设或讨论,或一种认识论立场之抉择,为精于思想者所无可回避。儒家于此方面,若以统整之时间而论,实已视道、释二家为落后。[11]且宋代理学实必至朱子,而后乃完成其“哲学化”之第一种系统类型。[12]而朱子一生之理论建构,又必以其所创为之《〈大学〉格物补传》,关系最大。凡此皆有其属于“哲学史发展”上之原由。

至于阳明承其前之象山(陆九渊,字子静,1139—1193),其所以不得不于朱子之外,另发展出自成体系之学说;除义理之取径有别外,亦是基于同一种“哲学建构”之“系统性”需求而然。此种差异,经阳明之彻底推究,并予以“理论化”,[13]成功建构“理学发展”之第二种系统类型。[14]

钱先生之于二家,虽同时有取于朱子之《大学章句序》与阳明《答顾东桥书》中之“拔本塞源之论”,认为皆属重要;[15]然钱先生之考论阳明晚年之说,于阳明教言之涉及于“唯心论”之重要主张,皆视之为歧义。彼于关系极大之“良知四句教”,则以为王龙溪(畿,字汝中,1498—1583)当时之以“四无”立论,本出阳明以“虚无”说解“良知”之言;并非出自臆造。因而主张,阳明师、弟子之相承,从而发为此论,实乃有其必至。然又明谓:后人于二人之相与为论,即不得不承认彼有“必不得已”之所在,就学者之所可据信之材料言,实亦无可为辨;[16]以是可置勿论。

至于朱子,钱先生虽尊仰之胜于阳明,然其区隔二家,则谓君子论学,“别异”当尤审于“会同”,[17]朱子言“格物”,贵能即物而格,今日格一物,明日格一物;至于豁然贯通,学者但“期之不知谁何日之一旦”[18]而可。观其意，殆亦不欲深论之。若然，则见钱先生对于“知识”之理解与需求，其观念与理学家所择取之严肃之“哲学立场”，[19]无论程朱、陆王何派，皆有明显可辨之差异。

钱先生之可同时有取于朱子之《大学章句序》，与阳明《答顾东桥书》中之“拔本塞源之论”，而又于二家论“知”之说，皆仅浅取其意，显示钱先生之主“会同”，仅是一种“义理之相通”。此种义理相通，溯其本原，乃是由“仁”以达“智”；所赖者，在于君子之不断以自我提升之言思意境，对于事理之消摄与包络。[20]此种义理方式，乃是一种对于《论语》“志道”、“据德”、“依仁”、“游艺”之新解；既非“知识体系”之达成，亦非一种“究竟智慧”之获得。此一非哲学、非宗教、非科学之知识态度，对于钱先生而言，乃是似浅而功可及深；于其内里，有极为谨慎之处。此一谨慎之来历，论性质，即是一种心地工夫之收摄；钱先生盖即以此为孔子立教之宗本。

此处所以释钱先生之谨慎，谓来自收摄；此“收摄”二字，非以言“意念之趋寂”，亦非以言“观念之融通”，而系指时时反本于一念之“仁”。钱先生之解《论语》，于“若圣与仁”章云：

> 圣智古通称。……孔子不自当仁与知，然自谓终其身不厌不倦，黾勉求仁求知，则可谓能然矣。盖道无止境，固当毕生以之。《易》言：“天行健，君子以自强不息。”人道与天行之合一，即在此不厌不倦上，是即仁知之极。四时行，百物生，此为天德。然行亦不已，生亦不已，行与生皆健而向前。故知圣与仁其名，为之不厌、诲人不倦是其实。孔子辞其名，居其实。……此种最高心德，亦惟圣人始能之。[21]

钱先生此章之注，解“圣”为“知”，与“仁”对称；则见于其心中，“知”乃与“仁”相辅，有得于仁者，必有得于知，失之于知者，必慊于仁。孔子之所以辞其名，而不谦于居其实者，盖以此为人人当下所可用力之实地；不必谦，亦无可谦。此所谓“当仁不让于师”。特人人所可能者，孔子能为之终身；既学不厌，亦诲人不倦。此一黾勉之功，则非常人所能及。故此章公西华曰“正唯弟子不能学也”。

明于此义，则知依钱先生之主张，学孔子之所学，必自黾勉为君子始；而道之一贯，即在其中。孔子不曰："文莫吾犹人也。躬行君子，则吾未之有得"[22]乎！"躬行君子"，可以优入圣域，故虽孔子犹谦言之；如舍此而浮慕高远，强所不能知者以为知，离仁求知，则必有所失。钱先生之所以非不重视"理学"，然于其心中，论义理，则仍必以孔子《论语》之所言为最上义，而不轻易许可者，其所原，盖即出于此一体验。而此一特定之"仁"、"知"相辅之态度，亦即余前文谓钱先生乃将过往理学家之思想，切割为"哲学的"与"义理的"二部之所依据。

其次当明者，为钱先生之所谓"别异"。钱先生之论朱子"格物"说，强调朱子乃是"本吾心以格物理"，非"即以格吾心"。[23]而其综言"穷理"与"格物"，则云"穷理必就事物上穷，犹言离气则理无所著也；气中必寓理，物上必具理，故穷理必在乎格物"。[24]则见钱先生之所谓"别异"，理之异，皆必于"物"之异上见；心能别物，即是心能辨理。而辨别之中，心与理既可说之为"一"、亦可说之为"二"。盖离心固无物，离物亦无心；格物随心所切近，穷理即是尽心。而所谓精粗小大、已知未知，胥由"天"、"人"之相合处以言。故"豁然贯通"，自钱先生之理解言之，即犹如所谓"知天"之义。[25]

钱先生之以"知天"，释朱子"格物"说中所谓"豁然贯通"，今姑不论其是否确然有得于朱子之原旨，就钱先生本身之辨义言，则有其特殊之思想来历。此一特殊之论"知"与"物"之义，可概见于其六十而后总论先秦子学时所为之《推止篇》。[26]

钱先生所谓"推"、"止"，就命义之原初言，乃是论求知之对象，与思维之方法。"推"者，"充类"之谓；由类乃知有可推。然遇非其类，则应"止"而不复推，乃能不陷于困。故"推"与"止"，辨在"言"，亦在"物"；人之知识与义理，皆由此而有"会同"，亦由此而有"别异"。此为"推"、"止"之大端。

而正因"推之"与"止之"之同时，即是证验"言"、"物"之类与不类，类与不类视推之者而决；故证验者之"知"，不能无小、大。人类名言之缘起而多歧，与其范畴物类[27]之未定，胥是因言、思、意、境各有浅深而致异。而唱为“家言”者，则每于其推、止之分际，以所自得，蔽所未见，因而生害。故由“格物”而上达，其实即是由“人”而上及于天之所命。此但综合先秦各家之所言，而以“推”、“止”论之而可知。

钱先生若即以是，而评骘朱子、阳明；因谓朱子较能接续晚周之遗轨。然言辞之间，亦似仍有所憾焉。盖其意，尚期待于未来儒学之兴，能于此“对物求知”之途，续作发挥；从而能会通天、人，绾“人文”与“自然”而一之。[28]

《推止》一篇，曾经钱先生晚岁汇篇成书时亲校，而于此评骘之语，皆因而未改；则其意见，应是至终而犹然。

钱先生所谓“物”，据此所释，既非依经验，确认“认知之对象”具有自性；亦非依心所现相，而指涉为仅是“意识”中之名言。盖依前者言，必有“物自身”(thing-in-itself)之预设。然此种设义，乃先立基于“推”，而未辨乎所宜“疑止”；当非钱先生精论“推”、“止”之义所主张。而若依后者，“物”因“识”有，“物”之于心，不实有，则是先立基于“止”，而未辨乎所宜“推有”；此仍为钱先生确立“性”、“行”时所不言。倘若又舍此二端勿取，而以“物见”出于思议，乃依诠者之“诠”而立，则此名言，仅作思想沟通之工具，不与真实之事理对应；义理之观念，将无从依此确立。此种说法，以钱先生所谓“对物求知”之说衡之，亦必非其所认同。

综括此所释钱先生依层次而释“物”之说法，若结合于其书中所常使用之以“自然”与“人文”相对比之观念论之，则可产生一颇为特殊之观点，即是将“知”区别为“名言之辩”与“礼义之辨”二大类。

所谓“名言之辩”，乃以人之“以知”，求于物理之“所可知”；其所涵括，包一切“自然界”种种物理之殊异。而所谓“礼义之辨”，则是以人之心知情慧，为所以絜情通类之基础；其所涵括，包所有“人文界”伦理之变化。而就钱先生之理想言，凡穷理者，于此“即物求知”之过程中，实应另有一高出于“推”、“止”之心知意境，以为一切“推”、“止”所依据。此种“知所以当推”，与“知所以当止”之心德，[29]依儒义言，即是人由“人”以达于“知天”之实地。钱先生之所据以评骘朱子、阳明之特有标准，盖即是以此“综合于先秦认识论而得之启示”为说。

以上对于钱先生思想之分疏，倘若成立；则以今日学术研究之需求言，除应为之溯源外，为其评估出一种属于“哲学立场”之形态意义，虽若不易，亦属必要。而以余之所见，钱先生之知识态度，以及其说明义理之方式，似乎可依方便，将之诠释为乃是一种以“个人道德经验”为基础之特殊意义之“哲学诠释学”（philosophical hermeneutics）。

此处将钱先生之知识态度，与其论述义理之方式，释之为如此，约有二层意义：

第一层意义，在于：确立作为“知”之条件，无论所涉及之对象，属于“亲知”或“推知”，皆必不能离于“诠释者”之个别经验、思维与判断。于此意义，说之为一种诠释学。[30]

第二层意义在于：确立作为“诠释”形成基础之“人性”，具有可展显之多层次内涵；且此内涵，具有价值之普遍性。于此意义，将之说为一种以“人性”与“道德经验”为基础之诠释学。

而此二层意义之所以得以连结，有一必要且为切要之条件，即是人对于“义理”认同之可能。于此意义上，钱先生虽重视人文历史之展演，却不以“义理”本身，仅是一种“人”与“他人”所持观点相互作用下之产物。[31]此点则须更进一步加以澄清与说明。

二、钱先生之义理形态观与其对于三教之分疏

钱先生之不认为任何形式之“义理认同”本身，皆仅是“人”与“他人”所持观点相互作用下之产物；从哲学意义言，乃是于实际上，选择某种属于中国方式之“智性”观念，作为基础。[32]而钱先生之此一见解，所以依余之论，可取与“哲学诠释学”相比论，则是因：于钱先生之说法中，“智性”之存在，与“智性”之运用，乃分属不同层次之议题。[33]“智性”之存在，与其基本性质，非可依局部之功能，即判定其“体”；而“智

性"之运用，则受"思维"时，"个人视界"之障碍，故其展现为"观念"与"思维"，常烙加"私人"乃至"时代"之印记，并非单纯依赖"思辨方法"之澄清，即可完全免除此种障碍之干扰。故凭借某种"心理学"与"观念历史"(history of ideas)之研究，将"观念"与"思维"所同具之"相对性"，予以说明，从而产生一种批判性之论述，即有一定意义。

至于合"智性"于"义理"之实然，意图证明"心与理一"之确有，并展现其多层次之可能，则不能不以特殊之方式达成。对于钱先生而言，此种证成，于其最终造诣之境，虽止能俟其自至，而无法具体以语言说明；然就其基础而论，则综合一切"观念"与"意象"之历史，与综合一切"价值"与"选择"之义理，实是由"下"以之"上"，必备之二途。[34]而其最终于"诠释者"之内心，能融"知识"与"情感"为一，[35]则是因人心所本有之"中函之定向"；此中函之定向，肆应外物而成"和"。[36]

而若概约钱先生此种"义理学"观点之所以形成，则可谓：就其根源论，钱先生系以其本人对于"孔子思想"之认知为核心；而增益之以彼对于整部儒学史之理解。于此意义，钱先生反对任何类型之"解脱"说，或"超越"论；[37]亦反对任何类型之属于"价值论"(theory of value)之"相对主义"(relativism)，[38]或虚无主义(nihilism)。[39]

而就其"发展"意义而论，钱先生则是将此种具有"儒学"意义之观念，运用之于属于"现代文化处境"之论述；以期待未来之中国学术，能有"新境界"之创造。

以下即依此二部，分别予以说明：

就其第一部分，所谓"根源"论，当辨明者，为钱先生对于"三教"分立与融通之看法。以此义言，钱先生之尊主"儒义"而辨宗，主旨在于辨"心"与"性"。辨"心"与"性"，钱先生首先判分者，为"先秦义"与"宋明义"。先秦义之论性，以"能然"言；大别有孟、荀。宋明义之论性，以"心体"言；其大别则有朱子、阳明。

以"能然"言，关键在于"伦物标准所由建立"之适当论述。[40]关于此点，钱先生对于孟子所谓"尧舜性之"与"汤武反之"，尝以一种具有"人类学"(anthropology)意义之"历史进化"之角度说之；从而抉择孟子之性善论。[41]此种观点，虽启发自孟子，然亦有现代之影响在内。

至于以“心体”说性，钱先生则以“能为主宰”之义，释“良知之体”之不得为虚无，[42]而遮拨明道（程颢，字伯淳，1032—1085）以“有为”为应迹，以“明觉”为自然之说；[43]且明以阳明之以“明镜”喻“心”，为认“性”之未切。[44]于其说中，盖认为儒家之所以至刚至健、至诚感物而能参乎天地之妙，不仅在于能脱去“应物”之累，且应在其说之不即以天地万物感应之“不系留”者为心体，而必自人心中所实然者，体验出一片好恶之诚；[45]如孟子之云“根于心，睟于面，盎于背”。[46]若然，则由心而生者，自有天机，自有生趣；而心之与物，始得因我之明觉，实有此理，而遂合一。人之于万物间，得以确然占据一特殊之地位，[47]盖即由此而建立。

钱先生此说，简择明道与阳明，以为未切先秦之说，而将己所主张之“心体”义，上合之于孟子；与现今多数论思想史者之以阳明为承袭自孟子一派，说法可谓颇有差异。而于钱先生之说法中，有一明显可见之立场，即是既反对“是非在物不在心”之说，亦反对迳谓“一过不留，不作好作恶，[48]即是循理”之论。钱先生之最终极力推尊朱子，谓系孔子以下儒学之第一人，其鉴识之着眼，虽非一端，朱子论性、理之不于心之“动、静”义，如阳明之沾染于老、释，[49]而仍持守先秦不离于“尽心”以论“知性”之原则，[50]亦是其中一重要之关键。[51]而其所持以区辨儒义，与道、释二氏之学所由差异之立场，亦从而可知。

大体而言，钱先生所持以辨别儒、释之疆界者，乃颇近于刘蕺山（宗周，字起东，号念台，1578—1645）、黄梨洲（宗羲，字太冲，1610—1695）之所分判。黄梨洲于《明儒学案·师说》中，引蕺山评王龙溪语云：

> 先生独悟其所谓无者，以为教外之别传，而实亦并无是无。有无不立，善恶双泯，任一点虚灵知觉之气，从横自在，头头明显，不离著于一处，几何而不蹈佛氏之坑堑也哉！夫佛氏遗世累，专理会生死一事，无恶可去，并无善可为，止余真空性地，以显真觉，从此悟入，是为宗门。若吾儒日在世法中求性命，吾欲

> 薰染，头出头没，于是而言无善恶，适为济恶之津梁耳。[52]

而于《蕺山学案》，则复引其言曰：

> 释氏之学本心，吾儒之学亦本心，但吾儒自心而推之意与知，其工夫实地，却在格物，所以心与天通。释氏言心，便言觉，合下遗却意，无意则无知，无知则无物。其所谓觉，亦只是虚空圆寂之觉，与吾儒体物之知不同；其所谓心，亦只是虚空圆寂之心，与吾儒尽物之心不同。[53]

钱先生之意见，与之约略相似。所差异者，蕺山、梨洲之辨王学近禅，要点皆在龙溪、泰州（王艮，字汝止，号心斋，1483—1541），即所谓“二王”；至于梨洲之于阳明，则刻意加以回护。[54]二人且不信阳明真有所谓“四无”之教法。钱先生则以为：龙溪之说，固启自姚江；阳明、龙溪，乃师、弟子同符，并非误传。此其一。其次，钱先生谓释氏经云“应无所住，而生其心”，于“无所住”之外，亦尚有“生其心”一段；阳明止合于其前句，而无其下一句。故阳明亦未有当于释氏“佛性自有种子，自具生理”之义。[55]因谓阳明言“心”、言“良知”，乃非儒、非释，非孟、非朱，而自成一说。此其二。

钱先生之辨王学脉络与儒、释界义，以偏承“江右”以迄梨洲者居多；至于钱先生之审别儒、道异同，则除与先秦、魏晋观念史相关之考证外，对于二者之义理差别，则似间受王船山（夫之，字而农，号姜斋，1619—1692）与方以智（字密之，号药地，1611—1671）之影响。属于船山之部分，主要在于庄、老之判宗；钱先生之以庄子思想与儒家近，且相通，其境界为《老子》书所远不逮，即受船山注《庄》之启发。凡此，皆有文章可检。[56]至于药地之影响，则未易勾稽。然钱先生尝言孔子义理，用行、舍藏，本有两面，而庄子乃得其一；[57]又谓《庄子》书中时时称道孔子、颜渊，此亦孔、庄思想相承递之线索。[58]此说与药地《炮庄》一书中所引天界寺觉浪禅师（释道盛，号觉杖人、浪丈人，1592—1659）“托孤”之论，[59]虽非一旨，论亦有其近似。[60]由是而论，指出庄子与儒家间之思想关联，明人既已有所发明，钱先生肆力于治《庄》，药地之书亦尝寓目，[61]则其为说之或受药地影响，亦系合理之推测。[62]

以上所论，为钱先生对于三教分立与融通之看法中，最要之关键。至于细部之论说，钱先生晚年所著之《双溪独语》，[63]于此比论者甚伙，皆可逐一细按。

至于第二部分，所谓“钱先生将此种具有儒学意义之观念，运用之于属于‘现代文化处境’之论述，而期待未来之中国学术，能有新境界之创造”，钱先生之理想，旨在兼重“物理事变”与“心知情慧”，以求西方科学新知，与中国儒家人文传统，能获得调和；从而为人类“求知”、“立行”建立一新原则，创立一新体系。而依钱先生之说，此即是会通天、人，绾“自然”与“人文”而一之；可以悬为儒学未来之目标。[64]

钱先生此一说法，就其性质而言，仍属以“性理”涵摄“心”、“物”之论点；而其所与先秦乃至宋、明儒“儒学观”之差异，则亦止在前文所提及之一种“放大视野”之意义。钱先生对于近代以来西方科学之处境，与其所牵涉之“方法学”(methodology)议题，乃至应如何认真看待所谓“宗教经验”(religious experience)，以及“深层心理学”(depth psychology)之论说等等，并未给予太多之重视。[65]

而就其临终遗言所录成之《中国文化对人类未来可有的贡献》[66]一文观之，似乎于钱先生之判断中，中国文化之结构特殊“形态”，且于其变衍中，发展出一特殊之“演化”路径，中国思想中此种以“人”合“天”之义理态度，实具有最大之影响力；不仅于历史上，融合无数不同文化之民族，[67]且亦将外来之佛教文化，完全吸收，[68]成为中国文明之一部分。而于日后之中国，此一文明发展之走向，且将持续进行；科学、宗教，乃至近代文明所带来之种种问题，对于中国而言，皆将有一属于“中国方式”之解决。[69]

大体而言，正因钱先生之分析中，中国思想之所以于中国历史发生如此巨大之影响，乃是透过社会之建构与发展而达成，故对于中国而言，“理解历史”成为延伸其“义理学”，最重要之思维方向。[70]钱先生所以倾力将儒学中所固有之“经学影响”，与儒学中之“义理精神”，予以判分，而将“经学”与“理学”之现代分析，转化成为一种有关“儒学史”之论述，并将“新史学”中“学术史”与“思想史”之研究，结合之于一贯串于整部历史之通识，而并不关切严肃之哲学与宗教议题，正是有其独特之取径与风格。

以上所述，为钱先生以“个人道德经验”为基础之特殊意义之“哲学诠释学”，就其根源所涵摄，与可运用之于“历史论述”之意义，所作之说明。以下当进一步，分析钱先生诠释“中国学术史”之基本角度，与其研究之重点。

三、钱先生诠释中国学术史之基本角度与其研究重点

钱先生之将当时“新史学”中之“学术史”与“思想史”研究，结合之于一贯串于整部历史之通识，主要之论点，立基于对中国“智识阶层”历史影响之重视。然而此一观点，对于钱先生而言，并非建立于一种“知识社会学”(sociology of knowledge)之普遍研究基础，而系根源于钱先生对于中国历史之特殊观察与判断。

此项观察与判断，可分述为三部分：一为有关中国“智识阶层”之社会构成与历史变化；一为中国智识分子所传承之学术与思想；而另一，则是中国智识分子之“文化意识”(cultural consciousness)与其内心生活。

以上三者，彼此关联；然此种关联，仅是一种“历史叙述面相”上之关联。其成为可描述之对象，系由社会成员之互动，所综合完成。此三者间，并无“结构性”之决定关系。对于钱先生而言，中国智识阶层之历史影响，其结果所以仅是造就中国历史之特殊进程，而非“世界历史通则”中之中国事例，乃是因中国文化深处所内涵之一种特有之深刻之义理精神；此种精神，对于人心足以产生深切之召唤，从而使社会产生一种特殊之发展。故凡涉及于以上三项研究，论者皆须在其内心，对于此种义理之精神，及其对于个人及群体所能产生之影响，有所认识；方能鉴识其真。否则仅以社会“功能”(function)或“结

构”(structure)之角度视之，必有所错失。

而正因钱先生观察中国智识阶层历史发展之角度，有此三项取径，故其会通三者之研究，在涉及“历史影响”之最终论述时，其实即同时为“义理学”与“史学”之交会。此种思维之层次，约略近于太史公(司马迁，字子长，公元前145/135—前86)作《史记》时之所谓“究天人之际”。钱先生论中国史学深有取于史公之说，且以此义为不可及，盖即是有见于此。[71]

然史公该语所指示，特一“思维之层次”；至于如何而能达此境界，则属于“史识”。并非有明确之方法与阶等。史家之经由史学，而逐步建立史识，甚至接近于此境界，皆各有其因应时代之“知识需求”而发展之取径。钱先生之抉择议题，正有其特殊之手眼。至于其所抉择之议题，及透过此项研究而达成之有关“历史”与“人性”之理解，是否真能达致或接近其目标？则须日后，由他人以“史学史”之眼光，加以衡断。然不论如何，钱先生观察历史之能辨识出此种涉及“整体诠释”之议题，并以其所持之义理立场，作出一特有角度之观察，于中国现代学术之发展中，已具有重要意义；且亦应占据一重要之标识性位置。

今若依照此处所释钱先生所展现之三项取径，以检视其所抉择之议题与讨论方式，则可约略举出若干实例，以勾勒其大概之路向：

第一项可举之实例，为清乾隆、嘉庆以来之所谓“汉、宋之争”。此一儒学内部之论争，最先肇始于因若干考据方法之发现与操作而产生之批判；后则逐步发展，成为一种“儒学观念”之对垒。然此一问题之于清代，所以始终纠结，实缘于历来“儒学”观念之受制于“经学”观念；此种观念限制，使义理学与史学，无法获得真正之联系。民国以来之导引新学术者，虽不复受限于“经学”概念，然当时主持风气者，所重多在一种简易化、浅层化之所谓“实证精神”或“实证观念”之提倡；对于儒学中之“义理”观念极所排斥；且对于儒家智识分子之于中国历史发展中所扮演之角色，亦每采取“否定”之态度。[72]故“汉、宋”问题之于儒学史，仍缴绕于整体“中国史”之诠释中，无法因西方现代学术观念之引进，而同时澄清。

钱先生之处理“汉、宋”问题，基本上系将“儒学”与“儒学影响”区隔；而于儒学之影响中，又将思想影响、政治影响与社会影响，以不同之方式处理。

就其第一项，即“儒学”问题而言，其权衡之标准，系以整部“儒学发展史”作为考量之依据。以故“孔子”与“儒家”之关系，“孔子教言”与“经学”之关系，“儒学”与“中国整体学术发展”之关系，皆成为必须先予澄清之要项。

而钱先生所持之一种不同于旧有之儒学观，其实于其早年所作之《国学概论》[73]中即已确立。此项确立之观念，乃系以《论语》所表显之孔子义理，作为“儒学”建立其价值观之依凭；且以《论语》所表现之孔子论学与论道，作为儒家发展其学术之最高指标。至于历来所谓“经籍”与“经学”，钱先生则采取新式之考证“历史”与“文献”之方法，予以重新定位；既不认为孔子之前即有“经学”义之“圣道”存在，亦不认为孔子立教当时，即有“经学学术”之概念。故凡历来以“经籍”为核心之注疏与讲论，皆须依今日之观点，以分疏其性质；并将其中各别之成分，放置于不同之论述脉络中。至于以“时代思想”为统摄之种种学术观念，钱先生则是将之放置于“智识分子之文化”中看待。亦即“根源之儒学”，系开创一种“义理实践”之可能；而“时代之儒学”，则是展现一种“文化创造”之可能。故钱先生虽于其具体之讨论中，分析汉、宋争议中各项问题之是非得失；对于汉儒之学、宋元明儒之学、清儒之学之总体意见，则皆是以更为宏观之“历史视野”，作为讨论之基础。钱先生之以“哲学”角度，指出宋明儒所面对之思想议题，而以“义理学”之角度，比较宋明儒与先秦儒之差异，乃至以“时代之变局”，讨论清初之思想环境等等，皆是基于此种观察“儒学发展”之观点所作成。

而正因钱先生之论述中，贯串整部“儒学史”者，主要乃是一以“士之志业”为主之文化精神，故此一“儒学史”眼光之运用，虽涉及经学、哲学、史学，乃至考据与词章之学，其在钱先生，却并不企图完成一部“经学史”或“哲学史”；亦不企图对于儒学中之考据与词章之学，作出完整之评估。

至于第二项，有关“儒学影响”问题；其所牵涉之思想、政治与社会层面，则更须以整体“智识阶层”与“时代”之互动，以及其学术思想对于“时代”，乃至“个人意识”之影响，作为观察之主轴。于此议题之讨论上，学术观念之创新与发展，虽是一不可忽略之因素，却非唯一重要之项目。钱先生于有关宋学、元学、明学、清学之讨论上，将注意之焦点，由思想或“学术作为”本身，扩及于因“个人”与“群体”之活动，而产生之政治与社会效应，即是一结合“儒学史”与“一般史”研究之作法。

综合以论，对于钱先生而言，清儒之举“汉学”之帜，以反对“宋学”，仅是当时数种风气汇聚下，一时期之门户之见。清儒此一“对比”之论，虽有其着眼，然若以今日所能有之对于“儒学”与“儒学影响”之理解言之，此一类分，不唯其所具有之“澄清学术方法”之意义，有得亦有失；且亦不具有完整之辨析“汉儒之学”、“宋儒之学”相互差异之实际功能。故除说明其作为“学术概念”之时代意义外，此一对比，并无儒学“方法学”上必应依循之价值。至于由汉、宋问题，而又渐次变衍出之今、古文问题，钱先生除条理其辨义之脉络外，亦是将其立说之理据，与可能显示之“时代儒学”之意义，分别加以论叙。

汉、宋之争外，其次可举之一例，为西学思想于清末输入以来，学界所关注之有关“儒学”与“中国政治”关系之讨论。

此一论题，若就此一时期主流意见之趋势观，多数论述之焦点，皆集中于讨论儒家政治思维，对于中国政治之影响；以及中国智识阶层于中国政治权力结构中，所扮演之角色。此种研究趋势之形成，虽主要来自新的学术观点之注入，然而对于中国现状之不满，亦是一影响其“价值判断”之重要心理因素。故凡涉及于历来智识分子之“文化意识”，与其内心生活之层面，论者往往未能平心看待种种语料背后，所可能存在之价值选择；及其所可能发挥之精神力量。尤其于“意识形态”(ideology)之概念，大幅运用为概括与解释“思想意义”之方法后，“思想史研究”更已形同“社会史诠释”之附属项目。钱先生于此时，所作之有关中国历史之最重要之诠释主轴，明显即是欲扭转此一论势；企图将属于制度层面、理念层面、权力运作层面，以及政治文化层面，儒家与儒学所曾产生之作用，与其交互影响之方式，分别加以说明。

此种多层次之分析，与单纯讨论“学术”与“思想”之影响，虽有关，然性质则颇为不同。钱先生最终之诠释，居今而言，虽不必皆为论史者所接受；然论中国智识阶层之社会功能，与历史角色，不应将以上所举之各项研究议题，混同为一，则应是一可以普遍接受之观点。

经由上述可知，在钱先生之儒学观，与其历史研究中，由于“圣”与“经”之观念，业经大幅度之改变，孔子与儒家之地位，实际上皆已是以一新的“文明历史”之观点，加以论叙；故“儒学”与“儒学史”之发展，于此观点之理解下，虽仍须将“孔子之义理观”，视为乃是构成其价值之核心，然“儒学”作为学术思维之根本性质，与其方法之如何发展与传承，钱先生之诠释，皆与真正属于“传统”之论法，不尽相同。

大体而言，钱先生对于儒学思维中“学术概念”之进展，与儒学学术之历史研究，除以上就“个案”之所涉及，而施加讨论之方式外，亦曾以较为“系统”之方式，为之表述。其取径有二：一为“类型”之说明；另一则为“时代”之说明。

所谓“类型之说明”，即是解析历史上“儒学”依特有之组成方式而发展之形态；并予以比较。其主要之项目为“经学”、“史学”、“理学”与“词章之学”。尤其经学、理学、儒学之界分，更属重要。至于所谓“时代之说明”，则是依儒者个人所受于历史传承、地理风习、文化思潮等因素之影响，为讨论之重点。唯就实际之操作言，“类型”之说明，与“时代”之说明，为便利计，钱先生常采“结合讨论”之方式进行。故以下亦将之为一种“综合”之论叙。

四、钱先生针对经学、理学、儒学所设立之义界区隔，与其时代划分

钱先生针对“经学”、“理学”、“儒学”所设立之义界区隔，乃至依其各自因于“时代因素”而产生之流衍，所作出之历史诠释与判分，其

主要观点，若延续前所概叙，可将之细分为五项立论之角度与原则：一是将“孔子”与所谓“儒家”、“儒学”区分；一是将儒家之“学术”与其“思想发展”区分；一是将历来所谓“经典”，其本身之“史料性”，与透过后人诠释而发展、延伸之“学术性”二者，加以区分；一是以类近“社会精英”(social elite)之功能，诠释中国智识分子、智识阶层之人文性格与精神，[74]并以“回应时代需求之角度”，观看其学术与思想之发展。而最终一项，则是尊重智识分子“个人”作为“独立之‘存有者’”之价值意义；并以一种文学与艺术之眼光，看待其生命之情调与历程。

第一项分判之原则，牵涉孔子本身作为“生命个体”之特殊性，与其作为“历史人物”之历史性。

就前一项意义而言，孔子所展现于世人之面前者，既有属于“精神境界”之道德纯净性，亦有属于“价值实践”之层次性与阶段性。[75]于此一关注点上，钱先生虽未采取历来经学中有关“圣道”与“圣学”之观点，却另以一“现代”之立场，确认儒家信仰中所谓“圣”之“典范”意义，与价值。故此一观点，若持与“经学家”与“理学家”二种不同之态度相比，则毋宁较与理学家之立场接近。且于此意义上，钱先生于“程朱”与“陆王”，皆有所取；并不将之严格划分。[76]

就后一项意义而言，钱先生视孔子之于先秦时代出现，代表中国精神文明于某一历史时刻所达至之“成熟”；[77]且此“成熟”之意义，具有“人类文明历史”之意义。于此说法中，钱先生之将孔子所呈现之人性可能，视为具有“普世性价值”之观点，接近德国哲学家雅斯培(Karl Theodor Jaspers，1883—1969)所谓“典范人物”(paradigmatic individuals)之说；[78]虽则钱先生并未以社会学(sociology)、人类学与史学之角度，提出有关人类历史普遍进程之“阶段论”或“突破说”。

而钱先生之历史论述，于表现有关“文明创造”之论点上，则较近于德国另一哲学家史宾格勒(Oswald Arnold Gottfried Spengler，1880—1936)看待“民族”与“文化”之方式。[79]所不同者，史宾格勒缺乏足够丰富之有关“义理”之人性论，故于“形态学”(morphology)之历史论述外，并未深入于有关“普世价值”应如何建构之问题。钱先生则依一种“义理之人性论”，相信中国文化之于世界文明，系处于一具有特殊重要性之位置，可与人类文明共其终始。

至于“儒家”与“儒学”，钱先生之分析观点，如前所论，乃多结合于“智识阶层”之社会功能，与“学术思想”之文化功能，而予以审视。

就前者言，智识分子之成为中国社会一阶层，[80]主要来自其精神之展现性，与参与“政治”与“教化事业”之功能性。钱先生既不主张一种“历史决定论”（historical determinism），于其论述中，其所采取之将智识分子之出现与延续，关联于社会经济与结构之方式，亦常仅是将“社会”作为“人物”或“群体”展现之场景；[81]“社会变迁”（social change）历程之于中国智识分子与其阶层，依钱先生之说，皆仅有决定其“形态”之作用，而无决定其“本质”之意义。此一种论法，既与社会学者关注智识分子之阶级性，与整体“社会阶层化”（social stratification）之方式与途径之观点不同；亦与一般历史研究者看待“智识活动”与“社会结构”间具有“复杂关联”者差异。[82]钱先生于中国智识分子与阶层之形成，主要在于强调其精神传统之强韧性与独立性。而视此二者之所以历久而不衰散，皆来自其自身“学术观念”之导引，与启发。故就“学术观念”之延续性而言，钱先生虽于特定之议题中，分析其思想之结构性，亦不轻忽其知识性，然于“统合”之意义上，钱先生所重视者，仍是其义理性。

前述第二项分判之原则，所谓“将儒家之学术与其思想发展区分”，主要之作用，在于运用“学术史”与“思想史”之不同视角，依不同之脉络，分析儒家之学术，与其思想发展；以破除以往囿于门户之见之偏蔽。而其具体之作为，则可分说为九点：

第一点，在于厘清六经与孔子之关系，孔子与儒学之关系，经学与儒学之关系。第二点，在于确认“孔子思想”之本质，并条理孔子思想影响儒学之方式。第三点，在于划分儒学发展之阶段，并关注其观念产生之成因，与其建构之方式。第四点，在于以“孔子思想之可能效应”为尺度，辨识儒学之“儒学意义”。第五点，在于分辨先秦、两汉、魏晋南北朝、隋唐、宋、元、明、清各阶段儒学思想背后，其所可能存在之"哲学结构形态"；其中"先秦"与"宋明"之差异，尤属关键。第六点，则是选择性地讨论儒学与老庄，儒学与佛教之殊异；乃至儒学于发展中，所受二氏之学之影响。第七点，在于分辨儒学中性理之学、词章之学、考证之学，乃至经学、文学等，其所可能产生之不同文化影响；并予以说明。第八点，在于分阶段说明，儒学对于中国"国家"与"社会"建构所起之作用。第九点，则是关注儒学中个别观念之形成与其转变，以之作为诠释"学术史"、"思想史"之部分依据。

以上九点，就钱先生而言，不唯其所研究之对象，乃是以中国之学术为对象；其研究之取径，亦是先以中国学术本身之观念作为基础，然后增益之以现代之眼光。大体而言，构筑其研究基础之来源有三：一是刘向(字子政，公元前 77—前 6)、歆(字子骏，公元前 50—后 23)父子以降，以至章实斋等人，对于"中国学术流别"之分判。一为当时学界对于古籍文献之"史料性"，以及"中国智识阶层如何兴起"之讨论；钱先生由是成为"《古史辨》时期"北方学界之重要成员。而另一，则是接受当时透过学刊，与新出书籍，所传播之西方学术概念之影响。唯对于钱先生而言，西学方面，其所参用之观点，皆仅是"局部的"与"片面的"；而非完成一种"结构性"之营造。

以上所述，为钱先生针对"经学"、"理学"、"儒学"所设立之义界区隔，乃至依其各自因于"时代因素"而产生之流衍，所作出之历史诠释与判分，其主要观点中之第一、二项。至于第三项分判原则，所谓"将历来所谓'经典'者，其本身之'史料性'，与透过后人诠释而发展、延伸之'学术性'二者，加以区分"：此一分析之观点，其初始点，系立基于章实斋有关"六经皆史"之见解，与其衍伸而有之"经"、"子"差别论；[83]然后益之以钱先生对于经学、史学与义理学之看法。由此建构而成。

关于儒学中之经学，钱先生由于并不视孔子之学与孔子之教，与后人所谓"六经"，有真正不可分割之关联；因而有关"六经"之文本学、诠释学，与经学中所寄寓之儒学，对于钱先生而言，皆系可以分别看待之事。因而所有关于汉宋、今古文之争之讨论，如前所言，皆仅有“学术史”上之意义。各代各家之说，其“学术性”与“思想性”之重要，其评量，皆当逐一分别论之。

至于后人所谓“经学”，由“六经”发展为“四书”与“十三经”，其间既牵涉“王官史料”与“私家著作”于性质上之混淆；亦牵涉儒学由“尊周、孔”，替换为“尊孔、孟”之转变。钱先生皆以一种“儒学史”之观点，为之说解。[84]且由于在钱先生之见解中，“经学”之于儒学，已失去其作为“义理根源”之核心地位；因而儒学之未来，所应重视者，实当在“中国思维所展现于义理学与史学间之一种关联”。“经学”对于钱先生而言，实仅有历史上建构“儒学性格”之意义；至于经籍、传、记与汉儒笺注，其重要性，则须配合“古史”之研究，然后始能定位。于此方面，钱先生与当时唱言“新史学”者，差异实际颇为有限。

关于儒学中之史学，钱先生则既看重中国史学之根源性，亦看重中国史学之发展性。所谓“根源性”，有二项主要之来源：一为周公之制礼乐，一为孔子之修《春秋》。关于前项，由于钱先生并不采信《周官》之说，故其重视于周公制作礼乐中所表现之“历史意识”(historical consciousness)，及其对于“史学建立”之影响，主要仍是依据司马迁于《史记·自序》中所引其父司马谈(公元前？—前110)之说法；即所谓“天下称诵周公，言其能论歌文武之德，宣周邵之风，达太王王季之思虑，爰及公刘，以尊后稷”[85]之论言。关于后项，则是孔子于周公之后所为之“述”与“作”；由此奠立中国史学之基础。钱先生关于其中深微之意，曾有具体之论述，见于其书；[86]其见解，盖视实斋之说益进。

而所谓“中国史学之发展性”，大要自《左》、《国》、马、班(固，字孟坚，32—92)而下，钱先生于此，亦有一完整之说法。此一说法，虽就大体之脉络论，间受刘子玄(知几，661—721)《史通》与章实斋《文史通义》之影响，然亦颇有与二人相异之处。

盖若就钱先生与刘子玄之说之相较言，其同者，在于皆能清楚认识“史学”自“儒学”中分化后，所具有之独立性，与其自身展演之脉络性。且于中国史学建构之核心基础上，二人皆以“写史”为史学之首要项目。因而就理解“中国史学”之进程言，“史料”之制作、编纂，“史体”之创立，与此二者作为“史学基础”之意义之辨析，成为关键。[87]

然对于钱先生而言，中国史学之由孔子奠基，终有其看待“历史”之一种“诠释观点”与“价值取向”；因而如何于“撰史”之设计中，发展出一既不妨碍历史应有之“客观性”(objectivity)，却又能予“读史者”以启示之写作方式，即有其应讲求之方法与理论。其最伟大之范例，即是司马迁之作《史记》。以钱先生之观点而论，知史学如子玄，乃竟于《左传》与《春秋》之异，《史记》与《汉书》之异，有所不能辨；皆是肇因于其自幼喜“史”不喜“经”，于孔子之史学未能深涉，故造就识见之不足。

而就钱先生与章实斋，二人观点之差异论，关键则在于：实斋因尊信周公之制作礼乐，设官分职，本有纤析周密之法；因而谓治道乃大备于其时。并从而强调“集大成”者乃周公，非孔子。亦即因此，实斋之书详于“《书》教”，却于孔子作《春秋》之意义与影响，缺乏深细之讨论。依钱先生之见，实斋特于“古代学术”之建立与发展，有识见；至于后代之流变，则其说有可信、亦有不可信。

至于本项“学术性区分”中，关涉于“儒学义理学”之建立，与其流衍之部分，钱先生除于核心之义，仍以孔子为宗主外，于后世之分派，其所择要者，仍在“先秦”与“宋明”。且先秦部分，又止取孟子、《学》、《庸》，其路径之近理学家言，明显可见；虽则钱先生本身之立场，于面对哲学与义理之关系上，与程朱或陆王皆有所不同。

至于经学家之以“经学”为儒学核心，又依“诠释”之方法，划分汉、宋，或今、古，张大其说，则并不为钱先生所重。凡此，皆已详前论。

钱先生针对“经学”、“理学”、“儒学”所设立之义界区隔，乃至依其各自因于“时代因素”而产生之流衍，所作出之历史诠释与判分，其主要观点中之第四项分判原则，所谓“以类近‘社会精英’之功能，诠释中国智识分子、智识阶层之人文性格与精神，并以回应时代需求之角度，观看其学术与思想之发展”云云，此一原则之运用，就钱先生而言，必是于以上三项原则之基础，皆已奠立之条件下，方始可为之操作。亦即就“学术”与“思想”之交互影响而言,“思想”具创造性,而“学术”具导引性;具有学术意义之思想发展,必依学术观念之设置而运作。故就“学术史”与“思想史”之研究而言,其本身之脉络必先讲明,而后始能为一“思想”与“时代”关系之抉发。[88]钱先生于此项牵涉思想史“分期性质”之说明,其论述主轴,主要皆从各时代学者如何本于其儒家传统之使命感,以面对其“时代课题”而作之努力为着眼,具有表现其“儒学观”之特点。

至于第五项分判之原则,所谓“尊重智识分子‘个人’作为‘独立之存有者’之价值意义,并以一种文学与艺术之眼光,看待其生命之情调与历程”,则是表现于钱先生对于学术个案之讨论中。钱先生之观点,系以其个人奠基于儒学之生命经验,作为投入“讨论对象所设置之语境”之基础。此点就当时普遍弥漫之对于传统文化与智识分子之批判之氛围而言,极为特殊。而其所需之条件,除须具有充足之学术史、思想史识见外,亦须有丰厚之文字修养,与极深刻之解读传统“士人文学”之功力。钱先生于此方面,每有“见人所未见”之卓识。

以上所释,为归纳钱先生于思维“如何分辨经学、理学、儒学之义界与其时代性”时,所依据之诸项立论角度与原则,具有理解其说之重要性。

五、钱先生义理立场与其儒学观之于当时以及未来之重要性

综上所述,可见钱先生之义理思想,与其学术观点,于其建立之基础上,一方面具有“现代学术观点”之若干特质;另一方面,亦有颇为强烈之传统儒学之影响。此种结合方式,有其属于个人创造之识见。然就其所以形成之来历论,则可谓系建立于一种“以中国面对世界未来”之基点。其取径,与由“世界”之角度观看“中国”,虽有交集,实是颇为不同。

因就“历史反省”之成为一种“思维立场”而言,由“世界”之角度

观看“中国”，其观点之设立，系出自人对于“人类文明”整体之关怀；故于其深层之理解上，“观看者”必将以“人类命运之归宿”，连结于反省人之“存在本质”，或“存在可能”之议题。而由“中国”之立场，思维如何面对“世界未来”，则必是先选择一种“价值”之立场；于此思维中，一切“存在”问题，必环绕于“主体”之确认。二者不同。

以当时钱先生所处之时代而言，一切现实问题之逼迫，虽若可有不同之面向，若就学界所关怀之焦点言，则可以一“核心之义”，加以表述，即中国之学界，急于为“中国历史”，寻求一属于“世界史”之诠释，以此作为中国迈向其前景之依据。因而于其“由世界之角度观看中国”之内里，其实仍是掺杂有“由中国之立场思维如何面对世界之未来”之思想因素。就此一点而言，钱先生与其他立场不同之文化论者，实际上有其共通之处。所差异者，于钱先生之思维中，中国之“主体”，实由具有“义理”意义之所谓“中国人”所构成；中国社会与中国文化，必以此为其存在、发皇之基础。[89]而所谓“具有‘义理’意义之中国人”，其彰显之意义，可分两方面概叙：一为由中国社会精英，依学术、宗教思维与价值观，所创造、呈现之文化理念与人格风范；另一，则是由中国社会群体，依共同生活所沿袭、凝聚而展示之生活态度与价值观点。[90]而此二者之所以成为一种历史诠释之对象，并会合为钱先生对于“生命实践之可能”之想象，除来自其对于中国历史文献之解读外，亦有属于其个人依“生活经验”而获得之“对于人性之信仰与体认”。且于钱先生之思维中，若无能保存此项精神内蕴，中国社会与中国文化，终将历时而涣散。

综合上论所分析，钱先生，虽如前言，未将“儒学观念”发展成为一具系统性之“儒学规格”，亦未以纯然之儒学意识，为其学术之主导；然其所建构之史学，与其所主张之义理学，仍有其观点上之交会。[91]钱先生之论通史，于接受当时所增多之“当代史学视野”后，却仍于其诠释之骨干，择取中国智识分子之精神特质与其文化，作为其核心，其因在是。而亦即缘此，钱先生于其中年完成有关“中国通史”之诠解轮廓后，晚岁之心力，大都投注于“中国学术史”与“思想史”之阐释。

至于与钱先生同时之其他多数中国史学者，则是欲经由对中国落后现状之反思，将之导引至一种“可能的世界史”视野，期待自文明差异之比较中，寻找出足以解答中国现实之一种解释。于其思维之观点中，所谓中国之“主体”，其实即是“中国之社会”；中国社会之结构特质，因此成为关注之对象。当时中国史学之由“社会史研究”，最终走入“马克思主义”(Marxism)史学，其结果虽不全由学术思想所决定；然改革之方向走向“革命”，青年学生成为社会思潮之主力，事亦与学术相关。

以今日中国之处境论，由于世界局势之推移，以及中国本身社会结构之改造，中国已逐渐克服其由“早期近代”(early modern)迈入“成熟近代”时所经历之转移之苦；[92]并于“全球化”(globalization)之经济发展中，占据一有利之位置。中国对于自身历史文化之理解，亦于恢复自信后，逐渐摆脱“依欧洲文化之经验，以探寻足以解答中国现实困境之一种历史解释”之思维方式。中国于逐步扩大其“世界视野”之未来，确有可能将“中国史”之研究与“世界史”之研究，真正融合为一。然史家之历史研究，不仅须于“空间性”之意义，打破基于自身文化主体之偏见；亦应利用自身作为“生命实践者”之角色，作出具有深入“人存在之可能”之历史理解与想象，以突破“研究者”自身经验之局限。钱先生正因其特殊之时空背景，与特殊之义理取径，使其论述历史之话语，对于研究中国历史之学者而言，具有理解“中国视野”与“中国价值观”之重要性，值得学界关注。

注　释

* 本文初稿原刊《台大文史哲学报》第70期(2009年5月)，页85—111。

1 此项争议之呈现，集中于两点：一为宾四师之史学，是否为一过度美化中国历史之“民族史学”？一为宾四师之学术定位，是否应归属于所谓“新儒家运动”成员之一？

2 “史学”与“义理之学”如何相互关联，历来之见，约有三类：一出经学家，一出史学家，而另一，则出于理学家。关于第一种经学家之说，关键在于《春秋》；宾四师之意见，论详所撰《孔子与春秋》（原刊《东方学报》第1卷第1期〔1954年〕，见钱穆：《两汉经学今古文平议》〔香港：新亚研究所，1958年；台北：三民书局，1971年；二刷，台北：东大图书公司，1978年〕，东大版，页235—283；收入钱穆撰，钱宾四先生全集编辑委员会主编：《钱宾四先生全集》〔台北：联经出版事业公司，1998年〕，第8册，页263—317）。关于第二种史学家之说，关键在于史德与史识；宾四师之意见，论详所撰《中国史学名著》，《刘知几史通》、《章实斋文史通义》（台北：三民书局，1973年，册1，页155—156、册2，329—330；收入钱穆撰，钱宾四先生全集编辑委员会主编：《钱宾四先生全集》，第33册，页193—194、401—403）。至于第三种理学家之说，关键则在朱子（熹，字元晦，1130—1200）与阳明（王守仁，字伯安，1472—1529），而朱子之关键尤大。宾四师之意见，论详所撰《朱子之史学》（见钱穆：《朱子新学案》〔五〕〔台北：自印本，1971年；台北：三民书局，1982年〕，三民版，页1—119；收入钱穆撰，钱宾四先生全集编辑委员会主编：《钱宾四先生全集》，第15册，页1—165）。

3 关于宾四师与现代中国学术发展之多层关系，参见本书前论《钱宾四先生所关注之时代问题与其学术取径》。

4 此处所言“系统”，乃指“学术系统”，非“知识系统”。

5 唯本文于此论述之意旨，并未声言宾四师及其同时之一般中国智识分子，对于西方文明与属于现代之世界形势，已有充分之理解。

6 人类对于“确定性”之寻求之反面，即是一种风险意识。参见 Jürgen Habermas（1929—　），“On John Dewey's *The Quest for Certainty*，” in *Habermas and Pragmatism*，Part IV，Postcript：Some Concluding Remarks，edited by Mitchell Aboulafia，Myra Bookman & Cathy Kemp（New York，NY：Routledge，2002），pp. 229—233。

7 依据“绝对理念”（the Absolute Idea）之辩证性质，与依据“历史唯物主义”（historical materialism）之客观法则，以解释历史，虽皆曾于近代思想之进程中出现，然其最终之必归于失败，其实即是一种“学理论述”上之澄清。

8 宾四师对于“史学”之独立性质，乃至传统目录学中“四部”分野之看法，论详所撰《四部概论》（原刊香港《人生》杂志，32卷5、6期〔1967年9、10月〕，见钱穆：《中国学术通义》〔台北：台湾学生书局，1975年；增订本，台北：台湾学生书局，1982年〕，台湾学生书局增订本，页1—65；收入钱穆撰，钱宾四先生全集编辑委员会主编:《钱宾四先生全集》,第25册,分页1—67)。

9　历史之“哲学式解释”与“哲学式反省”不同。前者之企图,在于欲对“历史发生”之原因作出科学或哲学之严格解释;而后者,则仅是选择与“历史存在”(historical existence),或“历史想象”(historical imagination)相关之议题,加以理论性之讨论。

10　此一分别,即就古人而言,亦非全然不知。王元高(义山,号稼村,1214—1287)官于宋末,元初曾掌教江西,其自序文集,屡言科目之累,而极力称扬有宋理学诸儒之功。其言云:“唐人专尚词章,全是科目坏之。独惟宋诸老,穷则著书立言,达则致君泽民,有为前圣继绝学,为千万世开太平之功。盖于科举之外,知有义理之学,义理之外,知有性命之学,由乎科目之中,而不为科目累也。”(见〔元〕王义山撰:《稼村类藁·原序》,收入《景印文渊阁四库全书》〔台北:台湾商务印书馆,1983年〕,第1193册,序页1b—2a,总页1—2)义山非钜儒通人,而能知宋儒义理之学中别有性命之学,且谓诸儒之学乃“由乎科目之中,而不为科目累”,则见古人于“形式”与“内涵”之间,亦多能辨异。特就中国而言,因缺乏“哲学方法”与“哲学形态”之形式论述,故仅能以“玄学”、“理学”等观念,作为某些特殊学术内容之指称,而未能建构普遍义之“哲学”概念。

11　此处所谓“视道、释二家为落后”,仅系就“认识论”之发展论,为如此。而其压力,则来自思想深化后,所产生之“系统化需求”。道、释二家之较早承受此压力,乃与其哲学或宗教之“超越世法”有关。然若就一般性之“社会思想”而言,则儒家仍居于关键之主导地位。

12　此处所指称之“系统类型”之建构,系就严密义之“理论作为”,与成就主要之“主导势能”而说。且即在此意义下,亦并非谓于此之前,或在此以后之理学各家之思想内里,除朱子与阳明外,皆缺乏“系统哲学”(systematic philosophy)建构之意义,或不具备可能导引出不同“系统类型”之潜势。

13　所以谓象山所开启之途径,须经阳明之彻底“理论化”,乃始完成“理学”整体建构之第二种主要系统类型,系因:象山之诤朱子,重点在于论述人“灵识”之本然,非唯不受气质之局限,人且系一切万物中独得五行之秀、阴阳之和者;此人之所以为贵。而据其说,此心之广、大,乃涵括一切宇宙之事。此一将“心体”之“概念层次”提升之作法,就其“成说”之条件言,必须建构具有“哲学完整性”之理论体系,始竟其功;故必俟诸阳明。参见拙作《论阳明与象山思想之关联及其差异》(初稿原辑入何佑森先生纪念论文集编辑委员会编:《中国学术思想论丛——何佑森先生纪念文集》〔台北:大安出版社,2009年〕,页167—198;并收入戴景贤撰:《明清学术思想史论集》上编〔香港:中文大学出版社,2012年〕,页113—155)一文。

14　清儒章实斋(学诚,1738—1801)曾谓宋儒之有朱、陆,乃千古不可合之同异,亦千古不可无之同异(语出章学诚:《朱陆》,见〔清〕章学诚撰,叶瑛〔字石甫,1896—1950〕校注,《文史通义校注》〔北京:中华书局,2008 年六刷〕,上册,卷三,页 262)。此一说法,出自实斋对于后世"儒学发展"之一种观察。其观点,不仅与今日论"哲学史"者之以"哲学形态"区分程朱、陆王,着眼不同;与历来以"道学"为考量之多结合"义理"与"哲学"二种需求,因而争执"程朱"、"陆王"孰是孰非者,意义亦别(论详拙作《论章实斋之学术起源说及其学术史观之构成》,初稿原刊《台大中文学报》第 24 期〔2006 年 6 月〕,页 225—270;收入《明清学术思想史论集》下编〔香港:中文大学出版社,2012 年〕,页 1—89)。本文此处所言,则一面以现代之眼光,为"哲学形态"之分辨;另一面,亦兼重历来所谓"义理门径"之差异,与其于儒学所产生之扩散效应。非专就一二学脉传承而言,故与实斋之论,自所不同。至于宋明儒学中另有之义理传承,或其性理思维之发展中,其他种种调和之论、歧出之说,乃至学者别为主张之脉络,皆暂置不论。

15 有关朱子之《大学章句序》与阳明《答顾东桥书》中"拔本塞源之论"之比较,宾四师之观点,论详所撰《阳明学述要》,《六、阳明的晚年思想》(台北:正中书局,1955 年),页 75—86;收入钱穆撰,钱宾四先生全集编辑委员会主编:《钱宾四先生全集》,第 10 册,分页 82—92。

16 论详所撰《说良知四句教与三教合一》,原刊《思想与时代》37 期(1944 年 11 月),见钱穆:《中国学术思想史论丛》〔七〕(台北:东大图书公司,1979 年),页 124—152;收入钱穆撰,钱宾四先生全集编辑委员会主编:《钱宾四先生全集》,第 21 册,页 163—197。

17 同前注,东大版,页 152;《钱宾四先生全集》,第 21 册,页 197。

18 同前注。

19 今日所谓"哲学"(philosophy)与"哲学家"(philosopher)之名,虽系移译而来,然中国自有"玄学"之称,以"议题"为学术之剖判,则于其相承之概念中,亦并非对"哲学"之性质无理解,但无"哲学家"之概念耳。《朱子语类》之编辑,以"性理"之观念居先,即是展现此种理解。

20 "消摄"与"包络",语亦见钱穆:〈说良知四句教与三教合一〉文(参注〈16〉)。

21 见钱穆:《论语新解》,《述而》篇(香港:新亚研究所,1963 年;台北:自印本,1965 年;台北:东大图书公司,1988 年),东大版,页 265—266;收入钱穆撰,钱宾四先生全集编辑委员会主编:《钱宾四先生全集》,第 3 册,页 270—271。

22 参见《论语·述而》篇,收入〔宋〕朱熹撰:《四书章句集注·论语集注》(北京:中华书局,2010 年十四刷),卷四,页 101。

23 见钱穆:《朱子新学案》〔二〕,《朱子论格物》,三民版,页 538;收入钱穆撰,钱宾四先生全集编辑委员会主编：《钱宾四先生全集》，第12册，页702。

24 同前注，三民版，页509；《钱宾四先生全集》，第12册，页670。

25 同前注，三民版，页545；《钱宾四先生全集》，第12册，页710。

26 《推止篇》作于一九六三年，刊载于一九六四年二月香港新亚书院《新亚学报》6卷1期；后收入钱穆：《中国学术思想史论丛》〔二〕（台北：东大图书公司，1980年），页425—473；收入钱穆撰，钱宾四先生全集编辑委员会主编：《钱宾四先生全集》，第18册，分页397—461。

27 本文此处为诠释而使用之"范畴"一词，非以言常义之"畴类"，亦非以指哲学化之"观念"；与宾四师他处所曾用为前一义者有异。其义系指哲学"范畴论"中所涉论之严格义之"范畴"（categories），特在此因行文而借用为动词。关于此义，中、印哲学与西方传统中之观点，颇有不同。至于"物类"之指称，亦非仅以谓"存有物"（*ens*/*Seiendes*）或云"存有者"之种类，而系通指人依"心所约取"而辨之"同异"与"关系"。

28 宾四师论此之原文为："继自今，傥复有儒学新兴，如何会通天人，绾人文与自然而一之，内而心知情慧，外而物理事变，不偏不倚，兼顾并重，并可使西方科学新知与中国儒家人文旧统获得调和，以为人类求知立行建一新原则，创一新体系，此事牵涉甚大，则非本篇之所能深论矣。"（详钱穆：《推止篇：十三、吕氏春秋》，见钱穆：《中国学术思想史论丛》〔二〕，东大版，页471；收入钱穆撰，钱宾四先生全集编辑委员会主编：《钱宾四先生全集》，第18册，分页458）

29 此处释宾四师之分辨于"名言之辩"与"礼义之辨"，主要乃依据其论荀子时之所判别（说详钱穆：《推止篇：九、荀子》，同前注，东大版，页459；《钱宾四先生全集》，第18册，分页442），而宾四师之所憾于荀子之未达一间者，则应即是余此处所言。

30 现代哲学诠释学，于其建构之基础中，"存有学"（ontology）立场之转换，有一重要之导引关键，即是对于"语言"于"诠释经验"中所起之"中介作用"之分析（参见Hans-Georg Gadamer〔1900—2002〕，*Wahrheit und Methode*〔Tubingen：J. C. B. Mohr，Paul Siebeck，1986〕；English translation revised by Joel Weinsheimer and Donald G. Marshall from the 2nd〔1965〕edition，*Truth and Method*〔New York，NY：Crossroad Publishing Co.，1989〕，Part III：The Ontological Shift of Hermeneutics Guided by Language，pp. 383—493；中译本，〔德〕汉斯-格奥尔格·加达默尔撰，洪汉鼎译：《真理与方法：哲学诠释学的基本特征》〔上海：上海译文出版社，1999年〕，页489—626）。宾四师于西方近代之诠释学，所知未多；其晚年认识论立场之建构，其所受启示之来源，乃得自彼对于先秦"名学"之理解。

31 迦达玛（Hans-Georg Gadamer）于讨论"理解"时，曾提出所谓"视界交融"（the

fusion of horizons)一词，意指解读文本时，解读者观点所产生之变化(参见 Hans-Georg Gadamer, *Truth and Method*, pp. 304—306；中译本，汉斯-格奥尔格·加达默尔撰，洪汉鼎译：《真理与方法：哲学诠释学的基本特征》，页 392—394)。此处所言"'人'与'他人'观点相互作用"之意，虽非专就"理解"而言，意亦有所近。

32 此处所谓"中国方式之'智性'观念"，其与西方"理性"观之差别，在于双方于认识论之设论，基础殊异；因而对于其"运作方式"与"有效性"(validity)之见解，亦有所不同。

33 此处所释有关宾四师之哲学观点，皆乃依其"性质"而为判别，而非依其本人表述之语词、语句为论。

34 《论语》："子曰：'莫我知也夫！'子贡曰：'何为其莫知子也？'子曰：'不怨天，不尤人。下学而上达。知我者其天乎！'"(见《论语·宪问》篇，收入朱熹撰：《四书章句集注·论语集注》，卷七，页 157—158)宾四师关于此"下学"与"上达"之解义，有二方面：就"学术"言，即是孔子"史学"与"心学"之相通(论详钱穆：《孔子之史学与心学》，见钱穆：《孔子与论语》〔台北：联经出版事业公司，1974 年〕，页 251—258；收入钱穆撰，钱宾四先生全集编辑委员会主编：《钱宾四先生全集》，第 4 册，分页 417—426)；就"思想"言，即是所谓"一贯"之义(论详钱穆：《本论语论孔学》，原刊香港《新亚学报》2 卷 1 期〔1956 年 8 月〕，收入钱穆：《孔子与论语》，同上，联经版，页 67—95；《钱宾四先生全集》，第 4 册，分页 201—236)。

35 宾四师曾谓："西方知识贵客观，以纯理性求；中国知识兼主观，融情感，不重纯理性。"见钱穆：《晚学盲言》(下)，下篇"德性行为修养之部"，《六八、知识与德性》(台北：东大图书公司，1987 年)，页 796—805；收入钱穆撰，钱宾四先生全集编辑委员会主编：《钱宾四先生全集》，第 49 册，页 1257—1287。

36 此所谓"中"、"和"之义，论详宾四师所撰《中庸新义》(原刊香港《民主评论》6 卷 16 期〔1955 年 8 月〕，见钱穆：《中国学术思想史论丛》〔二〕，东大版，页 283—306；收入钱穆撰，钱宾四先生全集编辑委员会主编：《钱宾四先生全集》，第 18 册，分页 89—118)。

37 宾四师曾谓："昔人曾喻心之静态如天平。天平之静定，即'未发之中'也。天平非必两头无物，乃求两头之轻重相等。苟是轻重相等，则有物如无物焉。心中无物，故得静定，此乃心之常态，犹如太空一碧也。当知人心之明初现，本是空无一物者，此在佛家禅宗，谓之'父母未生以前本来面目'。此种本来面目即是一'中'。因宇宙本来面目同是一中也。迨其心上忽然挂了一物，此如天平一头悬重，另一头空无所悬，必轩而上举；而悬重之一头，必掉而下沉。如此则失却平衡，即不安定。此为逆天背性，势不可久。……若使人心喜怒哀乐之发，常能如外物之来感者而轻重适等以获平,则此心常在一恰好状态下,即此心常得天理。……则此心之有喜怒哀乐,将若不见有喜怒哀乐。外物之有种种相乘,亦常若不见有种种相乘。……此在佛家谓之'无分别心,有分别用'。《中庸》则谓之'中立而不倚'。而喜怒哀乐之迭起,常如大气流动之一片太和,犹如好天气之常是太空一碧也。……佛家谓'我不入地狱,谁入地狱',然纵入地狱,以吾佛慈悲,其心仍是太空一碧,不失中和。故中和乃至真实,乃至诚,非虚非幻。佛家天台宗有中、假、空'一心三观'之说,正可本此意而为之阐说矣。"(见宾四师所撰《中庸新义》,同前注,东大版,页298—299;《钱宾四先生全集》,第18册,分页108—109)论中宾四师以《中庸》之"中"、"和"义,包括佛说,而谓其可通,则其意盖可知矣。

38　"认知性观念"与"认知性思维"中,其所可能存在之各自之相对性,与于哲学之"价值理论"中主张一种"相对主义",非一事。

39　对于宾四师而言,儒家言"诚",以之通于天、人,即是破一切"虚无"之论;然即儒义之范围内,亦每有"虚"、"实"之辨。象山之欲以"心即理"替换程朱之"性即理",即是主"说心便实,说性犹不免于虚";盖欲免"格物"之流于支离。而朱子之所以将"心之作用"与心所涵"义理之性"分开,则亦是欲以转化禅宗"作用是性"之论;故反讥象山为禅。凡此皆可见,精于义理者之欲以"真实之实"区隔于"蹈空之虚"与"俗见之虚"之用意(论详宾四师所撰《中庸新义申释》,原刊香港《民主评论》7卷1期〔1956年1月〕,见钱穆:《中国学术思想史论丛》〔二〕,东大版,页307—323;收入钱穆撰,钱宾四先生全集编辑委员会主编:《钱宾四先生全集》,第18册,分页119—141;最后一语为衍义,非宾四师原文)。

40　宾四师之见,说详所撰《儒家之性善论与其尽性主义》(原刊上海《新中华月刊》1卷7期〔1933年4月〕,见钱穆:《中国学术思想史论丛》〔二〕,东大版,页241—255;收入钱穆撰,钱宾四先生全集编辑委员会主编:《钱宾四先生全集》,第18册,分页1—18)。

41　清代焦里堂(循,1763—1820)曾以人智之进化,论释孟子之"性善"义,颇为宾四师所称道;论详所撰《中国近三百年学术史》,第十章《焦里堂阮芸台凌次仲》(上海:商务印书馆,1937年;台北:台湾商务印书馆,1957年;重排本,台北:台湾商务印书馆,1995年;北京:商务印书馆,1997年。北京商务本,下册,页504;收入钱穆撰,钱宾四先生全集编辑委员会主编:《钱宾四先生全集》,第17册,页588)及《儒家之性善论与其尽性主义》(见钱穆:《中国学术思想史论丛》〔二〕,同前注,东大版,页242—247;《钱宾四先生全集》,第18册,分页3—8)一文。

42　宾四师曾以阳明弟子季彭山(本,字明德,1485—1563)《龙惕》之言,论驳"以境言心"之说;论详所撰《说良知四句教与三教合一》(见钱穆:《中国学术思想史论丛》

〔七〕,东大版,页 135—136;收入钱穆撰,钱宾四先生全集编辑委员会主编:《钱宾四先生全集》,第 21 册,页 177)一文。

43 同前注,东大版,页 137—144;《钱宾四先生全集》,第 21 册,页 178—188。

44 同前注,东大版,页 140;《钱宾四先生全集》,第 21 册,页 183。

45 同前注,东大版,页 141—142;《钱宾四先生全集》,第 21 册,页 184—185。

46 孟子云:"广土众民,君子欲之,所乐不存焉。中天下而立,定四海之民,君子乐之,所性不存焉。君子所性,虽大行不加焉,虽穷居不损焉,分定故也。君子所性,仁义礼智根于心。其生色也,睟然见于面,盎于背,施于四体,四体不言而喻。"(见《孟子·尽心章句上》,收入朱熹撰:《四书章句集注·孟子集注》,卷十三,页 354—355)

47 就此一点言,宾四师谓儒家之说,固仍是未离于所谓"于躯壳上起念"。关于"于躯壳上起念",说见钱穆:《说良知四句教与三教合一》,见钱穆:《中国学术思想史论丛》〔七〕,东大版,页 140;收入钱穆撰,钱宾四先生全集编辑委员会主编:《钱宾四先生全集》,第 21 册,页 182。

48 同前注,东大版,页 141;《钱宾四先生全集》,第 21 册,页 184。

49 钱师宾四明谓阳明乃沾染于老、释,此沿其语;说见钱穆:《说良知四句教与三教合一》,同前注,东大版,页 143—144;《钱宾四先生全集》,第 21 册,页 186—187。

50 宾四师虽辨朱子之释孟子"尽心可以知性"曾将之倒说为"知性乃可以尽心"(说详钱穆:《朱子新学案》〔四〕,《朱子与二程解经相异下:五、论尽心知性》,三民版,页 480—499;收入钱穆撰,钱宾四先生全集编辑委员会主编:《钱宾四先生全集》,第 14 册,页 537—559),然朱子之言"知性",乃立根于其"格物"之说,非由内证,故即就此一点而言,朱子仍是未远于先秦之儒义。

51 关于朱子解孟子"尽心可以知性"先后之异见,参见本书前论《钱宾四先生所关注之时代问题与其学术取径》注〈143〉。

52 黄宗羲:《师说》,见〔清〕黄宗羲撰,沈芝盈点校:《明儒学案》(修订本)(北京:中华书局,2008 年二版),上册,页 8。

53 黄宗羲:《蕺山学案》,同前注,下册,卷六十二,页 1516。

54 关于梨洲之意存回护阳明,宾四师亦主此说;说详钱穆:《说良知四句教与三教合一》,见钱穆:《中国学术思想史论丛》〔七〕,东大版,页 139;收入钱穆撰,钱宾四先生全集编辑委员会主编:《钱宾四先生全集》,第 21 册,页 182。

55 同前注,东大版,页 141;《钱宾四先生全集》,第 21 册,页 184。

56 宾四师引船山说,最要者,在辨外、杂篇之非庄本旨,而或流为老学;说详钱穆:《庄子纂笺》〔1951〕,《外篇》、《杂篇》篇题,(香港:自印本,1951 年;增订版,香港:

东南印务公司，1955 年；台北：自印本，1969 年；重印本，台北：东大图书公司，1985 年)，东大版重印本，页 67、183；收入钱穆撰，钱宾四先生全集编辑委员会主编：《钱宾四先生全集》，第 6 册，分页 79、217。

57 说见《中国思想史》，《一一、庄子》(台北：中华文化出版事业委员会，1952 年；台北："国防部总政治部"，1952 年；香港，自印本，1956 年；香港：新亚书院，1962 年；台北：华冈出版公司，1971 年；台北：台湾学生书局，1977 年；台北，台湾商务印书馆，1992 年)，台湾学生书局版，页 49；收入钱穆撰，钱宾四先生全集编辑委员会主编：《钱宾四先生全集》，第 24 册，分页 46。

58 说见《关于老子成书年代之一种考察》，原刊《燕京学报》第 8 期(1930 年 12 月)，亦见罗根泽主编：《古史辨》第四册(收入民国丛书编辑委员会编：《民国丛书》第四编〔上海：上海书店出版社，1992 年〕，第 67 册，据民国十九年朴社本影印)，分页 383—411；后收入钱穆：《庄老通辨》(香港：新亚研究所，1957 年；增订本，台北：三民书局，1971 年；第二次重编本，台北：东大图书公司，1991 年)，东大版第二次重编本，页 21—59；收入钱穆撰，钱宾四先生全集编辑委员会主编：《钱宾四先生全集》，第 7 册，页 25—71。

59 明代觉浪禅师曾有"托孤"之说，谓庄子乃孔子之嫡裔而托于老子门下，参见方以智：《天界提正托孤论》，收入〔清〕方以智撰：《药地炮庄》(台北：广文书局，1975 年，据"中央研究院"历史语言研究所藏本影印)，上册，页 6—8，总页 64—67。

60 关于觉浪禅师"托孤"说，与明代"三教合一"论之关系，参见拙作《论方以智王船山二人思想之对比性与其所展显之时代意义》(本文初稿原发表于"中央研究院"中国文哲研究所举办之《方以智及其时代学术研讨会》〔台北："中央研究院"，2007 年 9 月 13 日〕；后刊登于《文与哲》第 12 期〔2008 年 6 月〕，页 455—528；并收入戴景贤撰：《明清学术思想史论集》上编，页 257—352)一文。

61 宾四师治《庄》之途辙，说详《庄子纂笺序目》；见钱穆：《庄子纂笺》，东大版重印本，页 1—10；收入钱穆撰，钱宾四先生全集编辑委员会主编：《钱宾四先生全集》，第 6 册，分页 6—14。

62 宾四师之必以药地之思想主轴，乃近儒，亦是与此相关；说详钱穆：《余君英时方以智晚节考序》(原刊香港新亚书院研究所《中国学人》第 4 期〔1972 年 9 月〕，见钱穆：《中国学术思想史论丛》〔八〕，收入钱穆撰，钱宾四先生全集编辑委员会主编：《钱宾四先生全集》，第 22 册，页 75—78)。

63 钱穆：《双溪独语》，台北：台湾学生书局，1981 年；收入钱穆撰，钱宾四先生全集编辑委员会主编：《钱宾四先生全集》，第 47 册。

64 参注〈28〉。

65 宾四师对于中国学术特质之认识，及中国学术面对当代处境应有之回应，曾有一概述，详所撰《中国学术通义》（参注〈8〉）与《现代中国学术论衡》（台北：东大图书公司，1984 年；长沙：岳麓书社，1986 年。收入钱穆撰，钱宾四先生全集编辑委员会主编：《钱宾四先生全集》，第 25 册）二书；由其中之所论述，可大约见出宾四师对于“现代学术”之一般观点。

66 文载一九九零年九月二十六日台北《联合报》，第 28、29 版；见钱穆：《世界局势与中国文化》〔重编本〕，收入钱穆撰，钱宾四先生全集编辑委员会主编：《钱宾四先生全集》，第 43 册，页 419—429。

67 说详钱穆：《中国文化史导论》，第一章《中国文化之地理背景》（重庆：正中书局，1948 年；二版，台北：正中书局，1951 年；台北：“国防部总政治部”，1952 年；修订本，台北：台湾商务印书馆，1993 年），台湾商务修订本，页 17—20；收入钱穆撰，钱宾四先生全集编辑委员会主编：《钱宾四先生全集》，第 29 册，分页 18—21。

68 宾四师此一说法，虽系受梁任公（启超，字卓如，1873—1929）“中国的佛教”一说之影响而发展，然其间亦有重要之差异；读者详之。

69 说详钱穆：《中国文化史导论》，第十章《中西接触与文化更新》，台湾商务修订本，页 203—230；收入钱穆撰，钱宾四先生全集编辑委员会主编：《钱宾四先生全集》，第 29 册，分页 211—239。并见钱穆：《文化学大义》，附录一《世界文化之新生》〔1950〕、附录三《人类新文化与新科学》〔1951〕（台北：正中书局，1952 年），页 85—105、120—131；收入钱穆撰，钱宾四先生全集编辑委员会主编：《钱宾四先生全集》，第 37 册，见钱穆：《文化学大义》，附录一、附录二，分页 101—124、125—137。

70 自另一面分析，宾四师亦主张：就中国史之理解而言，理解中国式之“义理精神”，与其所可能产生之社会影响，亦必是深入中国文化之精髓所不可或缺。盖由是加深“思想史”研究位于“史学”中之重要性。

71 关于《史记》“究天人之际”一语之诠释，宾四师曾以太史公之“历史哲学”论之（见钱穆：《中国史学名著》，《史记・下》，三民版，册 1，页 92—93；收入钱穆撰，钱宾四先生全集编辑委员会主编：《钱宾四先生全集》，第 33 册，页 116—117）；语虽简，仍颇具深意。

72 梁任公《清代学术概论》曾举谭复生（嗣同，号壮飞，1865—1898）《仁学》之说，略谓中国二千年来之政，秦政也，皆大盗也；中国二千年来之学，荀学也，皆乡愿也。惟大盗利用乡愿；惟乡愿工媚大盗。故二者交相资，而罔不托之于孔。此为近代以儒学为“专制工具”之说之权舆。任公说详《清代学术概论・二十七》〔1920〕（编为《饮冰室专集之三十四》，收入梁启超撰：《饮冰室合集》〔北京：中华书局，2003 年重印本四刷〕，第 8 册），分页 67；谭复生说，则见〔清〕谭嗣同撰，蔡尚思（1905—

2008)、方行编：《谭嗣同全集》(增订本，北京：中华书局，1998 年三刷)，下册，页 337。

73　钱穆：《国学概论》(上海：商务印书馆，1931 年；台北：台湾商务印书馆，1956 年；重排本，台北：台湾商务印书馆，1995 年；北京：商务印书馆，1997 年)，收入钱穆撰，钱宾四先生全集编辑委员会主编：《钱宾四先生全集》，第 1 册。

74　参注〈80〉。

75　孔子自述一生，有所谓“三十而立，四十而不惑，五十而知天命，六十而耳顺，七十而从心所欲，不逾矩”(见《论语·为政》篇，收入朱熹撰：《四书章句集注·论语集注》，卷一，页 54)之语。其中四十以至五十，五十以至六十，乃至七十以上，其进阶究竟如何区分？境界如何？历来读《论语》者，极费思量。而理学家之于此，亦是各家体验不同。唯迄于现代，学者之论孔子者，则多注意孔子之时代，乃至孔子思想与当时时代背景之关联，于此乃多浅言之。宾四师于此，仍极重视，亦有其独到之见。

76　宾四师之同时有取于朱子《中庸章句序》，与阳明《答顾东桥书》中之“拔本塞源之论”，显示宾四师对于此二篇文章之所言，皆是以一种学者之“伦理想象”视之，并未重视彼二人提出此说时所蕴含之历史思维。故亦未尝以严肃之态度，论证其说是否符于历史实情。若此之类，皆是对于理学家“论史意见”之淡化处理。而另方面，宾四师对于朱子、阳明二家论“知”之说之仅浅取其意，而不欲深究，则是显示宾四师不认为儒学之义理基础，必要以特定之“哲学系统”为其支撑。

77　本文于“文明”与“文化”，有行文时之取意，与宾四师对于二词所采用之义界不同。

78　雅斯培曾举出人类历史曾存在四位典范性人物，即孔子、佛陀、苏格拉底(Socrates，公元前 469—前 399)与耶稣，谓系于世界历史有决定性之影响；其所提供之价值系统，至今仍为人所遵循。彼于论中所指称之“典范性人物”，即是一种“圣人”之现代诠释。参见 Karl Theodor Jaspers, edited by Hannah Arendt, translated by Ralph Manheim, *Socrates, Buddha, Confucius, Jesus: The Paradigmatic Individuals* (San Diego, CA: Harcourt, Brace, Jovanovich, 1985/c1962)。

79　参见本书前论《论钱宾四先生“中国文化特质说”之形成与其内涵》。

80　宾四师有关“士阶层”之论述，散见其书者颇多；概略之说，可参详所撰《中国社会演变》〔1950〕、《再论中国社会演变》〔1977〕、《中国历史上社会的时代划分》〔1955〕(见钱穆：《国史新论》〔香港：自印本，1955 年；台北：自印本，1955 年；台北：三民书局，1969 年；台北：东大图书公司，1981 年；增订本，台北：东大图书公司，1989 年〕，东大版增订本，页 1—35、37—55，末篇东大版增订本未收；收入钱穆撰，钱宾四先生全集编辑委员会主编：《钱宾四先生全集》，第 30 册，页 1—42、43—65、67—77)三文。

81 参前注〈80〉。

82 对于社会学者而言,宾四师所主张中国自宋以来即为一"平民社会",或说中国历来乃一由士、农、工、商所组成之"四民社会"之类之论述,皆并未真正触及"社会学"中所谓"结构"问题。

83 章学诚:《易教上》,见章学诚撰,叶瑛校注,《文史通义校注》,上册,卷一,页1—10;〈原学中〉,同上,卷二,页150—153。

84 说详所撰《孔学与经史之学》,原刊香港《民主评论》3卷20期(1952年10月),见钱穆:《孔子与论语》,联经版,页107—128;收入钱宾四先生全集编辑委员会主编:《钱宾四先生全集》,第4册,分页237—261。

85 语见〔汉〕司马迁撰,〔南朝刘宋〕裴骃(字龙驹)集解,〔唐〕司马贞(字子正)索隐,〔唐〕张守节正义:《史记》(北京:中华书局,1982年),第10册,卷一百三十,页3295。

86 论详所撰《孔子与春秋》,见钱穆:《两汉经学今古文平议》,东大版,页235—283;收入钱穆撰,钱宾四先生全集编辑委员会主编:《钱宾四先生全集》,第8册,页263—317。

87 关于重要史学专著之得失,宾四师之意见,论详所撰《中国史学名著》(参注〈2〉)。

88 此处所说,乃作者为宾四师观点所作之诠释,宾四师本人则并未有如此明白之宣示。

89 此一说法,虽若易于掩盖社会内部之"多元性"与"冲突性",然以社会建构之"精神层面"而言,"价值"观念之孕育与积累,仍系社会中启示个人成长之重要条件,人因此而成为"文明之人"。就此点言,宾四师之言,不仅具有"义理学"上之意义,类如阳明之"拔本塞源"之论,亦具有"史学"上之重要性。

90 参见宾四师所撰《双溪独语》(参注〈63〉)。

91 参见本文第三节《钱先生诠释中国学术史之基本角度与其研究重点》。

92 此处所言,系依据作者以中国于明帝国之确立,即已进入所谓"早期近代"之说法为论。参见拙作《市镇文化背景与中国早期近代智识群体——论清乾隆嘉庆时期吴皖之学之兴起及其影响》(本文初稿原发表于上海社会科学院所举办之《第三届世界中国学论坛》〔上海:上海社会科学院,2008年9月8日〕;后刊登于《文与哲》第13期〔2008年12月〕,页219—270;并收入戴景贤撰:《明清学术思想史论集》下编,页181—240)。

参考书目

方以智:《天界提正托孤论》,收入方以智撰:《药地炮庄》,台北:广文书局,1975年,上册，据“中央研究院”历史语言研究所藏本影印。

王义山：《稼村类藁·原序》，收入《景印文渊阁四库全书》，台北：台湾商务印书馆，1983年，第1193册。

司马迁撰，裴骃集解，司马贞索隐，张守节正义：《史记》，北京：中华书局，1982年，第10册。

朱熹：《四书章句集注》，北京：中华书局，2010年十四刷。

梁启超：《清代学术概论》，见《饮冰室专集之三十四》，收入梁启超撰：《饮冰室合集》，北京：中华书局，2003年重印本四刷，第8册。

章学诚：《朱陆》，见章学诚撰，叶瑛校注，《文史通义校注》，北京：中华书局，2008年六刷，上册。

——：《易教上》，见章学诚撰，叶瑛校注，《文史通义校注》，上册。

——：《原学中》，见章学诚撰，叶瑛校注，《文史通义校注》，上册。

黄宗羲：《师说》，见黄宗羲撰，沈芝盈点校：《明儒学案》（修订本），北京：中华书局，2008年二版，上册。

——：《蕺山学案》，见黄宗羲撰，沈芝盈点校：《明儒学案》（修订本），下册。

汉斯-格奥尔格·加达默尔撰，洪汉鼎译：《真理与方法：哲学诠释学的基本特征》，上海：上海译文出版社，1999年。

钱穆：《国学概论》，上海：商务印书馆，1931年；台北：台湾商务印书馆，1956年；重排本，台北：台湾商务印书馆，1995年；北京：商务印书馆，1997年。收入钱穆撰，钱宾四先生全集编辑委员会主编：《钱宾四先生全集》，台北：联经出版事业公司，1998年，第1册。

——：《中国近三百年学术史》（下），上海：商务印书馆，1937年；台北：台湾商务印书馆，1957年；重排本，台北：台湾商务印书馆，1995年；北京：商务印书馆，1997年。收入钱穆撰，钱宾四先生全集编辑委员会主编：《钱宾四先生全集》，第17册。

——：《中国文化史导论》，重庆：正中书局，1948年；二版，台北：正中书局，1951年；台北：“国防部总政治部”，1952年；修订本，台北：台湾商务印书馆，1993年。收入钱穆撰，钱宾四先生全集编辑委员会主编：《钱宾四先生全集》，第29册。

——：《庄子纂笺》，香港：自印本，1951年。增订版，香港：东南印务公司，1955年；台北：自印本，1969年；重印本，台北：东大图书公司，1985年。收入钱穆撰，钱宾四先生全集编辑委员会主编：《钱宾四先生全集》，第6册。

——：《中国思想史》，台北：中华文化出版事业委员会，1952年；台北：“国防部总政治部”，1952年；香港，自印本，1956年；香港：新亚书院，1962年；台北：华冈出版公司，1971 年；台北：台湾学生书局，1977 年；台北，台湾商务印书馆，1992 年。收入钱穆撰，钱宾四先生全集编辑委员会主编：《钱宾四先生全集》，第 24 册。

——：《阳明学述要》，台北：正中书局，1955 年。收入钱穆撰，钱宾四先生全集编辑委员会主编：《钱宾四先生全集》，第 10 册。

——：《论语新解》，香港：新亚研究所，1963 年；台北：自印本，1965 年；台北：东大图书公司，1988 年。收入钱穆撰，钱宾四先生全集编辑委员会主编：《钱宾四先生全集》，第 3 册。

——：《朱子新学案》〔二〕、〔四〕、〔五〕，台北：自印本，1971 年；台北：三民书局，1982 年。收入钱穆撰，钱宾四先生全集编辑委员会主编：《钱宾四先生全集》，第 12、14、15 册。

——：《中国史学名著》，台北：三民书局，1973 年。收入钱穆撰，钱宾四先生全集编辑委员会主编：《钱宾四先生全集》，第 33 册。

——：《双溪独语》，台北：台湾学生书局，1981 年。收入钱穆撰，钱宾四先生全集编辑委员会主编：《钱宾四先生全集》，第 47 册。

——：《现代中国学术论衡》，台北：东大图书公司，1984 年；长沙：岳麓书社，1986 年。收入钱穆撰，钱宾四先生全集编辑委员会主编：《钱宾四先生全集》，第 25 册。

——：《晚学盲言》（下），台北：东大图书公司，1987 年。收入钱穆撰，钱宾四先生全集编辑委员会主编：《钱宾四先生全集》，第 49 册。

——：《关于老子成书年代之一种考察》，原刊《燕京学报》第 8 期，1930 年 12 月。亦见罗根泽主编：《古史辨》第四册，收入《民国丛书》第四编，上海：上海书店出版社，1992 年，第 67 册，据民国十九年朴社本影印，分页 383—411。见钱穆：《庄老通辨》（香港：新亚研究所，1957 年；增订本，台北：三民书局，1971 年；第二次重编本，台北：东大图书公司，1991 年），东大版第二次重编本，页 21—59。收入钱穆撰，钱宾四先生全集编辑委员会主编：《钱宾四先生全集》，第 7 册，页 25—71。

——：《儒家之性善论与其尽性主义》，原刊上海《新中华月刊》1 卷 7 期，1933 年 4 月。见钱穆：《中国学术思想史论丛》〔二〕，台北：东大图书公司，1980 年，页 241—255。收入钱穆撰，钱宾四先生全集编辑委员会主编：《钱宾四先生全集》，第 18 册，分页 1—18。

——：《说良知四句教与三教合一》，原刊《思想与时代》第 37 期，1944 年 11 月。见钱穆：《中国学术思想史论丛》〔七〕，台北：东大图书公司，1979 年，页 124—152。收入钱穆撰，钱宾四先生全集编辑委员会主编：《钱宾四先生全集》，第 21 册，页 163—197。

——：《世界文化之新生》、《人类新文化与新科学》，见钱穆：《文化学大义》，台北：正中书局,1952 年,页 85—105、120—131。收入钱穆撰,钱宾四先生全集编辑委员会主编:《钱宾四先生全集》,第 37 册,分页 101—124、125—137。

——:《中国社会演变》、《再论中国社会演变》、《中国历史上社会的时代划分》,见钱穆:《国史新论》(香港:自印本,1955 年;台北:自印本,1955 年;台北:三民书局,1969 年;台北:东大图书公司,1981 年;增订本,台北:东大图书公司,1989 年),东大版增订本,页 1—35、37—55,末篇东大增订本未收。收入钱穆撰,钱宾四先生全集编辑委员会主编:《钱宾四先生全集》,第 30 册,页 1—42、43—65、67—77。

——:《孔学与经史之学》,原刊香港《民主评论》3 卷 20 期,1952 年 10 月。见钱穆:《孔子与论语》,台北:联经出版事业公司,1974 年,页 107—128。收入钱穆撰,钱宾四先生全集编辑委员会主编:《钱宾四先生全集》,第 4 册,分页 237—261。

——:《孔子与春秋》,原刊《东方学报》第 1 卷第 1 期,1954 年。见钱穆:《两汉经学今古文平议》(香港:新亚研究所,1958 年;台北:三民书局,1971 年;二刷,台北:东大图书公司,1978 年),东大版,页 235—283。收入钱穆撰,钱宾四先生全集编辑委员会主编:《钱宾四先生全集》,第 8 册,页 263—317。

——:《中庸新义》,原刊香港《民主评论》6 卷 16 期,1955 年 8 月。见钱穆:《中国学术思想史论丛》〔二〕,东大版,页 283—306。收入钱穆撰,钱宾四先生全集编辑委员会主编:《钱宾四先生全集》,第 18 册,分页 89—118。

——:《中庸新义申释》,原刊香港《民主评论》7 卷 1 期,1956 年 1 月。见钱穆:《中国学术思想史论丛》〔二〕,东大版,页 307—323。收入钱穆撰,钱宾四先生全集编辑委员会主编:《钱宾四先生全集》,第 18 册,分页 119—141。

——:《本论语论孔学》,原刊香港《新亚学报》2 卷 1 期,1956 年 8 月。见钱穆:《孔子与论语》,联经版,页 67—95。收入钱穆撰,钱宾四先生全集编辑委员会主编:《钱宾四先生全集》,第 4 册,分页 201—236。

——:《推止篇》,原刊香港新亚书院《新亚学报》6 卷 1 期,1964 年 2 月。见钱穆:《中国学术思想史论丛》〔二〕,东大版,页 425—473。收入钱穆撰,钱宾四先生全集编辑委员会主编:《钱宾四先生全集》,第 18 册,分页 397—461。

——:《四部概论》,原刊香港《人生》杂志,32 卷 5、6 期,1967 年 9、10 月。见钱穆:《中国学术通义》(台北:台湾学生书局,1975 年;增订本,台北:台湾学生书局,1982 年),台湾学生书局增订本,页 1—65。收入钱穆撰,钱宾四先生全集编辑委员会主编:《钱宾四先生全集》,第 25 册,分页 1—67。

——:《余君英时方以智晚节考序》,原刊香港新亚书院研究所《中国学人》第 4 期,1972 年 9 月。见钱穆:《中国学术思想史论丛》〔八〕,收入钱穆撰,钱宾四先生全集编辑委员会主编:《钱宾四先生全集》,第 22 册,页 75—78。

——:《中国文化对人类未来可有的贡献》,文载一九九零年九月二十六日台北《联合报》,第28、29版。见钱穆:《世界局势与中国文化》〔重编本〕,收入钱穆撰,钱宾四先生全集编辑委员会主编:《钱宾四先生全集》,第43册,页419—429。

戴景贤:《论章实斋之学术起源说及其学术史观之构成》,刊登《台大中文学报》第24期,2006年6月,页225—270;收入戴景贤撰:《明清学术思想史论集》下编,香港:中文大学出版社,2012年,页1—89。

——:《论方以智王船山二人思想之对比性与其所展显之时代意义》,"中央研究院"中国文哲研究所:《方以智及其时代学术研讨会》论文,台北:"中央研究院",2007年9月13日;刊登《文与哲》第12期,2008年6月,页455—528;收入戴景贤撰:《明清学术思想史论集》上编,香港:中文大学出版社,2012年,页257—352。

——:《市镇文化背景与中国早期近代智识群体——论清乾隆嘉庆时期吴皖之学之兴起及其影响》,上海社会科学院:《第三届世界中国学论坛》论文,上海:上海社会科学院,2008年9月8日;刊登《文与哲》第13期,2008年12月,页219—270;收入戴景贤撰:《明清学术思想史论集》下编,页181—240。

——:《论阳明与象山思想之关联及其差异》,收入何佑森先生纪念论文集编辑委员会编:《中国学术思想论丛——何佑森先生纪念文集》,台北:大安出版社,2009年,页167—198;收入戴景贤撰:《明清学术思想史论集》上编,页113—155。

谭嗣同撰,蔡尚思、方行编:《谭嗣同全集》(增订本),北京:中华书局,1998年三刷。

Gadamer, Hans-Georg. *Wahrheit und Methode*, Tubingen: J. C. B. Mohr, Paul Siebeck, 1986; English translation revised by Joel Weinsheimer and Donald G. Marshall from the 2nd (1965) edition, *Truth and Method*, New York, NY: Crossroad Publishing Co., 1989, Part III: The Ontological Shift of Hermeneutics Guided by Language, pp. 383 - 493.

Habermas, Jürgen. "On John Dewey's *The Quest for Certainty*," in *Habermas and Pragmatism*, Part IV, Postscript: Some Concluding Remarks, edited by Mitchell Aboulafia, Myra Bookman & Cathy Kemp, New York, NY: Routledge, 2002, pp. 229 - 233.

Jaspers, Karl Theodor. edited by Hannah Arendt, translated by Ralph Manheim, *Socrates, Buddha, Confucius, Jesus: The Paradigmatic Individuals*, San Diego, CA: Harcourt, Brace, Jovanovich, 1985/c1962.

伍

钱宾四先生有关历史与人性之理解及其学术意义

一、钱先生对于人类生存条件及历史构成之理解

钱师宾四(穆,1895—1990)先生论学,虽博涉四部,然其所关切,皆系由中国所处之"时代问题"所引生。此一"时代问题"之理解,就钱先生而言,既有属于"伦理"层次者,"义理"层次者,"社会"层次者,亦有属于"民族文化之历史进程"者;而凡此,皆当以一"学术"之方式,予以认知与解答。故于其思维中,"学术"即是现代中国面对其历史挑战时,思想、意志、行动与价值选择之准备;于此意义下,中国之未来,仍应由具有传统精神之"智识分子",及其所带动之社会文化所领导。其见解,明显具有"精英主义"(elitism)之色彩。

钱先生之具有明显之"精英主义"色彩,乃源自其自我深植之儒学基础,此固不待论。唯于其理解"时代议题",乃至试图加以解答之过程中,亦具有其属于"现代学术"之知识性认知,因而具有若干"哲学性反思"之意味。此一"哲学性反思"之意味,并不必然驱使钱先生将其对于"时代问题"之理解,整体哲学化,从而采取一种重构"系统哲学"(systematic philosophy)之路径,却使彼对于构成"历史"之条件,产生深细之思维。明确而言,此一源自"现代学术"之知识性认知,具有双重视界:一系将"人"放置于"演化之自然过程"(natural process of evolution)中;一系将"文明"(civilization)放置于"历史之

发展”中。[1]此双重之视界，若宽松而看，皆非与中国历来之思想，明显违逆；即钱先生本人，亦是如此认知。然以西方近代思想之主脉而言，所谓“将‘人’放置于‘演化之自然过程’中”，乃是将“人”作为“物种”(species)之一类；而非“天命之承载者”。此点势必冲击儒学中所本有之“人性”观。至于所谓“将‘文明’放置于‘历史之发展’中”，西方近代思想之主脉，则是将“文明”作为“社会发展”之结果，而非“人性之自然产物”。此点势必冲击儒学中所本有之“历史”观。故对于钱先生而言，于彼重申儒学之理念时，此种源自西方近代学术观念之知识性认知，是否曾导引一种思维之关注，从而使钱先生产生“理念”方面之变化，即是论述其学术思想时，一值得探讨之要点。

就此所谓“知识性认知”之双重视界而言，其第一项，所谓“将‘人’放置于‘演化之自然过程’中”之效应，在于实质约限钱先生对于儒学概念中所谓“命”字原本具有之“目的性”(finality)义涵之理解；因而将“人”之行为实践中所可能存在之“道德精神”，说明为一非来自宗教信仰，非出于哲学思辨，非偏于方法证验之一种“自求心安”之心理过程。[2]此种“心理过程”之成为一种心理现象，乃有得乎“性”之本有，[3]以此诠释儒义之所谓“命”。[4]于此说解所内含之哲学义涵中，“性体”之概念，虽仍可等同于“心体”；此一依“体”、“用”观而设定之“性体”与“心体”，对于钱先生而言，实际乃非属人类以“思辨之力”或“修行之方”，所能彻底辨明或了悟。故以“义理”之择径而言，先秦儒义中，如孟子所主张之以“尽心”为“知性”之方，仍是一可采取之路向。[5]

然设若如此，则无论以“格物”之途辙，证知“性体”与“理体”之合一，或以“心证”之方式，彻悟“心体”与“理体”之不二，如理学中程朱、陆王之取径，皆非其所选择。[6]钱先生之不以儒义之义理终境，须赖“哲学”或“宗教”，予以说明，即是本之于此。

然对于钱先生而言，“性体”与“心体”之实际无法经由人类“思辨之力”或“修行之方”彻底辨明或了悟，乃属“智性”施用时之限制；人之具有一种“义理之善”之实践可能，其能力依然乃由“天”所赋予。“天”并未自人之信仰中，彻底排除。特此所谓“天”，无论于“自然之演化”，或“历史之演化”，其隐含之“目的”(end)，皆须由人“体现”，乃至“证成”；无“人类文明”之“历史存在”，即无从证明“天”之有可信，与“天”之有可善。[7]此即是钱先生所指称，中国思想中所内涵之所谓“天人合一”之义。而钱先生亦由此，将此处所诠为“第一项”之所谓“将‘人’放置于‘演化之自然过程’中”之观点，结合于“第二项”所谓“将‘文明’放置于‘历史之发展’中”之视界中。

唯对于钱先生而言，人之“自然存在”与人之“历史存在”，其所以得以相互渗透与结合，其作为“价值”之真正实践，皆是“个体的”、“当下的”；而非“积累的”与“辩证的”。因此中国“义理精神”之伟大，不仅在于其提供“创造文明”之动力；亦在于其同时，即是“个人生命意义”之完成。钱先生常强调中国义理思想，具有一种融合“宗教”之消纳力，[8]其所达至之“天人合一”，不仅近于哲学上一种最高宇宙论之具体实证，亦近于宗教上一种最高信仰之终极实现；其说即是本之于此。[9]

然如依此而论，所谓“天人合一”之向度，既是一种属于“人性”与其“历史发展”之双重证成，则不同文明之各自成就，不仅可展现“人性发展”于“文明”之多样形塑中，所具有之“多元性”与“历史性”；亦显示“价值”之自我实现，可以超离于“文明”之歧异性。此种具有一定复杂度之所谓“天人合一”之义之发挥，具有对于未来世界文明应如何融会之启示。钱先生所以于其临终，犹念念不忘于重提“天人合一”四字，以之为中国思想文化对于世界之最大贡献，[10]应即是根源于此一体会。

而亦是由于钱先生对于人类生存条件及历史构成之理解，既奠立于其儒学基础，亦具有属于“现代学术”之知识性认知之影响，故不仅于其“儒学”观之发展，钱先生系采择一自成格局之取向；其在“史学”观之建构上，钱先生亦展现一种颇为特殊之路径，与当时从事于史学工作者不同。此一特殊路径，即是透过“价值观念”之现象分析，将“思想史”与“学术史”之研究成果，融合于“一般史”之“关联论述”中。

此处特为点出“关联”一义，在于说明：于钱先生之观念解析中，决定社会形态之生成，乃至其发展，无论“功能”(function)因素，或“结构”(structure)因素，其成为具有“决定力”之组成条件，皆须受“时”、“空”与“形态”之限制；且于其作用之方式中，无法绝对超越于作为“社会”构成要件之“人”之因素。故历史形式之动态发展，其论述之逻辑，仅能是“关系论的”，而非“决定论的”。“学术史”、“思想史”，乃至“社会阶层史”之与“一般史”相互关联，且此关联具有重要性，此为根本原因。而于历史之延续性脉络中，使所谓“人之因素”，发挥恒长性之影响，“民族认同”、“国家建构”与“价值观之形塑及作用”，皆扮演极为关键之角色。

以“民族认同”一项而言，钱先生之观点在于：“民族”之出现于历史，乃与所谓“文化”相表里。其关系之第一步，乃由民族创造文化；进而则由文化凝融民族。[11]中国古人，由于所重在于“人性”之历史展现，即所谓“人文化成”，[12]故对于达致理想过程中，所曾出现之步骤、形相较为轻看；因而并无鲜明之“民族”观，亦无坚强之“国家”观。[13]然中国却于实质之历史中，以其特有之“人道”观、“文化”观，将其民族扩展绵延，终成一日久日大之不朽民族。[14]

此一事例，对于钱先生而言，即是证明“民族”之认同，虽可作为“文化”发展之基础；然而更宏伟之民族，却可由一种普同之“义理之人性观”，于历史之发展中，逐渐融凝成体。且此民族之理想性，足以使此一民族，成为一种理想之实践。

钱先生此说，相对于当时学界以一种“人类文明”之观点，批评中国民族与文化之缺点，虽似对立，然双方之爱国，皆系本于各自之文化理念，则事有所同。此点凸显：中国智识阶层直至二十世纪初期中国之危急时刻，仍有一种乐观之寻求价值之热情。特就当时而言，对日战争之日趋严峻，迫使中国社会不得不以“集体动员”之方式，凝聚力量；以至理性之爱国主义(patriotism)，逐渐演变为以“民族主义”(nationalism)为核心之爱国主义。集体之危机意识，已远高于民族文化之自我反省。故随之而来之更为强势之历史批判，成为以“马克思阶级冲突理论”(Karl Marx's theory of social conflict)为主导之论述。而其前有关中国民族文化之自我反省，或阐释，亦逐渐为马克思主义(Marxism)式之“世界史”议题所支配；有关中国历史与社会特质之论述，逐渐发展成为马克思主义史学之定式演绎。[15]

然若就另一方面言，由于中国现代思潮之由“理性之爱国主义”，逐渐演变为“以民族主义为核心之爱国主义”，其核心之民族认同，仍在其内里，含藏一种“价值感”之需求，故在其一旦克服“现代化”(modernization)之初期困难，而渐次步入正常国家之建设时，中国社会内部所积蕴之“智性精神”与“义理思维之能力”，即可能随历史观点之由严格之“定论主义”(determinism)，调向宽松之“历史因素之关系论述”，而重新展现其潜能。于此新契机之转化中，钱先生之观点，固仍将成为一极具参考价值之识见。

其次关于“国家建构”。“国家建构”，既牵涉社会作为稳定之群体，其组织之权力结构；亦常牵涉民族文化作为“发展个体”时，向心力凝聚之作用形式。对于钱先生而言，中国自来虽非凭借坚强之“国家”观，以建构其国，却于事实上，形成并不断复制“大一统”之政府；以此扩散其文化之影响力。[16]其政治之理性，有一特殊之发展方式，即是将伦理中个人之“道德义务”观念，灌注于其政治思维之“责任”概念中；从而形成一依“分职”、“分权”、“分责”之理念，逐步增进“综合效益”之组织原则。[17]而其凭借之基础，即是于其政治体制不断强化之过程中，所逐渐形成并趋于稳固之智识阶层；[18]从而使中国历来之政治，与“学术”间具有紧密之结合。[19]

此种发展，由于具有一种文明之理想性，故使其政治之“正当性”(legitimacy)基础，难于以西方之历史经验加以描述；亦非可单纯以“主权”(sovereignty)之概念加以理解。[20]钱先生此一说法，不仅与谭复生(嗣同，号壮飞，1865—1898)以来视中国二千年来之政治为“专制政治”，中国二千年来之社会为“封建社会”，中国二千年来之学术为促成中国之专制与封建之帮凶之历史论述不同；[21]且亦与日趋发达之社会科学，其所表现之企图确认议题并建立严密方法之分析理念，迥然有异。[22]故遭受当时以及日后学界，极大之批评。[23]然钱先生之持此说，始终不渝。

盖于钱先生之理念中，“政治”之形式演进，不仅系于“功能”，亦常系于“理念”；[24]西方如此，中国亦然。并无历史之通则。且对于政治中所存在之“理念”而言，其建立之基础，虽须有“道德理想性”之支撑，却并非即是“道德理念”之延伸；其中亦存在须连结之于“效益”之政治理性。[25]故若无能理解“制度演进”背后之政治理性，事实上即无法深刻认知其“政治形式”发展之所以然。钱先生以此深化其对于中国体制之研究，从而完成其对于中国历代政治得失之分析。[26]其说之于现代史学，可谓独树一格。

再其次，关于“价值观之形塑及作用”。所谓“价值观之形塑及作用”，若为之综括，可举“伦理层面”、“事务层面”、“艺术层面”与“精神生活层面”，分别论述：

其于“伦理层面”，钱先生除分析中国伦理思想之“五伦”观[27]之所以兼括“家庭”与“政治”之思想特质外，[28]主要亦在说明其“成礼成俗”之过程中，成德之“君子”所扮演之角色；[29]由此凸显所谓“以人而合天”，有属于“自然”之层面，亦有属于“人文创造”之部分。[30]

关于“事务层面”，钱先生于其大端，主要在说明“礼”之作为“人文之道”之最上义，以及必济之以“法”之事理性。并由此比较中国与西方，一重“礼治”，一重“法治”之理念差异；及所以致然之历史背景。[31]并兼及于礼之“情意”义，与“成俗”义。[32]

关于“艺术层面”，钱先生多以“知”、“情”分说，说明中国儒义中所深汲之“情深而文明”[33]之理。并将其历来所强调中国文化重“和合”更甚于“分别”之旨，融入其中。[34]且于其论中，提出一“刚、柔互补”之说，谓中国文学艺术中，所展现之温柔敦厚与恬憺温和，乃以消极之阴性，调和中国道德精神之积极阳性；故二者于各别之功能与意义之上，尚有“整体之调和”一层。[35]

至于“精神生活层面”，钱先生之重点，则常在所谓“内尽己心，君子暗然而日彰，[36]他人心悦而诚服”之旨。[37]此说之为儒义，固然；然钱先生之于此，因同时有“存”、“藏”义之发挥，[38]故如以“内”、“外”之理说之，亦可将之兼通于庄、老。[39]此其所以为特别。

以上所述，为钱先生所主“历史形式之动态发展，其论述之逻辑，仅能为‘关系论的’，而非‘决定论的’”之原由；以及在中国历史之延续性脉络中，所谓“人”之因素之所以能发挥“恒长性影响”之作用形式。以下当进而阐释钱先生对于社会构成之“结构因素”、“功能因素”与“精神基础”之基本分析。

二、钱先生对于社会构成之结构因素、功能因素与精神基础之基本分析

关于社会构成之结构因素、功能因素与精神基础，钱先生之分析，主要之取径，大致皆来自当时“新史学”之影响；[40]亦可说，钱先生之基本论述，其实即是对于当时“新史学”影响下所形成之“中国论述”之回应。

关于第一项社会构成之“结构”因素，当时“新史学”影响下所形成之“中国论述”，主要观点，来自两类，一为一般性之“社会演化论”(social evolutionism)，[41]一为特定之“历史定论主义”(historical determinism)，即前文所提及之马克思主义史学；而重心皆在说明秦汉以下以至现代之前，中国社会长时期之“社会属性”与其历史变衍。于分析之观点中，社会之“结构”因素，两类之学者，多是以“经济形态”与“人口之阶级划分”作为判断之依据。此种历史分析，由于其方法，皆系立基于业已明朗化之社会学理论，因此虽于历史现象之说明上，存在观点之差异，乃至争议；整体而言，皆有极强之论势。唯正因如此，有关中国社会之“伦理形态”之描述，与其“价值观点”之说明，亦同时为此种强势之“社会史”论述所掩盖，或支配。凡上论所叙及钱先生之主张“决定社会形态之生成，乃至其发展因素，在其作用之方式中，无法绝对超越于作为社会构成要件之‘人’之因素”之观点，于此论势中，其内涵皆将难以呈显其义。故对于钱先生而言，论述中

国历史，而欲改变一种强势之社会史论，必须另有不同于“演化论”(evolutionism)之社会史观。此一不同于时论之社会史观，依余所诠释，即是变“演化论”之历史观点，为一种“形势史观”；虽则钱先生于其论述中，亦常使用“演进”一词。[42]

所谓“形势史观”，于中国传统史学中最鲜明之例，为王船山(夫之，字而农，号姜斋，1619—1692)于《读通鉴论》中所提出之“理势”论。[43]唯对于船山而言，文明之发展，本即有“地理”与“族类”之域限，“人性”之历史展现，皆属“个案的”，而非“通则的”[44]故无来自“世界史”论述需求之压力。钱先生则不然。钱先生欲于“世界史”之历史演进中，强调“共同性”之外，亦存在“特殊性”，不能无理论之支撑点。此一属于理论之支撑点，即在于由普遍之“人性”论，进一步承认“民族性”(national character)之存在。[45]

所谓“民族性”，就其概念之构成言，有“种族论式的”与“非种族论式的”之不同。“种族论式”之论点，强调“基础”之因素，故主张“民族性”为一关涉体质之“自然存在”。“非种族论式”之论点，强调社会形塑之“取向”因素，故主张“民族性”乃是一关涉心理凝合力之“历史存在”。当时发挥“非种族论式”之论义，有一经翻译而流传之西方著作，即是英国政治学者巴克爵士(Sir Ernest Barker，1874—1960)中年所著之《民族性》一书。[46]

于巴克之说中，“民族性”形成之基础，“体质”与“社会”之外，另有一要项，即是“精神”。此一概念，推究其源，盖来自“启蒙时代”(*Siècle des Lumières*/Age of Enlightenment)因指称“时代之文化氛围与观念趋向”，或“民族之传承特质”而使用之“民族精神”或“文化精神”(*Volksgeist*/national spirit/cultural spirit)诸表示语。巴克之将此概念深化，提出所谓“民族性之精神基础”，于性质而言，由于具有“论述”上之配合，固已不仅是一种哲学家之观感，而系类近于一种以“文化史”与“文化形态学”(cultural morphology)为角度之社会解读。

钱先生由其早岁所受梁任公“国魂”说之启发，[47]注意及于学术与思想对于社会、民族之影响，乃至逐渐发展成为后来具有“史学”意义之“民族精神特质”说；[48]此种现代观点之注入，应有其实质作用。至于此说之所以关联于钱先生对于中国社会构成之分析，则是透过其有关中国智识阶层“特殊性”之论述而达成。

盖依钱先生之意，中国社会之所以于“封建贵族社会”崩解后，转变成为长期之“四民社会”，[49]于社会变迁之过程中，超脱于政治与经济巨大支配力之影响，维持稳定之结构。从而使人口组织之变化，与其内部阶层之进退，仅表现为与时俱进之“功能性”调整；中国智识阶层之特殊性，实为关键之因素。故分析中国智识阶层之“政治功能”与“社会教育功能”，成为与论述中国学术史与思想史，同等重要之工作。其所撰《国史新论》之基本观点，即是由此建立。[50]而其论述之扩展，则是以“学术史”、“思想史”研究之所得，借“智识阶层史”之表述，将之关联于“一般史”。

关于第二项社会构成之“功能”因素，钱先生观察之重点，在于区分“局部功能”与“整体功能”；以“整体功能”之是否“协调”与“均衡”，作为诠释历史盛衰之依据。[51]而在其讨论“整体功能”之是否“协调”与“均衡”时，钱先生之见，则以为，若就“治术”之意义为考量，中国以“人”为本位之经济思维，事实上存在若干基本之观点：

其一为社会应维持“必需经济”之稳定性；其中农业经济，尤为“必需经济”中之最核心者。[52]其次，“制节谨度”为防止经济过度发展之一项应持守之原则。[53]再次，则是社会发展之由“贫”而“富”，皆当务求其“平”。《论语》记孔子之云人当“贫而乐，富而好礼”；“贫而乐”，指于经济生活之低水准，而能不失性情，“富而好礼”，指于经济生活之高水准，而能以“大群之道义”兼顾人伦中之均平。此二句教言中，即有本于心性而求社会能历久长存之理想。此为中国式之社会主义，与西方“求均平”之仍重在“取”、“予”之不脱“个人主义”(individualism)者不同。[54]凡中国历来之“治术”思想，自《论语》、《大学》、《荀子》以下，大体皆循此为原则，故有“节”与“养”并重之思想；并因而产生诸如“均田”等制度之设计。此种思维，具有可将之延伸于现当代之合理性。[55]

至于第三项社会构成之“功能”因素，所谓“精神基础”，此点则尤为钱先生所关注。盖对于钱先生而言，“历史”之起源，本在于群体生活之发展，而其走向，则在满足人类群体共同之生存目的，故必有其功利性；然而由于“历史”亦同时展显“人”作为“存在主体”之价值实践，此价值实践，不能脱离人“关怀他人”之可贵之情感，故亦有其理想性与崇高性。所谓社会之合理与合宜之发展，实应在其过程中，有一种由“实践”而逐步深化之对于“与人性相关之事物”之理解，与之俱进。所谓“民族文化”云云，以是具有一种“历史”之向度。凡所谓社会之“精神基础”，当即在于此种经由历史而融结之思想与情感之取径，以之作为积蕴之方式。钱先生晚年之常以“历史精神”、“文化精神”作为讲题，务求讲辞通俗能解，即是本于此一思路而然。[56]

三、钱先生有关民族与文化关系之说明

上论于“民族认同”一项，诠释钱先生对于“民族”与“文化”系如何相关一事之见解，曾谓其观点，主要在于指言“民族”之出现于历史，乃与所谓“文化”相表里；其关系之第一步，乃由民族创造文化，进而则由文化融凝民族。[57]此一说法，于其内在之理路，不唯乃以“民族”为文化创造之主体；实亦在说明：无论何种文化类型，[58]其组成成分之相互结合，[59]而渐有一种“文化层次”之提升，同时应即是一种“群体生活形式”之发展。此种“群体生活形式”之发展，即是历史。钱先生于描绘“历史面相”之时，常附加之以一种“文化面相”之说明，即是建立于此种观点之上。

然“民族生成”与“文化创造”之相表里，本即是一动态之关系，则在其观念中，所谓“文化”之内里，是否具有所谓“本质”？此“本质”乃一文明之路向？抑或同时具有一种哲学义涵之“本质性”，使“历史”之展现自身，乃是于“人”之中寓有“天”？此一可有之质问，应自钱先生论述东西文化时所提出之“向内融凝”与“向外伸展”两型之对比，

加以探讨。[60]

盖如历史之发展，存在一种“动态之原理”，使原本受限于事件“偶然因素”之介入，而仅能以“理势”之概念加以说明之历史，产生“类型性”之制约，因而出现可依“动态原理”说明之形态；则必有其所以致然之原因。且于终极之论中，必须承认“人性”之发展，与“文明”之创造，于不同之群体，可以有“具差异性”之“实践”之可能。所谓“普世价值”之由“可观察的”，进而为“可理解的”，应有一种本于“学术理性”之分析。钱先生之以极具信心之方式，反复强调中国文化之独有特质，而时时与西方文明相对比，即是以此为其立说之基础。

然钱先生于其论中，由文化中“游牧商业类型”与“农业类型”之对比，发展成为其所谓“向内融凝”与“向外伸展”之两型，[61]除现象之说明外，其真正之立论基础，究竟何在？钱先生之论中，亦若无明晰之说解；所可能者，唯在依其说之概要，以为合理之推估。

钱先生之主张文化可区分为“向内融凝”与“向外伸展”之两型，追溯其源，彼于文中所指言之“内”、“外”，实乃以“心之所向”为言。此一“心之所向”，若以哲学之义分析，亦即人本于对自身“存在”意义之认知、体悟而展开之对于“生命价值”之追求。倘此“内”、“外”之分界，建立于一身，“身”之外即“非我”；则无论“物”、“群”，皆我所须面对之分殊，“我”之“位”乃处于“伸展”之核心。以此为导引，其经由集体价值之形塑而发展之文明，即属“伸展”型。倘此“内”、“外”之分界，建立于一心，“心”之外亦“无非我”；则无论“物”、“群”，皆我所可包融之同体，“我”之“位”乃处于“融凝”之核心。以此为导引，其经由集体价值之形塑而发展之文明，即属“融凝”型。因此所谓“人性之实践”，其所可能产生之发展上之不一致，非因普遍人性中存在根源性之差异，关键在于“心之所取”。“民族性”之形塑中，所谓“公众精神”(public spirit)之多元发展，若就其长久之“形态取向”而言，此一分向，当为最具深远意义之殊别。

钱先生此一“文化形态”之类分，较之较早期梁漱溟(原名焕鼎，字寿铭，1893—1988)比较中、西、印文化三系时，所提出之“向前要求”、“调和持中”与“转身向后去要求”之“三种路向”之论，[62]差异在于：梁漱溟当时所言者，乃以超越于“知识”之“情志”之所向为辨；[63]说中对于“心”、“性”问题所持之观点，多受彼当时所体认与诠解之佛学所影响。[64]故于分疏“意欲”与“性动”二者间之关系时，其论述，皆仅见有“哲学”乃至“心理学”上之关联，[65]而无“史学”之关联。“文化”对于梁氏而言，亦仅是民族“意欲生活”发展下之产物而已。[66]钱先生之论，一方面，系依儒学中所谓“一内外”之思路，解析“心”、“物”之关系；另一方面，则是企图将“文化”之综合论述，结合于一种“文明形式”之历史观察。双方之取径，可谓颇为不同。

而正因钱先生之承袭儒义“一内外”之观点，具有一种得自时代影响而发展之新的“史学”之取径，故于其“合内外”之论中，亦有一种新义之“合天人”之论。此一“合天人”之论，可分析之重点有三：一在以“文化发展”中之“文明性”，作为人本质中“内在性”之展现；一在以“人事情变”中之“义理”，作为人存在“样态”之丰富化，与“人性”价值之彰显；一在以“精神界域”中之“情感融合”，作为“人生理想”之完成。以下逐一为之说明：

其一，所以谓钱先生“合天人”之论中，具有“以文化发展中之‘文明性’，作为人本质中‘内在性’之展现”之意涵者，在于：钱先生之论文明，“道”乃依“群”而有。凡人之由“同”而“分”，其势皆外张；故向外竞逐，虽由是得财富、具权力，不唯其“分”难以返“同”，其精神且将恒向前而无止息。故此之于“人”，乃危而不安；[67]危而不安，即失其所“天”。此为“天”与“人”之对立。然若能时时“反本”，于“本”得“仁”，[68]不以心竞而失其理，则凡“外”之有得者，皆得于“内”。此种“天、人一如”之“人道”观，于哲学义，即如同将文化发展中所建构之“文明性”，视为即是人本质中“内在性”之展现。[69]

其二，所以谓钱先生“合天人”之论中，具有“以人事情变中之‘义理’，作为人存在‘样态’之丰富化，与‘人性’价值之彰显”之意涵者，约有二义：一在视西方之“宗教”与“科学”，为人类文化中之“外倾精神”；而视中国之“政治”与“道德”，为人类文化中之“内倾精神”。此

"外倾"与"内倾",于各自之文化内部,各有其"阴"、"阳"相济之道。[70]西方之文学与艺术,展示其因"外倾"而出现之挣扎,故济之以宗教之抚慰;中国之道德与道德化之政治,则展示其因"内倾"而出现之压抑,故济之以文学之温柔。[71]此点事实上乃是将"静态之义理观"动态化。而另一义,则是主张"真理"不离于主、客之交融,而交融必赖情感;人必于交融中得"天人合一"之义,始获其所诚然。故"诚"之为体,必于心证。[72]此点则是将"平面之义理观"立体化。[73]

其三,所以谓钱先生"合天人"之论中,具有"以精神界域中之'情感融合',作为'人生理想'之完成"之意涵者,则出现于其分"人生"为"三阶层"之说。此三阶层,即:"物质的"、"社会的"与"精神的"(或说"心灵的")。[74]于此三分中,钱先生并非仅是于"基础"之义说之,如巴克之论。而系增益之以"存在"(existence)之界域;略近于当时梁漱溟与太虚(1890—1947)之分法。

唯对于钱先生而言,"存在之基础"与"存在之意义"不同。以"人"而论世界,"物质生活"、"社会生活"虽亦属文明建构其自身之基础;就"意义"而言,则唯"心之世界"为真实。而此"心之世界",则由"观念"、"理性"与"趣味",透过心灵之直接感触而构成,且能于历史中,以"无形"之方式积累。[75]

四、钱先生对于历史目标与进程之看法

前节所论,为钱先生综合其所受于同时代学术之影响,以合之于儒义"一内外"、"合天人"之旨,而自有之发挥;以及居今可有之诠释。至于钱先生对于历史目标与进程之看法,则亦可为之解析如下:

大体而言,钱先生对于历史目标与进程之看法,其核心之观点,非出于一种严格之"历史哲学"(philosophy of history),而系得自一由彼所宽松定义之"文化学"概念,如前节所叙。而此处所以指言其"文化学"之概念,谓之"宽松",则主要在于:此一"文化学"概念,仅代表钱先生特有之识见,以及对于以"比较文化"之方式探讨"人性发展

历程”之期待；并无确切可以联系之于现代学术之“方法学”(methodology)思维。虽则如此，若以钱先生当时之学术氛围与处境而言，则此一意见，亦有其“因应时代需求”之重要性。此项重要性，约略可分说为四点：

第一点，牵涉当时史学发展之主轴。即无论“决定论”或“非决定论”，当时之史学，皆系建立于一种结合“生物演化论”(biological evolutionism)与“社会演化论”而有之新史观；且对于“文明”之演进，多数学者皆接受某种粗略之“阶序观”或“阶段论”。此类粗略之“阶序观”或“阶段论”，对于远古文明属于“精神层面”之如何产生“跃进”之理解，由于缺乏确切可资详说之资料，皆止能参考现代“人类学”(anthropology)之研究成果，而为一种臆测。此种宁取其“严”而勿听任其“宽”之评估，对于“古史”之重建，虽于当时起重要之作用，然亦因此，对于人类早期文明中“智慧能力”之开发，与“智慧生活”之形成，亦多采取“低估”之方式。梁任公之以“社会演化”为“精神生活演化”之依据，即是一显例。

至于较后之马克思主义史学，则更是以其特有之“决定论”(determinism)方式，将“思想”之“义理内涵”抽离，或削弱。当时反对此一趋势，存在两种形态：一属“哲学式”，一属“宗教式”。

“哲学式”之论法，主张“人性”无增减，故“社会形态”仅为思想创发之诱因，远古时期亦可能产生伟大之思想体系与价值观，为后人所效慕。持此说者，如王静安(国维，又字伯隅，晚号观堂，1877—1927)、章太炎(炳麟，字枚叔，1869—1936)。

“宗教式”之论法，则一方面主张“智体圆满”，另一方面主张“尘缘缠缚”，故谓精神之进化，乃由“摆落”而得“自由”。持此说者，如欧阳竟无(渐，1872—1946)、太虚与梁漱溟。钱先生所持之“义理”观、“人道”说，虽未明白主张“智体”等同“道体”，亦不谓“尘缘”皆属烦恼之因；然其“三阶段”之说，强调“心之世界”于人生为唯一真实，文化之由第一阶层以“物质生活”为主之阶段，进入第二阶层以“社会生活”为主之阶段，仅是“历史进程”上，必须有此阶段，进入二阶层以后乃始为正式之人生，由是而渐达于最终第三阶层之“心之世界”。[76]其说于重视“心灵”之独立地位一点，自是更近于后者。此种表现于当时，企图维持“精神文明”于历史中之地位之努力，显示对于关切“价值”之学者而言，“历史目标与进程”问题之重要。

第二点，牵涉钱先生对于以“欧洲史”为标准之“世界史之三阶段论”之异议。此所指以欧洲史为标准之世界史之三阶段论，虽当时已有颇为坚实之“社会学”与“社会史学”之支撑，然对于钱先生而言，如世界史之演进必以“三阶段”为划分，且此“三阶段”须以欧洲史为唯一标准，则如同视“中国史”为落后，“中国文化”为落后，“中国民族”为落后；“中国文明”之特有价值，将因此而丧失。以是而研究“中国学术史”、“中国思想史”与“中国智识阶层史”，亦将无真正重要之意义。然如何而能对当时“中国于事实为落后”之状况，作出一种历史之解释，亦须有“理论”上之反转；以是而有其所建构之“文化论”。

第三点，牵涉钱先生对于“历史定论主义”（historical determinism）之反对。此因当时以马克思主义为核心之“历史定论主义”，不仅系以“经济结构理论”、“社会冲突理论”（theory of social conflict）为基础，在其依据“唯物辩证法”（material dialectics）而建构之历史论述中，凡属于“精神层次”之文明发展，皆系“被决定的”，而非拥有突破社会“意识形态”（ideology）之创造力。于此说法中，人类“心灵存在”之独立性，事实已遭剥夺；“思想史”之论述，亦成为“社会史”之一种延伸。对于钱先生而言，此一观点，较之以欧洲史为标准之先期之“世界史之三阶段论”，更难于接受；故其排斥，亦较之为深。钱先生之以“性”、“道”之关联性，说明历史与文化，此一思想上之针对性，亦是颇为明显。

第四点，牵涉钱先生对于人类文明未来之期盼。此一对于人类文明未来之期盼，系由一种深沉之焦虑所引生。此一焦虑，一方面来自中国之积弱与亡国灭种之危机，对于中国智识分子之冲击；另一方面，则系对于十九世纪末以来西方领导之世界，充满动荡与不安之忧心。对于钱先生而言，此一焦虑之解除，系来自对于“人性”之乐观之信心。所谓“乐观”，意味人终将以其建构“文明”之方式，于历史之延续中，展现其实践“大群之道”之可能；于此不以悲观之态度寻求“救赎”(salvation)，亦不以悲观之态度堕入“虚无主义”(nihilism)。然对于钱先生而言，“义理”之信仰，可以自证；“人道”之信仰，则须透过历史求证。以“大群之道之可能”而言，由于文化之走向，必由相互集结之个体，以“社会功能”所形塑之方式互动，从而达成；故文化氛围中所可能存在之“精神性积蕴”，成为引导其发展之关键。有关“世界未来”之思维走向，所以必应经由“历史”之理解，以寻求“文化理念”所可能创发之动力；而非可即以“科学”、“哲学”或“宗教”之方式，独力解决，即是为此。钱先生强调中国文化之“优越性”，并谓可能对于世界文明之未来，产生重大贡献，亦即是出于此一观点。

五、钱先生所企图建立之文化形态学

上论曾谓钱先生之以一种宽松之“文化学”概念讨论历史，仅代表钱先生特有之识见，以及对于以“比较文化”之方式，探讨“人性发展历程”之期待；并无法以一确切之“方法学”思维，建构一符合其理想之新形态之“文化学”。然此亦不意味，钱先生之“文化论”只具有“史论”之意义，而无“文化学”之意义。依余之说，钱先生之“文化论”，若取其组合之概念予以“结构化”，似可将之归为乃是一种“文化形态学”；与德国哲学家史宾格勒《西方之没落》[77]一书之“学说性质”相近。

此种“文化形态学”，就其当代之成因而言，来自史学中一种“生命”观之哲学思维，因而具有颇为强烈之主观色彩。且就其发展而言，极易因其所牵涉之史学议题之逐步细致化、复杂化，从而使其观点，丧失可以持续深化之导引性。唯就钱先生所建构之个案而言，其成说之意义，则有一种属于“儒学观点”之启示性；并不仅限于诠释历史之范围。

因若就“诠释历史”之需求而言，过于“概念化”之历史诠释，无论属于"批判性质"或"诠释性质",皆易因偏取而掩盖事实。倘若一种"历史诠释",借由"历史与现实之关联",鼓动思潮,或引生争议;如无政治力之支撑,其势亦终难持久。钱先生所处之时代,争议之各方,皆不免流于此弊。然对于中国之传统学术而言,在其"儒学"之观点内,本即存在一种有待厘清之观念纠结,须借"史学"之发展,将其性质展现。钱先生之于其史学思维中,形塑一特有之"文化形态学";于变化之意义上,正是透露出一种学术思维之转型。

此处所谓"中国之传统学术,在其儒学之观点内,本即存在一种有待厘清之观念纠结",主要在于:儒学之建构一种属于"文明论"之"人道"观,本即是透过"历史"与"人性"之反思而达成;因而无论属于"文明"中之伦理问题、道德问题、政治问题、经济问题、宗教问题、社会发展问题,皆兼具"哲学"与"史学"两种向度。不过由于儒学浓厚之"义理"取向,不仅其"哲学"向度,深受其"义理"思想所影响;其"史学"向度亦然。儒学之哲学建构,常见为"选择的",而非"必须的";儒学之史学建构,常见为"认定的",而非"批判的";皆是此因。

然即若如此,儒学中之哲学问题,与儒学中之史学问题,仍具有某种程度之明晰性;并未因此而为概略之"儒学"观点所全然掩盖。此所以于儒学之流变过程中,"经史之学"与"性理之学",依然分化为不同之路径。且在其历史发展中,由于"哲学议题"与"史学议题"之驱迫力,亦使其"哲学思维"与"史学思维",逐渐以特殊之方式,建构自身之独立性。此种独立性,于宋以后以至明、清二代,事实上常冲击"儒学"本身之学术概念;造成史学与理学之争,理学与心学之争,理学与经学之争,史学与经学之争。

特由于"儒学"长久以来作为中国智识阶层"养成教育"之形式,与其所内含之历史因素,仍使此种儒学内部之"哲学脉络"与"史学脉络",不易于"学术史"之论述中完全厘清。因而若就此点而言,西学之东来,冲击虽大,其所产生之影响,正具有一种"廓清儒学纠结"之效力。然如何能于"廓清"之同时,仍保留其学术之根荄,成为心系"中国价值"之学者,深切之关怀。钱先生即其中之一。

对于钱先生而言，“廓清儒学纠结”之第一项工作，即应是厘清“孔子之学”与“儒者之学”之关系。其要点有五：一、孔子虽重《诗》、《书》，虽成《春秋》，虽重礼、乐，虽未尝不涉及《周易》，孔子并未将此种种礼文政典所呈显之义，凝聚为一“经学”之概念。以“六经”释“六艺”，说为儒者之本业，事出在后。[78]二、“孔子之学”，原于孔子之志，成于孔子之圣，传于孔子之教。“儒者之学”，则发展于孔门之后学，变衍于后代。三、有“子学之儒”、“经学之儒”，亦有“性理之儒”；“史学”虽亦源自孔子，助成于儒学，其本身所成脉络，非即是各时代儒学之延伸。四、就“儒”字而言，有“身份”之儒，有“学派”之儒，有“义理”属性之儒。[79]而其核心之共义，则归结于一“性、道合一”之价值信仰。此价值信仰，起源于孔子，证成于中国之历史。五、“孔子之学”，有其确切之旨，不离于孔子之为圣，与孔子之教诲；其义蕴藏于《论语》。“儒者之学”，成于历代之君子，与时殊异，而其间则有通、变。就学术之样貌言，“子学之儒”、“经学之儒”与“性理之儒”，皆有其适应性与时代性，而贯成一中国之儒学史。自今以往，儒学之精神可传，而其辙轨则不必沿旧。此为“儒者之学”之开新。[80]

“廓清儒学纠结”之第二项工作，在于分辨“六经”之“史料性”与其增附之“学术性”。此项工作之基础，在于章实斋所提出“六经皆史”论之现代诠释；此一现代之诠释，除阐明“王官之学”出现之时代背景，与“六经”作为“政典”之意义外，亦在辨明其作为“古史”研究基础之一之“史料性”。至于此数项典籍，经由儒学发展而增附之“学术性”，则应以一新的“学术史”之眼光说之。钱先生之分辨，尤在说明其“学术”概念之成因、所因应之时代需求、其内容之实质意义；乃至此种“学术”观点，对于智识阶层之影响。因而所谓“经学”，于钱先生之观点中，仅是“儒学”之一种发展形式，而非此一批古代文献之内涵本质；因而并不处于诠释“儒学史”，或权衡“儒学”高下之核心位置。[81]

“廓清儒学纠结”之第三项工作，在于辨析儒学发展中所涉及之“学术方法”，并以一种“义理学”之高度，加以分疏与统合。此一廓清工作之主要意旨，在于以新的“思想史”方法所重新诠释之“孔子之学”，而非传统儒学史意义之所谓“经学”，作为“儒学发展”应有之依归。因而于其核心之义，乃是以“下学”与“上达”之双重性，作为评判“儒学”之标准。[82]所谓“下学”与“上达”之双重性，就“下学”一面言，即是一切以“学问”之方式，探究有关人生之实务，明其可明之理；于此点，虽西方之学术，依理，亦可涵括于内。就“上达”一面言，则是以一种须来自“自证”之“义理”，融摄一切哲学与宗教之观点，而以“所知”养“所不知”；于此点，不将“儒学”，说解为乃以“哲学”或“信仰”为其唯一之本质。

唯对于“下学”何以必能“上达”之依据，钱先生则于“性论”，依所谓“可充”之义，取择先秦“明善诚身”之“性善”论；而益之以一种“人文进化”之说。[83]此一说法，于基础之义，承认人人之可为圣人，有不俟外烁之自然；于伸展之义，则主张圣人之本于人人，亦不离于历史之化成，有其“与‘治’俱进”之义。[84]故此处所指钱先生所发挥之“下学上达”之论，乃企图以一种义理学之高度，将儒学发展中所涉及之学术方法加以分疏与统合；就其思维之性质而言，实际上乃是将自身之义理体验，与思想史、学术史之分析与认知，结合为一。此一取径，既不同于理学中朱子所主之“格物”、阳明所主之“诚意”，[85]亦与顾亭林（炎武，字宁人，1613—1682）所曾标举之“下学上达”义殊别。[86]

“廓清儒学纠结”之第四项工作，在于审视历史之变化中，经学、理学、史学、儒学，各各殊别之学术概念，与相应而有之发展脉络；并以此厘清历来纠结难解之经学与理学之争，理学与史学之争，今文学与古文学之争等议题。其中关键，尤在辨明“学术概念”彼此间之性格差异，及其交互影响时，各自之容受量。钱先生大量有关学术史、思想史之著作，所以兼具“宏观论述”与“具体个案分析”之两面，此为要点。

以上所概述钱先生“廓清儒学纠结”之四项工作，就辨析之方法言，可分说为二层：第一层，主要借助现代学术中有关“哲学”、“史学”与“文献之学”之“性质界分”之说，以重新认识中国传统中所谓“四部之学”；此点与当时学界之潮流相呼应。第二层，则是试图于学术史

“别异”之工作中,仍注意其彼此间之“相涉”,以理解其因“同源”与“会同”所产生之各时代“多样化”之学术风格与效应;此点则与当时学界之主流趋势差异。而在第二层之“诠释作为”中,钱先生有一关键之关切点,即是“儒学之延续性”。

盖如儒学所可能涵括之“经籍之学”、“性理之学”、“史学”、“词章之学”,乃至“经世之学”之间,并无一种属于思想性之强固之聚合力,则由于儒学“义理观”中所蕴含之“融受性”,必将使其历史发展,易因观念间彼此之相互纠结而产生失焦。对于钱先生而言,此种属于思想性之强固之聚合力,即是各期儒学于维持其共同之“价值信仰”之前提下,所凝聚、形塑之“时代精神”。

然此处有一属于“当代”之困难点,即西学之冲击,其所产生者,既是一种“学术分殊化”之效应,则就改进后之中国学术而言,所谓“儒学之延续性”,是否仍能存在?若存在,其方式为何?当时一种逐渐浮现之企图,即是欲进一步将儒家之立场“哲学化”,以构成一种“新儒家”之学。然如此,势必重新思考宋、明、清以来“理学”发展中所曾面临之“性理之学”应如何与“经史之学”结合之问题。钱先生既不以“哲学”为儒学之本质,则其取径,又当如何?

依余之见,钱先生之所以于“历史”之整体论述中,发展出一“文化之形态学”,即是欲以此,作为延续儒学“性”“道”观之方式。此种观点之运作,如能符于钱先生之期待,有学者之后续参与,自可将之发展成为一正式之“文化学”;设若不能,则依议题性质而论,此一取径,仍宜将之归属于“史学”之中,成为特殊史家之一种“义理”向度。

六、钱先生史学中之哲学成分

钱先生之取一种“文化形态学”之观点,作为其史学之“义理”向度,此点就其建构之基础而言,不仅呈现出其不视儒学之本质为“哲学的”之一贯立场,如前所言;实际亦显示彼对于“历史”之构成,亦不认为乃具有“哲学上之可解释性”。此点与理学之发展中,事实上亦存在一种"企图解释'历史'如何成为'历史'"之驱迫力，迥乎异轨。因对于严肃看待"哲学"议题之理学家而言，"文明历史"之存在与发皇，为"性善"论之保证；无论于程朱之派，抑陆王之裔。因而历史之成、败，无论成之于"事"，或成之于"心"，论者皆可能预设一种事关"存有学"(ontology)之原理，寓于其间。特此原理，乃仅能以"形而上学"(metaphysics)之方式加以讨论？抑或尚可发展成为一种"历史哲学"？学者之理解，则有不同。

以"程朱"一派之朱子学立场而言，其综合性之历史理论，来自一"静态之形而上学"(static metaphysics)。[87]此一静态之形而上学，将"性善"之论，奠立于一深具"目的论"(teleology)色彩之"价值根源理论"；具体而言，即是朱子之《仁说》。[88]至于由此而延伸之文明论，虽涉及人性之群体展现，与事变结构之变动，其所以得与"性善"之论关联，实际乃由"阴、阳分德"之理论所支撑，而最终则由"阳大而阴小"之论落实。然由于此种理论之连结，于朱子学自身之展现，仅是"概念的"，而无属于"历史哲学"之建构；故并未于朱子学之流衍中，造成影响。真正能将理论上此种"可能"发挥，而有实然之建设，则须俟之清初之王船山。

船山之能实然将"阴、阳分德"之理论，发挥于"历史之哲学式诠论"，重点在于其说之能区隔《易传》所标示之"道"、"善"、"性"为不同之理论层次，从而将"阴"、"阳"之"性情"与"功效"区分；历史之"常"、"变"，由是可有一种奠立于"宇宙构成论"之说解。船山之"世界"观与"文明"论，皆是由此树立。[89]特就船山之"阴、阳分德"观而言，由于其说乃以"体以致用，用以备体"为立论之基本思维模式，故终极而言，乃变朱子之"静态之形而上学"为一种新形态之"动态主义"(dynamism)。[90]以是此种"历史哲学"之建构，仅是延伸朱子学说中之"文明论"议题，而自为一种"哲学系统"(philosophical system)之完成，而非即是替代朱子完成其"历史"之"哲学性论述"。

至于以"陆王"一脉之阳明学立场而言，其所可能建构之历史综合性理论，则来自其一种关于"理想社会"之动态想象，如阳明《答顾东桥书》"拔本塞源之论"中所敷陈。[91]此种想象,以具有"主体性"之个体,与其相互间之"感应",作为群体共生之基础;从而设立一种观察社会历史变衍之角度。然而由于此种立基于"心学"之观察角度,必须依赖历史之诠释者,将历史变衍中,与"社会事为",乃至"集体意识"(*conscience collective*/collective conscious)相关联之事项,以"现象"之形态与原理,加以解读;故其在阳明学中之展现,常属"个人的"与"主观的",不易以一种"方法学"上所可接受之概念,加以说明。以是亦并未于阳明学之流衍中,发展成为显著之学术形式。真正能于学术观念中,将理论上此种"可能性"抉发,并有实然之指陈,则须俟之清中之章实斋,始有明确之论述。此一论述,即是彼对于"浙东学术"之描绘,及其自身有关于"认识论"之立说。[92]

"浙东学术"之结合"心学"与"史学",有"事实面"与"理想面"二层:就"事实面"而言,所谓"浙东学术",乃是依"地域性"之文化积蕴,观察其间学术思想传承、扩散与交错影响下之效应,并不必然即有一种实然之理论结构,以之作为"学派思想发展"之依据。就"理想面"而言,则是以一种理论上之"能然",探测其"系统建构"之施展性。

此二层,若依前者所谓"事实面",为之论述,实斋所举"浙东学术"发展之脉络,有其可检视之论述基础;不为无据。因而实斋之于宋以下,以至于清之学术发展中,设立此概念,以为诠释之助,诚有其"梳理学脉"之功。[93]特此"学脉"之说,不即等同于"学派";而所谓浙东"宗陆"之说,亦未可即以为"象山之论"足以合"史学"于"心学"。其真能于理论之建构上,确立一种"认识论"之观点,将之运用于史学,呈显此种具"理想性"之理论可能,从因可释之为此处所论为"后者"之所谓第二层;实际上亦须迟至实斋本人,始克具体实现。

实斋之认识论观点,最初系由"《易》教"之思维所延伸,即彼所谓"体象"、"效法"之说;而关键则在其所释之"象"义。依其论,所谓"体象",即是以"天德"修乎"天位";而所以"体之"之功,则是于内、外之交感,存于中者,因性动而显。[94]此一观点,将心之"德"与"位",于"当下"之际合一;故明显具有阳明学于"意"论"知"之倾向。

于其论中，“象”虽心之所取，此所谓“象”，并非仅为无根之“现象”，而系透过内、外之交感，成为“可法之象”，由是而有“体之”之说；“象”之于心识中存在，由是成为连结“心体之用”与“道体之用”相扣合之环节。此一将建构人“存有基础”之“心体”，放置于一与“外境”相对应之位置之说法，使实斋说，具有“认识论”之严肃意义。然由于实斋之云“体象”、“效法”，皆是于学者之“修德”中实践，故凡其所思合“性理”与“经史”，其形式，亦仍是集中于“史家”，而非于“史学”之自身。

今倘若较论船山与实斋，则见欲以一“哲学”之方式，建构综合性之历史理论，“程朱”一派之可能性，胜多于“陆王”；然亦须如船山之改造，乃始庶乎近之。钱先生早岁好阳明，亦有成书，[95]后则由义理深涉史学，乃转移于朱子；最终甚且尊朱子，以为乃孔子以下，集中国学术史大成之第一人。[96]就脉络而言，自有其取径之所宜然。然钱先生既不主“哲学”为“儒学”之本质，则其所谓“尊朱”，亦当仅是一种“学术史”之眼光；而非以朱子之系统为系统。亦正因如此，钱先生于“朱”、“陆”相争之属于“认识论”议题之差异，乃多以一种自为之“义理学”态度为之权衡；而非如船山之必推究至极。[97]钱先生之极力称赏朱子之经史学，而于“历史”之成为“历史”，则另有其观点之建构，非由“理学”一脉延伸，即是出之于此。

以“哲学”之观点分析，钱先生虽主历史乃群体之人性发展，有其义理之本原，然由于历史之“可延续性”，系于“功能”之组合中展现其成败，其间存在极多之“偶然性”；故历史之进程，即使存在“形式”之近似，亦仅是“事实的”，而非“必然的”。所谓“历史之趋向”，依钱先生之说，其所仰赖之稳定因素，系来自生活之合理想望，与“民族文化”融凝力之支撑。故检视历史之合理性，与反省于历史之成败与走向，须有不同之“认识基础”：“检视历史之合理性”，来自“事实”之认定，与其“形式”之功能分析；“反省于历史之成败与走向”，则应建立于“诠释者”对于历史过程“消长形势”与事变中“性理发展趋向”之一种卓越之判断。“历史”之发展，既无先验之法则，形成支配；亦非无属于"人性"之价值因素，系其成败。此即钱先生之史学中，所可依"哲学"之角度，加以分析之立场，与其思想成分。值得学界之关注。

以上综括钱先生有关"历史"与"人性"之理解，及其学术意义，其中包括：钱先生对于人类生存条件及历史构成之理解，钱先生对于社会构成之结构因素、功能因素与精神基础之基本分析，钱先生对于民族与文化关系之说明，钱先生对于历史目标与进程之看法，钱先生所企图建立之文化形态学，以及钱先生史学中之哲学成分。至于继此而可有之有关"钱先生研究历史之角度，与其建构史观之过程及方式"之分析，则详论之于本书后论。

注 释

1 本文所使用之"文明"一词，并非偏指文化(culture)基础之物质面，或现代文明之都市化样态，而系指"文化"于深度与广度上最大之指涉通义；以与个别之"文化体"区隔。故与宾四师说中之用例不同。

2 有关宾四师"道德精神"之说解，参见钱穆：《论春秋时代人之道德精神》(上)(原刊香港《新亚学报》2卷2期〔1957年2月〕，见钱穆：《中国学术思想史论丛》〔一〕〔台北：东大图书公司，1976年〕，页191—192；收入钱穆撰，钱宾四先生全集编辑委员会主编：《钱宾四先生全集》〔台北：联经出版事业公司，1998年〕，第18册，分页271—272)。

3 亦即因此，故宾四师虽立一说，强调儒家思想乃"强烈的情感主义者"，却巧妙地交融了"理智"的功能；乃强烈的个己主义，却巧妙地调和了人我、内外的冲突；乃强烈的现实主义者，却巧妙地渗透了一切神天不可知界的消息(论详所撰《儒家之性善论与其尽性主义》，原刊上海《新中华月刊》1卷7期〔1933年4月〕，见钱穆：《中国学术思想史论丛》〔二〕〔台北：东大图书公司，1980年〕，页242；收入钱穆撰，钱宾四先生全集编辑委员会主编：《钱宾四先生全集》，第18册，分页2)云云；于其论述"情感"与"理智"之背后，仍依《中庸》说有一"性体"之存在，并依其自有之方式，重新诠释《中庸》之"中"、"和"义(论详宾四师所撰《中庸新义》，原刊香港《民主评论》6卷16期〔1955年8月〕，见钱穆：《中国学术思想史论丛》〔二〕，东大版，页

283—306;收入钱穆撰,钱宾四先生全集编辑委员会主编:《钱宾四先生全集》,第18册,分页89—118)。

4　至于历来儒家之论"性",宾四师曾将其途径,分为"孔、孟"、"《易》、《庸》"、"程、朱"、"陆、王"四派;分属四时期。并谓孟子重在"即心见性",《中庸》重在"因物见性",二者不同;晦翁(朱熹,字元晦,号晦庵,1130—1200)偏近《中庸》,阳明(王守仁,字伯安,1472—1529)偏近孟子(论详钱穆:《辨性》,原刊《思想与时代》第6期〔1944年9月〕,见钱穆:《中国学术思想史论丛》〔五〕〔台北:东大图书公司,1978年〕,页211—256;收入钱穆撰,钱宾四先生全集编辑委员会主编:《钱宾四先生全集》,第20册,分页361—424)。

5　宾四师谓朱子之解"尽心知性",有先、后之异说;以"尽心"为"知至"之谓,乃《集注》说。而于其前,朱子中年之见,则主"尽心"在先,"知性"在后。宾四师并历考其解义,谓朱子尝四易其说,而最终又变,卒归于孟子原旨;以"尽心"为"知性"之工夫。惜朱子未及将此意于《集注》中作最后之改定(说详钱穆:《朱子新学案》〔四〕,《朱子与二程解经相异下:五、论尽心知性》〔台北:自印本,1971年;台北:三民书局,1982年〕,三民版,页480—499;收入钱穆撰,钱宾四先生全集编辑委员会主编:《钱宾四先生全集》,第14册,页537—559)。其释朱子如此,则宾四师之立场,亦从而可知。

6　宾四师之取径,所以不同于朱子所主之"格物",在于朱子之说,乃立基于"道体"与"理体"之合一,"理体"与"性体"之合一,故其说有所谓"豁然贯通"之一境;而宾四师无之(宾四师尝言:《大学》一篇中,"格物"二字之本义为何虽有可商,朱子之释格物,则实是千古学问之正轨大法〔说详钱穆:《朱子新学案》〔二〕,《朱子论格物》,三民版,页543;收入钱穆撰,钱宾四先生全集编辑委员会主编:《钱宾四先生全集》,第12册,页708〕。然于他处,宾四师亦曾谓朱子之"格物"理想,仅可悬为全人类求知之共业,而非可以为"诚"、"正"、"修"、"齐"、"治"、"平"之初步功夫〔论详所撰《大学格物新释》,原刊《思想与时代》第2期,1941年9月,见钱穆:《中国学术思想史论丛》〔二〕,东大版,页342;收入钱穆撰,钱宾四先生全集编辑委员会主编:《钱宾四先生全集》,第18册,分页216〕;又谓朱子论"格物",有一最大之缺点,即是未将"自然之理"与"人文之理"之分殊处,详细指出〔说详钱穆:《双溪独语》,《篇十八》,台北:台湾学生书局,1981年,页195;收入钱穆撰,钱宾四先生全集编辑委员会主编:《钱宾四先生全集》,第47册,页332〕。而宾四师对于朱子"格物"说之最终结论,亦仅以"今日格一物,明日格一物,贵能即物而格,而豁然贯通,则期之不知谁何日之一旦"〔论详所撰《说良知四句教与三教合一》,原刊《思想与时代》第37期,1944年11月,见钱穆:《中国学术思想史论丛》〔七〕,台北:东大图书公司，1979年，页152；收入钱穆撰，钱宾四先生全集编辑委员会主编：《钱宾四先生全集》，第21册，页197〕云云之说为释。可见彼之尊朱子，乃是以“儒学之整体发展”为考量，而非以“哲学系统之严密与否”为标准）。至于宾四师之观点，所以亦不同于阳明所主之“诚意”，则在于阳明之说，乃视“心体”即“道体”，故辨在“有”、“无”，有“不动”之义（参见拙作《王阳明哲学之根本性质及其教法流衍中所存在之歧异性》〔本文初稿发表于北京大学中国语言文学系、美国耶鲁大学东亚语言文学系、北京大学中国古文献研究中心所联合举办之《中国典籍与文化国际学术研讨会》，北京：北京大学，2010年3月8—9日；后刊登于《文与哲》第16期，2010年6月，页283—366；并收入戴景贤撰：《明清学术思想史论集》上编，香港：中文大学出版社，2012年，页29—112〕一文）；而宾四师无之（关于宾四师对阳明晚年思想“是否偏离儒学主轴”之疑虑，论详其所撰《说良知四句教与三教合一》〔见钱穆：《中国学术思想史论丛》〔七〕，同上，东大版，页124—152；《钱宾四先生全集》，第21册，页163—197〕一文）。

7　此一观点即宾四师所以对于清代焦里堂（循，1763—1820）以人类智慧之进化，论释孟子“性善”义，极为称赏之原因（说见钱穆：《中国近三百年学术史》，第十章《焦里堂阮芸台凌次仲》〔上海：商务印书馆，1937年；台北：台湾商务印书馆，1957年。重排本，台北：台湾商务印书馆，1995年；北京：商务印书馆，1997年〕，北京商务本，下册，页504，收入钱穆撰，钱宾四先生全集编辑委员会主编：《钱宾四先生全集》，第17册，页588—589；及钱穆：《儒家之性善论与其尽性主义》，见钱穆：《中国学术思想史论丛》〔二〕，东大版，页242—247；收入钱穆撰，钱宾四先生全集编辑委员会主编：《钱宾四先生全集》，第18册，分页3—8）。

8　宾四师概叙佛教之“中国化”，曾谓两晋、南北朝之高僧，其内心精神，实是一种变相之新儒家；彼辈之研寻佛法，无非欲以之替代儒家，作为人生最高真理之指导。故终是宗教之意味浅，教育之意味深；个人出世之要求淡，为大众救济之要求浓。因此于东汉末以迄三国，佛教尚不失以宗教之面目流传于社会下层；迨至于两晋以下，佛教即转成以一种纯真理探求、纯学术思辨之新姿态出现。此后印度佛教即于中国之文化园地中生根结果，完全成为一种中国化之佛教，于中国开创许多印度原本所无之宗派（见钱穆：《中国文化史导论》，第七章《新民族与新宗教之再融合》〔重庆：正中书局，1948年；二版，台北：正中书局，1951年；台北：“国防部总政治部”，1952年；修订本，台北：台湾商务印书馆，1993年〕，台湾商务修订本，页149；收入钱穆撰，钱宾四先生全集编辑委员会主编：《钱宾四先生全集》，第29册，分页158）。此一论述，即可展示其对于“中国义理精神所内涵之融合、消纳之力”所持之观点。

9　参见钱穆:《民族与文化》,讲义之部,下篇《中国历史演进与文化传统》,第六章《中国的哲学道德与政治思想》(台北:"国防研究院",1959年;香港:自印本,1960年;台北:联合出版中心,1960年;台北:阳明山庄,1960年;台北:三民书局,1969年;台北:黎明文化出版社,1981年;增订本,台北:东大图书公司,1989年),东大版增订本,页60—62;收入钱穆撰,钱宾四先生全集编辑委员会主编:《钱宾四先生全集》,第37册,分页50—52。

10　此一遗言,最终由师母胡美琦(1929—2012)女士整理,撰成一文,名曰《中国文化对人类未来可有的贡献》(原刊一九九零年九月二十六日台北《联合报》,第28、29版;见钱穆:《世界局势与中国文化》〔重编本〕,收入钱穆撰,钱宾四先生全集编辑委员会主编:《钱宾四先生全集》,第43册,页419—429)。

11　参见钱穆:《民族与文化》,讲义之部,上篇《中华民族之成长与发展》,第一章《中华民族之本质》,东大版增订本,页1—2;收入钱穆撰,钱宾四先生全集编辑委员会主编:《钱宾四先生全集》,第37册,分页1—2。

12　"人文化成"四字,出《周易》之《贲》卦彖辞;文云:"贲亨,柔来而文刚,故亨。分刚上而文柔,故小利有攸往。天文也。文明以止,人文也。观乎天文,以察时变;观乎人文,以化成天下。"参见朱熹:《周易本义》,《周易彖上传第一》,收入〔宋〕朱熹撰,朱杰人(1945—　)等主编:《朱子全书》(修订本)(上海:上海古籍出版社,2010年),第1册,页95。

13　参见钱穆:《民族与文化》,讲义之部,上篇《中华民族之成长与发展》,第一章《中华民族之本质》,东大版增订本,页7—8;收入钱穆撰,钱宾四先生全集编辑委员会主编:《钱宾四先生全集》,第37册,分页5。

14　同前注,东大版增订本,页9—11;《钱宾四先生全集》,第37册,分页6—8。

15　其中郭沫若(原名开贞,字鼎堂,号尚武,1892—1978)之《中国古代社会研究》(上海:联合书店,1930年;收入民国丛书编辑委员会编:《民国丛书》第一编〔上海:上海书店出版社,1989年〕,第76册,据民国三十六年群益出版社本影印)、侯外庐(原名兆麟,又名玉枢,1903—1987)之《中国古代社会史》(上海:生活·读书·新知联合发行所,1949年)、《中国封建社会史论》(北京:人民出版社,1979年。本书所收论文,包括一九四九年之前及其后),皆属马克思主义史学建立"中国史论述"之奠基之作。

16　参见钱穆:《中国文化史导论》,第二章《国家凝成与民族融合》,台湾商务修订本,页23—24;收入钱穆撰,钱宾四先生全集编辑委员会主编:《钱宾四先生全集》,第29册,分页25—26。

17　宾四师关于中国传统政治之讨论极多,其梗概,可参考所撰《中国传统政治》(原刊香港《民主评论》2卷11、12期〔1950年12月〕，见钱穆：《国史新论》〔香港：自印本，1955年；台北：自印本，1955年；台北：三民书局，1969年；台北：东大图书公司，1981年；增订本，台北：东大图书公司，1989年〕，东大版增订本，页71—105；收入钱穆撰，钱宾四先生全集编辑委员会主编：《钱宾四先生全集》，第30册，页95—135）。

18 宾四师之论，详所撰《中国历史上的传统政治》〔1974〕、《中国智识分子》〔1951〕，同前注，东大版增订本，页107—119、121—160；《钱宾四先生全集》，第30册，页137—152、153—198。

19 论详所撰《道统与治统》，原刊《东方杂志》41卷15期〔1945年8月〕，见钱穆：《政学私言》（重庆：商务印书馆，1945年；上海：商务印书馆，1946年；台北：台湾商务印书馆，1967年），台湾商务版，页64—75；收入钱穆撰，钱宾四先生全集编辑委员会主编：《钱宾四先生全集》，第40册，分页81—95。

20 宾四师之论，详所撰《中国历史研究法》，《二、如何研究政治史》（香港：孟氏教育基金委员会，1961年；台北：三民书局，1969年；增编本，台北：东大图书公司，1988年），东大版增编本，页15—31；收入钱穆撰，钱宾四先生全集编辑委员会主编：《钱宾四先生全集》，第31册，分页19—38。

21 谭复生云："二千年来之政，秦政也，皆大盗也；二千年来之学，荀学也，皆乡愿也。惟大盗利用乡愿；惟乡愿工媚大盗。二者交相资，而罔不托之于孔。"（说见谭嗣同：《仁学》，收入〔清〕谭嗣同撰，蔡尚思〔1905—2008〕、方行编：《谭嗣同全集》〔增订本，北京：中华书局，1998年三刷〕，下册，页337）至于宾四师综合之论，则详所撰《国史大纲》，《引论》（上海：商务印书馆，1940年；重庆：商务印书馆，1943年；上海：国立编译馆，1944年；台北："国立编译馆"，1952年；香港：自印本，1955年。收入民国丛书编辑委员会编：《民国丛书》第一编，第75册，据民国三十七年商务印书馆本影印，分页1—29。修订本，台北：台湾商务印书馆，1974年；修订本二刷，香港：商务印书馆，1994年。台湾商务修订本，上册，分页1—34。收入钱穆撰，钱宾四先生全集编辑委员会主编：《钱宾四先生全集》，第27册，分页21—59）。

22 如"人治"与"法治"之讨论，即是一显例。说见所撰《人治与法治》〔1945〕，见钱穆：《政学私言》，台湾商务版，页76—87；收入钱穆撰，钱宾四先生全集编辑委员会主编：《钱宾四先生全集》，第40册，分页97—113。

23 如积极从事立宪工作之张君劢（嘉森，号立斋，别署世界室主人，1887—1969），即曾著书，为异同之见，且语多批判。说详张君劢：《中国专制君主政制之评议》（台北：弘文馆出版社，1986年）。

24 论详所撰《中国传统政治与儒家思想》，原刊《思想与时代》第3期〔1941年10月〕，见钱穆:《政学私言》,台湾商务版,页 89—107;收入钱穆撰,钱宾四先生全集编辑委员会主编:《钱宾四先生全集》,第 40 册,分页 123—145。

25 如"选举"与"考试"制度之设计,即是一例。论详所撰《选举与考试》(原刊《东方杂志》第 41 卷第 8 期〔1945 年 4 月〕,见钱穆:《政学私言》,同前注,台湾商务版,页 15—28;《钱宾四先生全集》,第 40 册,分页 19—35)。

26 论详所撰《中国历代政治得失》(香港:自印本,1952 年;香港:人生出版社,1952 年;增订再版,香港:自印本,1956 年;香港:龙门书店,1968 年;台北:自印本,1969 年。重印本,台北:三民书局,1976 年;台北:东大图书公司,1977 年。收入钱穆撰,钱宾四先生全集编辑委员会主编:《钱宾四先生全集》,第 31 册。英译本,Ch'ien Mu, translated by Chün-tu Hsüeh and George O. Totten; with Walace Johnson 〔et al.〕, *Traditional Government in Imperial China: A Critical Analysis*, Hong Kong: The Chinese University Press; New York: St. Martin's Press, 1982)与《政学私言》二书。

27 关于宾四师所释"五伦"之义,参见钱穆:《晚学盲言》(上),中篇"政治社会人文之部",《二五、中国家庭与民族文化》、《二六、中国文化中之五伦》、《二七、五伦之道》、《二八、中国五伦中之朋友一伦(一)(二)》(台北:东大图书公司,1987 年),页 307—315、316—335、336—347、348—357;收入钱穆撰,钱宾四先生全集编辑委员会主编:《钱宾四先生全集》,第 48 册,页 485—500、501—542、543—560、561—576。

28 参见钱穆:《民族与文化》,讲义之部,上篇《中华民族之成长与发展》,第二章《中国社会之结构》,东大版增订本,页 13—20;收入钱穆撰,钱宾四先生全集编辑委员会主编:《钱宾四先生全集》,第 37 册,分页 9—15。

29 宾四师对于"成礼成俗"之过程中,成德之"君子"所扮演之角色,一方面着重说明"士阶层"之社会特质(关于此点,宾四师之论极多,参见所撰《再论中国社会演变》〔1977〕、《中国智识分子》〔1951〕〔见钱穆:《国史新论》,东大版增订本,页 37—55、121—160;收入钱穆撰,钱宾四先生全集编辑委员会主编:《钱宾四先生全集》,第 30 册,页 43—65、153—198〕等论);另一方面,则重视分析智识分子之"道德观"、"知识观"、"伦理观"、"神化观",与中国社会所存在之"人品观"与"名教观"(论详所撰《双溪独语》,《篇三》、《篇四》、《篇五》、《篇六》、《篇七》、《篇八》、《篇九》、《篇十一》、《篇十二》、《篇十三》、《篇十四》、《篇二十五》〔台湾学生书局版,页 27—43、45—52、53—63、65—74、75—83、85—97、99—107、115—124、125—136、137—148、149—155、263—275;收入钱穆撰,钱宾四先生全集编辑委员会主编:《钱宾四先生全集》,第 47 册,页 45—71、73—86、87—105、107—127、129—141、143—

166、167—183、197—214、215—235、237—256、257—269、431—448〕)。

30 宾四师有关“以人而合天”，较精之论述，可参见所撰《儒家之性善论与其尽性主义》〔1933〕、《易传与小戴礼记中之宇宙论》〔1944〕、《中庸新义》〔1955〕与《中庸新义申释》〔1956〕(见钱穆：《中国学术思想史论丛》〔二〕，东大版，页 241—255、256—282、283—306、307—323；收入钱穆撰，钱宾四先生全集编辑委员会主编：《钱宾四先生全集》，第 18 册，分页 1—18、25—74、89—118、119—141)诸文。而其发明“率性”之义，则兼有“自然”与“不必然”二义。其“自然”之义，近阳明；即章实斋(学诚，1738—1801)以“史学”发挥“庸常”之所谓“道者，非圣人智力之所能为，皆其事势自然，渐形渐著，不得已而出之，故曰天也”(章学诚：《原道上》，收入〔清〕章学诚撰，叶瑛〔字石甫，1896—1950〕校注：《文史通义校注》〔北京：中华书局，2008 年六刷〕，上册，卷二，页 119)云云之旨。然实斋说乃泛论“文明”，故未凸显“历史”于形塑过程中所存在之“选择性”与“差异性”；而宾四师则于其中，说明“文明途辙”之“虽自然而不必然”，强调少数君子“化世”之功能。故以“不必然”一义而论，宾四师之说，转有与朱子相近之处(《语类》载：问：“一阴一阳宜若停匀，则贤不肖宜均。何故君子常少，而小人常多?”曰：“自是他那物事驳杂，如何得齐。……”见〔宋〕黎靖德辑：《朱子语类》，卷四，收入朱熹撰，朱杰人等主编：《朱子全书》〔修订本〕，第 14 册，页 211。又云：“天地那里说我特地要生个圣贤出来。也只是气数到那里，恰相凑著，所以生出圣贤。及至生出，则若天之有意焉耳。”〔同上〕另一条则云：“乾坤者一气，运于无心，不能无过不及之差。圣人有心以为之主，故无过不及之失。”〔同上，卷六十七，第 16 册，页 2214〕前二说，说明历史之“偶然性”，来自气化之不能齐一；后一说，则说明圣贤之出现，乃不必然中之必有。此二义皆与朱子之“理”、“气”论相关。宾四师因个人不主“理先”之说，故于人道之所以于“文化”中呈现，改以社会所孕育之“能然之君子”于历史中所产生之“或然之影响”说之；与朱子之见，亦有不同)。其取择融通，皆系针对当时“演化观”之需求而发展。

31 参见钱穆：《晚学盲言》(上)，中篇“政治社会人文之部”，《三三、礼与法》，东大版，页 397—406；收入钱穆撰，钱宾四先生全集编辑委员会主编：《钱宾四先生全集》，第 48 册，页 639—653。

32 参见钱穆：《双溪独语》，《篇六》、《篇七》，台湾学生书局版，页 65—74、75—83；收入钱穆撰，钱宾四先生全集编辑委员会主编：《钱宾四先生全集》，第 47 册，页 107—127、129—141。

33 《礼记·乐记》：“君子反情以和其志，广乐以成其教，乐行而民乡方，可以观德矣。德者，性之端也；乐者，德之华也。金石丝竹，乐之器也。诗，言其志也；歌，咏其声也;舞,动其容也。三者本于心,然后乐器从之。是故情深而文明,气盛而化神。和顺积中而英华发外,唯乐不可以为伪。"见〔汉〕郑玄(字康成,127—200)注,〔唐〕孔颖达(字仲达,574—648)等正义:《礼记正义》(收入《十三经注疏》〔台北:艺文印书馆,据清嘉庆二十年江西南昌府学本影印,2001年十四刷〕,第5册),卷三十八,页12b,总页682。

34　关于宾四师所阐释"知"、"情"之分合,及"知自外来,属分别性;情自内发,属和合性"云云之义,参见钱穆:《晚学盲言》(下),下篇"德性行为修养之部",《七一、知与情》,东大版,页828—835;收入钱穆撰,钱宾四先生全集编辑委员会主编:《钱宾四先生全集》,第49册,页1307—1316。

35　论详钱穆:《文化学大义》,《五、文化七要素》(台北:正中书局,1952年),页50—53;收入钱穆撰,钱宾四先生全集编辑委员会主编:《钱宾四先生全集》,第37册,分页60—64。

36　《礼记·中庸》:"唯天下至诚,为能经纶天下之大经,立天下之大本,知天地之化育。夫焉有所倚?肫肫其仁!渊渊其渊!浩浩其天!苟不固聪明圣知达天德者,其孰能知之?《诗》曰'衣锦尚絅',恶其文之著也。故君子之道,暗然而日章;小人之道,的然而日亡。君子之道,淡而不厌,简而文,温而理,知远之近,知风之自,知微之显,可与入德矣。"见郑玄注,孔颖达等正义:《礼记正义》(收入《十三经注疏》,第5册),卷五十三,页13b—14a,总页900。

37　参见钱穆:《晚学盲言》(下),下篇"德性行为修养之部",《七二、修养与表现》,东大版,页836—845;收入钱穆撰,钱宾四先生全集编辑委员会主编:《钱宾四先生全集》,第49册,页1317—1332。

38　同前注,《七六、存藏与表现》,东大版,页892—903;《钱宾四先生全集》,第49册,页1395—1412。

39　同前注,《六二、内与外》,东大版,页743—752;《钱宾四先生全集》,第49册,页1175—1190。

40　所谓"新史学",有概念之义,有实质之义,有标榜之义;而皆相对于"旧史学"。标榜之义,始于梁任公(启超,字卓如,1873—1929)之作《新史学》〔1902〕(编为《饮冰室文集之九》,收入梁启超撰:《饮冰室合集》〔北京:中华书局,2003年重印本四刷〕,第1册,分页1—32);其书内中虽多援入之新意,亦不乏属于个人一时之见。至于如何方始为中国现代"新史学"实质之义,其组成之成分为何,脉络为何,则属"中国现代史学史"之课题;非此处所欲论。

41　任公论"新史学"时,曾为"史学"重新定义,其说云:"历史者,叙述进化之现象也。"(见梁启超:《新史学》,同前注,分页7)即属此类。

42　如其所撰《中国文化演进之三大阶程及其未来之演进》(一九八三年香港中文大学成立二十周年纪念讲稿，刊载于同年四月十一日《香港时报》，五月香港《明报月刊》18 卷 3 期，六月《文艺复兴》143 期转载；曾收入《宋代理学三书随札》〔台北：东大图书公司，1983 年〕一书。一九八八年重加修订，见钱穆：《文化学大义》，〈附录四〉；收入钱穆撰，钱宾四先生全集编辑委员会主编：《钱宾四先生全集》，第 37 册，分页 151—171)，即是一例。

43　关于船山之"理势"论，参见拙作《论王船山之文明史观及其历史哲学》(初稿原刊《文与哲》第 21 期〔2012 年 12 月〕，页 351—416；并收入戴景贤撰：《王船山学术思想总纲与其道器论之发展》上编〔香港：中文大学出版社，2013 年〕，页 201—271)。

44　关于船山以"地域生态"与"制度所宜"为核心，所建构之"文化个体论"，论详拙作《论王船山性理思想之建构与其内部转化》(初稿原刊《文与哲》第 17 期〔2010 年 12 月〕，页 297—382；并收入戴景贤撰：《王船山学术思想总纲与其道器论之发展》上编，页 1—103)，及前注所论及之《论王船山之文明史观及其历史哲学》。

45　宾四师尝谓儒家思想乃中国民族性之结晶，说详所撰《儒家之性善论与其尽性主义》(见钱穆：《中国学术思想史论丛》〔二〕，东大版，页 241；收入钱穆撰，钱宾四先生全集编辑委员会主编：《钱宾四先生全集》，第 18 册，分页 1)。此说就一面而言，系将儒家思想放置于中国文化之核心；另一方面，则是等同主张：群体生活之表现为可长可久之文明，即是人之共有性之一种合乎义理之发展。

46　Ernest Barker, *National Character and the Factors in Its Formation* (New York, NY: Harper & Brothers Publishers, 1927)；中译本，〔英〕巴克撰，王世宪译：《民族性》(收入《汉译世界名著》，上海：商务印书馆，1937 年；台北：台湾商务印书馆，1965 年台一版)。关于"民族性"一词之模糊性，及其于十八世纪政治论域中之争议，参见 Pauline Kra, "The Concept of National Character in 18th Century France", *Cromohs*, 7(2002): 1 - 6<http://www.cromohs.unifi.it/7_2002/kra.html>; Sveinbjorn Thordarson, "Climate and Political Reform: Helvétius on National Character" (2008) <http://sveinbjorn.org/helvetius_and_national character>。

47　任公云："学术思想之在一国犹人之有精神也。而政事、法律、风俗及历史上种种之现象，则其形质也。故欲觇其国文野强弱之程度如何，必于学术思想焉求之。"(见梁启超：《论中国学术思想变迁之大势》〔1902〕，《总论》，编为《饮冰室文集之七》，收入梁启超撰：《饮冰室合集》，第 1 册，分页 1)此说溯其所本，除"学术史"之观念，间受西学研究方法之影响外；亦有部分，得自其师康南海(有为，原名祖诒，字广厦，号长素，1858—1927)之启示。特康氏之说，乃以"孔教"言之，谓孔教乃中国之国魂(见康有为:《〈中国学会报〉题词》〔1913年2月11日〕,收入〔清〕康有为撰,姜义华(1939—　)等编校:《康有为全集》〔北京:中国人民大学出版社,2007年〕,第十集,页16—18);其说牵于经学之论,不免于所谓"历史精神"之义,体认不真,故作用未若任公之钜。至于宾四师重视学术思想与民族历史间之联系,乃与当时此类议论相关,此事余英时(1930—　)先生,亦曾论及。彼于评述宾四师学术精神时,曾指出宾四师之取径,盖颇受任公,以及当时如《国粹学报》(1905—1911)等言论之影响;参见所著《一生为故国招魂——敬悼钱宾四师》(收入余英时撰:《犹记风吹水上鳞》〔台北:三民书局,1991年〕,页17—29)。

48　参见本书前论《论钱宾四先生"中国文化特质说"之形成与其内涵》。

49　关于宾四师"四民社会"一词之意涵,及其形成之缘由,参见本书前论《钱宾四先生所关注之时代问题与其学术取径》第二题"钱先生所企图解决之学术难题及其主要工作"。

50　《国史新论》一书初辑,计分《中国社会演变》、《中国传统政治》、《中国智识分子》、《中国历史上之考试制度》、《中国文化传统之演进》五论;后增订重编,增加《再论中国社会演变》、《略论中国社会主义》、《中国历史上的传统政治》、《中国文化传统中之士》、《再论中国文化传统中之士》、《中国历史上的传统教育》、《中国教育制度与教育思想》、《中国历史人物》、《中国历史上之名将》九篇(参见钱穆:《国史新论》,《出版说明》,收入钱穆撰,钱宾四先生全集编辑委员会主编:《钱宾四先生全集》,第30册,页1—2)。

51　宾四师之强调中国历史之"浑融一体性",乃至主张研究中国政治史、社会史、经济史,皆当于文化传统之"一体性"中合并研究,其观点即是本之于此。"浑融一体性"云云,参见钱穆:《中国历史研究法》,《四、如何研究经济史》,东大版增编本,页61;收入钱穆撰,钱宾四先生全集编辑委员会主编:《钱宾四先生全集》,第31册,分页74。

52　同前注,东大版增编本,页50—51;《钱宾四先生全集》,第31册,分页60。

53　同前注,东大版增编本,页51;《钱宾四先生全集》,第31册,分页61。

54　此处约括、引申宾四师之意,参见前注《中国历史研究法》同页,及《略论中国社会主义》(原刊《联合报》副刊〔1987年3月9日〕,见钱穆:《国史新论》,东大版增订本,页66—67;收入钱穆撰,钱宾四先生全集编辑委员会主编:《钱宾四先生全集》,第30册,页91)一文。

55　参见钱穆:《中国历史研究法》,《四、如何研究经济史》,东大版增编本,页49—63;收入钱穆撰,钱宾四先生全集编辑委员会主编:《钱宾四先生全集》,第31册,分页64—77。

56 与一般文化议题相关之讲辞与论著，除本文所已援引之《中国文化史导论》、《文化学大义》、《民族与文化》者外，尚有：《中国历史精神》(印度尼西亚：雅加达《天声日报》，1952年；再版，台北：国民出版社，1954年；香港：自印本，1963年；台北：自印本，1965年；台北：台湾商务印书馆，1965年。修订本，台北：东大图书公司，1976年；台北："国防部总政治作战部"，1976年；台北：阳明山庄，1983年。收入钱穆撰，钱宾四先生全集编辑委员会主编：《钱宾四先生全集》，第29册)、《中华文化十二讲》(台北：自印本，1968年；二刷，台北：东大图书公司，1985年。收入钱穆撰，钱宾四先生全集编辑委员会主编：《钱宾四先生全集》，第38册)、《中国文化丛谈》(台北：三民书局，1969年；收入钱穆撰，钱宾四先生全集编辑委员会主编：《钱宾四先生全集》，第44册)、《中国文化精神》(台北：自印本，1971年；二刷，台北，三民书局，1973年；收入钱穆撰，钱宾四先生全集编辑委员会主编：《钱宾四先生全集》，第38册)、《世界局势与中国文化》(台北："教育部社教司"，1973年；台北："交通部邮政总局"，1976年；台北：东大图书公司，1977年。收入钱穆撰，钱宾四先生全集编辑委员会主编：《钱宾四先生全集》，第43册)、《历史与文化论丛》(台北：东大图书公司，1979年；收入钱穆撰，钱宾四先生全集编辑委员会主编：《钱宾四先生全集》，第42册)、《中国文学论丛》(增订本，台北：东大图书公司，1983年；收入钱穆撰，钱宾四先生全集编辑委员会主编：《钱宾四先生全集》，第45册)。

57 宾四师以"民族"为文化主体之说，论详钱穆：《民族与文化》，讲辞之部，第二篇《中华民族之成长与发展》，第一章《中华民族之本质》，东大版增订本，页3；收入钱穆撰，钱宾四先生全集编辑委员会主编：《钱宾四先生全集》，第37册，分页65。

58 宾四师以"农业文化"与"游牧与商业文化"为文化之两大类型(论详钱穆：《文化学大义》，《四、文化之两类型》，正中版，页24—30；收入钱穆撰，钱宾四先生全集编辑委员会主编：《钱宾四先生全集》，第37册，分页29—36)。此一说法，溯其源，实系由德国史家史宾格勒(Oswald Arnold Gottfried Spengler，1880—1936)之说所延伸；论详本书前论《论钱宾四先生"中国文化特质说"之形成与其内涵》。

59 宾四师有关"文化要素"之说，论详钱穆：《文化学大义》，《五、文化七要素》，同前注，正中版，页31—53；《钱宾四先生全集》，第37册，分页37—64。

60 论详钱穆：《文化学大义》，《四、文化之两类型》，同前注，正中版，页24—30；《钱宾四先生全集》，第37册，分页29—36。

61 关于此说之主要论点，参见本书前论《论钱宾四先生"中国文化特质说"之形成与其内涵》。

62 见梁漱溟：《东西文化及其哲学》，第三章《如何是东方化？如何是西方化？

（下）》，“人生的三路向”（北京：财政部印刷局，1921年；收入民国丛书编辑委员会编，《民国丛书》第一编，第4册，据民国十二年商务印书馆本影印，页53—55；收入梁漱溟撰，中国文化书院学术委员会编：《梁漱溟全集》〔济南：山东人民出版社，1989年〕，第1卷，页381—382）。

63 “情志生活”四字，见梁漱溟：《东西文化及其哲学》，第四章《西洋中国印度三方哲学之比观》，“孔子之宗教”，同前注，《民国丛书》本，页140—150；《梁漱溟全集》，第1卷，页467。

64 见《全集》本《东西文化及其哲学》书后补录之陈政所记民国十年十月二十二日梁漱溟口述之《自序》，收入梁漱溟撰，中国文化书院学术委员会编：《梁漱溟全集》，第1卷，页542—545。

65 关于梁氏所指称其书中所寓含之“心理学”向度，说详其所撰《人心与人生自序》（见梁漱溟：《东西文化及其哲学》，《附录》，《民国丛书》本，分页1—5；收入梁漱溟撰，中国文化书院学术委员会编：《梁漱溟全集》，第1卷，页327—329）。

66 梁氏一生以特殊之方式，由“义理”转入“哲学”，复由“哲学”回归“义理”。虽亦因同时关怀“社会发展”，而有其自身对于“人类文明”之识见；然终究其立论关键，仍在“哲学与义理之合一”，而非建构一种“文化之学”。而其所启导之路向，与熊十力（原名继智，号子真，1885—1968）之分别处理“宇宙构成论”（cosmology）与“认识论”（epistemology）难题，取径亦有不同。事实上，二人之于此，可谓形成民初以来“新儒家运动”之两种形态；犹一门之倚二柱。此一门之二柱，倘合熊氏之弟子牟宗三（字离中，1909—1995）日后所延伸之发展计之，则可说为三家。故梁氏晚年之批评熊十力，具有“学术史”之意义；以二人共在一“哲学发展”之趋势中（参详本书前论《钱宾四先生所关注之时代问题与其学术取径》）。此一趋向，与宾四师之尊儒家、尊孔子，乃以“史学”与其所择取之“儒学观”为基础，固非一脉；自不应以“同一学派”之概念说之。

67 宾四师关于“安”、“足”之说，论详钱穆：《民族与文化》，讲辞之部，第二篇《中华民族之成长与发展》，第二章《中国社会之形成》，东大版增订本，页94—95；收入钱穆撰，钱宾四先生全集编辑委员会主编：《钱宾四先生全集》，第37册，分页85。

68 宾四师以“仁”为“道”之义，见所撰《民族与文化》（同前注，东大版增订本，页93；《钱宾四先生全集》，第37册，分页84）；至于其主“‘天人合一’乃始有家庭、大群、政治、社会一切人道大义之可论”之说，则详钱穆：《文化学大义》，《附录五、个人与家国》（原刊《动象月刊》第11期〔1987年11月〕；收入钱穆撰，钱宾四先生全集编辑委员会主编：《钱宾四先生全集》，第37册，分页183）。

69 此处所谓“文化发展中所建构之‘文明性’，即是人本质中‘内在性’之展现”，即是

《中庸》"率性之谓道"之说。关于此点,参见宾四师《儒家之性善论与其尽性主义》(见钱穆:《中国学术思想史论丛》〔二〕,东大版,页241—255;收入钱穆撰,钱宾四先生全集编辑委员会主编:《钱宾四先生全集》,第18册,分页1—18)、《中庸新义》(同上,东大版,页283—306;《钱宾四先生全集》,第18册,分页89—118)二文。

70 论详钱穆:《文化学大义》,《五、文化七要素》,正中版,页31—53;收入钱穆撰,钱宾四先生全集编辑委员会主编:《钱宾四先生全集》,第37册,分页37—64。

71 同前注。唯此所诠宾四师"刚"、"柔"之说,用语与之稍异。如"严肃"改易为"压抑"之类。至于增列"道德化之政治"一语,以与"道德"并举,则是取同篇之意,而加以补足。

72 宾四师有关"天人合一乃得诚"之说,论详钱穆:《文化学大义》,《附录六、西方个人主义与中国为己主义》,收入钱穆撰,钱宾四先生全集编辑委员会主编:《钱宾四先生全集》,第37册,分页191。

73 此"动态化"、"立体化"之概念,皆因诠释而择用;非宾四师原文。

74 宾四师有关"人生三阶层"之说,论详钱穆:《文化学大义》,《三、文化的三阶层》,正中版,页7—23;收入钱穆撰,钱宾四先生全集编辑委员会主编:《钱宾四先生全集》,第37册,分页11—28。

75 参同前注。

76 参同前注。

77 Oswald Arnold Gottfried Spengler, *Der Untergang des Abendlandes: Umrisse einer Morphologie der Weltgeschichte* 〔1918—1922〕; authorized English translation with notes by Charles Francis Atkinson〔1880—1960〕, *The Decline of the West: Outline of a Morphology of World History*, 2 vols. (New York, NY: Alfred A. Knopf Inc., 1932);中译本,史宾格勒撰,陈晓林〔1949— 〕译:《西方的没落》(台北:远流出版公司,2000年二版三刷),据1962年单册节本译。

78 宾四师有关"孔子与六经关系"之说明,论详所撰《国学概论》,第一章《孔子与六经》(上海:商务印书馆,1931年;台北:台湾商务印书馆,1956年;重排本,台北:台湾商务印书馆,1995年;北京:商务印书馆,1997年。台湾商务重排本,页1—28。收入钱穆撰,钱宾四先生全集编辑委员会主编:《钱宾四先生全集》,第1册,页1—31)。至于孔子生平之概述与考订,则详后著之《孔子传》(台北:综合月刊社,1975年;台北:东大图书公司,1987年。收入钱穆撰,钱宾四先生全集编辑委员会主编:《钱宾四先生全集》,第4册)。

79 清末以来关于"儒"字之多义性之讨论,始于章太炎;见于其所撰《原儒》(见章炳麟:《国故论衡》,下卷,收入章炳麟撰:《章氏丛书》〔正、续编合订本〕〔台北:世界书局,1958年,正编据浙江图书馆1919年刻本影印,续编据成都薛氏崇礼堂1943年刻本影印〕,上册,《正编》,页116b—120a,总页478—480)。其后各家之变说,皆受其启示;宾四师亦其中之一。

80 宾四师有关整体"四部之学"之看法,论详所撰《四部概论》(原刊香港《人生》杂志,32卷5、6期〔1967年9、10月〕,见钱穆:《中国学术通义》〔台北:台湾学生书局,1975年;增订本,增入《中国学术特性》、《我对于中国文化的展望》,台北:台湾学生书局,1982年〕,台湾学生书局增订本,页1—65;收入钱穆撰,钱宾四先生全集编辑委员会主编:《钱宾四先生全集》,第25册,分页1—67)。

81 宾四师关于两汉经学之意见,论详所撰《两汉经学今古文平议》(香港:新亚研究所,1958年;台北:三民书局,1971年;二刷,台北:东大图书公司,1978年。收入钱穆撰,钱宾四先生全集编辑委员会主编:《钱宾四先生全集》,第8册)。至于"汉、宋",及"今、古文"问题,则可参看《中国近三百年学术史》(上)(下)(上海:商务印书馆,1937年;台北:台湾商务印书馆,1957年;重排本,台北:台湾商务印书馆,1995年;北京:商务印书馆,1997年。收入钱穆撰,钱宾四先生全集编辑委员会主编:《钱宾四先生全集》,第16、17册)。

82 《论语·宪问》:"子曰:'莫我知也夫!'子贡曰:'何为其莫知子也?'子曰:'不怨天,不尤人。下学而上达。知我者其天乎!'"(参见朱熹撰:《四书章句集注·论语集注》〔北京:中华书局,2010年十四刷〕,卷七,页157—158)宾四师关于此"下学"与"上达"之解义,论详所撰《孔子之史学与心学》(见钱穆:《孔子与论语》〔台北:联经出版事业公司,1974年〕,页251—258;收入钱穆撰,钱宾四先生全集编辑委员会主编:《钱宾四先生全集》,第4册,分页417—426)与《本论语论孔学》(原刊香港《新亚学报》2卷1期〔1956年8月〕,收入钱穆:《孔子与论语》,同上,联经版,页67—95;《钱宾四先生全集》,第4册,分页201—236)二文。

83 宾四师关于此点之意见,说详所撰《儒家之性善论与其尽性主义》,见钱穆:《中国学术思想史论丛》〔二〕,东大版,页241—255;收入钱穆撰,钱宾四先生全集编辑委员会主编:《钱宾四先生全集》,第18册,分页1—18。

84 参同前注。

85 参注〈6〉。关于朱子与阳明认识论之差异,参见拙作《王阳明哲学之根本性质及其教法流衍中所存在之歧异性》一文。

86 亭林之云"下学上达",乃欲合"理学"于"经学"(论详顾炎武:《与施愚山书》,见《亭林文集》,卷三,收入〔清〕顾炎武撰,华忱之〔1914—2002〕点校:《顾亭林诗文集》〔北京:中华书局,1983年二版〕,页58;顾炎武:《下学指南序》,同上,卷六,页

131—132);故彼所云"下学"之义,仍难摆脱传统以"经学"为"儒学"核心之观念限制。彼说与宾四师之进而思以"义理之学"合之于"史学",自是不同。

87 说详拙作《程学阁著作集》第五种《宋元学术思想史论集》中编(待刊)所辑之论朱子各文。

88 朱子云:"天地以生物为心者也,而人物之生,又各得夫天地之心以为心者也。故语心之德,虽其总摄贯通无所不备,然一言以蔽之,则曰仁而已矣。请试详之。盖天地之心,其德有四,曰元亨利贞,而元无不统。其运行焉,则为春夏秋冬之序,而春生之气无所不通。故人之为心,其德亦有四,曰仁义礼智,而仁无不包。其发用焉,则为爱恭宜别之情,而恻隐之心无所不贯。故论天地之心者,则曰乾元、坤元,则四德之体用不待悉数而足。论人心之妙者,则曰'仁,人心也',则四德之体用亦不待遍举而该。盖仁之为道,乃天地生物之心,即物而在,情之未发而此体已具,情之既发而其用不穷,诚能体而存之,则众善之源、百行之本,莫不在是。此孔门之教所以必使学者汲汲于求仁也。其言有曰:'克己复礼为仁。'言能克去己私,复乎天理,则此心之体无不在,而此心之用无不行也。又曰:'居处恭,执事敬,与人忠。'则亦所以存此心也。又曰:'事亲孝,事兄弟,及物恕。'则亦所以行此心也。又曰:'求仁得仁。'则以让国而逃、谏伐而饿为能不失乎此心也。又曰:'杀身成仁。'则以欲甚于生、恶甚于死为能不害乎此心也。此心何心也?在天地则坱然生物之心,在人则温然爱人利物之心,包四德而贯四端者也。"(见朱熹:《仁说》,《晦庵先生朱文公文集》,卷六十七,收入朱熹撰,朱杰人等主编:《朱子全书》,第23册,页3279—3280)关于此说所内涵之"目的论"思想特质,参见拙作《王阳明哲学之根本性质及其教法流衍中所存在之歧异性》一文。

89 论详拙作《论王船山之文明史观及其历史哲学》一文。

90 论详拙作《论王船山哲学之系统性及其基本预设》(初稿原刊《文与哲》第18期〔2011年6月〕,页429—514;并收入戴景贤撰:《王船山学术思想总纲与其道器论之发展》上编,页105—200)一文。

91 见王守仁:《传习录》中,收入〔明〕王守仁撰,吴光(1944—　)等编校:《王阳明全集》(新编本)(杭州:浙江古籍出版社,2011年),第1册,卷二,《语录二》,页45—62。

92 参见拙作《论章实斋之学术起源说及其学术史观之构成》(初稿原刊《台大中文学报》第24期〔2006年6月〕,页225—270;并收入戴景贤撰:《明清学术思想史论集》下编〔香港:中文大学出版社,2012年〕,页1—71)、《论戴东原章实斋认识论立场之差异及其所形塑学术性格之不同》(初稿刊登于《文与哲》第10期〔2007年6月〕,页375—446,并于上海师范大学中国近代社会研究中心所举办之《"比较视野下的地域社会研究——徽州与江南的文化认同与地方发展”国际学术研讨会》〔上海：上海师范大学，2007年11月12—15日〕中宣读。其节录之本，则改题为《戴东原论学之基本观点及其认识论立场》，收入唐力行〔1946— 〕主编：《江南社会历史评论》第1期〔北京：商务印书馆，2009年6月〕，页111—147。亦收入前书，页91—180）二文。

93 实斋云：“世推顾亭林氏为开国儒宗，然自是浙西之学。不知同时有黄梨洲氏，出于浙东，虽与顾氏并峙，而上宗王、刘，下开二万（斯大，字充宗，1633—1683；斯同，字季野，1638—1702），较之顾氏，源远而流长矣。顾氏宗朱，而黄氏宗陆。盖非讲学专家，各持门户之见者，故互相推服，而不相非诋。学者不可无宗主，而必不可有门户；故浙东、浙西，道并行而不悖也。浙东贵专家，浙西尚博雅，各因其习而习也。”（见章学诚：《浙东学术》，收入章学诚撰，叶瑛校注：《文史通义校注》，上册，卷五，页523）即其说。

94 实斋云：“盖天之生人，莫不赋之以仁义礼智之性，天德也；莫不纳之于君臣父子夫妇兄弟朋友之伦，天位也。以天德而修天位，虽事物未交隐微之地，已有适当其可，而无过与不及之准焉，所谓成象也。平日体其象，事至物交，一如其准以赴之，所谓效法也。此圣人之希天也，此圣人之下学上达也。”见章学诚：《原学上》，同前注，上册，卷二，页147。

95 宾四师此书原名《王守仁》，收入《万有文库》第一集（上海：商务印书馆，1930年；长沙：商务印书馆，1939年。收入《人人文库》，台北：台湾商务印书馆，1968年）；后再版，更名为《阳明学述要》（台北：正中书局，1955年），收入钱穆撰，钱宾四先生全集编辑委员会主编：《钱宾四先生全集》，第10册。

96 论详所撰《朱子学提纲》（单行本，台北：自印本，1971年；台北：三民书局，1986年。页1—3。亦见钱穆：《朱子新学案》〔一〕，三民版，页1—3；收入钱穆撰，钱宾四先生全集编辑委员会主编：《钱宾四先生全集》，第11册，页1—3）。

97 关于此点，可参考拙作《王船山学术思想总纲与其道器论之发展》上编各文。

参考书目

巴克撰，王世宪译：《民族性》，收入《汉译世界名著》，上海：商务印书馆，1937年；台北：台湾商务印书馆，1965年台一版。

王守仁：《传习录》中，收入王守仁撰，吴光等编校：《王阳明全集》（新编本），杭州：浙江古籍出版社，2011年，第1册。

史宾格勒撰，陈晓林译：《西方的没落》，台北：远流出版公司，2000年二版三刷，据

1962 年单册节本译。
朱熹:《四书章句集注·论语集注》,北京:中华书局,2010 年十四刷。
——:《周易本义》,收入朱熹撰,朱杰人等主编:《朱子全书》(修订本),上海:上海古籍出版社,2010 年,第 1 册。
——:《仁说》,见《晦庵先生朱文公文集》,收入朱熹撰,朱杰人等主编:《朱子全书》(修订本),第 23 册。
余英时:《一生为故国招魂——敬悼钱宾四师》,收入余英时撰:《犹记风吹水上鳞》,台北:三民书局,1991 年。
侯外庐:《中国古代社会史》,上海:生活·读书·新知联合发行所,1949 年。
——:《中国封建社会史论》,北京:人民出版社,1979 年。
康有为:《〈中国学会报〉题词》,1913 年 2 月 11 日,收入康有为撰,姜义华等编校:《康有为全集》,北京:中国人民大学出版社,2007 年,第十集,页 16—18。
张君劢:《中国专制君主政制之评议》,台北:弘文馆出版社,1986 年。
梁启超:《论中国学术思想变迁之大势》,见《饮冰室文集之七》,收入梁启超撰:《饮冰室合集》,北京:中华书局,2003 年重印本四刷,第 1 册。
——:《新史学》,见梁启超《饮冰室文集之九》,收入梁启超撰:《饮冰室合集》,第 1 册。
梁漱溟:《东西文化及其哲学》,北京:财政部印刷局,1921 年。收入《民国丛书》第一编,上海:上海书店出版社,1989 年,第 4 册,据民国十二年商务印书馆本影印。收入梁漱溟撰,中国文化书院学术委员会编:《梁漱溟全集》,济南:山东人民出版社,1989 年,第 1 卷。
章炳麟:《原儒》,见《国故论衡》,下卷,收入章炳麟撰:《章氏丛书》(正、续编合订本),台北:世界书局,1958 年;正编据浙江图书馆 1919 年刻本影印,续编据成都薛氏崇礼堂 1943 年刻本影印,上册,《正编》。
章学诚:《原道上》,收入章学诚撰,叶瑛校注:《文史通义校注》,北京:中华书局,2008 年六刷,上册。
——:《原学上》,收入章学诚撰,叶瑛校注:《文史通义校注》,上册。
——:《浙东学术》,收入章学诚撰,叶瑛校注:《文史通义校注》,上册。
郭沫若:《中国古代社会研究》,上海:联合书店,1930 年。收入《民国丛书》第一编,第 76 册,据民国三十六年群益出版社本影印。
郑玄注,孔颖达等正义:《礼记正义》,收入《十三经注疏》,台北:艺文印书馆,1997 年十三刷,第 5 册,据清嘉庆二十年江西南昌府学本影印。
黎靖德辑:《朱子语类》,收入朱熹撰,朱杰人等主编:《朱子全书》,第 14、16 册。
钱穆:《王守仁》,收入《万有文库》第一集,上海:商务印书馆,1930 年;长沙:商务印书馆，1939年。收入《人人文库》，台北：台湾商务印书馆，1968年。再版，更名为《阳明学述要》，台北：正中书局，1955年。收入钱穆撰，钱宾四先生全集编辑委员会主编：《钱宾四先生全集》，台北：联经出版事业公司，1998年，第10册。

——：《国学概论》，上海：商务印书馆，1931年；台北：台湾商务印书馆，1956年；重排本，台北：台湾商务印书馆，1995年；北京：商务印书馆，1997年。收入钱穆撰，钱宾四先生全集编辑委员会主编：《钱宾四先生全集》，第1册。

——：《中国近三百年学术史》(上)(下)，上海：商务印书馆，1937年；台北：台湾商务印书馆，1957年。重排本，台北：台湾商务印书馆，1995年；北京：商务印书馆，1997年。收入钱穆撰，钱宾四先生全集编辑委员会主编：《钱宾四先生全集》，第16、17册。

——：《国史大纲》(上)，上海：商务印书馆，1940年；重庆：商务印书馆，1943年；上海：国立编译馆，1944年。台北："国立编译馆"，1952年；香港：自印本，1955年；收入《民国丛书》第一编，第75册，据民国三十七年商务印书馆本影印。修订本，台北：台湾商务印书馆，1974年；修订本二刷，香港：商务印书馆，1994年。收入钱穆撰，钱宾四先生全集编辑委员会主编：《钱宾四先生全集》，第27册。

——：《中国文化史导论》，重庆：正中书局，1948年；二版，台北：正中书局，1951年；台北："国防部总政治部"，1952年；修订本，台北：台湾商务印书馆，1993年。收入钱穆撰，钱宾四先生全集编辑委员会主编：《钱宾四先生全集》，第29册。

——：《中国历代政治得失》，香港：自印本，1952年；香港：人生出版社，1952年；增订再版，香港：自印本，1956年；香港：龙门书店，1968年；台北：自印本，1969年。重印本，台北：三民书局，1976年；台北：东大图书公司，1977年。收入钱穆撰，钱宾四先生全集编辑委员会主编：《钱宾四先生全集》，第31册。

——：《中国历史精神》，印度尼西亚：雅加达《天声日报》，1952年；再版，台北：国民出版社，1954年；香港：自印本，1963年；台北：自印本，1965年；台北：台湾商务印书馆，1965年。修订本，台北：东大图书公司，1976年；台北："国防部总政治作战部"，1976年；台北：阳明山庄，1983年。收入钱穆撰，钱宾四先生全集编辑委员会主编：《钱宾四先生全集》，第29册。

——：《文化学大义》，台北：正中书局，1952年。收入钱穆撰，钱宾四先生全集编辑委员会主编：《钱宾四先生全集》，第37册。

——：《两汉经学今古文平议》，香港：新亚研究所，1958年；台北：三民书局，1971年；二刷，台北：东大图书公司，1978年。收入钱穆撰，钱宾四先生全集编辑委员会主编：《钱宾四先生全集》，第8册。

——：《民族与文化》，台北："国防研究院"，1959年；香港：自印本，1960年；台北：联合出版中心，1960 年；台北：阳明山庄，1960 年；台北：三民书局，1969 年；台北：黎明文化出版社，1981 年；增订本，台北：东大图书公司，1989 年。收入钱穆撰，钱宾四先生全集编辑委员会主编：《钱宾四先生全集》，第 37 册。

——：《中国历史研究法》，香港：孟氏教育基金委员会，1961 年；台北：三民书局，1969 年；增编本，台北：东大图书公司，1988 年。收入钱穆撰，钱宾四先生全集编辑委员会主编：《钱宾四先生全集》，第 31 册。

——：《中华文化十二讲》，台北：自印本，1968 年；二刷，台北：东大图书公司，1985 年。收入钱穆撰，钱宾四先生全集编辑委员会主编：《钱宾四先生全集》，第 38 册。

——：《中国文化丛谈》，台北：三民书局，1969 年。收入钱穆撰，钱宾四先生全集编辑委员会主编：《钱宾四先生全集》，第 44 册。

——：《中国文化精神》，台北：自印本，1971 年；二刷，台北，三民书局，1973 年。收入钱穆撰，钱宾四先生全集编辑委员会主编：《钱宾四先生全集》，第 38 册。

——：《朱子新学案》〔二〕，台北：自印本，1971 年；台北：三民书局，1982 年。收入钱穆撰，钱宾四先生全集编辑委员会主编：《钱宾四先生全集》，第 12 册。

——：《朱子新学案》〔四〕，收入钱穆撰，钱宾四先生全集编辑委员会主编：《钱宾四先生全集》，第 14 册。

——：《朱子学提纲》（单行本），台北：三民书局，1971 年；台北：三民书局，1986 年。见钱穆：《朱子新学案》〔一〕，收入钱穆撰，钱宾四先生全集编辑委员会主编：《钱宾四先生全集》，第 11 册。

——：《世界局势与中国文化》，台北："教育部社教司"，1973 年；台北："交通部邮政总局"，1976 年；台北：东大图书公司，1977 年。收入钱穆撰，钱宾四先生全集编辑委员会主编：《钱宾四先生全集》，第 43 册。

——：《孔子与论语》，台北：联经出版事业公司，1974 年。收入钱穆撰，钱宾四先生全集编辑委员会主编：《钱宾四先生全集》，第 4 册。

——：《孔子传》，台北：综合月刊社，1975 年；台北：东大图书公司，1987 年。收入钱穆撰，钱宾四先生全集编辑委员会主编：《钱宾四先生全集》，第 4 册。

——：《历史与文化论丛》，台北：东大图书公司，1979 年。收入钱穆撰，钱宾四先生全集编辑委员会主编：《钱宾四先生全集》，第 42 册。

——：《双溪独语》，台北：台湾学生书局，1981 年。收入钱穆撰，钱宾四先生全集编辑委员会主编：《钱宾四先生全集》，第 47 册。

——：《中国文学论丛》（增订本），台北：东大图书公司，1983 年。收入钱穆撰，钱宾四先生全集编辑委员会主编：《钱宾四先生全集》，第 45 册。

——:《晚学盲言》(上)(下),台北：东大图书公司,1987年。收入钱穆撰,钱宾四先生全集编辑委员会主编:《钱宾四先生全集》,第48、49册。

——:《儒家之性善论与其尽性主义》,原刊上海《新中华月刊》1卷7期,1933年4月。见钱穆:《中国学术思想史论丛》〔二〕,台北：东大图书公司,1980年,页241—255。收入钱穆撰,钱宾四先生全集编辑委员会主编:《钱宾四先生全集》,第18册,分页1—18。

——:《大学格物新释》,原刊《思想与时代》第2期,1941年9月。见钱穆:《中国学术思想史论丛》〔二〕,东大版,页341—355。收入钱穆撰,钱宾四先生全集编辑委员会主编:《钱宾四先生全集》,第18册,分页215—233。

——:《中国传统政治与儒家思想》,原刊《思想与时代》第3期,1941年10月。见钱穆:《政学私言》(重庆：商务印书馆,1945年;上海：商务印书馆,1946年;台北：台湾商务印书馆,1967年),台湾商务版,页89—107。收入钱穆撰,钱宾四先生全集编辑委员会主编:《钱宾四先生全集》,第40册,分页123—145。

——:《易传与小戴礼记中之宇宙论》、《中庸新义申释》,见钱穆:《中国学术思想史论丛》〔二〕,东大版,页256—282、307—323。收入钱穆撰,钱宾四先生全集编辑委员会主编:《钱宾四先生全集》,第18册,分页25—74、119—141。

——:《辨性》,原刊《思想与时代》第6期,1944年9月。见钱穆:《中国学术思想史论丛》〔五〕,台北：东大图书公司,1978年,页211—256。收入钱穆撰,钱宾四先生全集编辑委员会主编:《钱宾四先生全集》,第20册,分页361—424。

——:《说良知四句教与三教合一》,原刊《思想与时代》第37期,1944年11月。见钱穆:《中国学术思想史论丛》〔七〕,台北：东大图书公司,1979年,页124—152。收入钱穆撰,钱宾四先生全集编辑委员会主编:《钱宾四先生全集》,第21册,页163—197。

——:《选举与考试》,原刊《东方杂志》第41卷第8期,1945年4月。见钱穆:《政学私言》,台湾商务版,页15—28。收入钱穆撰,钱宾四先生全集编辑委员会主编:《钱宾四先生全集》,第40册,分页19—35。

——:《道统与治统》,原刊《东方杂志》41卷15期,1945年8月。见钱穆:《政学私言》,台湾商务版,页64—75。收入钱穆撰,钱宾四先生全集编辑委员会主编:《钱宾四先生全集》,第40册,分页81—95。

——:《中国传统政治》,原刊香港《民主评论》2卷11、12期,1950年12月。见钱穆:《国史新论》(香港：自印本,1955年;台北：自印本,1955年;台北：三民书局,1969年;台北：东大图书公司,1981年;增订本,台北：东大图书公司,1989年),东大版增订本,页71—105。收入钱穆撰,钱宾四先生全集编辑委员会主编:《钱

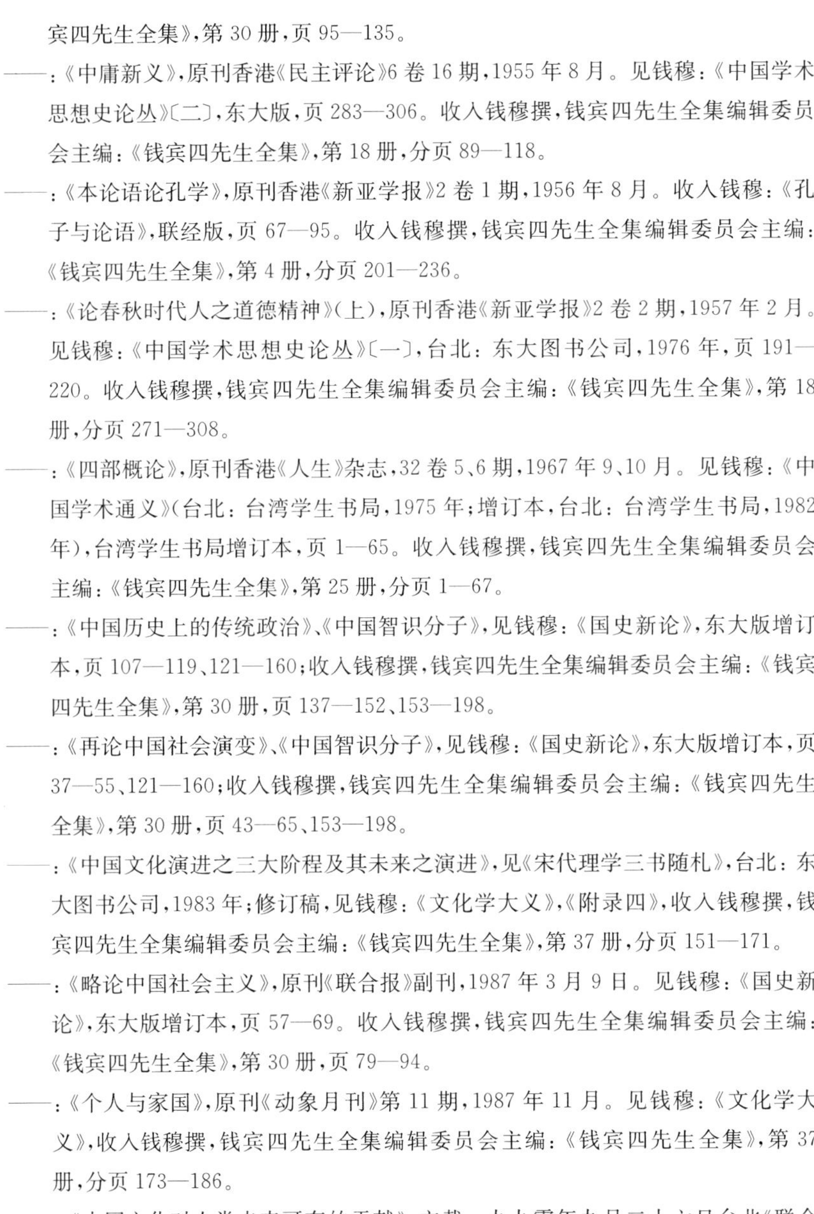

宾四先生全集》，第 30 册，页 95—135。

——：《中庸新义》，原刊香港《民主评论》6 卷 16 期，1955 年 8 月。见钱穆：《中国学术思想史论丛》〔二〕，东大版，页 283—306。收入钱穆撰，钱宾四先生全集编辑委员会主编：《钱宾四先生全集》，第 18 册，分页 89—118。

——：《本论语论孔学》，原刊香港《新亚学报》2 卷 1 期，1956 年 8 月。收入钱穆：《孔子与论语》，联经版，页 67—95。收入钱穆撰，钱宾四先生全集编辑委员会主编：《钱宾四先生全集》，第 4 册，分页 201—236。

——：《论春秋时代人之道德精神》(上)，原刊香港《新亚学报》2 卷 2 期，1957 年 2 月。见钱穆：《中国学术思想史论丛》〔一〕，台北：东大图书公司，1976 年，页 191—220。收入钱穆撰，钱宾四先生全集编辑委员会主编：《钱宾四先生全集》，第 18 册，分页 271—308。

——：《四部概论》，原刊香港《人生》杂志，32 卷 5、6 期，1967 年 9、10 月。见钱穆：《中国学术通义》(台北：台湾学生书局，1975 年；增订本，台北：台湾学生书局，1982 年)，台湾学生书局增订本，页 1—65。收入钱穆撰，钱宾四先生全集编辑委员会主编：《钱宾四先生全集》，第 25 册，分页 1—67。

——：《中国历史上的传统政治》、《中国智识分子》，见钱穆：《国史新论》，东大版增订本，页 107—119、121—160；收入钱穆撰，钱宾四先生全集编辑委员会主编：《钱宾四先生全集》，第 30 册，页 137—152、153—198。

——：《再论中国社会演变》、《中国智识分子》，见钱穆：《国史新论》，东大版增订本，页 37—55、121—160；收入钱穆撰，钱宾四先生全集编辑委员会主编：《钱宾四先生全集》，第 30 册，页 43—65、153—198。

——：《中国文化演进之三大阶程及其未来之演进》，见《宋代理学三书随札》，台北：东大图书公司，1983 年；修订稿，见钱穆：《文化学大义》，《附录四》，收入钱穆撰，钱宾四先生全集编辑委员会主编：《钱宾四先生全集》，第 37 册，分页 151—171。

——：《略论中国社会主义》，原刊《联合报》副刊，1987 年 3 月 9 日。见钱穆：《国史新论》，东大版增订本，页 57—69。收入钱穆撰，钱宾四先生全集编辑委员会主编：《钱宾四先生全集》，第 30 册，页 79—94。

——：《个人与家国》，原刊《动象月刊》第 11 期，1987 年 11 月。见钱穆：《文化学大义》，收入钱穆撰，钱宾四先生全集编辑委员会主编：《钱宾四先生全集》，第 37 册，分页 173—186。

——：《中国文化对人类未来可有的贡献》，文载一九九零年九月二十六日台北《联合报》，第 28、29 版。见钱穆：《世界局势与中国文化》〔重编本〕，收入钱穆撰，钱宾四先生全集编辑委员会主编：《钱宾四先生全集》，第 43 册，页 419—429。

戴景贤：《王船山学术思想总纲与其道器论之发展》上编，香港：中文大学出版社，2013年。

——：《宋元学术思想史论集》（待刊）。

——：《论章实斋之学术起源说及其学术史观之构成》，刊登《台大中文学报》第24期，2006年6月，页225—270；收入戴景贤撰：《明清学术思想史论集》下编，香港：中文大学出版社，2012年，页1—71。

——：《论戴东原章实斋认识论立场之差异及其所形塑学术性格之不同》，刊登《文与哲》第10期，2007年6月，页375—446；上海师范大学中国近代社会研究中心：《"比较视野下的地域社会研究——徽州与江南的文化认同与地方发展"国际学术研讨会》论文，上海：上海师范大学，2007年11月12—15日；收入戴景贤撰：《明清学术思想史论集》下编，页91—180。

——：《王阳明哲学之根本性质及其教法流衍中所存在之歧异性》，北京大学中国语言文学系、美国耶鲁大学东亚语言文学系、北京大学中国古文献研究中心：《中国典籍与文化国际学术研讨会》论文，北京：北京大学，2010年3月8—9日；刊登《文与哲》第16期，2010年6月，页283—366；收入戴景贤撰：《明清学术思想史论集》上编，香港：中文大学出版社，2012年，页29—112。

——：《论王船山性理思想之建构与其内部转化》，初稿原刊《文与哲》第17期，2010年12月，页297—382；收入戴景贤撰：《王船山学术思想总纲与其道器论之发展》上编，页1—103。

——：《论王船山哲学之系统性及其基本预设》，初稿原刊《文与哲》第18期，2011年6月，页429—514；收入戴景贤撰：《王船山学术思想总纲与其道器论之发展》上编，页105—200。

——：《论王船山之文明史观及其历史哲学》，初稿原刊《文与哲》第21期，2012年12月，页351—416；收入戴景贤撰：《王船山学术思想总纲与其道器论之发展》上编，页201—271。

谭嗣同：《仁学》，收入谭嗣同撰，蔡尚思、方行编：《谭嗣同全集》（增订本），北京：中华书局，1998年三刷。

顾炎武撰，华忱之点校：《顾亭林诗文集》，北京：中华书局，1983年二版。

Barker, Ernest. *National Character and the Factors in Its Formation*, New York, NY: Harper & Brothers Publishers, 1927.

Ch'ien, Mu. Translated by Chün-tu Hsüeh and George O. Totten; with Walace Johnson (et al.), *Traditional Government in Imperial China: A Critical Analysis*, Hong Kong: The Chinese University Press; New York: St. Martin's

Press，1982.

Kra，Pauline. “The Concept of National Character in 18th Century France”，*Cromohs*，7 (2002)：1－6<http：//www. cromohs. unifi. it/7_2002/kra. html>.

Spengler，Oswald Arnold Gottfried. *Der Untergang des Abendlandes: Umrisseeiner Morphologie der Weltgeschichte* (1918－1922)；authorized English translation with notes by Charles Francis Atkinson，*The Decline of the West*：*Outline of a Morphology of World History*，2 vols.，New York，NY：Alfred A. Knopf Inc.，1932.

Thordarson，Sveinbjorn. “Climate and Political Reform：Helvétius on National Character” (2008) <http：//sveinbjorn. org/helvetius_and_nationalcharacter>.

陆

论钱宾四先生研究历史之角度与其建构史观之过程及方式

一、钱先生研究历史之双重角度与其形成之来源

余前文论述钱师宾四(穆,1895—1990)有关历史与人性之理解,及其学术意义,曾谓钱先生虽主历史乃群体之人性发展,有其义理之本原,然由于历史之"可延续性",系于社会"功能"之组合中展现其成败,其间存在极多之偶然性,故历史之进程,即使存在"形式"之近似,亦仅是"事实的",而非"必然的";所谓"历史之趋向",其所仰赖之稳定因素,依其说,乃来自生活之合理想望,与"民族文化"融凝力之支撑。故检视历史之合理性,与反省于历史之成败与走向,依钱先生之说,须有不同之"认识基础"。前者来自"事实"之认定,与其"文化形式"之功能(function)分析;后者则应建立于"诠释者"对于历史过程"消长形势"与事变中"性理发展趋向"之一种卓越之判断。[1]

钱先生此种研究历史之双重角度,由于议论之层次与形成之条件,相互差异。故于其建构观点之思维发展上,亦系建立于不同之基础。其中关于"检视历史之合理性"部分:其属于"事实"之认定,关键在于文献史料之史料性鉴别、史书编辑之体例,与史事之观察与考论。此点钱先生之学,多取汲于传统史学;且视传统史学较之西方,有其胜擅之处。其属于"文化形式"之功能分析者,则有各别之差异。

大致而言，有属于传统史学所关注之旧议题，亦有得自西学所建构之新视角，而最终皆系整合于一社会学之“社会”（society）概念之中。

至于“反省于历史之成败与走向”部分：其属于“历史过程中‘消长形势’”者，其观察，多得自历来史论之启示；而关于事变中“性理发展趋向”之部分，则由其个人之义理思维所主导。

以下依“检视历史之合理性”与“反省于历史之成败与走向”二类，共四项，分别论之：

首先第一项，关于“检视历史之合理性”中，“事实”之认定部分。此一部分之要点，在于：“史实”之概念，虽建立于“事实”，然“事实”仅是寻求历史真相时之预设。就史学之研究手段而言，寻求历史真相不能离于史料；因而第一步在于鉴别文献史料之史料性。此项“鉴别”，一方面应检视“史料”制作之过程；另一方面亦须考论“史料”于辅助历史研究时之“适用性”。而未可轻易将非史料所可呈现之“诠释之论”，附加于“史实”之考论中。钱先生之援用《诗》、《书》、《左》、《国》，乃至《纪年》等史料，以研究古史时，皆有其极为慎重之态度，与精审之辨析能力。然可作为“史料”之文献，亦常有来源与其制作之过程不明者，则须将如何确认或评估其“史料性”之逻辑，予以说明；以供学者之讨论。如历来视为“六艺经传”之属，乃至“百家杂语”之类，[2]皆须于引述时，逐一检视；既不可全信其真，亦不可全疑其伪。然由于书阙有间，而考论则或有一种迫切性之需求，因而臆测式之推论，于当时亦是学者所难免。其中关于诸子年辈之考论，乃至古史地理地望之估定，即是其中之例。然凡不落于谬悠之论者，后人取为参考，皆可备说，以为去取之资。

至于同一史料而经不同“史书”之编辑，则可影响论者对于史事之观察与考论；此点则更是史家对于“史书条例”关注之原因。此项关注，亦影响史家对于史书之评价。钱先生于分析制度之变迁，乃至历史之形势转移时，常有过人之卓识；其所得力，多在于此。此一点，可约略见于其对于中国历来史学名著之评骘中。[3]

其次第二项，关于“检视历史之合理性”中，“文化形式”之功能分析部分。钱先生之观点，一来自中国历来精英政治中所孕育之“治术”观点；另一部分，则系受当时学界所介绍、引进之西方史学与其他社会学科之观念所影响。其属于前项者，钱先生多得自《通典》、《通考》之类之史籍，与历来政治参与者之奏议、文集，乃至通儒之史论。至于后项，钱先生则多得自梁任公（启超，字卓如，1873—1929）以下“新史学”之提倡者。其中有关中国历史之“通史式”之批评，更导引钱先生走向“反驳”之路向。[4]

再其次，第三项，有关“反省于历史之成败与走向”中，历史“消长形势”之观察。钱先生所得于历来史论之启示，尤在一种“形势论”之建构；其中朱子（熹，字元晦，号晦庵，1130—1200）之《语类》，[5]王船山（夫之，字而农，号姜斋，1619—1692）之《春秋家说》、[6]《春秋世论》、[7]《读通鉴论》、[8]《宋论》，[9]黄梨洲（宗羲，字太冲，1610—1695）之《明夷待访录》、[10]顾亭林（炎武，字宁人，1613—1682）之《日知录》、[11]顾景范（祖禹，字端五，别号宛溪，1631—1692）之《读史方舆纪要》，[12]乃至顾复初（栋高，字震沧，1679—1759）之《春秋大事表》[13]等，皆是可推求而知之启示来源。[14]凡钱师宾四对于先秦“封建”过程之观察，“封建”转而为“郡县”之意义，魏晋南北朝以下发展之局面，宋代积弱之原因等，皆属“依形势而论史”之例。[15]此种“形势论”，结合于钱先生之“义理观”，一方面助成钱先生以“民族文化”为历史发展之“主体”之概观；另一方面，亦强化钱先生认为中国历史自有脉络、自有进程之信念。

再其次，第四项，有关“反省于历史之成败与走向”中，涉及事变中“性理发展趋向”之部分。此点不仅超出“传统史学”之范围，亦与“新史学”倡议者定义“史学”之方式，迥乎不侔。[16]而系由其个人之义理思维所主导。其说已详见余前所著各论中。

钱先生研究历史时，除上述“检视历史之合理性”与“反省于历史之成败与走向”之双重角度之外，尚有一影响其整体史学之观点，即是前述第三项时，所提及之有关以“民族文化”作为历史发展之“主体”之设论。此一设论，其成立之性质，非关历史研究之具体议题，亦非属于建立“历史研究”之角度，而系主张一种“历史之本质”；故须特为提出讨论。

二、钱先生有关历史发展之“主体性建构”之设论与其当代意义

钱先生有关历史发展之“主体性建构”之分析，其思维之议题，来自传统之“文明论”对于“世界史”（world history）观点之一种适应。亦即：中国之文明，于世界既非属唯一，则“人类文明”之于中国展现，究竟是否具有一种特殊性，且此“特殊”之意义，不仅为演化论（evolutionism）普遍类型之次型，而系“文明史”中“个体文化发展”之一种“重要可能”？倘若如此，则“世界史”之一般演化，与“世界史”之特殊演化，二者间区分之机制为何？是否“世界史”之一般演化，乃奠立于一般性社会功能之调适；而“世界史”之特殊演化，则系发生于具有成功条件之“文明主体性”之建构？抑或整体“世界史”之演化，皆是分属于不同之“类型”，而更无标准之阶序？钱先生对于此诸多问题之回应，可分二层加以梳理：

于第一层，钱先生主张“世界史”存在一般演化，亦存在特殊演化；中、西文明间之比较，既存在共通之一般性演化，亦于其间，出现相互歧异之特殊演化。于第二层，则主张：中、西文明之出现相互歧异之特殊演化，既有属于“类型的”；亦有属于“个体的”。所谓“类型的”，可以“社会”之结构与功能，为之说明；而所谓“个体的”，则须以具体之“通史”之义，加以阐释。钱先生之于其时，强调民族历史中“通史之义”之重要，[17]即是具有此种隐含之意旨。

今先于第一层，分析其认知中“世界史”之一般演化与特殊演化。所谓“世界史”之一般演化，当时学界有“定论式的”，与“非定论式的”二类；然即使“非定论式”之演化观，亦存在“先进”与“落后”之比论。对于钱先生而言，由于“定论式”之观点，缺乏对于“人心”之自由，与“人之社会”所存在之“多样性”与“义理性”之理解，因而其有关“社会结构”（social structure）之理论，仅能符合部分之事实；此事无须深入辨析。争议之焦点，应集中于所谓文化之“可发展形态”，与“文明之

标准”。[18]而所谓“一般演化”，对于钱先生而言，其出现于不同时期之社会，或不同个体之社会，有两项基础：一为文化构成之经济基础，一为文化构成之政治基础；而“社会”乃与此二项基础相应。至于其所以出现“形态”之演化，则是因“社会功能（social function）需求”与“社会结构变化”二者间之调整。然就“功能需求”与“结构变化”二者而言，历史之走向，则有其属于“形势”之发展。此一“形势”之形成，就“形式”而言，为政治，其中牵涉“权力”之分配者，为制度；就“动力”而言，为群体之伦理状态，其中牵涉“规范”之建立者，为价值观念。如所谓“封建”之形态，可以出现于春秋之前之“宗法封建”，[19]而另以“变相”之方式，形成于后代之魏晋南北朝，[20]就钱先生之观点而言，皆是反映出：历史中，由于条件之重新组合，所谓“一般性演化”之机制，就局部之样态而言，可以于不同时代以不同之方式上出现。[21]

至于所谓“特殊演化”，对于钱先生而言，则系来自文化发展之走向。此类属于“不确定”之走向，来自人类文明高度发达后，其精英阶层对于历史之反省，而后形成之抉择与尝试。西方精英阶层之多元，与中国精英阶层之单一，皆是使其终究形塑各自殊别之“文化形态”与“民族精神”之原因。故就世界史之发展而言，其综合一般演化与特殊演化所产生之结果，虽使“世界史”可被理解；“世界史”发展之可预测性，仍是无法脱离“形势”之判断。人类历史之起源与目标，就其观点而言，皆仅能为一种历史过程之“人性”讨论；此所谓“究天、人之际”。[22]

此种涉及“演化”（evolution）而非“演化论”（evolutionism）之观点，使钱先生于处理第二层，有关中、西文化之比较时，实质上，发展出一种分析历史之“主体性建构”之眼光。此一分析之聚焦，着眼于“民族”与“文化”间之特殊关系。

所以诠释钱先生于处理第二层之议题，其分析之着眼点，在于“民族”与“文化”之特殊关系者，乃因“民族之发展文化”，与“文化之融凝民族”，于宏观之分析，皆可见于普遍之历史。[23]其作为“主体性”

之建构意义，仅是强化“民族”与“国家形式”间之关系。必民族之文化发展，展现一种“文明性”，而后“民族”之延续性，始具有确然之属于人类共同意义之“文明”价值。此时之“主体性建构”，对于钱先生而言，即是人类作为“群体存在”之价值实现。[24]

以上所阐释于钱先生之“历史主体”之建构论，其于当时，由于并未借用较为分析性之语言，加以论述；故极易为人解读为一种近似“以民族为本位”之文化优越论，因而以“民族史学”视之。而实则不然。

盖如对于历史之发展，必提倡一种“民族本位”之观点，此种思维以其近代意义而言，即等同主张一种“国族主义”（nationalism）；而所谓“文化”云云，则仅是以“生活方式之固守”，作为凝聚“民族认同”之方式。此一立场，与宣扬一种“新文化”而谋自救于危亡，其实犹如同一色谱之两极，皆属有所激而云然。

钱先生之论，则系为一种特殊义之“文明论”。其看待中国文化中所蕴含之“文明性”之重要，乃是属于“义理的”，而非“立场的”。故在其政治取向之选择上，主张儒家理念式之“精英政治”，而以中国之人文传统为其精神，有其属于“政治哲学”（political philosophy）之义涵。亦即智识阶层之于中国建构，其理念之根源，在于由个人“慈爱道德”所支撑之“社会福祉”观；而其维系，则来自其“使命感”所推动之社会参与。此项参与，造成“事实之结果”；中国历史之主体建构，乃以之为根本之基础。故就中国历史之研究而言，其特殊演化之过程与性质，必应以中国之“智识阶层史”与“政治史”，作为理解其学术、思想所产生之社会效应之依据。中国史之不当以“欧洲史”为比拟，亦不当以粗糙之“世界史”观点为之诠释，其因在此。

然如由此义衍伸，中国之现状，其问题之本质，亦必应为“中国史的”，而非“世界史的”。亦即中国既非属“世界无产阶级革命”中之一环节，亦非单纯地处于亚洲民族对于欧洲强权势力之对抗。中国处于现实困境中之核心问题，应在于其自我“历史主体性”之维护，以及对于现代世界文明转变之适应。[25]

有关“历史主体性”之维护，钱先生关切之核心，在于中国智识阶层“人文精神”之延续；于此意义，中国现代学者对于历史上中国智识阶层之特性、理念与其特有之义理情操之正确理解，成为中国现前“历史知识”需求中之最要项。此点与当时中国学界对于中国历史之批判，皆集中于中国之政治，乃至支撑中国政治之智识阶层，正处于相反之立场。钱先生于大体之“历史诠释框架”形成后，多集中精力于中国学术史、思想史与智识阶层史之研究，务求其精、其审，其因即在于是。

至于对于现代世界文明转变之适应，钱先生之论述重点，则可分四项说明：一属立国规模，一属社会基础，一属智识生活，一属文化创造。而于此四项之前，先应为之条理者，为钱先生之“中国历史四阶段说”。[26]此四阶段论，最先出于对欧洲史“三分说”之回应。其第一阶段之指涉先秦以上，系以秦汉大一统帝国之建构，为新阶段之开始；由此下及隋唐。其第三阶段之指涉宋、元以下，则系以“唐”、“宋”之时代转移为着眼，[27]由此下及明、清。而中国之面对西方冲击，走向世界，则是民国以后开创之第四期。

钱先生此一“四阶段”分法之重要意义，在于阐明：第一阶段之中国，其地域内所形成之文化独特性，[28]奠立中国“国家”与“民族”之融凝，[29]形成“古代中国”之观念与生活，[30]学术与文字。[31]第二阶段，则是“大国”政治形态之完成，[32]由此奠立中国社会之基本形态；[33]其期内之魏晋南北朝，虽中衰，然却有新民族之羼杂与新宗教之传入。[34]至于隋唐复兴，则又于政治、经济、法律、商业、国防各项，皆有所进；并于文学、艺术与生活各方面，达至新境界。其中科举制度之创立，影响尤深。[35]

第二阶段之进入第三阶段宋、元、明、清，则为中国史本身之近代。其主要之发展脉络，则为宗教之再澄清、民族之再融合与社会文化之再普及与再深入。[36]依钱先生之说，此一阶段，政治因有蒙、满之入主，为政治之变局；然以文化而言，其大趋则是以日益抟融化、现世化、平民化之方式，将民族、宗教、社会文化中之诸多歧异因素消解，[37]

并于文学、艺术与工艺之畅茂中，出现一种“个性”之伸展。[38]此一总合而成之路径，虽于国势之盛、衰中，出现属于“近代中国”之弱征；然依其本身自然之趋向，若无外力之摧残阻抑，其必不为崇尚专制之独裁，必不为资本主义（capitalism）之畸形，必不为民族与国家之争斗，必不为宗教之独断与厌世，而将为现实人生之继续扩大与终极融合，则属可知。[39]

至于中国之积弱而遭逢“资本主义帝国主义”（capitalist imperialism）之入侵，而不得不有之适应，其所应遵循之原则，则是如何于寻求“富强”之过程中，维持自身之文化精神。由是使中国之历史进入第四期。[40]

所谓“于寻求富强之过程中，维持自身之文化精神”，依钱先生之说而为之申论，其基本之最要义，应有三项：第一项在于：维持中国“国家”之发展规模，与其“民族文化”之支撑力；第二项在于：能于发达工商业之同时，延续中国以往以“安足”为理想之农业文化精神。[41]而第三项，则是应以中国思想中“尽性”之理，综括“自然科学”与“人文科学”，以为文化中之学识基础。[42]

钱先生之中国史四阶段说，其立论之所以强调中国文明之特殊性，就其“世界史”之观点而言，系建立于一种文明发展之“分野”观，即是以“农业”为核心之文化，与借财富、技术之累积而扩张之“游牧”或“商业”型文化。基本上，二者具有“文化精神”之差异；[43]故其不断延伸后所形塑之文化取向，可由“类型”义之殊别、“理念”义之殊别，发展成为“历史演化”义之殊别。而在以“农业”为核心之“中国文明论”中，钱先生有一基本概念，即是以“农业”为核心之文化，乃是“天”、“地”、“人”、“物”相互和谐的；而以“游牧”或“商业”为核心之文化，则是“天”、“地”、“人”、“物”相互分割的。中国与西方，正是将此差别，为一“极致化”之表现。[44]然果若如此，则所谓“现代中国”对于世界文明应有之适应，是否亦将面临“不可调和”之冲突？其取舍为何？此则可分就“立国规模”、“社会基础”、“智识生活”与“文化创造”四方面，加以论述。

关于“立国规模”方面，钱先生既主张中国之历史，乃于广大之规模上逐步充实其内容，[45]则维持一以“民族文化”为支撑之大国，自是其基本之立场；而此亦即是其“通史”之义之核心。然西方近代之富强，科学知识之发达外，社会之民主与自由，亦是最要之基础；而建构自由民主之社会，其所涉及之人权、法治理念之于现代社会生活形态中逐步实现，皆与近代“资本主义”之兴起相关。因而主张维持一凝聚力极强之大国，于其遂行“现代适应”之过程中，其“民族主义化”之形态，究竟所凭借者，将为“情感的”？“集体潜意识的”？或“文化的”？亦非倡议者所可逆料。而与其“大国‘民族本位’立场”相应发展之政治形态，是否亦可能于同时，阻碍建构自由民主之社会，使西方式之“现代化”（modernization）成为事实上之不可能？钱先生之思维，显然并不以此为顾虑。

钱先生强调中国之现代适应，仍应可以是“以农业为核心之中国文化形态”，主要之观点，可分为二部：其主张“维持以农业为核心之立国形态”之意见，除得自其自身之“文化形态论”之外，[46]以当时之思想环境而言，抑或受有时贤主张“农治”者之影响。[47]此其一。至于延续“中国智识阶层之功能”部分，钱先生之主张，则约略同于孙中山“三民主义”中一种关于“现代精英政治”之思维。[48]盖孙中山之“民族主义”，包蕴“历史”与“认同”，其所展现之思想特质，本质上即是“文化的”。然“中国”此一经由历史而承袭之民族国家，除其民众必须具备现代之“世界意识”外，另一重要之点，即是应有足以运作其“国家功能”之现代政治体制；“民权主义”中之“权、能区分理论”，不失为一可行之策略。其间所涵蕴之“精英政治”之色彩，其实即是传统“士人政治”之一种现代延续。至于“民生主义”之调和“资本主义”与社会主义（socialism），则亦是符合中国自来儒术中所秉持之“均衡原则”。此种新时代之“均衡原则”，可使中国之工业化、实业化，不致走入过度资本化、商业化之道路。

关于“社会基础”方面，钱先生于第三期，强调中国自宋以后，其大趋，乃以日益抟融化、现世化、平民化之方式，将民族、宗教、社会文化中之诸多歧异因素消解。故不仅于文学、艺术与工艺之畅茂中，出现一种“个性”之伸展；亦于社会之发展中，形构书院、学田、社仓、义庄等民间组织。因而其本身，即有一种属于“中国形式”之近代趋势。[49]然钱先生于论及中国自清末以来之形势，则谓中国由于“士阶层”之急遽消失，社会已失其领导，遂致外重而内轻，唯俟之“新士”之出，领导国人，方始能为当前与日后之中国寻求出路。[50]可见于其心目中，新教育与新学制之建立，与中国式之智识阶层是否得以重新恢复，虽非无关，并非一体。失却中国智识阶层之传统精神，与其于社会之领导功能，中国历来绵延之文化形态，是否亦能转换与维持，并进而昌盛？对于钱先生而言，实是难于乐观。钱先生于一九四九年后，对于中国社会主义建国形式，与大陆内部持续进行之思想改造运动，持有他见即是一可以展示其观点之事。[51]

关于“智识生活”方面，钱先生曾谓先秦儒义之承认“天地之化育”，乃宗教精神；要求“尽物之性”，为科学精神；而归本于“尽己之性”与“尽人之性”之二项，则是儒家精神。[52]且谓中国人对于“物”之态度，与其说是“科学的”，毋宁说是“艺术的”；必合“天”、“地”、“人”、“物”，始是造化神明之大全。[53]故主张“自然科学”之外，应有“人文科学”。“自然科学”重在“抽象”方面，“人文科学”重在“具体”方面；“自然科学”是“概推的”，而“人文科学”则是“综括的”。“人文科学”乃有生命、有个性、有变异，必具体之综括，始可得一“近是”之真理。[54]因而第四期之为“科学与工业”之时期，科学理论方面，中国之发展，可以期待发挥、圆成第一时期之理想；而科学于实用方面，则应受第二时期政治与经济理论之指导与控制。[55]

第四项关于“文化创造”方面，钱先生对于“文化创造”方面之基本观点，主要在认为：西方之文化，乃由一较小之地区酝酿成熟，继而向外推扩；其知识之获得，亦多由抽象之点或线作为依据，向外引伸，以造成系统之理论。中国之文化演进，则是由一较大之地面融合凝结，向内充实；故其知识之获得，亦同为全体之综合与会通。因此西方文化，常以其在某一点上所得之理论或观念，导引人生、冒险向前；

中国观点，则主张将此人生投入大自然中，求其适应与协调。西方文化由此，乃有基督教与近代之自然科学；而中国文化之趋向，则永远为一“天人合一”之人生伦理之“艺术化”。双方一切差别，皆由心理之差异演成。[56]日后中国之完成其第四期之文化目标，亦将展现如此。

三、钱先生“史学观”中之动态论与静态论

钱先生有关历史发展中“主体性建构”之说解与分析，展现钱先生“历史观”中属于“诠释”之一面；其间涉及“世界史”与“民族史”之不同面相与组合。至于“史观”之外，钱先生之观点，尚有一种“史学观”。此一“史学观”之发展为一种“动态论”与“静态论”之对比，其第一步，系将传统之记史，区分为“动态之记史”与“静态之记史”两类；而第二步，则是将历史之观察，亦区分为“动态之观察”与“静态之观察”两种。[57]

所谓“动态之记史”，于中国史学而言，即是以“编年体”与“纪传体”，记录历史之动态。而所谓“静态之记史”，于中国史学而言，即是以“书”与“志”，记录历史之静态。而于二者之外，另有以“事目”为题之“纪事本末体”，则于中国史学发达较晚，亦较不受重视。此因“事”由心诠，以所释之事为实有，易使记者对于史料所及，常依所自见之事理脉络，轻为去、取。[58]钱先生于此，乃别“写史”为二类，即分事写史之为“叙述”，与分年、分人、分类之为“记录”。[59]

所谓“叙述”，即是“叙述者”以其对于组成历史之“事件”之理解，将之施为“描绘化”之还原；其所激起之想象，不仅具真实感，亦易使人确信一切皆属“事有必至，理有固然”。然此种描绘化之所谓“真实”，本是出于“叙述者”于万千头绪中所自为之一种“因果之搜罗与勾连”，有所终始，即有所遗漏；且史因“事”而割裂，易使人误以“史”即由事所构成，而忽忘其所原出于“叙述”之主观性。[60]至于分年、分人、分类之为“记录”，则反能使“读史者”不断提醒自身“掌握可记录

之史料"与"试图理解历史之整体"间之复杂关联;[61]并借由分年、分人、分类之"记录"方法,注意"历史"之延续性,与"人物"参与历史之主动性。[62]此为中国史学中重视"史料安排"之极大特性,有其极为高明之"作史"之义。至于中国史体中,后亦增列"地方志"、"氏族谱牒"与"年谱"等,则更是一种观察历史之视野之扩大,有其作为"新体"之重要性。[63]

钱先生之将传统之记史,区分为"动态之记史"与"静态之记史"两类,且进而将历史之观察,亦区分为"动态之观察"与"静态之观察";有一可述说之实例,即是其因应当时"新的历史知识"之需求而撰作之《国史大纲》一书。

因就中国历史之"通史"之义言,其"历史主体"之脉络,即往昔所谓"大一统"之统系;以今日之观念言,即是中国"民族国家"之主体。而"历史时间"之脉络,即往昔所谓"编年一贯"之相续;以今日之观念言,即是"中国自身相承为史"之概念。此外,亦有"历史法度"之脉络,即往昔所谓"典制沿革"之统系;以今日之观念言,即是"中国体制"之形成与发展。而其所以汇结为一而为"通史",依钱先生之观点言之,其体即是由"中国理念"所融凝而成之文化之体。

故以"中国自成其史"之主轴言,"民族"、"国家"、"文化"虽须分别依不同之"历史观察"为表述之依据,有静态、有动态;三者最终则合为一体。而所谓"静态"与"动态",亦皆由此而树立其义。此一由宏观之角度,选取"动"、"静"之载记,而为"概要式"之叙述,最精之义,实在其"能简"。此一"叙史"之眼光,与当时学界"新史"之体之多重以"事"摄"史",可谓迥异其趣。钱先生之由中国旧史之体,变化出此一新式,实有其极大之发明;特读者不易深晓其所以为取择之用意尔。

《国史大纲》一书之于国史之新式中,涵摄"动态之观察"与"静态之观察",可举其中十二例,以为说明:

其第一件可举之例,为殷、周及其以前之古史。此一部分,钱先生未大量使用当时已及见之金文、甲骨文史料,乃至初步建构之考古新得；以今日之标准言，固难符于理解“文明起源复杂性”之需求。然当时论古史，颇有视夏以上之史，为由传说与神话积累变造而成，因而谓凡残留之“语言材料”之真实性，仅能以“神话学研究”(mythological studies)与“观念史”(history of ideas)之类之方法加以诠释者；亦有依据金文、甲骨文有关“人口性质”之史料，进而论断中国史之由“氏族制”演化为“奴隶制”即决定其文化之根本性质者。钱先生以一较为保守之方式，将当时若干可与“三代”观点相接之古史论述，结合于传统之文献史料，以维持一具有自体性、脉络性之“中国核心文明起源”之说，仍有其处于“当代”之重要性。[64]

第二件可举之例，为有关汉武以至王莽(字巨君，公元前 45—后 23)之文治演进。当时流行之说，颇有以二千年之中国政治皆专制，其事起于秦，二千年之中国学术皆乡愿，其事起于战国之荀卿；而秦皇、汉武之焚烧与罢黜，皆所以共成压制中国之自由思想者。钱先生则先于体制，较论秦、汉，于其相继完成“中国之版图”、“中国之民族”、“中国之政制”与“中国之学术”之共同功业中，区分二者之差异；以说明“大一统”形势成形后，中央政府“文治”思想之萌芽与其实际内容，乃至此一思想对于制度设计之影响。[65]

第三件可举之例，为有关汉代政制中“离心势力”之成长。一般论两汉史者，皆知汉初“郡国制”之酿祸，以有“七国”之乱；而后“封建”遂成陈迹。然延至东汉末，王纲解纽之所原，除外戚、宦官、流民、边兵种种问题之外，地方政权所演变出“离心势力”之成长，亦为一因；门第之能借势，此为关键。此事则知其详者，相对较少。钱先生于书中，除概述郡守、州牧之权位变化外，亦据史文，条释当时所有之一种“二重之君臣观”，以为说明；亦是一堪称“精审”之辨。[66]

第四件可举之例，为有关北魏“均田制”之议之源起与意义。其事虽为历来论者所重，然可据之书，除《魏书》、《通典》、《通考》，及类书如《玉海》之外，亦须参合当时之形势，而以诏令、奏议中所见之语料证之。钱先生于此，颇见考证之功。[67]

第五件可举之例，为有关唐代政界风习之转向。一般论隋唐史，多论其政制、税法与科举。近人则更深论及于其政权组成之成分与地域因素。钱先生则更以南北经术、文学之风习言之，举论“南”之所以变“北”；以及“尚实”之意之所以日衰。言简而意赅，颇得历来儒者论“文弊”之旨。[68]

第六件可举之例，为有关宋代政制上之缺点。船山尝谓宋祖受非常之命，而终以一统天下，底于大定，垂及百年，世称盛治者，以其惧；故不敢以兵威劫远人，不敢以诛夷待勋旧，不敢以智慧轻儒素，不敢以苛法督吏民。惧以生慎，慎以生俭，俭以生慈，慈以生和，和以生文。而自唐光启以来，百年嚣陵噬搏之气，寖衰寖微，以消释于无形。[69]至于其所以亡，船山则谓乃弃险以致之。[70]此论极为民国以来学者所重，然船山论中又谓宋之得天下之非以正，遂乃“厚疑攘臂之仍”、“深怀尾大之忌”，[71]则此事之关键，究竟何在？亦是一须予深论之要点。钱先生书中于北宋一般性之问题外，又举出其中央集权之偏弊，而谓王荆公(安石，字介甫，号半山，1021—1086)新政之不知先务；且以宋代台谏之足与宰执为敌垒，[72]乃至相权之低落，[73]为政局荡涤难净之因。凡此皆见其循船山之论而有之发挥。[74]

第七件可举之例，为有关明治之坏，与其制之善。明治之坏，自太祖之废相始，此黄梨洲之碻论；论明史者，皆援之以申论。故依此而条举其相关之方面，其事不难。至于明制之善，则梨洲以下，明清学者论之者亦不少概见。钱先生合梨洲之“通识”，与顾亭林之“钞录”为一体，亦见其简明。[75]

第八件可举之例，为有关南北经济之转移。食货经济之与地理相关，此一概念自《史》、《汉》以来，即为治史者所重。然自明以来，由于社会经济形态之发展，迈越前代，二者间之关系，非有特殊之史料，与特殊之眼光，与为配合，其事难明；此亭林之由《肇域志》、[76]《天下郡国利病书》，[77]以成其最终之《日知录》之所以超绝于往籍。钱先生于此，由唐论及于明，不仅具有“通史”之识，且此“通史”之识，具有“经济史”之意义；其所受于亭林之影响亦深。[78]

第九件可举之例，为宋、元、明三代社会“自由讲学”之风之兴起与其所发达之社会事业。宋、元、明三代讲学之风之兴盛，自来论学者，亦莫不知。然“讲学”一事，若以传统“治术”之角度视之，有利、亦有弊；以传统“学术”之角度视之，有正、亦有邪。钱先生以“智识分子”活动于社会之意义，加以分析，自是属于现代之眼光。然钱先生之条分缕析于此，自其“举证”而言，皆有实据；自其“合观”之意义而言，则亦有其属于“文化史”与“社会史”之眼光。既不为浮略之求，亦不为过深之论；符合其所设定之“通史”之义。[79]

第十件可举之例，为有关明末遗民之志节，与乾嘉盛时之学风，乃至钱先生所谓“政治、学术脱节后之世变”。此三项皆民国以来论明末以降近三百年学术史之学者所关注。钱先生另有《中国近三百年学术史》之撰作，于此则主要亦系以“通史”之眼光，关注于“学术”与“政治”之关系。[80]其说颇受其前章太炎（炳麟，字枚叔，1869—1936）、梁任公之影响，而与二人之论，亦皆有所不同。[81]

第十一件可举之例，为有关洪（秀全，1814—1864）、杨（秀清，1823—1856）之乱，与咸、同中兴。洪杨举事，为近代革命之先声，无论国、共两党之论，皆是如此；[82]而钱先生则不谓然。且其立场始终不变。此乃因在钱先生之观点中，历史反悖之事，须可长可久，始能产生具有意义之发展；否则仅是反映时代之病痛。“洪、杨”之为农民革命，有其可同情，然假借临时兴起之宗教而无可建树，终成其为“乱”而已矣。[83]

第十二件可举之例，为其最终篇有关“除旧与开新”之论述。其主要之观点，在于说明历史之连续性，与世变中纷杂头绪之各自独立，而又必然相互影响之形势。而其以抗战之必然获胜，历史新页之必然持续，为坚定不移之信心，则又是展现其以中国民族文化为中国“历史主体”之观点。以此作为其贯串“通史”之骨干。[84]

以上所述之例，为《国史大纲》一书中，钱先生所展现基于其“史学观”而有之对于中国史之观察。至于钱先生于特殊之历史脉络中，又系如何综合不同之研究角度，加以观察与分析，则当留待次节，续予论述。

四、钱先生"史学论"中之分野观

钱先生论史重通义，且此"通义"来自其所主张之具有"历史主体性"之民族文化史观，概如上述。然于此"通义"之外，钱先生亦具一种"史学论"中之分野观，则亦应续为分析。

欲分析钱先生"史学论"中之分野观，须先辨明钱先生以"历史"作为一种"时间性存在"之概念。

此一属于"时间性存在"概念之所谓"时间"，既不同于物理之时间，亦不同于心理之时间。因就物理而言，概念中之分、秒，历历移转，此一秒之前为无穷之过去，此一秒以后为无穷之未来，而此分、秒，又可递分，故穷极言之，实无现在。倘以心理言之，则念念相续，前念倏去，后念倏来，前后念际，亦别无空隙，可驻现在。故依物理、心理，世界皆仅有过去、未来，而二者之际，晃荡移动，而无着落。然若依"事业"而言，则与物理、心理之象不同。"事业"由进行而成持续，由持续而生变动，并可依起迄而自成生命。故如以"事为"之概念，论"历史"之作为一种"时间性存在"，则历史之过去非过去，历史之未来非未来，论史者可凝合过去、未来为一大现在；于是"历史"成为一研究之对象。[85]

钱先生此说，所谓"现在"乃包"过去"、"未来"为一之"生命"观，若论其所从出，实出于《庄》书"参万岁而一成纯"之理；[86]而在其前，船山亦尝取其说以补儒义。[87]特钱先生之义，乃以"事"之概念，合于释氏所常用之"业"字，并以"事业"之由进行而成持续，由持续而生变动之义，合于魏晋玄学中所谓"独化"之义，则有其属于"史观"之独特取意。与庄生、船山之说皆所不同，值得注意。

钱先生之视历史之过去非过去，历史之未来非未来，过去、未来乃相凝合而为一大现在，此一观点之于史学产生意义，在于其理论之结构，系将"存在"之"整体性"，区分为二层：一属"无位"，一属"有位"。"无位"者为"天"，即是庄生所谓"一成纯"之"纯"；"有位"者为

“人”，则是儒者所谓“诚然”之“诚”。倘依此义推衍，“有位”之“人”，不仅为一“自然之存在”；同时亦是一“社会之存在”、一“历史之存在”。特在钱先生之主张，“人”之“社会存在”与“历史存在”，必融入于群体；未达于大同之世，历史皆必是“民族的”与“文化的”。“世界史”仅存在于理念。因而所谓“通史”之义，亦不能离于民族之文化；并无世界史之通史。由此而有同一“历史”中之分项，如政治史、社会史、经济史、学术史、文化史等；是即此处所指称之“分野”。亦可说，钱先生虽顺应“新史学”之趋向，而重视专门史；于其思维中，分项之史终必会通，以其无“同一历史之体”外之自体故。此即其“史学论”中之分野观。

今若以哲学之概念言之，所谓“事态形式之分野”，相对于“时间”，盖即是一种“空间性”之概念。钱先生于论“历史”之“时间”之同时，亦论其“空间”；谓如史迁之云“究天人之际，通古今之变”，即是融贯“空间”诸相，通透“时间”诸相，而综合以视之。[88]此种合时、空而为之“纯一化”之整体观，使钱先生所重视之“通史”，增多一种“哲学”之向度。其所以于论述当日所需之“新史学家”时，特标出“其人必具哲学头脑，能融会贯通而籀得时空诸事态相互间之经纬条理者”[89]一项，即是出之于此。

然宇宙时、空之不可分，乃因“存有”(being)自身之“纯一”，此于“形而上学”(metaphysics)为可理解之事；“人”之个体之“存在”(existence)，若主张其“心体”与“理体”为一，或“性体”与“理体”为一，因而视其“存在”与整体之“存有”为不可分，此于“形而上学”亦为可理解之事。然何以历史之时空诸象，其相互间之经纬条理，亦系本于一“一体”之义，而非“作用”本身之“不确定”之关联？此则必应有其说。而此一说法之基础，即在前文所谓“事业”之义。

此一“事业”观建构之核心，在于心之感应；且此“心之感应”，透过群体间互动之发展，产生持续之作用，超越社会一般属于“结构”与“功能”之限制力。今若持此观点为诠释，以检视钱先生有关群体间互动发展之解析，政治中“国家”形式之出现，并获得民族文化之支撑而延续，实居于关键之地位。凡人类历史中所谓“一般性演化”，与“特殊性演化”，皆系于此条件下形成。

故依此说推衍，专门史中之政治史、社会史、经济史、学术史、文化史等分野，皆仅属时空诸事态相互间之经纬条理之一端，乃象中所见之理势，而非有独立于人心共业之外之义。亦正因此，钱先生对于“历史”发展中，“人”之因素之强调，亦有不同于一般史论之说法。其说法，一重普遍之人性，一重伦理中之情义，一重社会之均平，一重教育与人格之养成，一重学术思想之导向，一重历史人物之影响。

首先，关于时空诸事态之相互关系中，所谓“看重普遍之人性”：此点系因人虽于社会群体之发展中，形塑“差异”；然此种种差异，皆属“后增的”，而非“本质的”。因而社会之变动因素中，由变而通，其所可长与可久，“普遍之人性”，依旧有其“作用”之方式与影响。对于治术之思维者而言，“功利”之算计中，仍可能存在属于“道义”之原则；此种思维，对于经济之发展，与立国之谋划，产生节制与导引。[90]

其次，关于时空诸事态之相互关系中，看重“伦理中之情义”：此点构成社会“对立性”之组织特性外，人与人相处之原则；此原则，常能化解或缓和社会中人与人之冲突。以是构成一种可持续作用之“人道”之理念。[91]

再其次，关于时空诸事态之相互关系中，看重“社会之均平”：此处所谓“均平”，主要乃是以“民本”为一核心之理念，于历史之发展中，寻求“有宽度之平均面上之均衡”。一面求能“养”，即救贫；一面求能“节”，即抑富。[92]

再其次，关于时空诸事态之相互关系中，看重“教育与人格之养成”：依余前说，[93]钱先生论历史，有所谓“领导精神”之说。[94]此“领导精神”，各民族不同，而皆由其教育与人格养成之方式所完成。故由其“领导精神”之特质，进而理解其产生作用之方式，无论表现于政治、宗教或社会秩序，皆可成为历史研究之重要课题。

再其次，关于时空诸事态之相互关系中，看重“学术思想之导向”：依余前说，[95]钱先生论历史，于民族文化之构成中，最重“学术思想”之发展，且认其趋向，最终塑造文化发展之走向。至于其是否能积久而无弊，依钱先生之见，则应视其最终之理想，能否符合“正德、利用、厚生”之原则。[96]

至于最后一项，关于时空诸事态之相互关系中，看重“历史人物之影响”：此点钱先生尤表现一种“精英主义”(elitism)之态度。盖依钱先生之论，历史虽属全人类，然于此人群中，能参与创造历史与决定历史之发展理念者，则实属少数。特所谓少数影响历史之人物，其影响之方式为多元，不仅可能无事功之表现，甚且有时无姓名之流传；其所以成为“人物”，主要在有一不移之志意，能善尽其所体认之人生之责。[97]

综合上论，可知钱先生之所以将“历史”视为一种“时间性存在”之整体，由是而综合历史之时空诸象，而有种种“分野”之论述；其基本之理念，其实仍是以“民族”与“文化”间之“人性纽带”，作为传成“一体”之基础。由是而使构成“历史”之诸因素间，产生经纬之条理。此种特有之“通史”义，与一般普遍流行之“世界史”观点，于其建构史观之哲学基础方面，可谓迥然不同。

以下续论钱先生之“史学系统”。

五、钱先生“史学系统”之完成与其史学工作

所谓“史学系统”，于不同之历史学者，可有不同之建构；就钱先生而言，则可依前所论，总述为三部，即“历史之本质论”、“历史之诠释学”与“史学之方法论”。

所谓“历史之本质论”，其所涉及者，非历史发展之逻辑，而系以“存有学”(ontology)与“认识论”(epistemology)之方法，论述“历史”成为“历史”之基本特性。钱先生衡断其价值观所源出之“儒学”，不视“哲学”为其本质；却于“历史”之成为“历史”，如上所论，以一种“存

有学”与“认识论”之角度，讨论其“存在”之本质。此一发展，显示中国史学之进入“现代”，确有一种“历史哲学”(philosophy of history)之建构需求。此点其实已先见之于清初之王船山，[98]与清中之章实斋(学诚，1738—1801)。[99]其所以如是之原因，在于：儒学中之理学发展，既已尝试将“人”之“自然存在”所涉及之“存有学”与“宇宙构成论”(cosmology)问题，予以系统化之厘清；则“人”之“社会性存在”，亦必当有相应之说明。且此说明，可能延伸及于“人”之“历史存在”。故无论程朱、陆王何派学者，于其面对儒学传统之“经史之学”时，皆常不免须有一特殊之“文明论”立场。特此“文明论”，不皆确然足以发展成为一具体之“历史哲学”。学者之于二者间之关联，亦非皆如船山、实斋之能深识及之。[100]钱先生虽非承自理学之脉络而为此努力，然由于钱先生之于当时，亦于西方之“世界史”观点中，认知论者所依据之若干相互差异之“历史学后设理论”(metahistory)，并理解其所可能造成之对于“诠释有效性判断”之影响。故于其建立自身之历史观时，亦将此项讨论，列为必须；并期待其所建构之“历史本质论”，得以为中国传统史学关于“通史”之最高陈义，所谓“究天人之际，通古今之变”，奠立一可以“成说”之哲学基础。

大体而言，钱先生所面对最为强势之观点，一为以“功能论”(functionalism)为基础之“非定论式”之“社会演化论”(social evolutionism)；另一则系以“社会冲突论”(theory of social conflict)为基础之“定论式”之“辩证法唯物史观”。前者之立场，属于一般性之“自然主义”(naturalism)；后者则系以特定之“激进之物质主义”(radical materialism)为其基础。至于黑格尔(Georg Wilhelm Friedrich Hegel，1770—1831)式之本于“观念论”(idealism)之历史哲学，对于当时之中国学界，则仅有“议题提示”之重要性。[101]

钱先生之根本出发点，虽近于自然主义之“社会演化论”，然由于钱先生对于“中国价值”之信仰，以及对于“中国文明”独特性之认同，逼令其寻求一以“社会”为基础，却超越“社会”概念之历史思维；以使其信仰与认同，于理论上具有“历史哲学”之意义。当时启示其认真建构其特有之理论形式者，为德国哲学家史宾格勒（Oswald Arnold Gottfried Spengler，1880—1936）有关历史之“文化形态学”（cultural morphology）研究。[102]史宾格勒之说，不仅凸显“民族文化体”于历史演化中不可替代之作用，且于其文明之分析中，强调“农业文化”与“游牧乃至商业文化”间之根本差异；此点观念上之创新，使钱先生所秉持“民族历史具有本质性差异”之概念，具有扩大成为一种“文明论”形式之可能。钱先生所不同于史宾格勒之说者，在于史宾格勒之“文化形态学”概念，来自植物学。于其观念中，一切“民族文化体”虽各有其生命力，并展现其特有之生命韵律；然此特有之生命韵律，无从适应一切环境之变迁，而其生命力之老化，则终将使其文化陨落。钱先生则以中国历史之能衰而复盛，绵延长久且日益扩大，作为反证；说明“农业文化”而有一种“大国”之政治与伦理之支撑，如在其“结构”与“功能”之发展上，具有创造力，不仅可以不断抟融其民族、均平其社会，其生命力，亦可借由自身之“调节”，而持续存在。[103]至于何以历史上多数之“游牧乃至商业文化”，皆面临内力之枯竭，而以农工为本之大国，如中国，则可绵延长久？钱先生则将其因，归于由“历史”所形塑之“文化精神”。[104]此“文化精神”，不仅内涵一种精神取向，可以融凝其民族，使其发展所带来之“文化形式”，成为其社会之精神基础；且透过对比，可使研究历史之学者，认知人类历史发展中所可展现之“文明性”。[105]钱先生之将中、西文化，分说为“向内融凝”与“向外伸展”之两型，其说即是依此而建立。[106]

至于钱先生此一超越“社会”概念之历史思维，所以由“文化形态学”最终深化成为一种“历史本质论”，则是出于钱先生对于其所自提之“精神取向说”之补充。

盖钱先生之主张历史之过去非过去，历史之未来非未来，过去、未来乃相凝合而为一大现在，此一观点，就其构造之方式而言，虽若融合儒、释、道三家之说而成；然其核心之义，则系强调“人”作为“生存个体”之精神性与独立性，与“民族”作为“生存群体”之伦理性与义理性。以是，于其说中，一切属于社会“功能”与“结构”之完成，虽有其发展之演化机制，因而具有一般性之类型；仍可能于人类历史之历程中，确然展现各个民族文化之特殊性。且此特殊性，依其“所长”与“所久”，可显示“人性”实现其价值之多样形式。此即是钱先生所发挥于史迁“究天人之际，通古今之变”一说之大义。

而于“历史之诠释学”与“史学之方法论”，钱先生则一方面阐明中国传统史学所以重视“史料”之“记录性”与“会通性”之原因；另一方面，亦将其参合各种旧史之体而得之“动态之观察”与“静态之观察”之方法，融入于“新史学”之现代议题之研究中。由是而得出一种宏观方式之论述，如前所论。而于钱先生之各项具体之研究中，最为精细，且识见最为深邃者，厥为其有关“学术史”与“思想史”之阐论。

钱先生有关“学术史”与“思想史”阐论之表现为精审，主要来自其对于新的学术史与思想史议题之掌握，与其对于传统学术思维方式之理解。前项之达成，多得自梁任公与章太炎之启示；而后项，则与其自幼及长，深浸于唐宋古文之词章，与宋明理学之义理相关。[107]

所以谓钱先生对于新的学术史与思想史议题之掌握，多得自梁任公与章太炎之启示，一部分表现于钱先生有关“学术史”概念之形成，一部分则表现于钱先生对于子学“哲学性议题”之认知。

盖依“议题”而论学术，与就“时代”而论思想，本是梁任公鼓动当时学界以超脱“门户”之见，重新论述“中国学术”之重点；时人莫不受其影响，钱先生亦其中之一。特任公本人亲身参与晚清“今、古文之争”，故其观念不免受其限制；对于宋学中理学之精要，亦每每无从掌握其义。[108]以是其论影响虽大，实是所得未深。钱先生于宋以来学术研究中，所涉及之朱陆、汉宋，乃至今、古文，种种问题，条分缕析，皆属后来居上。至于章太炎之影响，对于一般学者而言，则主要在于其因哲学思维脉络而澄清之“观念历史”，与其有关“儒士”身份转变之社会观察。前者之重点在于“名”、“道”二题，[109]而后者，则在区分“身份之儒”、“学派之儒”与“思想之儒”为三；[110]当时胡适之（适，1891—1962）之撰作《中国哲学史大纲·卷上》，[111]多受其影响。[112]钱先生亦不例外。[113]钱先生并由此“先秦思想史”与“近三百年学术史”之两项焦点，[114]将其工作延伸至各代各期之思想研究；从而各有专论。

除此之外，钱先生另有一巨大之工作，即是《朱子新学案》之编写。此一工作，对于钱先生而言，虽是一"学案"形式之更新，非全然属于朱子思想之现代分析；然仍有一不同于黄、全（祖望，字绍衣，号谢山，1705—1755）《学案》之处，即其宏观之纂辑标准，乃是"儒学史的"，而非纯然"理学的"或"理学史的"。此一观点之形成，牵涉钱先生对于"儒学"、"经学"、"史学"、"性理之学"、"词章之学"、"制度之学"之疏理，故具有展现整体"中国学术史"诠释之意义。因而亦具有将"朱子"放置于"朱、陆"、"汉、宋"门户对峙之外，而加以评量之新意。

以上所述，为钱先生有关历史与人性之理解及其学术意义之外，其属于研究历史之角度，与其建构史观之过程及方式，要点包括：钱先生研究历史之双重角度与其形成之来源、钱先生有关历史发展之"主体性建构"之设论与其当代意义、钱先生"史学观"中之动态论与静态论、钱先生"史学论"中之分野观、钱先生"史学系统"之完成与其史学工作。至于其思想与学术取径之其他方面，则可参考本书前论各篇；兹不赘。

注　释

1　参见本书前论《钱宾四先生有关历史与人性之理解及其学术意义》。

2　司马迁（字子长，公元前145/135—前86）于论述其成书方法时，曾谓："序略，以拾遗补艺，成一家之言，厥协《六经》异传，整齐百家杂语"（见司马迁：《太史公自序》，收入〔汉〕司马迁撰，〔南朝刘宋〕裴骃〔字龙驹〕集解，〔唐〕司马贞〔字子正〕索隐，〔唐〕张守节正义：《史记》〔北京：中华书局，1982年〕，第10册，卷一百三十，页3319—3320）。

3　论详所撰《中国史学名著》（台北：三民书局，1973年），收入钱穆撰，钱宾四先生全集编辑委员会主编：《钱宾四先生全集》（台北：联经出版事业公司，1998年），第33册。

4　参见钱穆:《国史大纲》,《引论》(上海: 商务印书馆,1940 年;重庆: 商务印书馆,1943 年;上海: 国立编译馆,1944 年。台北:"国立编译馆",1952 年;香港: 自印本,1955 年。收入民国丛书编辑委员会编:《民国丛书》第一编〔上海: 上海书店出版社,1989 年〕,第 75 册,据民国三十七年商务印书馆本影印,分页 1—29。修订本,台北: 台湾商务印书馆,1974 年;修订本二刷,香港: 商务印书馆,1994 年),台湾商务修订本,上册,分页 1—34;收入钱穆撰,钱宾四先生全集编辑委员会主编:《钱宾四先生全集》,第 27 册,分页 21—59。

5　朱子之史学议论,参见〔宋〕黎靖德辑:《朱子语类》,卷一百二十七至一百三十六,收入〔宋〕朱熹撰,朱杰人(1945—　)等主编:《朱子全书》(修订本)(上海: 上海古籍出版社,2010 年),第 18 册。至于钱师宾四对于朱子史学之评价,则论详所撰《朱子之史学》(见钱穆:《朱子新学案》〔五〕〔台北: 自印本,1971 年;台北: 三民书局,1982 年〕,三民版,页 1—119;收入钱穆撰,钱宾四先生全集编辑委员会主编:《钱宾四先生全集》,第 15 册,页 1—165)。

6　王夫之:《春秋家说》,收入〔清〕王夫之撰,船山全书编辑委员会编校:《船山全书》(1—15 册)(长沙: 岳麓书社,1996 年一版二刷),第 5 册。

7　王夫之:《春秋世论》,收入王夫之撰,船山全书编辑委员会编校:《船山全书》,第 5 册。

8　王夫之:《读通鉴论》,收入王夫之撰,船山全书编辑委员会编校:《船山全书》,第 10 册。

9　王夫之:《宋论》,收入王夫之撰,船山全书编辑委员会编校:《船山全书》,第 11 册。

10　黄宗羲:《明夷待访录》,收入〔清〕黄宗羲撰,沈善洪(1931—2013)主编:《黄宗羲全集》(杭州: 浙江古籍出版社,2005 年),第 1 册。

11　〔清〕顾炎武撰,陈垣(字援庵,1880—1971)校注:《日知录校注》(合肥: 安徽大学出版社,2007 年)。

12　〔清〕顾祖禹撰,施和金、贺次君点校:《读史方舆纪要》(北京: 中华书局,2005 年)。

13　〔清〕顾栋高辑,吴树平、李解民点校:《春秋大事表》(北京: 中华书局,1993 年)。

14　钱师宾四之史论,其所受影响,以晚明清初诸儒为多,其所论,除见于所撰《中国近三百年学术史》(上)(下)(上海: 商务印书馆,1937 年;台北: 台湾商务印书馆,1957 年;重排本,台北: 台湾商务印书馆,1995 年;北京: 商务印书馆,1997 年。收入钱穆撰,钱宾四先生全集编辑委员会主编:《钱宾四先生全集》,第 16—17 册)外,关于晚明学术之一般性质之说明,尚有《晚明学术》(原刊南京《中央周刊》8

卷45期〔1946年11月22日〕，见钱穆：《中国学术思想史论丛》〔七〕，收入钱穆撰，钱宾四先生全集编辑委员会主编：《钱宾四先生全集》，第21册，页379—392）及《晚明诸儒之学术及其精神》（原刊《中央训练团团刊》183期〔1943年6月〕，见钱穆：《中国历史精神》，《附录四》，收入钱穆撰，钱宾四先生全集编辑委员会主编：《钱宾四先生全集》，第29册，分页215—230）二文。后一文中，且特举黄梨洲、顾亭林、王船山、颜习斋（元，字易直，1635—1704）、陆桴亭（世仪，字道威，1611—1672）、李二曲（颙，字中孚，1627—1705）六人，谓其学之精勤、美富，可以为同时期之代表。

15　参见《国史大纲》（参前注〈4〉）相关之章节。

16　梁任公论“新史学”时，为“史学”定义云：“历史者，叙述进化之现象也。”（见梁启超：《新史学》〔1902〕，编为《饮冰室文集之九》，收入梁启超撰：《饮冰室合集》〔北京：中华书局，2003年重印本四刷〕，第1册，分页7）此说即是一新式之定义，与传统之史学不同。

17　参见钱穆：《国史大纲》，《引论》，台湾商务修订本，上册，页1—34；收入钱穆撰，钱宾四先生全集编辑委员会主编：《钱宾四先生全集》，第27册，页21—59。

18　此处“文化”（culture）与“文明”（civilization）之分用，系以“文化”指文化之个体，或文化之“功能性”意涵，而以“文明”指文化之“深化”程度；属于一种“诠释”上之方便。非钱先生文中之用例。

19　“宗法封建”四字，乃钱师宾四论中国史之特殊用语，非以西方中古社会之“feudalism”为模型；见钱穆：《国史大纲》，第二编《春秋战国之部》，第五章《军国斗争之新局面》，台湾商务修订本，上册，页74—75、82—83；收入钱穆撰，钱宾四先生全集编辑委员会主编：《钱宾四先生全集》，第27册，页80—81、88—89。

20　钱师宾四称魏晋南北朝之门第结构为“变相之封建”；同前注，第四编《魏晋南北朝之部》，第十八章《变相的封建势力》、第十九章《变相的封建势力下之社会形态·上》、第二十章《变相的封建势力下之社会形态·下》，台湾商务修订本，上册，页296—310、311—330、331—347；收入钱穆撰，钱宾四先生全集编辑委员会主编：《钱宾四先生全集》，第27册，页331—347、348—369、370—388。

21　以观念言，此种所谓“演化”，于性质上，将不为“单线之演化”（unilineal evolution）。

22　钱师宾四曾言：《史记》所谓“究天人之际”，乃指人事与天道间应有一分际；而何者方为人事所不能为力而必待之天道？则为究心于史学者，所当重视。至于可尽之人事，亦必“通古今之变”，而后知之。此“究天人之际”、“通古今之变”十字，即是史学之最高境界，亦是一极深明之哲学（说见钱穆：《中国史学名著》，《史记·下》，三民本，册1，页92—93；收入钱穆撰，钱宾四先生全集编辑委员会主编：《钱宾四先生全集》，第 33 册，页 116—117）。倘由此义而梳理，亦可谓：此种于人事之可尽中，探知人事之所不能为力，而仍必犹以尽之之理，自一方面而言，固即是"通史之学"之所悬为当追寻其义之目标；自另一方面而言，则亦应即是"义理之学"所期待认知之真理。

23　参见钱穆：《民族与文化》，讲义之部，上篇《中华民族之成长与发展》，第一章《中华民族之本质》（台北："国防研究院"，1959 年；香港：自印本，1960 年；台北：联合出版中心，1960 年；台北：阳明山庄，1960 年；台北：三民书局，1969 年；台北：黎明文化出版社，1981 年；增订本，台北：东大图书公司，1989 年），东大版增订本，页 1—2；收入钱穆撰，钱宾四先生全集编辑委员会主编：《钱宾四先生全集》，第 37 册，分页 1—2。

24　同前注，东大版增订本，页 7—11；《钱宾四先生全集》，第 37 册，分页 5—8。

25　同前注，第三章《中华民族发展之经过及其前途》，东大版增订本，页 26—30；《钱宾四先生全集》，第 37 册，分页 22—25。

26　有关钱师宾四"中国史四阶段论"之原说概要，参见钱穆：《中国文化史导论》，第九章《宗教再澄清民族再融合与社会文化之再普及与再深入》（重庆：正中书局，1948 年；二版，台北：正中书局，1951 年；台北："国防部总政治部"，1952 年；修订本，台北：台湾商务印书馆，1993 年），台湾商务修订本，页 175—201；收入钱穆撰，钱宾四先生全集编辑委员会主编：《钱宾四先生全集》，第 29 册，分页 183—210。

27　与钱师宾四同时，日本学者内藤湖南（虎次郎，字炳卿，1866—1934）亦依中国历史本身发展之阶段为划分，以宋以下之历史作为"近世"或"近代"；而后论述其所具有之"近代"意义。其所提出之"唐宋时代说"（说详内藤虎次郎撰，黄约瑟译：〈概括的唐宋时代观〉〔1922〕，收入刘俊文〔1944—　〕主编：《日本学者研究中国史论著选译》第一卷《通论》〔北京：中华书局，1992 年〕，页 10—18），主要之论点，乃分从政治、社会、经济、文化、价值观念、国际关系等各方面为着眼，以比较唐、宋之时代差异；从而将唐属之中古时期，而宋则划归为"近世"。谓中国历史之从中古过渡至近世，当发生于唐、宋之交。且以宋、元为中国近世之前期，明、清为后期。钱师宾四之区分"唐"、"宋"，其主要之理由，除学术文化之风格不同外，则亦在社会史与经济史。即五代之前，中国为"门第社会"，宋以后为"平民社会"；宋以前中国经济偏在北部黄河流域，大体为大农制度，宋以后中国经济则偏在南方长江流域，大体为小农制度（论详钱穆：《中国学术思想之分期》，原刊重庆《中央周刊》7 卷 17 期〔1945 年 5 月〕，见钱穆：《中国学术思想史论丛》〔三〕，收入钱穆撰，钱宾四先生全集编辑委员会主编：《钱宾四先生全集》，第 19 册，分页 331—332）。

28　参见钱穆：《中国文化史导论》，第一章《中国文化之地理背景》，台湾商务修订本，页1—20;收入钱穆撰,钱宾四先生全集编辑委员会主编:《钱宾四先生全集》,第29册,分页1—21。

29 同前注,第二章《国家凝成与民族融合》,台湾商务修订本,页21—38;《钱宾四先生全集》,第29册,分页23—42。

30 同前注,第三章《古代观念与古代生活》,台湾商务修订本,页39—63;《钱宾四先生全集》,第29册,分页43—68。

31 同前注,第四章《古代学术与古代文字》,台湾商务修订本,页65—91;《钱宾四先生全集》,第29册,分页43—68。

32 同前注,第五章《文治政府之创建》,台湾商务修订本,页93—111;《钱宾四先生全集》,第29册,分页99—119。

33 同前注,第六章《社会主义与经济政策》,台湾商务修订本,页113—129;《钱宾四先生全集》,第29册,分页121—138。

34 同前注,第七章《新民族与新宗教之再融合》,台湾商务修订本,页131—152;《钱宾四先生全集》,第29册,分页119—139。

35 同前注,第八章《文艺美术与个性伸展》,台湾商务修订本,页153—173;《钱宾四先生全集》,第29册,分页161—182。

36 有关钱师宾四中国史第三阶段之论述,参见钱穆:《中国文化史导论》,第九章《宗教再澄清民族再融合与社会文化之再普及与再深入》,同前注,台湾商务修订本,页175—201;《钱宾四先生全集》,第29册,分页183—210。

37 同前注。

38 同前注,第十章《中西接触与文化更新》,台湾商务修订本,页203—230;《钱宾四先生全集》,第29册,分页211—212。

39 同前注,台湾商务修订本,页204—205;《钱宾四先生全集》,第29册,分页212—213。

40 同前注,台湾商务修订本,页204;《钱宾四先生全集》,第29册,分页212。

41 同前注,台湾商务修订本,页204—205;《钱宾四先生全集》,第29册,分页212—213。

42 同前注,台湾商务修订本,页221—228;《钱宾四先生全集》,第29册,分页230—237。

43 同前注,第一章《中国文化之地理背景》,台湾商务修订本,页15—16;《钱宾四先生全集》,第29册,分页16—18。

44 同前注,第十章《中西接触与文化更新》,台湾商务修订本,页225—226;《钱宾四先生全集》,第29册,分页234—235。

45 同前注,台湾商务修订本,页 217;《钱宾四先生全集》,第 29 册,分页 226。

46 钱师宾四于论中,曾依文化中“游牧商业类型”与“农业类型”之对比,发展成为其所谓“向内融凝”与“向外伸展”之两型(参见钱穆:《文化学大义》,《四、文化之两类型》〔台北:正中书局,1952 年〕,页 24—30;收入钱穆撰,钱宾四先生全集编辑委员会主编:《钱宾四先生全集》,第 37 册,分页 29—36)。论详本书前论《钱宾四先生有关历史与人性之理解及其学术意义》。

47 当时主张“农治”者,有章行严(士钊,1881—1973);参见章士钊:《业治与农——告中华农学会》、《农治述意》,收入章士钊撰:《章士钊全集》〔上海:文汇出版社,2000 年〕,第 4 卷,页 203、346。

48 钱师宾四自青年期撰作《国学概论》(上海:商务印书馆,1931 年;台北:台湾商务印书馆,1956 年;重排本,台北:台湾商务印书馆,1995 年;北京:商务印书馆,1997 年。收入钱穆撰,钱宾四先生全集编辑委员会主编:《钱宾四先生全集》,第 1 册)一书,即受孙中山之鼓舞,认为中国之未来,仍可有符合中国国情之设计;故将孙中山之“三民主义”列入其书最后一章,加以热情之说明(参见钱穆:《国学概论》,第十章《最近期之学术思想》,台湾商务重排本,页 352—365;收入钱穆撰,钱宾四先生全集编辑委员会主编:《钱宾四先生全集》,第 1 册,页 397—411)。此后随题发挥其义者,时尚有之。唯钱师宾四之于孙氏说,亦仅是“参酌的”,而非“信仰的”(参见钱穆:《国史新论》,《中国传统政治》〔香港:自印本,1955 年;台北:自印本,1955 年;台北:三民书局,1969 年;台北:东大图书公司,1981 年;增订本,台北:东大图书公司,1989 年。本文原刊香港《民主评论》2 卷 11、12 期,1950 年 12 月〕,东大版增订本,页 105;收入钱穆撰,钱宾四先生全集编辑委员会主编:《钱宾四先生全集》,第 30 册,页 135);其中并无政治因素之掺入。

49 参见钱穆:《中国文化史导论》,第九章《宗教再澄清民族再融和与社会文化之再普及与再深入》,台湾商务修订本,页 187—201;收入钱穆撰,钱宾四先生全集编辑委员会主编:《钱宾四先生全集》,第 29 册,分页 196—210。

50 参见钱穆:《国史新论》,《再论中国社会演变》(本文原刊《动象月刊》革新一号〔1987 年 5 月〕),东大版增订本,页 54—55;收入钱穆撰,钱宾四先生全集编辑委员会主编:《钱宾四先生全集》,第 30 册,页 64—65。

51 亦基于同一心理,钱师宾四对于蒋介石(中正,1887—1975)于台湾提倡“中华文化复兴运动”一事,特具评价;论详钱穆:《中国学术思想史论丛》〔十〕,收入钱穆撰,钱宾四先生全集编辑委员会主编:《钱宾四先生全集》,第 23 册,分页 47—64。

52 参见钱穆:《中国文化史导论》,第十章《中西接触与文化更新》,台湾商务修订本,页 223;收入钱穆撰,钱宾四先生全集编辑委员会主编:《钱宾四先生全集》,第 29

册，页232。

53　同前注，台湾商务修订本，页224—226；《钱宾四先生全集》，第29册，分页233—235。

54　同前注，台湾商务修订本，页226—228；《钱宾四先生全集》，第29册，分页236—237。

55　同前注，台湾商务修订本，页229；《钱宾四先生全集》，第29册，分页239。

56　同前注，《补跋》，台湾商务修订本，页259—261；《钱宾四先生全集》，第29册，分页269—271。

57　以下所论述，皆基于作者之理解与归纳；钱师宾四之著作中，殊无此种明白之宣示。

58　论详所撰《中国史学之特点》（原刊香港《人生》杂志，17卷4期〔1959年1月〕，见钱穆：《中国历史研究法》，附录八，收入钱穆撰，钱宾四先生全集编辑委员会主编：《钱宾四先生全集》，第31册，分页228—229）。

59　同前注，分页230。

60　同前注，分页229—231。

61　同前注，分页231。

62　同前注。

63　同前注，分页233—234。

64　参见钱穆：《国史大纲》，第一编《上古三代之部》，台湾商务修订本，上册，页1—49；收入钱穆撰，钱宾四先生全集编辑委员会主编：《钱宾四先生全集》，第27册，页1—54。

65　同前注，第三编《秦汉之部》，第八章《统一政府文治之演进》，台湾商务修订本，上册，页131—153；《钱宾四先生全集》，第27册，页146—172。亦详钱师宾四所撰《秦汉史》（一九三二年北京大学讲义。香港：自印本，1957年；台北：东大图书公司，1985年。收入钱穆撰，钱宾四先生全集编辑委员会主编：《钱宾四先生全集》，第26册）相关各章。

66　同前注，第四编《魏晋南北朝之部》，第十二章《长期分裂之开始》，《三、离心势力之成长》，台湾商务修订本，上册，页216—218；收入钱穆撰，钱宾四先生全集编辑委员会主编：《钱宾四先生全集》，第27册，页242—245。

67　同前注，第二十章《变相的封建势力下之社会形态·下》，《二、北魏均田制》，台湾商务修订本，上册，页332—341；《钱宾四先生全集》，第27册，页372—381。

68　同前注，第五编《隋唐五代之部》，第二十五、六章《盛运中之衰象》，台湾商务修订本，上册，页415—439；《钱宾四先生全集》，第27册，页464—492。

69　见王夫之:《宋论》,卷一,收入王夫之撰,船山全书编辑委员会编校:《船山全书》,第11册,页19—21。

70　同前注,卷十四,页329。

71　同前注,卷十五,页337。

72　关于宋代宰执与台谏之分为敌垒,说详船山之论。见王夫之:《宋论》,卷四,收入王夫之撰,船山全书编辑委员会编校:《船山全书》,第11册,页121—125。

73　钱师宾四后另有《论宋代相权》(原刊金陵、齐鲁、华西三大学《中国文化研究汇刊》第2卷〔1942年9月〕。见钱穆:《中国学术思想史论丛》〔五〕,收入钱穆撰,钱宾四先生全集编辑委员会主编:《钱宾四先生全集》,第20册,分页35—51)一文详论其制。

74　参见钱穆:《国史大纲》,第六编《两宋之部》,第三十一章《贫弱的新中央》,《五、宋代政制上的另外两个弱点》,台湾商务修订本,下册,页550—556;收入钱穆撰,钱宾四先生全集编辑委员会主编:《钱宾四先生全集》,第28册,页615—622。

75　同前注,第七编《元明之部》,第三十六、七章《传统政治复兴下之君主独裁》,台湾商务修订本,下册,页663—703;《钱宾四先生全集》,第28册,页743—790。

76　参见顾炎武撰,谭其骧(字季龙,1911—1992)等点校:《肇域志》,收入顾炎武撰,华东师范大学古籍所整理,黄珅、严佐之主编:《顾炎武全集》(上海:上海古籍出版社,2011年),第6—11册。

77　参见顾炎武撰,黄珅等点校:《天下郡国利病书》,收入顾炎武撰,华东师范大学古籍所整理,黄珅、严佐之主编:《顾炎武全集》,第12—17册。

78　参见钱穆:《国史大纲》,第七编《元明之部》,第三十八、三十九、四十章《南北经济文化之转移》,台湾商务修订本,下册,页704—785;《钱宾四先生全集》,第28册,页791—883。

79　同前注,第四十一章《社会自由讲学之在兴起》,台湾商务修订本,下册,页786—812;《钱宾四先生全集》,第28册,页884—913。

80　同前注,第八编《清代之部》,第四十四章《狭义的部族政权下之士气》,台湾商务修订本,下册,页848—864;《钱宾四先生全集》,第28册,页954—973。

81　太炎早岁著《訄书》,后经增订,凡二本,中有《客帝》、《学隐》、《原人》、《序种姓上》、《序种姓下》、《哀清史》诸文,深刻其论,谓自清室滑夏,姗谤之禁,外宽其名,内实文深,而儒者或以学隐(参见《訄书》重订本,收入章炳麟撰,朱维铮〔1936—2012〕编校:《訄书》〔初刻本、重订本合编〕〔香港:三联书店,1998年〕,页69—73、164—165、168—172、173—190、191—195、328—331)。钱师宾四论国史而以"狭义的部族政权"一词,概称有清一代之治,且多注意清季学者内心对于满人政权是否诚心认同一事;其所受影响,虽非专自太炎,太炎亦其中一人。至于任公部分,钱师宾四之受其启示,则多在"学术史"之研究方法;参见本书前论《钱宾四先生所关注之时代问题与其学术取径》。

82　钱师宾四于《国史大纲》书成之后,依例须送当时中央政府审查。初审之意见,对于钱师宾四称"洪杨"为"乱",即有批评;谓应改正再议。然钱师宾四坚持己见,谓:如有改动,原著作人当保留原稿,于抗战事定,再公之国人,以俟国人之公评。审者不得已,遂于复审之时,撤回原议。事详钱师宾四《师友杂忆》(见钱穆:《八十忆双亲、师友杂忆合刊》〔台北:东大图书公司,1983年〕,页206;收入钱穆撰,钱宾四先生全集编辑委员会主编:《钱宾四先生全集》,第51册,页241)。

83　参见钱穆:《国史大纲》,第八编《清代之部》,第四十五章《狭义的部族政权下之民变》,台湾商务修订本,下册,页865—888;收入钱穆撰,钱宾四先生全集编辑委员会主编:《钱宾四先生全集》,第28册,页981—998。

84　同前注,第四十六章《除旧与开新》,台湾商务修订本,下册,页889—814;《钱宾四先生全集》,第28册,页1001—1030。

85　参见钱穆:《中国今日所需的新史学与新史学家》(原刊《思想与时代》18期〔1943年1月〕。见钱穆:《中国历史研究法》,附录五,收入钱穆撰,钱宾四先生全集编辑委员会主编:《钱宾四先生全集》,第31册,分页202—203)。

86　"参万岁而一成纯",语出《庄子·齐物论》。钱师宾四笺注此句云:"郭象曰:'掺糅亿载,千殊万异,道行之而成,则古今一成也。物谓之而然,则万物一然也。无物不然,无时不成;斯可谓纯也。'"见钱穆:《庄子纂笺》(香港:自印本,1951年;增订版,香港:东南印务公司,1955年;台北:自印本,1969年;重印本,台北:东大图书公司,1985年),东大版,页21;收入钱穆撰,钱宾四先生全集编辑委员会主编:《钱宾四先生全集》,第6册,分页23。

87　船山云:"夫天,吾不知其何以终也?地,吾不知其何以始也?天地始者,其今日乎!天地终者,其今日乎!观之法象,有《乾》《坤》焉,则其始矣;察之物理,有《既济》《未济》焉,则其终矣。故天可以生六子,而必不能生地;天地可以成六子,而六子必不能成天地。天地且不相待以交生,而况《姤》《复》乎?乃且谓《剥》之生《坤》,《夬》之生《乾》,则其说适足以嬉焉尔矣。"(见王夫之:《周易外传》,卷五,《系辞上传第一章》,收入王夫之撰,船山全书编辑委员会编校:《船山全书》,第1册,页992)所谓"天地始者,其今日乎!天地终者,其今日乎",即是合"始"、"终"为一。关于船山依庄子"参万岁而一成纯"之语,以论事变体用、事理因果,参见拙作《论王船山之文明史观及其历史哲学》(初稿原刊《文与哲》第21期〔2012年12月〕,页367—368;并收入戴景贤撰:《王船山学术思想总网与其道器论之发展》上编〔香港：中文大学出版社，2013 年〕，页 214—215）一文。

88 参见钱穆：《中国今日所需的新史学与新史学家》，见钱穆：《中国历史研究法》，收入钱穆撰，钱宾四先生全集编辑委员会主编：《钱宾四先生全集》，第 31 册，分页 207。

89 同前注，分页 208。

90 参见钱穆：《中国历史研究法》，《四、如何研究经济史》（香港：孟氏教育基金委员会，1961 年；台北：三民书局，1969 年；增编本，台北：东大图书公司，1988 年），东大版增编本，页 57—59；收入钱穆撰，钱宾四先生全集编辑委员会主编：《钱宾四先生全集》，第 31 册，分页 69—73。

91 参见钱穆：《民族与文化》，讲辞之部，第二篇《中华民族之成长与发展》，第二章《中国社会之形成》，东大版增订本，页 89—113；收入钱穆撰，钱宾四先生全集编辑委员会主编：《钱宾四先生全集》，第 31 册，分页 79—106。

92 参见钱穆：《中国文化史导论》，第六章《社会主义与经济政策》，台湾商务修订本，页 113—129；收入钱穆撰，钱宾四先生全集编辑委员会主编：《钱宾四先生全集》，第 29 册，分页 121—138。

93 论详本书前论《论钱宾四先生"中国文化特质说"之形成与其内涵》之注〈17〉。

94 参见钱穆：《民族与文化》，讲辞之部，第三篇《中国历史演进与文化传统》，第一章《历史的领导精神》，东大版增订本，页 115—127；收入钱穆撰，钱宾四先生全集编辑委员会主编：《钱宾四先生全集》，第 31 册，分页 107—120。

95 亦详本书前论《论钱宾四先生"中国文化特质说"之形成与其内涵》。

96 参见钱穆：《中国文化史导论》，第十章《中西接触与文化更新》，台湾商务修订本，页 203—230；收入钱穆撰，钱宾四先生全集编辑委员会主编：《钱宾四先生全集》，第 29 册，分页 211—239。

97 参见钱穆：《中国历史研究法》，《六、如何研究历史人物》，东大版增编本，页 203—230；收入钱穆撰，钱宾四先生全集编辑委员会主编：《钱宾四先生全集》，第 31 册，分页 97—119。

98 论详拙作《论王船山之文明史观及其历史哲学》一文。

99 论详拙作《论章实斋之学术起源说及其学术史观之构成》（初稿原刊《台大中文学报》第 24 期〔2006 年 6 月〕，页 225—270；并收入戴景贤撰：《明清学术思想史论集》下编〔香港：香港中文大学出版社，2012 年〕，页 1—71）一文。

100 参见拙作《论王船山之文明史观及其历史哲学》、《论章实斋之学术起源说及其学术史观之构成论》二文。

101 此外，尚有"救赎论"之历史哲学（参见 Karl Löwith〔1897—1973〕，*Meaning in*

History: The Theological Implications of the Philosophy of History〔c1949〕〔Chicago, IL: University of Chicago Press, 1957〕;中译本,〔德〕卡尔·洛维特撰,李秋零,田薇译:《世界历史与救赎历史:历史哲学的神学前提》〔北京:三联书店,2002年〕);其说于今日,则仅在基督宗教之教界流传,对于俗世学者已无深远之影响。

102 说详本书前论《论钱宾四先生"中国文化特质说"之形成与其内涵》。

103 参见钱穆:《文化学大义》,《七、文化的衰老与新生》(正中书局版,页65—81;收入钱穆撰,钱宾四先生全集编辑委员会主编:《钱宾四先生全集》,第37册,分页77—95),及钱穆:《中国历史研究法》,《四、如何研究经济史》(东大版增编本,页49—63;收入钱穆撰,钱宾四先生全集编辑委员会主编:《钱宾四先生全集》,第31册,分页59—77)。

104 同前注。

105 此处"文明性"一词,系因诠释之需要设立;钱师宾四本人未使用此一语词,亦未运用近似之概念。

106 论详钱穆:《文化学大义》,《四、文化之两类型》,正中书局版,页24—30;收入钱穆撰,钱宾四先生全集编辑委员会主编:《钱宾四先生全集》,第37册,分页29—36。

107 关于钱师宾四早年对于古文之喜爱,及其注意理学家言之经过,参见其所撰《宋明理学概述·序》(台北:中华文化出版事业委员会,1953年;台北:台湾学生书局,1977年;台北:中国文化大学出版部,1980年),台湾学生书局版,序页1—3;收入钱穆撰,钱宾四先生全集编辑委员会主编:《钱宾四先生全集》,第9册,页7—9。

108 任公曾将中国学术之历史,区分为"先秦学术"、"两汉六朝经学"、"魏晋玄学"、"隋唐佛学"、"宋明理学"与"清学"五部(见梁启超:《清代学术概论·第二自序》〔1920〕,编为《饮冰室专集之三十四》,收入梁启超撰:《饮冰室合集》,第8册,序页5)。于其中,任公有一显现最不同情之时期,即宋明之理学。此因当时人深觉中国以悠久光灿之古国,而洵至于文明落后,"古史观念"之过于理想化,与"伦理观念"之予人以过多之束缚,二者为根本之原因;而皆由"理学"建设之方式有以致之。故任公亟欲于所谓"理学流弊"之外,另寻求"理学"之定位。从而着重理学所采取损益佛说之处,认系其真精神;而以其必要附名于儒学,为厚诬于孔子。至于其解释清代学术之发展,则一以"反动于宋明理学"为说。凡此皆见任公所受"时论"观点之局限。说详本书前论《无锡钱穆宾四先生学述》。

109 论详章炳麟:《原道上》、《原道中》、《原道下》、《原名》(见章炳麟:《国故论衡》,下卷，收入章炳麟撰：《章氏丛书》〔正、续编合订本〕〔台北：世界书局，1958 年；正编据浙江图书馆 1919 年刻本影印，续编据成都薛氏崇礼堂 1943 年刻本影印〕，上册，《正编》，分页 120a—126a、126a—128a、128a—131a、131a—138a，总页 480—483、483—484、484—485、485—489）。

110 清末以来有关“儒”字所涉及不同“用义”之讨论，始于章太炎，见于其所撰《原儒》（见章炳麟：《国故论衡》，下卷，收入章炳麟撰：《章氏丛书》，上册，《正编》，分页 116b—120a，总页 478—480）。

111 胡适：《中国哲学史大纲·卷上》（收入民国丛书编辑委员会编：《民国丛书》第一编，第 2 册，据民国十五年商务印书馆本影印）。

112 胡氏曾谓于近人最当感谢者，为太炎；此固不为虚词。

113 至于章太炎之以一种“后设理论”（meta-theory），诠衡一切哲学与宗教；此一影响，则较集中而深微，洞明其义者实寡。钱先生于此，亦未有论。故此处略去不谈。关于章氏此一观点之大要，及其精卓之处，论详拙作《中国现代哲学思维中之演化论议题》、《中国现代哲学思维中之认识论议题》、《中国现代哲学建构与宗教思维发展中之儒释交涉》（收入戴景贤撰：《中国现代学术思想史论集》〔香港：中文大学出版社，2014 年〕）诸论。

114 钱师宾四于“先秦思想史”方面之整体观点，初步架构于其写作《先秦诸子系年》之过程中；而有关“近三百年学术史”之研究，则完成于其任教北京大学期间。参见本书前论《无锡钱穆宾四先生学述》。

参 考 书 目

内藤虎次郎撰，黄约瑟译：《概括的唐宋时代观》，收入刘俊文主编：《日本学者研究中国史论著选译》第一卷《通论》，北京：中华书局，1992 年。

王夫之：《宋论》，收入王夫之撰，船山全书编辑委员会编校：《船山全书》（1—15 册），长沙：岳麓书社，1996 年一版二刷，第 11 册。

——：《周易外传》，收入王夫之撰，船山全书编辑委员会编校：《船山全书》，第 1 册。

——：《春秋世论》，收入王夫之撰，船山全书编辑委员会编校：《船山全书》，第 5 册。

——：《春秋家说》，收入王夫之撰，船山全书编辑委员会编校：《船山全书》，第 5 册。

——：《读通鉴论》，收入王夫之撰，船山全书编辑委员会编校：《船山全书》，第 10 册。

卡尔·洛维特撰，李秋零，田薇译：《世界历史与救赎历史：历史哲学的神学前提》，北京：三联书店，2002 年。

司马迁撰，裴骃集解，司马贞索隐，张守节正义：《史记》，北京：中华书局，1982 年，第

10册。

胡适:《中国哲学史大纲·卷上》,收入《民国丛书》第一编,第2册,据民国十五年商务印书馆本影印。

梁启超:《清代学术概论》,见《饮冰室专集之三十四》,收入梁启超撰:《饮冰室合集》,北京:中华书局,2003年重印本四刷,第8册。

——:《新史学》,见梁启超《饮冰室文集之九》,收入梁启超撰:《饮冰室合集》,第1册。

章士钊:《业治与农——告中华农学会》、《农治述意》,收入章士钊撰:《章士钊全集》,上海:文汇出版社,2000年,第4卷。

章炳麟:《客帝》、《学隐》、《原人》、《序种姓上》、《序种姓下》、《哀清史》,收入章炳麟撰,朱维铮编校:《訄书》(初刻本、重订本合编),北京:三联书店,1998年。

——:《国故论衡》,下卷,收入章炳麟撰:《章氏丛书》(正、续编合订本),台北:世界书局,1958年,正编据浙江图书馆1919年刻本影印,续编据成都薛氏崇礼堂1943年刻本影印,上册,《正编》。

黄宗羲:《明夷待访录》,收入黄宗羲撰,沈善洪主编:《黄宗羲全集》,杭州:浙江古籍出版社,2005年,第1册。

黎靖德辑:《朱子语类》,收入朱熹撰,朱杰人等主编:《朱子全书》(修订本),上海:上海古籍出版社,2010年,第18册。

钱穆:《国学概论》,上海:商务印书馆,1931年;台北:台湾商务印书馆,1956年;重排本,台北:台湾商务印书馆,1995年;北京:商务印书馆,1997年。收入钱穆撰,钱宾四先生全集编辑委员会主编:《钱宾四先生全集》,台北:联经出版事业公司,1998年,第1册。

——:《秦汉史》,一九三二年北京大学讲义。香港:自印本,1957年;台北:东大图书公司,1985年。收入钱穆撰,钱宾四先生全集编辑委员会主编:《钱宾四先生全集》,第26册。

——:《中国近三百年学术史》(上)(下),上海:商务印书馆,1937年;台北:台湾商务印书馆,1957年;重排本,台北:台湾商务印书馆,1995年;北京:商务印书馆,1997年。收入钱穆撰,钱宾四先生全集编辑委员会主编:《钱宾四先生全集》,第16、17册。

——:《国史大纲》(上)(下),上海:商务印书馆,1940年;重庆:商务印书馆,1943年;上海:国立编译馆,1944年。台北:"国立编译馆",1952年;香港:自印本,1955年。收入《民国丛书》第一编,上海:上海书店出版社,1989年,第75册,据民国三十七年商务印书馆本影印。修订本,台北:台湾商务印书馆,1974年;修订本二刷,香港:商务印书馆,1994年。收入钱穆撰,钱宾四先生全集编辑委员会主编:

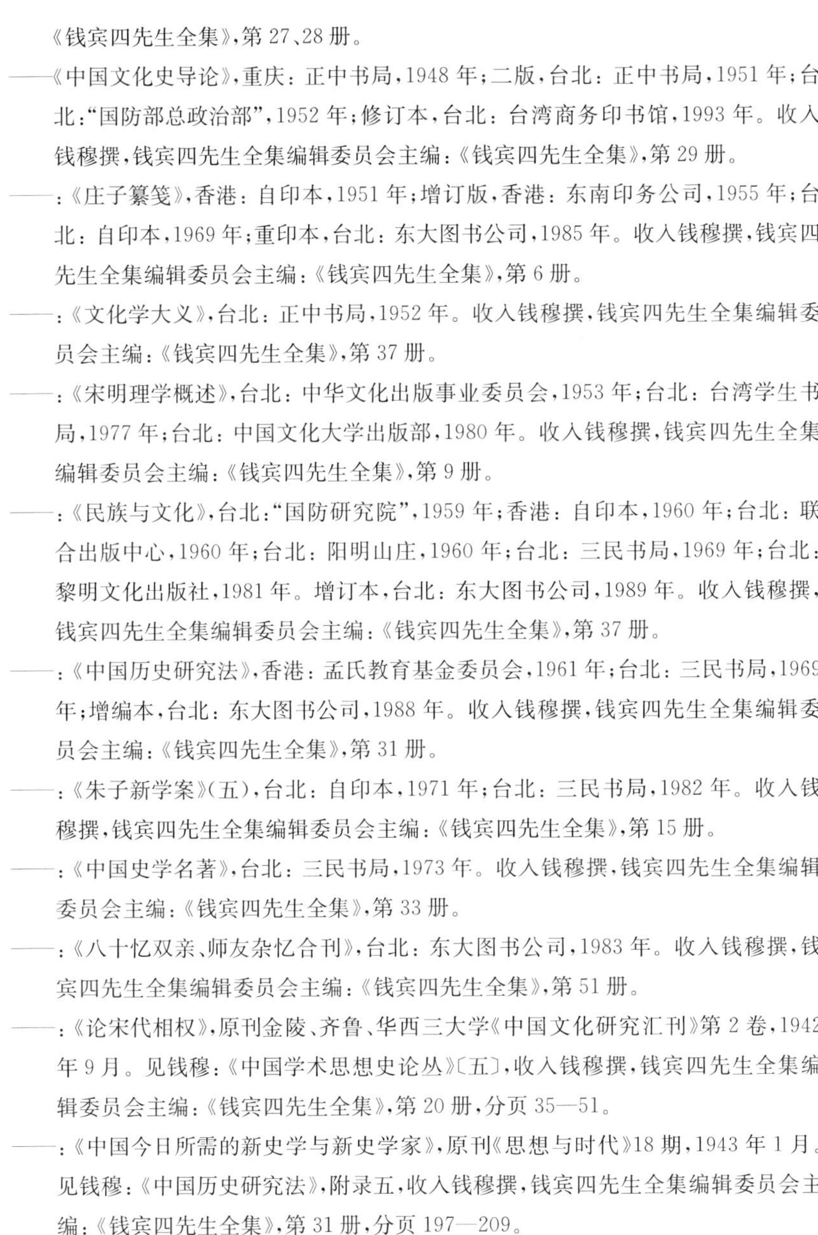

《钱宾四先生全集》,第27、28册。
——《中国文化史导论》,重庆:正中书局,1948年;二版,台北:正中书局,1951年;台北:"国防部总政治部",1952年;修订本,台北:台湾商务印书馆,1993年。收入钱穆撰,钱宾四先生全集编辑委员会主编:《钱宾四先生全集》,第29册。
——:《庄子纂笺》,香港:自印本,1951年;增订版,香港:东南印务公司,1955年;台北:自印本,1969年;重印本,台北:东大图书公司,1985年。收入钱穆撰,钱宾四先生全集编辑委员会主编:《钱宾四先生全集》,第6册。
——:《文化学大义》,台北:正中书局,1952年。收入钱穆撰,钱宾四先生全集编辑委员会主编:《钱宾四先生全集》,第37册。
——:《宋明理学概述》,台北:中华文化出版事业委员会,1953年;台北:台湾学生书局,1977年;台北:中国文化大学出版部,1980年。收入钱穆撰,钱宾四先生全集编辑委员会主编:《钱宾四先生全集》,第9册。
——:《民族与文化》,台北:"国防研究院",1959年;香港:自印本,1960年;台北:联合出版中心,1960年;台北:阳明山庄,1960年;台北:三民书局,1969年;台北:黎明文化出版社,1981年。增订本,台北:东大图书公司,1989年。收入钱穆撰,钱宾四先生全集编辑委员会主编:《钱宾四先生全集》,第37册。
——:《中国历史研究法》,香港:孟氏教育基金委员会,1961年;台北:三民书局,1969年;增编本,台北:东大图书公司,1988年。收入钱穆撰,钱宾四先生全集编辑委员会主编:《钱宾四先生全集》,第31册。
——:《朱子新学案》(五),台北:自印本,1971年;台北:三民书局,1982年。收入钱穆撰,钱宾四先生全集编辑委员会主编:《钱宾四先生全集》,第15册。
——:《中国史学名著》,台北:三民书局,1973年。收入钱穆撰,钱宾四先生全集编辑委员会主编:《钱宾四先生全集》,第33册。
——:《八十忆双亲、师友杂忆合刊》,台北:东大图书公司,1983年。收入钱穆撰,钱宾四先生全集编辑委员会主编:《钱宾四先生全集》,第51册。
——:《论宋代相权》,原刊金陵、齐鲁、华西三大学《中国文化研究汇刊》第2卷,1942年9月。见钱穆:《中国学术思想史论丛》〔五〕,收入钱穆撰,钱宾四先生全集编辑委员会主编:《钱宾四先生全集》,第20册,分页35—51。
——:《中国今日所需的新史学与新史学家》,原刊《思想与时代》18期,1943年1月。见钱穆:《中国历史研究法》,附录五,收入钱穆撰,钱宾四先生全集编辑委员会主编:《钱宾四先生全集》,第31册,分页197—209。
——:《晚明诸儒之学术及其精神》,原刊《中央训练团团刊》183期,1943年6月。见钱穆:《中国历史精神》,〈附录四〉,收入钱穆撰,钱宾四先生全集编辑委员会主编:

《钱宾四先生全集》，第29册，分页215—230。

——：《中国学术思想之分期》，原刊重庆《中央周刊》7卷17期，1945年5月。见钱穆：《中国学术思想史论丛》〔三〕，收入钱穆撰，钱宾四先生全集编辑委员会主编：《钱宾四先生全集》，第19册，分页331—339。

——：《晚明学术》，原刊南京《中央周刊》8卷45期，1946年11月22日。见钱穆：《中国学术思想史论丛》〔七〕，收入钱穆撰，钱宾四先生全集编辑委员会主编：《钱宾四先生全集》，第21册，页379—392。

——：《中国传统政治》，原刊香港《民主评论》2卷11、12期，1950年12月。见钱穆：《国史新论》(香港：自印本，1955年；台北：自印本，1955年；台北：三民书局，1969年；台北：东大图书公司，1981年；增订本，台北：东大图书公司，1989年)，东大版增订本，页71—105。收入钱穆撰，钱宾四先生全集编辑委员会主编：《钱宾四先生全集》，第30册，页95—135。

——：《中国史学之特点》，原刊香港《人生》杂志，17卷4期，1959年1月。见钱穆：《中国历史研究法》，附录八，收入钱穆撰，钱宾四先生全集编辑委员会主编：《钱宾四先生全集》，第31册，分页223—236。

——：《一位高瞻远瞩的政治家》，原刊《中央日报》，1968年10月31日。见钱穆：《中国学术思想史论丛》〔十〕，收入钱穆撰，钱宾四先生全集编辑委员会主编：《钱宾四先生全集》，第23册，分页47—64。

——：《再论中国社会演变》，原刊《动象月刊》革新一号，1987年5月。见钱穆：《国史新论》，东大版增订本，页37—55。收入钱穆撰，钱宾四先生全集编辑委员会主编：《钱宾四先生全集》，第30册，页43—65。

戴景贤：《论章实斋之学术起源说及其学术史观之构成》，刊登《台大中文学报》第24期，2006年6月，页225—270；收入戴景贤撰：《明清学术思想史论集》下编，香港：中文大学出版社，2012年，页1—71。

——：《论王船山之文明史观及其历史哲学》，刊登《文与哲》第21期，2012年12月，页351—416；收入戴景贤撰：《王船山学术思想总纲与其道器论之发展》上编，香港：中文大学出版社，2013年，页201—271。

——：《中国现代哲学思维中之演化论议题》，收入戴景贤撰：《中国现代学术思想史论集》，香港：中文大学出版社，2014年。

——：《中国现代哲学思维中之认识论议题》，收入戴景贤撰：《中国现代学术思想史论集》。

——：《中国现代哲学建构与宗教思维发展中之儒释交涉》，收入戴景贤撰：《中国现代学术思想史论集》。

顾炎武撰，陈垣校注：《日知录校注》，合肥：安徽大学出版社，2007 年。

顾炎武撰，黄珅等点校：《天下郡国利病书》，收入顾炎武撰，华东师范大学古籍所整理，黄珅、严佐之主编：《顾炎武全集》，上海：上海古籍出版社，2011 年，第 12—17 册。

顾炎武撰，谭其骧等点校：《肇域志》，收入顾炎武撰，华东师范大学古籍所整理，黄珅、严佐之主编：《顾炎武全集》，第 6—11 册。

顾祖禹撰，施和金、贺次君点校：《读史方舆纪要》，北京：中华书局，2005 年。

顾栋高辑，吴树平、李解民点校：《春秋大事表》，北京：中华书局，1993 年。

Löwith, Karl. *Meaning in History: The Theological Implications of the Philosophy of History* (c1949), Chicago, IL: University of Chicago Press, 1957.

柒

钱宾四先生学术思想之总评价

一、钱先生学术思想于学术史之贡献

钱师宾四(穆,1895—1990)于学术史,应占据何样之地位,其价值与意义何在?评量之标准有二:一为其对中国现代学术整体发展之贡献;另一,则是其位处于当代之时代意义。

有关钱先生对于中国现代学术发展之贡献,可区分为二部,加以说明,即“儒学”与“史学”。其中“儒学”之部,可依清人之说,分为义理、经济、词章、考据四项:[1]

有关“义理”部分,钱先生之主要思维,在于区分义理之“涵养论”与义理之“性理论”。亦即涵养义理,虽涉“心”、“物”之辨,如《中庸》、《易传》、“程朱”、“陆王”以下所论;[2]然其主要之功,就钱先生之见,仍应上溯孟子“尽心以知性”,“由知性而知天”[3]之本旨。[4]而就“尽心”之义言,凡程朱之分“明”、“诚”为两进,或阳明之合“诚意”与“致知”为一,皆有其心性工夫之立足点可为法门,自来学者依己性之所近而择焉,皆可成就。其间非不可优劣,钱先生之于此,亦时有所言。[5]但未可因论有抉择,遂争门户;[6]或以门户为依托。[7]而总括宋、明儒之于此,依钱先生之见,皆有其胜义;与汉、唐、清儒之学术性格,可谓截然不同。[8]

至于辨析“性理”之义,则“先秦”与“宋明”本非一致,各有其时代之适合。[9]居今而论,依钱先生之见,则亦宜由宋明,而上论先秦。[10]其所以然之故,乃因辨“性理”而探至究极,“偏外”、“偏内”,易取一边;其结果或将陷于西方哲学“心”、“物”之争。[11]故辨“性”而能合孟子、

《中庸》、朱子、阳明四家为一，取义理之圆融，以调和哲学，则可由乎其中，而超乎其上；于儒义当益进。[12]而钱先生之有取于先秦，则又别出一义，即是“分孟、庄”而“合儒、道”。盖“孟”、“庄”之分，在于：庄周混同“人”、“物”，平等一视，务求以“斋心”而超我；孟子“知性”、“知天”，则以养气而辅养心，兼合智、勇；二者殊异。[13]虽则如此，二家仍有血脉可通，相映益显。[14]故“儒”、“道”非不可合，而要当以儒义为主。[15]

有关“经济”部分，钱先生之“治术”思维，主要集中于两项：一为中国应延续以“士人”为基础之“精英政治”之形态；此一新时代之所谓“士”，不单凭国家考试之制度，而同时须仰赖具有人文精神之现代教育之培养。[16]第二项，则是中国之发展自然科学，完成其工业化，应仍维持以“农业”为本之立国形势，成为具有自身节制性之农工大国；[17]且应于“知识”之建构中，发达以“正德、利用、厚生”为核心理念之“人文科学”。[18]就此二项而言，其儒学之思维，近于荀子所强调之“儒效”与“节养”；而于近代之同调，则为孙中山之“三民主义”与“五权宪法”。[19]

有关“词章”部分，钱先生之立场，虽亦主张更新文体，且不排斥社会应有“可以普及”之沟通形式；然反对切割“语体”与“文言”为二，更反对破坏汉字原有之结构系统。[20]其所创为之学术文体，近于梁任公(启超，字卓如，1873—1929)，而练辞过之；为近代“新文言”之又一变。其晚岁草为《八十忆双亲》与《师友杂忆》，[21]则以语体之语词，融入文言，而为生动之记叙；创“当代文言”所未尝有。登诸报端，一时传颂；至今犹为人所乐于称道。美国学者邓尔麟(Jerry P. Dennerline)，且将钱先生所述其成长于无锡“七房桥”之故事，以论叙之方式，改写为英文；以为研究中国社会史学者之参考。[22]

有关“考据”部分，钱先生所专注，一在考论先秦诸子之行事年历，[23]一在考论道家思想之流衍，[24]一在考论刘向(字子政，公元前77—前6)、歆(字子骏，公元前50—后23)、王莽(字巨君，公元前45—后23)年谱，及有关两汉经学今古文争议之各项议题；[25]而另一，则是以“学术史”与“思想史”之方式，条理“汉、宋之争”所涉及之学术脉络，与其在儒学发展中之意义。[26]而在其“学术史”与“思想史”之考论中，有一思想之依准，即是以先秦儒、道二家所会通之“合天人”、[27]“一内外”之义，[28]衡论历来儒、释、道三家各自流衍中所形成之种种分歧。

以上为有关于“儒学”之部，至于“史学”之部，钱先生之贡献，则可区分为三层：第一层系为中国史学中所谓“通史”之义，寻求一可于现代成说之基础；[29]第二层系为“中国史”寻求一属于“世界史”（world history）之定位；[30]第三层系为“中国史”之历史精神，寻求一可于“文化形态学”（cultural morphology）上说明之特征。[31]

关于第一层所谓“为中国史学中所谓‘通史’之义，寻求一可于现代成说之基础”，既牵涉历史之“本质论”，亦牵涉社会学理论中关于“社会变迁”（social change）之理解。对于钱先生而言，“历史”因有“民族文化”之建构，而成为跨越时间分割之整体；“国民性”（national character）之形成，且持续产生“历史发展”之影响力，则是证明“社会”确实存在所谓“精神基础”。[32]此一“精神基础”之说，并非来自一种“观念论哲学”（philosophical idealism）之预设，亦非否定社会学有关“结构”（structure）与“功能”（function）之理论；而系强调“人心”于群体生活之感应过程，所呈显之种种意志、思维、情感，乃至集体之意识（*conscience collective*/collective conscious）或集体无意识（collected unconscious）中，存在为“人性”所节制之各种深层因素。此种种深层因素，于生活之样态中，创造文化之可能，并透过其各自之表现与互动，形成群体之共同心理或行为表征。“文化特质”之所以可依“形态学”（morphology）之方法，加以鉴识，此为主因。中国历史之延续，与其民族之融凝、文化之发皇，三位成为一体，而有“通史”之义，即由此衍说。[33]

关于第二层，为“中国史”寻求一属于“世界史”之定位。钱先生之“中国定位”观点，约有数义：一、“世界史”即民族历史之总和；[34]“世界史”于“社会发展”之义，有一般之演化，亦有特殊之演化。[35]中国史非能以欧洲史之“阶段论”为诠释之基础与标准。二、历史可长可久,国家能以民族文化为其根基,即是历史之成就,即是一史家必须企图加以理解之现象。三、中国史即“中国人”存在之明证。此“中国人”之义,既是历史的、民族的,亦是文化的。其核心之凝聚力,来自智识阶层之文化理念,与其实践后所产生之感化效应。[36]四、中国人有其自身建构国家之方式,其社会之发展,亦于历史之过程中形成其特性。[37]五、中国民族、中国国家、中国社会之生存发展,常有其发展上特殊之困难,亦有其特殊之因应方式。凡新的文化因素之加入于中国,必须能融入其旧有之体系,与之产生有利之作用,始能发生长远之影响。[38]六、中国学术思想之发达,与中国智识分子之理想性与现实性,形塑中国特有之智识阶层;中国特有之智识阶层之形塑,对中国历史产生最大之作用。此为中国最珍贵之资产。[39]七、中国思想中所倡导之“天”“人”合一,不仅有其义理之“可实践性”;亦于历史中,创造特殊之文明形式。此点为中国对于世界史最大之贡献。[40]

关于第三层,为“中国史”之历史精神,寻求一可于“文化形态学”上说明之特征。“文化形态学”,虽以“民族之文化体”,为研究之对象,然其为“形态”之比较与说明,则可以为“整体的”,亦可以是“面向的”。钱先生分文化为三阶层、七要素,[41]即是欲于不同之层级与面向,说明中国于文化上之特征,从而企图为其归纳出,所以产生如此多样文化特征之根本原因。于其说法中,有一主要之终极论述,即是将“文化”区分为“向内融凝”与“向外伸展”之两型。[42]此二型,如为其追溯本源,所谓“内”、“外”,盖即是一种“生存意向”与“精神凝聚力”之向内,或向外。以此为导引,经由“集体价值观”之形塑而发展之文明,即属“融凝”型,或“伸展”型。钱先生之所以有此最高层级之分法,就其一面而言,即是认为“人心之所向”,本有此二趋;且此二趋相排斥,得于此必失于彼。就其另一面言,即是承认二者皆能于其发展之形态中,满足“人性”之需求。因此无论“融凝”型,或“伸展”型,皆可各自创造“文明之价值”,因而具有其各自之“义理性”与“文明性”。中国文明,即是展现“融凝”型文化之最佳范例,亦是此种“文明性”之最佳说明。凡中国历史或特定阶段所呈现之病征,皆是“病理的”,而非“本质的”。[43]

以上所析，为钱先生对于中国现代学术发展之贡献，可以条别之如此。至于钱先生学术之当代意义，则亦可区分为二部，加以说明：

第一部分，来自其“史学”之影响。此一影响，可约分四项：

第一项，即是于当时以“欧洲史”作为“世界史诠释”唯一标准之时代，钱先生之论，提供另一种诠释之可能；打破当时独断之局面。第二项，即是以具有“历史主体性”建构意义之观点，重新诠释中国本有之“通史”观；此点有助于民族自信心之恢复。亦使中国史之研究，不仅为“批判的”，亦是寻求自身文化根源之一种努力。第三项，则是透过其学术史与思想史之研究，厘清当时依然纠葛之“理学”与“经学”之争、“今文学”与“古文学”之争，并使朱陆之“异同论”，跨出纯然属于“理学”之义涵。第四项，则是透过其“文化形态学”之阐释，使中国史之研究，同时具有一种“义理学”之向度。[44]

第二部分来自其“儒学观念”之影响。此一影响，亦可约分为四项：

第一项，即是以当时学界所共有之“新考证学”之概念与方法，解构历来以“经学”作为儒学核心之观点；而另以一种新的“学术史观”，诠释所谓“孔子思想”、“儒家”与“儒学”。此点虽非属钱先生一人之功，然由于钱先生对于中国学术了解之通透，已作出极大澄清之功。第二项，即是于“儒学”中区隔“经学”、“史学”、“性理之学”、“经济之学”与“词章之学”。此点使“学术史”与“思想史”之研究，展现新的“脉络性”。第三项，即是于“儒学思想”之内在结构中，区分“义理学”与其相应而有之“哲学支撑”。此点使“儒学史”之研究，不仅不能以“经典之诠释学”为标准，如前项所释；亦使“儒学史”之研究，不能专以“理学”或“哲学”之概念为标准。“儒学史”研究，与“中国哲学史”研究，由是成为不同之区块。第四项，则是以新的“学术观念”与方式，延续儒学之精神，而不复沿用本有之“儒学”概念。此点使“儒学”之成分，与其所启导之精神，得以纳入现代之中国学术，而非于中国现代学术之外，另推衍出一不同之脉络。

二、钱先生所形塑之学术风格与其启示意义

钱先生论学、论史，虽有其极强之儒学背景，亦展现极强之儒学观点，然由于钱先生对于中国现代所面临之挑战，具有一定程度之理解，其一生之努力，亦是企图将“旧学术”中之思维，择其依然具有价值之成分，融入于新时代之中；故其所形塑之学术风格，虽延续中国旧有之价值信仰，自另方面言，亦仍具有一种属于“现代”之特质。且由于其所企图建构之历史诠释、价值诠释，皆是于“对话”之语境中呈现，因而亦具有一种实质之“可商议性”；不因其语气之决断，即使此种“融通之可能”消失。

钱先生一生育才无数，有亲炙之者，有私淑艾者，然其所成就，各个不同；即意见绝不同于钱先生者，亦每礼敬之，终生无改。此中虽有人情之成分，然钱先生“但开风气不为师”之观念与风范，亦是一重要原因。

至于钱先生论史、论学之种种观点，对于未来之中国学术，其所可能产生之启示意义为何？则略可区分为七点：一、儒学之影响，不必然须以“儒学”之方式呈现。儒学之深化，亦不必然须以“儒学”之形式进行。二、对于中国文化之理解，其“历史知识”之需求，虽是属于“当代的”，其理解之基础，则不能皆止是“当代的”。论史者，应有透过对于现实社会之观察，与对于历史“语料”之解读，而培养之洞察力。三、具有“生命”之历史，系将过去联系于未来，个人之存在，因而亦可为一种“历史之存在”。[45]四、只要为人性“可欲之善”之实践，其价值皆为不朽；历史实即“人性”之见证。五、历史家关怀未来，即是展现其对于“人”之关怀；彼对于“历史”之理解，即是展现其对于“人性”之理解。六、“语言之记录”，为历史最重要之资产；“语言之铸造”，为义理最精粹之留存。轻蔑历史中所保有之“语言之记录”，即是摧毁

历史之资产；轻蔑语言中所结构、留存之“思想之精华”，即是摧毁义理之含藏。七、“世界史”研究与“民族史”研究，可以为一体，亦可分别发展出不同之向度。对于中国而言，二种取向，皆属重要。

钱先生《国史大纲》一书，留“未完成”之一章于最后，且以“完成中国固有文化对世界之新使命”为其对“中国历史新页”之期待。[46]此一方向，是否即是中国未来之方向？以今日之所见，固尚未可知。然中国仍然为中国之中国，中国历史仍然为中国之历史，此点则已可确定。此非出于民族之情感而由“国族主义”达成，亦非有一清明之“价值”选择，作为真正适宜之导引；而系有一社会潜藏之精神力量，作为历史转折之支撑，从而使历史延续。故若以宽松之标准看待，钱先生对于其所处时代之走向，虽未能预见，中国社会与文化之转变，亦超出任何人之设想，然历史须达至特定之“阶段性”之完成，其作为“段落”之趋向与特质，始克彰显；则钱先生所谓“历史”、“民族”与“文化”之关联，于中国现代史之历程中，其发展之脉络与实况究竟如何，仍可留待后人续为观察与检证。

注　释

1　曾涤生（国藩，字伯涵，1811—1872）云：“为学之术有四：曰义理，曰考据，曰辞章，曰经济。义理者，在孔门为德行之科，今世目为宋学者也。考据者，在孔门为文学之科，今世目为汉学者也。辞章者，在孔门为言语之科，从古艺文及今世制义诗赋皆是也。经济者，在孔门为政事之科，前代典礼、政书，及当世掌故皆是也。”见曾国藩：《劝学篇示直隶士子》，收入〔清〕曾国藩撰，彭靖等整理：《曾国藩全集》（长沙：岳麓书社，1995年），第14册，《诗文》，页442。

2　关于儒家论“性”之旨，宾四师曾将之分为“孔、孟”、“《易》、《庸》”、“程、朱”、“陆、王”四派，分属四时期。并谓孟子重在“即心见性”，《中庸》重在“因物见性”，二者不同；晦翁（朱熹，字元晦，号晦庵，1130—1200）偏近《中庸》，阳明（王守仁，字伯安，1472—1529）偏近孟子。大抵晦翁讲宇宙方面，思路较完密；但其所谓“理”，则规范的意味重，推动的力量薄，故朱子定要在“心”上做工夫。阳明在人生方面言之，若亲切简易，当下可使人用力向前，此乃其长处。然要把心来包罗宇宙万物，又嫌唐大不实，牢笼不住。故可谓朱子、阳明各有短长，然更求圆融浑成，更求简易明白，更求少流弊误解，则宜从朱子方面进而求之。未来大气魄者，正应循朱子之途，将孟子、《中庸》、朱子、阳明四家，镕铸为一（论详钱穆：《辨性》，原刊《思想与时代》36 期〔1944 年 9 月〕，见钱穆：《中国学术思想史论丛》〔五〕〔台北：东大图书公司，1978 年〕，页 211—256；收入钱穆撰，钱宾四先生全集编辑委员会主编：《钱宾四先生全集》〔台北：联经出版事业公司，1998 年〕，第 20 册，分页 361—424）。

3　参见朱熹：《四书章句集注・孟子集注》，卷十三，《尽心章句上》，收入〔宋〕朱熹撰，朱杰人（1945—　）等主编：《朱子全书》（修订本）（上海：上海古籍出版社，2010 年），第 6 册，页 425。

4　宾四师尝言："程、朱所言，有与孔、孟异，而无不从孔、孟来。后之学者，研程、朱，必上溯孔、孟，乃不失程、朱之所宗。"（论详钱穆：《程朱与孔孟》，原刊香港《人生》杂志，8 卷 3 期〔1954 年 6 月〕，见钱穆：《中国学术思想史论丛》〔五〕，东大版，页 203—210；收入钱穆撰，钱宾四先生全集编辑委员会主编：《钱宾四先生全集》，第 20 册，分页 351—360）则其必依孟子"尽其心者知其性也，知其性则知天矣"二语之原旨以论"知"之态度可知（关于朱子解"尽其心者知其性也"句与孟子原旨之差异，以及其先后改异其说之过程，说详钱穆：《朱子新学案》〔四〕，《朱子与二程解经相异下：五、论尽心知性》〔台北：自印本，1971 年；台北：三民书局，1982 年〕，三民版，页 480—499；收入钱穆撰，钱宾四先生全集编辑委员会主编：《钱宾四先生全集》，第 14 册，页 537—559；并参考本书前论《钱宾四先生所关注之时代问题与其学术取径》〔注〈143〉〕）。而此一意态，尚可证之于宾四师所撰《心与性情与好恶》（原刊香港《民主评论》6 卷 12 期〔1955 年 6 月〕，见钱穆：《中国学术思想史论丛》〔二〕〔台北：东大图书公司，1980 年〕，页 324—340；收入钱穆撰，钱宾四先生全集编辑委员会主编：《钱宾四先生全集》，第 18 册，分页 195—213）一文。

5　宾四师辨王学之可议处极多，较深之论，详于所撰《说良知四句教与三教合一》（原刊《思想与时代》37 期〔1944 年 11 月〕，见钱穆：《中国学术思想史论丛》〔七〕〔台北：东大图书公司，1979 年〕，页 124—152；收入钱穆撰，钱宾四先生全集编辑委员会主编：《钱宾四先生全集》，第 21 册，页 163—197）。

6　梳理理学家之论，应力避门户之争；说见其所撰《宋明理学概述》，《例言》（台北：中华文化出版事业委员会，1953 年；台北：台湾学生书局，1977 年；台北：中国文化大学出版部，1980 年），台湾学生书局版，页 2；收入钱穆撰，钱宾四先生全集编辑委员会主编：《钱宾四先生全集》，第 9 册，页 12。

7　关于理学中颇有依傍门户以自高，而中无实见者；宾四师曾有所论。其例即清廷所崇祀之陆稼书(陇其，1630—1692)；详所撰《陆稼书学述》(原刊台北《"国立"故宫博物院图书季刊》2 卷 3 期〔1972 年 1 月〕，见钱穆：《中国学术思想史论丛》〔八〕〔台北：东大图书公司，1980 年〕，页 116—134；收入钱穆撰，钱宾四先生全集编辑委员会主编：《钱宾四先生全集》，第 22 册，页 187—211)。

8　宾四师关于"儒学史"之综括意见，早晚不同。早年之见，有一存留，即其所撰《清儒学案序目》(原刊《四川省立图书馆集刊》第 3 期〔1942 年 11 月〕，见钱穆：《中国学术思想史论丛》〔八〕，同前注，东大版，页 364—388；《钱宾四先生全集》，第 22 册，页 589—640)论中主"理学本包孕经学为再生，则清代乾嘉经学考据之盛，亦理学进展中应有之一节目"。而后论则细分广义之"宋代之儒学"，与"宋儒之理学"，而以朱子一人，既集孔子后中国学术之大成，复集宋以来理学之大成；而于清儒"尊朱"、"斥朱"之见，则两所不取。其说见于所撰《朱子学提纲》(单行本，台北：自印本，1971 年；台北：三民书局，1986 年。页 1—196。亦见钱穆：《朱子新学案》〔一〕，三民版，页 1—237；收入钱穆撰，钱宾四先生全集编辑委员会主编：《钱宾四先生全集》，第 11 册，页 1—265)。

9　关于程朱与孔孟思想之歧异，宾四师之说，参见钱穆：《从朱子论语注论程朱孔孟思想歧点》(原刊《清华学报》新 4 卷 2 期〔1964 年 2 月〕，见钱穆：《孔子与论语》〔台北：联经出版事业公司，1974 年〕，页 129—164；收入钱穆撰，钱宾四先生全集编辑委员会主编：《钱宾四先生全集》，第 4 册，分页 263—310)。

10　宾四师尝言："陆象山(九渊，字子静，1139—1193)、王阳明说程、朱异于孔、孟。颜习斋(元，字易直，1635—1704)、戴东原(震，1724—1777)更谓双方大异。习斋并谓：'必破一分程、朱，始入一分孔、孟。'细究之，孔孟、程朱确有不同，但同处更多于陆王、颜戴，此层不可不辨。"复云："后之学者，研程、朱，必上溯孔、孟，乃不失程、朱之所宗。"(论详钱穆：《程朱与孔孟》，见钱穆：《中国学术思想史论丛》〔五〕，东大版，页 203—210；收入钱穆撰，钱宾四先生全集编辑委员会主编：《钱宾四先生全集》，第 20 册，分页 351—360)此即其由宋明上溯先秦之路径。

11　关于"心"、"物"之不当落于一偏，参见钱穆：《中华文化十二讲》，《一、中国文化的中心思想——性道合一论》(台北：自印本，1968 年；二刷，台北：东大图书公司，1985 年)，东大版，页 1—15；收入钱穆撰，钱宾四先生全集编辑委员会主编：《钱宾四先生全集》，第 38 册，分页 1—20。

12　参注〈2〉。

13　参见钱穆：《比论孟庄两家论人生修养》(此稿作于民国三十四年，原题《孟庄论人生修养之比较观》，曾收入钱穆：《中国人之宗教社会及人生观》)，见钱穆：《庄老通辨》(香港：新亚研究所,1957 年;增订本,台北：三民书局,1971 年;第二次重编本,台北：东大图书公司,1991 年),东大版第二次重编本,页 263—283;收入钱穆撰,钱宾四先生全集编辑委员会主编:《钱宾四先生全集》,第 7 册,页 329—353。

14 同前注。

15 宾四师以"庄周之学"乃有得于孔子之一面,若近于明代觉浪禅师(释道盛,号觉杖人、浪丈人,1592—1659)之"托孤"说;以庄子之学与老子不同,而可合之于君子之道,说若近于清初之王船山(夫之,字而农,号姜斋,1619—1692)。然皆有所不同。觉浪禅师之"托孤"说,乃以《易》理为言,谓"天人之妙密,性命之中和,位育之自然"无过于庄生者,而宾四师无此说(觉浪禅师之论,参见拙作《论方以智王船山二人思想之对比性与其所展显之时代意义》。本文初稿原发表于中央研究院中国文哲研究所所举办之《方以智及其时代学术研讨会》,台北：中央研究院,2007 年 9 月 13 日;后刊登于《文与哲》第 12 期,2008 年 6 月,页 455—528;并收入戴景贤撰:《明清学术思想史论集》上编〔香港：中文大学出版社,2012 年〕,页 257—352)。至于船山之论,宾四师颇本之;然船山未取孟、庄为比论,故二人之论亦差异(船山之论庄,参见拙作《王船山学术思想总纲与其道器论之发展》下编〔香港：中文大学出版社,2013 年〕,〈船山思想先后转变与其治《老》《庄》之关系〉,页 199—227)。

16 欲于现代之法治政治之形势下,维持一种具有理想性之人才政治,依宾四师之见,于"制法"方面,无论古人、今人皆有可参考之意见;孙中山(文,号逸仙,1866—1925)"权能区分"与"五权宪法"之理论,尤具启发之创意("权能区分"部分,论详钱穆:《中国历代政治得失》,《总论》〔初版,香港：自印本,1952 年;香港：人生出版社,1952 年;增订再版,香港：自印本,1956 年;香港：龙门书店,1968 年;台北：自印本,1969 年。重印本,台北：三民书局,1976 年;台北：东大图书公司,1977 年〕,东大版,页 155—162;收入钱穆撰,钱宾四先生全集编辑委员会主编:《钱宾四先生全集》,第 31 册,分页 187—195。英译本,Ch'ien Mu, translated by Chün-tu Hsüeh and George O. Totten; with Walace Johnson 〔et al.〕, *Traditional Government in Imperial China: A Critical Analysis*, Hong Kong: The Chinese University Press; New York, NY: St. Martin's Press,1982. "考试制度"部分,论详钱穆:《国史新论》,《中国历史上之考试制度》〔香港：自印本,1955 年;台北：自印本,1955 年;台北：三民书局,1969 年;台北：东大图书公司,1981 年;增订本,台北：东大图书公司,1989 年。本文原刊《考诠月刊》1 期,1951 年 4 月〕,东大版增订本,页 241—262;收入钱穆撰,钱宾四先生全集编辑委员会主编:《钱宾四先生全集》,第 30 册,页 293—317。"职能政治"部分,论详钱穆:《国史新论》,《中国传统政治》〔1950〕、《中国历史上的传统政治》〔1974〕,同上,东大版增订本,页 71—

105、107—119;《钱宾四先生全集》,第 30 册,页 95—135、137—152);至于"新人才"之培养,则有赖中国智识分子自身精神之觉醒与努力(论详钱穆:《国史新论》,《中国智识分子》,原刊香港《民主评论》2 卷 21、22 期〔1951 年 5 月〕,同上,东大版增订本,页 121—160;《钱宾四先生全集》,第 30 册,页 153—198),与传统教育之去腐生新(论详钱穆:《国史新论》,《中国教育制度与教育思想》,原刊《中华文化复兴月刊》3 卷 4、5 期〔1970 年 4、5 月〕,同上,东大版增订本,页 203—239;《钱宾四先生全集》,第 30 册,页 251—292)。

17　参见钱穆:《中国文化史导论》,第十章《中西接触与文化更新》(重庆:正中书局,1948 年;二版,台北:正中书局,1951 年;台北:"国防部总政治部",1952 年;修订本,台北:台湾商务印书馆,1993 年),台湾商务修订本,页 204—205;收入钱穆撰,钱宾四先生全集编辑委员会主编:《钱宾四先生全集》,第 29 册,分页 213。

18　同前注,台湾商务修订本,页 221—228;《钱宾四先生全集》,第 29 册,分页 230—237。

19　参见钱穆:《政学私言》(重庆:商务印书馆,1945 年;上海:商务印书馆,1946 年;台北:台湾商务印书馆,1967 年;增编本,收入钱穆撰,钱宾四先生全集编辑委员会主编:《钱宾四先生全集》,第 40 册)所收各文。

20　宾四师有关"中国文化"、"中国文字"与"中国文学"相互关联之讨论,说详所撰《中国民族之文字与文学》〔1942〕、《中国文化与中国文学》〔1958〕、《中国文学史概观》〔1974〕,见钱穆:《中国文学论丛》〔增订本,台北:东大图书公司,1983 年〕,页 1—21、28—46、47—64;收入钱穆撰,钱宾四先生全集编辑委员会主编:《钱宾四先生全集》,第 45 册,页 1—24、33—54、55—75。

21　钱穆:《八十忆双亲、师友杂忆合刊》(台北:东大图书公司,1983 年),收入钱穆撰,钱宾四先生全集编辑委员会主编:《钱宾四先生全集》,第 51 册。

22　Jerry Dennerline, *Qian Mu and the World of Seven Mansions* (New Haven, CT: Yale University Press, 1988);中译本,〔美〕邓尔麟撰,蓝桦译:《钱穆与七房桥世界》(北京:社会科学文献出版社,1998 年)。

23　参见钱穆:《先秦诸子系年考辨》(上海:商务印书馆,1935 年),收入民国丛书编辑委员会编:《民国丛书》第三编(上海:上海书店出版社,1991 年),第 2 册,据民国二十四年商务印书馆本影印;上海:上海书店,1992 年。改题《先秦诸子系年》(上海:商务印书馆,1937 年。修订本,香港:香港大学出版社,1956 年;台北:三民书局,1975 年;北京:中华书局,1985 年;台北:东大图书公司,1986 年),收入钱穆撰,钱宾四先生全集编辑委员会主编:《钱宾四先生全集》,第 5 册。

24　参见钱穆:《庄老通辨》(注〈13〉)所收各文。

25 参见钱穆:《两汉经学今古文平议》(香港:新亚研究所,1958年;台北:三民书局,1971年;二刷,台北:东大图书公司,1978年),收入钱穆撰,钱宾四先生全集编辑委员会主编:《钱宾四先生全集》,第8册。

26 参见钱穆:《中国近三百年学术史》(上)(下)(上海:商务印书馆,1937年;台北:台湾商务印书馆,1957年;重排本,台北:台湾商务印书馆,1995年;北京:商务印书馆,1997年),收入钱穆撰,钱宾四先生全集编辑委员会主编:《钱宾四先生全集》,第16、17册。

27 参见钱穆:《庄老与易庸》,一九五一年六月香港新亚文化讲座演讲稿,收入《新亚文化讲座录》;增修稿,收入钱穆:《庄老通辨》,东大版第二次重编本,页333—343;收入钱穆撰,钱宾四先生全集编辑委员会主编:《钱宾四先生全集》,第7册,页417—430。

28 参见钱穆:《晚学盲言》(上),上篇"宇宙天地自然之部",《八、物世界与心世界》(台北:东大图书公司,1987年),页90—113;收入钱穆撰,钱宾四先生全集编辑委员会主编:《钱宾四先生全集》,第48册,页143—177。

29 参见本书前论《论钱宾四先生研究历史之角度与其建构史观之过程及方式》。

30 同前注。

31 参见本书前论《论钱宾四先生"中国文化特质说"之形成与其内涵》、《论钱宾四先生研究历史之角度与其建构史观之过程及方式》。

32 参见本书前论《论钱宾四先生研究历史之角度与其建构史观之过程及方式》。

33 同前注。

34 宾四师之不视历史有"定论"(determinism)方式之演化,亦不主以欧洲史之"三阶段论"于中国史之诠释为有效,即是不视"世界史"之概念,具有"同质性"与"不可分割性"。

35 参见本书前论《论钱宾四先生研究历史之角度与其建构史观之过程及方式》。

36 参见本书前论《论钱宾四先生"中国文化特质说"之形成与其内涵》、《论钱宾四先生研究历史之角度与其建构史观之过程及方式》。

37 参见钱穆:《国史大纲》,《引论》(上海:商务印书馆,1940年;重庆:商务印书馆,1943年;上海:国立编译馆,1944年。台北:国立编译馆,1952年;香港:自印本,1955年。收入民国丛书编辑委员会编:《民国丛书》第一编〔上海:上海书店出版社,1989年〕,第75册,据民国三十七年商务印书馆本影印,分页1—29。修订本,台北:台湾商务印书馆,1974年;修订本二刷,香港:商务印书馆,1994年),台湾商务修订本,上册,分页1—34;收入钱穆撰,钱宾四先生全集编辑委员会主编:《钱宾四先生全集》,第27册,分页21—59。

38　参见钱穆:《中国文化史导论》,收入钱穆撰,钱宾四先生全集编辑委员会主编:《钱宾四先生全集》,第 29 册。

39　说详所撰《再论中国社会演变》〔1977〕、《中国智识分子》〔1951〕,见钱穆:《国史新论》,东大版增订本,页 37—55、121—160;收入钱穆撰,钱宾四先生全集编辑委员会主编:《钱宾四先生全集》,第 30 册,页 43—65、153—198。

40　参见钱穆:《民族与文化》,讲义之部,下篇《中国历史演进与文化传统》,第五章《中国文化本质及其特征》(台北:"国防研究院",1959 年;香港:自印本,1960 年;台北:联合出版中心,1960 年;台北:阳明山庄,1960 年;台北:三民书局,1969 年;台北:黎明文化出版社,1981 年;增订本,台北:东大图书公司,1989 年),东大版增订本,页 43—49;收入钱穆撰,钱宾四先生全集编辑委员会主编:《钱宾四先生全集》,第 37 册,分页 37—42;及钱穆:《中国文化对人类未来可有的贡献》(文载一九九零年九月二十六日台北《联合报》,第 28、29 版;见钱穆:《世界局势与中国文化》〔重编本〕,收入钱穆撰,钱宾四先生全集编辑委员会主编:《钱宾四先生全集》,第 43 册,页 419—429)。

41　说见钱穆:《文化学大义》,《三、文化的三阶层》、《五、文化七要素》(台北:正中书局,1952 年),页 7—23、31—53;收入钱穆撰,钱宾四先生全集编辑委员会主编:《钱宾四先生全集》,第 37 册,分页 11—28、37—64。

42　同前注,《四、文化之两类型》,正中书局版,页 24—30;《钱宾四先生全集》,第 37 册,分页 29—36。

43　以上所论,皆属诠释之语,非宾四师本文。

44　宾四师虽不以"哲学"为"儒学"之本质,却于史学中,重视"义理"之哲学性诠释。此一具有"儒学"意义之发展,来自宾四师对于"理"字之新解。此一新解,可于宾四师对于朱子之评论,见其一端。盖宾四师极重朱子,曾谓朱子不仅集宋以来理学之大成,且亦集孔子以下儒学之大成,然却于朱子"格物"说中高悬"豁然贯通"之境不深契;不仅尝谓朱子论"格物"有一最大之缺点,即是未将"自然之理"与"人文之理"之分殊处,详细辨明。此所谓"人文之理",即是于文明中展演所见;宾四师不仅以"道"字说之,如章实斋(学诚,1738—1801),而又增益之以"理"字之概念,极具新意。其所谓今后当建立"人文科学"之义,当于此求之;固非德语所谓"*Geisteswissenschaften*"之意涵。

45　关于此所释"生命"之说,参见本书前论《论钱宾四先生研究历史之角度与其建构史观之过程及方式》。

46　参见钱穆:《国史大纲》,第八编《清代之部》,第四十六章《除旧与开新:清代覆亡与民国创建》,《八、抗战胜利建国完成中华民族固有文化对世界新使命之开始》,

台湾商务修订本，下册，页 914；收入钱穆撰，钱宾四先生全集编辑委员会主编：《钱宾四先生全集》，第 28 册，页 1030。

参考书目

朱熹：《四书章句集注》，收入朱熹撰，朱杰人等主编：《朱子全书》（修订本），上海：上海古籍出版社，2010 年，第 6 册。

曾国藩：《劝学篇示直隶士子》，收入曾国藩撰，彭靖等整理：《曾国藩全集》，长沙：岳麓书社，1995 年，第 14 册。

邓尔麟撰，蓝桦译：《钱穆与七房桥世界》，北京：社会科学文献出版社，1998 年。

钱穆：《先秦诸子系年考辨》，上海：商务印书馆，1935 年。收入《民国丛书》第三编，上海：上海书店出版社，1991 年，第 2 册，据民国二十四年商务印书馆本影印；上海：上海书店，1992 年。

——：《中国近三百年学术史》（上）（下），上海：商务印书馆，1937 年；台北：台湾商务印书馆，1957 年；重排本，台北：台湾商务印书馆，1995 年；北京：商务印书馆，1997 年。收入钱穆撰，钱宾四先生全集编辑委员会主编：《钱宾四先生全集》，台北：联经出版事业公司，1998 年，第 16、17 册。

——：《国史大纲》（上）（下），上海：商务印书馆，1940 年；重庆：商务印书馆，1943 年；上海：国立编译馆，1944 年。台北："国立编译馆"，1952 年；香港：自印本，1955 年。收入《民国丛书》第一编，上海：上海书店出版社，1989 年，第 75 册，据民国三十七年商务印书馆本影印。修订本，台北：台湾商务印书馆，1974 年；修订本二刷，香港：商务印书馆，1994 年。收入钱穆撰，钱宾四先生全集编辑委员会主编：《钱宾四先生全集》，第 27、28 册。

——：《政学私言》，重庆：商务印书馆，1945 年；上海：商务印书馆，1946 年；台北：台湾商务印书馆，1967 年。收入钱穆撰，钱宾四先生全集编辑委员会主编：《钱宾四先生全集》，第 40 册。

——：《中国文化史导论》，重庆：正中书局，1948 年；二版，台北：正中书局，1951 年；台北："国防部总政治部"，1952 年；修订本，台北：台湾商务印书馆，1993 年。收入钱穆撰，钱宾四先生全集编辑委员会主编：《钱宾四先生全集》，第 29 册。

——：《文化学大义》，台北：正中书局，1952 年。收入钱穆撰，钱宾四先生全集编辑委员会主编：《钱宾四先生全集》，第 37 册。

——：《中国历代政治得失》，香港：自印本，1952 年；香港：人生出版社，1952 年；增订再版，香港：自印本，1956 年；香港：龙门书店，1968 年；台北：自印本，1969 年。

重印本，台北：三民书局，1976年；台北：东大图书公司，1977年。收入钱穆撰，钱宾四先生全集编辑委员会主编：《钱宾四先生全集》，第31册。

——：《宋明理学概述》，台北：中华文化出版事业委员会，1953年；台北：台湾学生书局，1977年；台北：中国文化大学出版部，1980年。收入钱穆撰，钱宾四先生全集编辑委员会主编：《钱宾四先生全集》，第9册。

——：《先秦诸子系年》，香港：香港大学出版社，1956年；台北：三民书局，1975年；台北：东大图书公司，1986年。收入钱穆撰，钱宾四先生全集编辑委员会主编：《钱宾四先生全集》，第5册。

——：《两汉经学今古文平议》，香港：新亚研究所，1958年；台北：三民书局，1971年；二刷，台北：东大图书公司，1978年。收入钱穆撰，钱宾四先生全集编辑委员会主编：《钱宾四先生全集》，第8册。

——：《民族与文化》，台北："国防研究院"，1959年；香港：自印本，1960年；台北：联合出版中心，1960年；台北：阳明山庄，1960年；台北：三民书局，1969年；台北：黎明文化出版社，1981年；增订本，台北：东大图书公司，1989年。收入钱穆撰，钱宾四先生全集编辑委员会主编：《钱宾四先生全集》，第37册。

——：《中华文化十二讲》，台北：自印本，1968年；二刷，台北：东大图书公司，1985年。收入钱穆撰，钱宾四先生全集编辑委员会主编：《钱宾四先生全集》，第38册。

——：《朱子新学案》〔四〕，台北：自印本，1971年；台北：三民书局，1982年。收入钱穆撰，钱宾四先生全集编辑委员会主编：《钱宾四先生全集》，第14册。

——：《朱子学提纲》（单行本），台北：三民书局，1971年；台北：三民书局，1986年。见钱穆：《朱子新学案》〔一〕，收入钱穆撰，钱宾四先生全集编辑委员会主编：《钱宾四先生全集》，第11册。

——：《八十忆双亲、师友杂忆合刊》，台北：东大图书公司，1983年。收入钱穆撰，钱宾四先生全集编辑委员会主编：《钱宾四先生全集》，第51册。

——：《晚学盲言》（上），台北：东大图书公司，1987年。收入钱穆撰，钱宾四先生全集编辑委员会主编：《钱宾四先生全集》，第48册。

——：《中国民族之文字与文学》、《中国文化与中国文学》、《中国文学史概观》，见钱穆：《中国文学论丛》（增订本），台北：东大图书公司，1983年，页1—21、28—46、47—64。收入钱穆撰，钱宾四先生全集编辑委员会主编：《钱宾四先生全集》，第45册，页1—24、33—54、55—75。

——：《清儒学案序目》，原刊《四川省立图书馆集刊》第3期，1942年11月。见钱穆：《中国学术思想史论丛》〔八〕，台北：东大图书公司，1980年，页364—388。收入钱穆撰，钱宾四先生全集编辑委员会主编：《钱宾四先生全集》，第 22 册，页 589—640。

——：《辨性》，原刊《思想与时代》36 期，1944 年 9 月。见钱穆：《中国学术思想史论丛》〔五〕，台北：东大图书公司，1978 年，页 211—256。收入钱穆撰，钱宾四先生全集编辑委员会主编：《钱宾四先生全集》，第 20 册，分页 361—424。

——：《说良知四句教与三教合一》，原刊《思想与时代》37 期，1944 年 11 月。见钱穆：《中国学术思想史论丛》〔七〕，台北：东大图书公司，1979 年，页 124—152。收入钱穆撰，钱宾四先生全集编辑委员会主编：《钱宾四先生全集》，第 21 册，页 163—197。

——：《比论孟庄两家论人生修养》，见钱穆：《庄老通辨》（香港：新亚研究所，1957 年；增订本，台北：三民书局，1971 年；第二次重编本，台北：东大图书公司，1991 年），东大版第二次重编本，页 263—283。收入钱穆撰，钱宾四先生全集编辑委员会主编：《钱宾四先生全集》，第 7 册，页 329—353。

——：《中国传统政治》、《中国历史上的传统政治》，见钱穆：《国史新论》（香港：自印本，1955 年；台北：自印本，1955 年；台北：三民书局，1969 年；台北：东大图书公司，1981 年；增订本，台北：东大图书公司，1989 年），东大版增订本，页 71—105、107—119。收入钱穆撰，钱宾四先生全集编辑委员会主编：《钱宾四先生全集》，第 30 册，页 95—135、137—152。

——：《中国历史上之考试制度》，原刊《考诠月刊》1 期，1951 年 4 月。见钱穆：《国史新论》，东大版增订本，页 241—262。收入钱穆撰，钱宾四先生全集编辑委员会主编：《钱宾四先生全集》，第 30 册，页 293—317。

——：《中国智识分子》，原刊香港《民主评论》2 卷 21、22 期，1951 年 5 月。见钱穆：《国史新论》，东大版增订本，页 121—160。收入钱穆撰，钱宾四先生全集编辑委员会主编：《钱宾四先生全集》，第 30 册，页 153—198。

——：《庄老与易庸》，增修稿，收入钱穆：《庄老通辨》，东大版第二次重编本，页 333—343。收入钱穆撰，钱宾四先生全集编辑委员会主编：《钱宾四先生全集》，第 7 册，页 417—430。

——：《程朱与孔孟》，原刊香港《人生》杂志，8 卷 3 期，1954 年 6 月。见钱穆：《中国学术思想史论丛》〔五〕，东大版，页 203—210。收入钱穆撰，钱宾四先生全集编辑委员会主编：《钱宾四先生全集》，第 20 册，分页 351—360。

——：《心与性情与好恶》，原刊香港《民主评论》6 卷 12 期，1955 年 6 月。见钱穆：《中国学术思想史论丛》〔二〕，台北：东大图书公司，1980 年，页 324—340。收入钱穆撰，钱宾四先生全集编辑委员会主编：《钱宾四先生全集》，第 18 册，分页

195—213。

——:《从朱子论语注论程朱孔孟思想歧点》,原刊《清华学报》新4卷2期,1964年2月。见钱穆:《孔子与论语》,台北:联经出版事业公司,1974年,页129—164。收入钱穆撰,钱宾四先生全集编辑委员会主编:《钱宾四先生全集》,第4册,分页263—310。

——:《中国教育制度与教育思想》,原刊《中华文化复兴月刊》3卷4、5期,1970年4、5月。见钱穆:《国史新论》,东大版增订本,页203—239。收入钱穆撰,钱宾四先生全集编辑委员会主编:《钱宾四先生全集》,第30册,页251—292。

——:《陆稼书学述》,原刊台北《国立故宫博物院图书季刊》2卷3期,1972年1月。见钱穆:《中国学术思想史论丛》〔八〕,东大版,页116—134。收入钱穆撰,钱宾四先生全集编辑委员会主编:《钱宾四先生全集》,第22册,页187—211。

——:《再论中国社会演变》、《中国智识分子》,见钱穆:《国史新论》,东大版增订本,页37—55、121—160。收入钱穆撰,钱宾四先生全集编辑委员会主编:《钱宾四先生全集》,第30册,页43—65、153—198。

——:《中国文化对人类未来可有的贡献》,文载一九九零年九月二十六日台北《联合报》,第28、29版。见钱穆:《世界局势与中国文化》〔重编本〕,收入钱穆撰,钱宾四先生全集编辑委员会主编:《钱宾四先生全集》,第43册,页419—429。

戴景贤:《王船山学术思想总纲与其道器论之发展》下编,香港:中文大学出版社,2013年。

——:《论方以智王船山二人思想之对比性与其所展显之时代意义》,"中央研究院"中国文哲研究所:《方以智及其时代学术研讨会》论文,台北:"中央研究院",2007年9月13日;刊登《文与哲》第12期,2008年6月,页455—528;收入戴景贤撰:《明清学术思想史论集》上编,香港:中文大学出版社,2012年,页257—352。

Ch'ien, Mu. Translated by Chün-tu Hsüeh and George O. Totten; with Walace Johnson (et al.), *Traditional Government in Imperial China: A Critical Analysis*, Hong Kong: The Chinese University Press; New York, NY: St. Martin's Press, 1982.

Dennerline, Jerry. *Qian Mu and the World of Seven Mansions*, New Haven, CT: Yale University Press, 1988.

附录　一

流落人间者，泰山一豪芒
——从学宾四师二十二年之回忆

今夏钱师宾四九六大寿之翌日，同门诸友相约往杭州南路宾四师新居共聚，表贺寿之忱。余抵钱府之时，诸友已先至，满坐一堂，而宾四师居中，如往日。未久，宾四师微露倦容，师母即请稍作休憩，谈话遂止。约隔时许，宾四师乃重起会客，一时容光焕发，师母从旁笑言："此于师乃如一新日。"众人遂环侍聆师言，而师亦畅谈竟夕。此之一夕，乃余生平与师晤谈之最后一次，亦余毕生将永难忘怀之一日。未久，余即出国省亲。逮返国未数日，本拟与诸友相约再谒，则已接师遽逝之噩耗。孔子死，门弟子为服心丧三年。宾四师之于我，乃至与我共学于钱门者，其恩情又岂亚于父母之生我、育我？数日以来，凡此二十余年从学于师之点点滴滴，乃不时浮现目前，如昨日事。因思就记忆所及，略记其印象较深者，既以表对师教育之恩之怀念，亦欲并世知师之名、慕师之学者，有以见师平日教学诲人之一斑。

余之从学于师，事始自一九六八年之夏。时余乃一高中二年级生，方将准备投考大学。然平日所喜，尽文史书。常念：如今日学校之课业种种，多记忆、少启发，自限于此，适以斫伤聪明；然不用心，又将丧失续受教育之机会。每以此自苦闷。而侪辈之中，又实乏可与共学切磋之友。一日乃由姻亲就读于台湾大学哲学系者某君处，借得宾四师所著《中国思想通俗讲话》一书，大欣喜，一周之间，凡读四过。其时余已知读宋明儒书，如《近思录》、宋元明儒《学案》之类，又颇涉猎近人之书；乃觉师此册，虽系一讲录，凡理学之基本观念，他书之释，盖无有若是之明晰者。遂自访书肆，遍购宾四师其他著作。又自忖：报考大学既有“历史”一科，何不即以师《国史大纲》一书作课本，当不复觉无聊。凡此皆在余谒师之先。

未久，家父偶与其朋辈朱国洪先生谈及子女事，谓：“余有一子方立志文史，刻正读钱宾四先生书。”朱先生乃曰：“余亦钱先生早年于苏州中学教书时一学生。何不由我引见，或可从学于先生未可知。”此即余从学宾四师之因缘。时适闻宾四师将于中正堂公开演讲，遂由朱先生为介，于演讲结束后，正式为余请谒。余犹记当日宾四师之讲题为《文化与生活》。宾四师言：“文化必由人类生活开始，无人生即无文化。然人之生活，则必又是生活于文化之大生活中，人生无能脱离文化而独立。”宾四师讲时，一字一句，举手投足，莫不精神会聚。余之始识一大师之言谈风范在此日。

会后朱先生领余趋前，与宾四师略谈数语，说明来意。犹记当时尚有一大学生，就读某校工学院，亦在侧，以一问题询先生。大意谓：先生所言诚是，然今日乃工商社会，先生将如何使中国固有之学术“科学化”？宾四师仅淡淡言：“君有此意，自可往此方向发展；余意则殊不在此。”某君若欲又言，师则不愿再谈，转首询余名字等。遂语云：“汝乃一中学生，而知立志向学，甚好甚好。”不久接待人来迎，先生遂步向出口，临行乃又回首略颔。此日之一幕，距今已历二十二年，然犹深烙余之脑海。

既经朱先生中介，余乃请家父伴同，初登钱府。时先生与师母似新由金山街寓所迁来素书楼未久，一园皆土石，未若今日之草木扶疏。见面礼毕，余乃再陈来意，宾四师言：“记得记得。”随即询余平日好读何书？余言近日读《孟子》若有得。师乃又问：“汝于《孟子》，最好何章？”余答：“余最好《知言养气》一章。”师略颔首，继则畅言其往日读《孟子》之种种；即后记于《师友杂忆》者。师遂又转向家父言：“汝有子知好学，自当欣慰。然读书乃终身事，须用工三十年、四十年，乃至五十年。勿期其遽然有成。读书不当仅与今人比论，稍有成即知足。尚须上友古人。汝子交我指导，仍须凭其自己用工。”随即向我言："汝在此受学，勿期能得何称许之言，唯自勉力向上而已。"当日之谈话仅此而止。归途之中，余虽无能吟弄风月，然欢欣雀跃之情，得未曾有。

余自是乃每周登门请益。一日师问："汝平日近人中好读何人书?"余答："余最好读黄冈熊十力先生书，常置案头。最不喜者，乃梁任公书，觉处处于己见有牴牾。"先生言："余至北平，任公已前卒，未及见。其书多误，陈寅恪即有此言。熊十力则我甚熟，往日在北平时，尝同住一处。汝所好，乃十力何言?"余答："十力书我颇熟，且有批点。他日当面呈。"另日，余遂携《读经示要》、《十力语要》诸书往。师读其一二章，乃以指示余，曰："若此等处，乃其见解；若此等处，则其粗疏。汝所圈皆无大误。若此细心，可读书。"又询："汝除学术思想外，尚好何学?"余答："理学家言外，余最好读古文辞。"师又问："古文家中汝又最喜何人?"余当时脑海中，但记有一篇篇古文，所好乃其体。骤然遭问，尚不知何辞以对。略作寻思，乃举欧阳文忠。师乃言其早岁读书知求识书背后著书之人，初即因好古文。因以韩文公、欧阳文忠为例，言其大节，旁及顾亭林等；嘱勿忘于此等处寻入。随又言及古文之义法，乃至评点去取等。此本余所素喜，遂觉大有收获。师又言其藏有归、方评点之《史记》乙部，余既好此学，可以相赠。余遂得一书。后此书为人取去未还，今遂觉失一纪念。"读书当仔细辨精、粗"与"读书当求识书背后之作者"，此为余初识宾四师，得其教诲，领略最深之两点。

及余进大学，师又嘱言："汝在此，年最稚，必有人相询；余不望多人知，扰汝之志，汝亦勿自言。"故余于台湾大学就读最初之数年间，此事殊少人知；知者唯何佑森师、裴溥言师二人，以常在钱府故。后因整理宾四师讲辞，乃渐有人知。余在师门，私自请益之外，亦旁听师为中国文化学院史学研究所博士班所开课；事在始入大学之次年。盖其前二年，余已着手读《通鉴》，又上涉《左传》。乃以三《传》同异之问题，条记所见请问。师读两三条，乃弃不阅，言："汝所记，尽纠葛于清人经学门户之见中。汝欲研究《左传》，可先读顾栋高《春秋大事表》，长史学见识。汝既对史学有兴趣，可来旁听余史研所‘史学名著’一课。”余遂以一大二之学生，与史研所博士班研究生同听课。

其第一堂课毕，师乃留余问心得；余遂就课堂所闻，举言其要。师言：“汝既有兴味，可于下周起，携录音机将余所讲录音，笔记成书。”故自下一堂课起，余即遵师命由边座挪前，次师位旁。此事直至最近一二年，课堂讲授始改换形式，延续亦十余年。而余初始，以最稚龄之学生，跻身课堂，后乃成为素书楼听讲时间较久之一老学生。

余除遵师命读顾氏书外，凡每堂师所举之史学名著，必逐部翻阅其大概。当时感觉，乃如登宝塔，一级还胜一级；又如环山而上，柳暗花明，一景未去，一景又来。余之于史学略窥门径，自此始。余尤深叹师每逢上课，仅据各书之序言、目录，即用以剖辨源流，可谓令人叹为观止。余后知留心“目录之学”，亦自此课之获启示始。

余同时又读师《孔子与春秋》一文，得大影响。而其前一年，余已先读师所著《国学概论》。犹记当时取《概论》一书，读第一章，名《孔子与六经》，即骇然于师言所谓“六经”与“孔学”之分别。盖余之投考大学，以中文系为首志，即受熊十力“儒学义理当求之六经”之观念所影响。今若言“六经”与“孔子”之关系仅此，则岂非已是误认门径？然余取师之所举言者细思，终觉其说确立无可疑。自是余乃知经学考据别有工夫，非言义理者所尽知。而黄冈熊先生之书，余亦自此不复读矣。

余既读《国学概论》，遂留意经学之书；而此年读《孔子与春秋》一文，乃如拨云雾见青天。余遂续读先生有关经学诸文，如《刘向歆父子年谱》、《周官著作时代考》之类。而《孔子与春秋》一文中屡举清乾嘉时代章实斋说，余亦因此知读其书。余当时于《文史通义》书中重要之篇章，几能暗诵。后宾四师于课上，果举其书，列名著，余乃兴奋不已。

余早年追随宾四师之记忆中，尚有数事，印象极深。余初入大学，有“国文”一课，因乃选读《史记》；故作文之命题，皆与《史记》相关。其时任教之某师，好文言，故题皆甚雅；同学面对二三十字之题，皆瞠目。独余缅缅行文若得意，而批阅者亦欣赏；嘱令传阅。余后以其中二篇呈阅。其第一文，乃论蒯通说韩信事，师笑言：“汝文较中学所呈，已薄有所进。”及读第二文论伯夷，乃怫然不悦，谓余曰：“汝所论，较《史记》何啻天壤之悬绝。史公此文，余所读岂下数十百遍！汝何议古人若是之轻易？”遂举《论语》、《孟子》书中言伯夷者论之。余后知读《史记》之难，与考论史料之别有“好学深思”之一层，自此始。唯师当日所及，著言无多，余虽知用心《史记》至今，亦不知真得师意与否。学问之事，有无法具体举问者，此亦一例。

又一事，亦与此相类。时余亦常读朱子《四书章句集注》，一日师以读《四书》之心得为询，乃出平日札记夹于书中面呈。所记无外朱子之言，若是则得之，若是则未妥之类。师读数条，亦弃置一旁。乃言：“朱子乃八百年来一大儒，非是其书无可议；然前人推崇至此，总有其理。即有失，断无古人皆无见，独汝聪明迥出前人之上。汝至少应取古人论及朱子之书，如清人之说，先读一过，再议未迟。读其书，先不存礼敬其人之心，如何能善会其意？”余当时止觉师言若千斤之重，愧悔不能自已。既退，乃取清人论朱子《四书集注》之要者一读；如钱竹汀、戴东原、毛西河等诸人之书。益觉自己知识之浅薄。然反复既久，乃觉如毛氏书，条举朱子书中之错，凡数十门数百条，上涉天文，下及舆地，其学问何等渊博。若平心细思，又岂是其学真出于朱子之上！余后读书知虚心，此日恩师之面斥，实为一关键。

再有一事，则因余某日读先生书，至《文化学大义》一册，书末言西洋之政治诚善，亦有所未足，中国亦自有其政治之长处；乃大诧异。盖余前虽读《国史大纲》，心中总觉中国虽有制度，然时至今日，自当以民主政治为努力之方向，何以先生书中乃有此言？遂持以问师。师闻余言，但笑不答。谓：“汝习于社会之俗见，自觉余言可怪。当自寻其义。”余自是此言常萦脑际，成为至今思考之一大问题。

又有一事。余大一结束之暑假，读《史记》夏、商诸《本纪》，取《尚书》对读，并于《禹贡》之地名，逐条按图查寻；又读孙星衍《尚书今古文注疏》。师询余读何书，遂举孙书以对。师言：“汝近日主要乃读此书否?"余答:"是。"师乃言:"汝何来此耐性?"时余读《史记》,方震于师所著《史记地名考》之详博,思欲效步,乃惊闻师之出此言。余不能遽会其意,然此事亦存心中。似师之为学,必求先有一首脑,然后工夫尽可细密,若只饾饤为考据,实际并不为所喜。

其时又有一事深入余脑海,即余之读《学篇》一书。余自中学读近人书,即知注意诸名家论"为学门径"之言;及读《学篇》书中《近百年来诸儒论读书》一文,乃知学者论为学门径,皆与其时代相关。由时代,可探知其论学所面临之问题;由其主张,亦可了解其学术精神之所汇聚。继又读《本〈论语〉论孔学》一文,深觉于《论语》之体悟,又进一境。余好此二文,每读必密加圈点;后亦举以告师。师乃言此书其自觉最要者,在于《朱子读书法》一篇,即"读书当读甲书如不知有乙书,读上句如不知有下句"之说。师毕生学问之长进,得力于此者甚多。此语余本亦自书中知之,乃得师数言提示,遂觉领会全然不同。因知读文章者,皆难离于本身思考之问题,以是书中精义,常易忽略。此后余读文章,凡重要者,必常反复;亦必易时再读。其领略自此日。

余又读《中国近三百年学术史》,其前因已读《两汉经学今古文平议》,即《孔子与春秋》诸文,得大兴味,读此书遂觉入宝山。而余之谒师,亦好以此书相询。此书原系师在北京大学授课时所用讲义,距其时已近四十年。然师空手而谈,其人名、书名、学说,不下数百项,皆如数家珍。而每举一人,则必言彼乃某省某府人,其县距某县为近,距某县为远,又必言其人之亲族师承,交游所及;兼涉并时学人之年辈先后,以及年岁差等。每举一地,则必言其自古之形势,风土之民情,乃至学术之风气。其记忆之清晰与要言之不烦,常令人河汉惊诧。当时佑森师每两周必一去,常同座,其所谈亦多喜以此为范围。因念清末以来论学术注意地理之分布,梁任公曾提倡,同时如刘师培、章太炎亦尝论及。然有此观念,与作成此工夫乃两事。宾四师之论学术史,至少于有清之近三百年,其贡献极多。而以余所亲闻,宾四师于清人之学,实烂熟胸中。凡彼书中所举言,皆深入脑海,非临时钞撮。唯格于著作之体例，未能取其所得，一一纳入。流落人间者，泰山一豪芒；此亦无可如何之事。

文化学院史研所之课程，自《史学名著》成书，遂改开他课。时宾四师《朱子新学案》巨著方新成，遂以“朱子学”为讲题。余得师赠书乙部，题字其上，遂朝夕讽读。余自中学，即读黄、全两《学案》，而《明儒学案》影响尤深，及听师讲“史学名著”，于两书为体之不同，益有会心。今又续读《新学案》，乃觉如居高之临下，庭园花木屋舍楼廊，尽收眼底。遂同时买正中书局所汇印之《朱子语类》一部，相互比读。乃知宾四师此书，真不知为后人省却多少工夫。然似亦因此，讨论朱子学转成易事，人人可谈，而于师此书，乃颇有以“材料”视之者。著作体例与学术影响之难明，有如此。宾四师每笑谓余：“人皆谓某人乃本治史学，近遂改治义理。真不知由何说起。”又谓余：“昔在北平，冯芝生尝对我言：先生著书，乃古人之说大字，自己之见小字。我著书，则自己之见大字，古人之说小字。此即‘经学时代’与‘子学时代’之不同。”大字、小字乃譬喻，先生著书不忘以古人之说为大字，实有其矫世之深旨在。

宾四师既成《朱子新学案》，乃又续写《研朱余沈》。未久应韩国之邀，赴彼邦；遂得韩儒李退溪、李栗谷、宋尤庵、韩南塘四家书。返国后，以余好理学家言，遂以其中《韩南塘集》一部赠余。余至今藏之，亦为一纪念。此数年，宾四师于宋以下学术发展，似自觉有新见；凡重要各家，皆重加论述。其中尤以顾亭林之学术，常在其念中。惜平日皆略言即止，无得饫闻其义。然余亦因此，知细读亭林书。先生又谓余，往日尝有《朱子文钞》一稿，拟加注语出版，我或可任其事。然其后先生著作、编辑之计画既多，此事遂不再提及，亦未知其篇目尚在否。

“朱子学”一课授毕，此下两年，皆讲“中国思想史”。余乃询之先生，是否仍需笔录？师乃言，既已有成稿，只须听讲。此稿即日后刊行之《双溪独语》一书。“思想史”本余平素最喜之一项，余上课，遂屏息以听。乃听讲之首日，即大出意外。先生既非先释“理”、“气”、

“性”、“命”诸概念，亦非先择先秦、两汉以下之一时代为论，乃竟自生活中食、衣、住、行四事讲起。余从不知读《论语》、《孟子》、《庄子》、《老子》，尚可有如此角度，真可谓大开眼界。余前读宾四师《中国思想通俗讲话》，即觉抽象之观念以抽象之定义言之，其事易；盖有前人之成说，可以依傍。其得失、真伪，非真知者难辨。抽象之观念而能以浅显之事例说明，不失正确，则其事非真知者不能为。然犹不知一高深之思想，乃竟能与人生有如此紧密之结合，能由如此浅显处体察，而又不害广大平易中，自有精微与高明。宾四师以史学之所得，融进义理，实乃别开生面。此下先生课上所言，峰回路转，难以尽叙。余此一年听讲之欢愉，则非笔墨所可形容。

至于师次年所讲，则上自先秦，迄于最近，区分时代；内容亦与所期不同。余思想史略熟，宾四师之著作亦无不用心，乃听此课，但觉熟悉之中有陌生。有时觉乃听一旧识述旧事，有时又觉似所遇乃一新知，其所言全无记忆。余由宾四师此课，始知前读《学篇》，文中所谓“读前一书如不知有后一书，读上一句如不知有下一句”之工夫，是何境界。

其同时，尚有一大乐事，即读宾四师所新成之《孔子传》。宾四师论孔子、讲《论语》，其书已多。此书之撰写，本亦接受邀约而著，乃其书又有言及前所未及者。盖孔子之生平，史料有其定限，先生亦非别有取材，出学者素习之外；然考辨之中见情事，读其书，乃若见一人、见一社会，历历如在目前。余日后于“社会史”有兴趣，亦自此培养。

“思想史”一课后，宾四师又讲“经学大要”一年；余年则或集若干专书，或举若干专题。此时余已进研究所。其中宾四师有意编辑成书者，唯“经学大要”一课；其初亦由余负责整理。惜当时录音带乃本地仿制，质极劣，中间遂有若干部分音声模糊，无法辨识，卒剩一残稿。余印象较深者，有论“阴阳家”与“顾亭林”两讲，乃当时特觉听后有所得者。宾四师当时又有意编辑《文言自修读本》一书，其计划先前曾有文发表，乃其时宾四师目已不能见细字，遂欲以此事委余与同门何泽恒。后泽恒别任校勘事，乃由余独任。余先后为此尽心者，凡两三年，每周必另择时往素书楼二至三次。此为余登钱府最密之一期，耗费精神亦甚巨。然此事不比著书，宾四师欲编之课文乃散句，每编一课，例由余自经、子旧籍中，择录相关者约数十条，再于其中汰存若干句，相与讨论。然讨论一毕，宾四师因不能目见，只能置一旁；无法再作损益斟酌。且积稿既多，更难止凭口耳加以驾驭。兹事体大，余亦不敢断以己意。故从事于此近三年，终以废弃。而存稿盈箧，亦若无用。此为余之一大憾事，然亦无何良策可想。唯期他日授课写作之事告段落，或有精力复理此业。此事虽未成，然余与宾四师日就文句商量讨论，乃如同为余上一国文课。

训诂之业，本余所素喜，亦略有知。而与宾四师往复之中，乃觉师于字诂文法，实有其精卓之一面，非比寻常。惜师之于此，未能多有述作。犹记一日，余与宾四师偶及余好读《马氏文通》事。师遂言其在小学任教日，此书即常用工，且著有《论语文解》一书，补其未备。此乃其毕生著作之第一部。余大喜过望，乃询此书何以未见出版，亦从未听人提及。师乃言：此书早年曾交付商务印书馆，印为线装两薄册，流传极少。今唯手边尚存一部，然亦不拟再印。余乃向师借阅，并为师复诵其书中之义。宾四师遂以其书赠余。此亦海内一孤本也。余屡劝师重印其书，然师自订之标准甚严，卒未获允。今此书尚在余架上。师之积学，博涉多方，非亲眼目睹，实难想象。

近数年，余因教学之外，另兼行政，常居外地，北上谒师之机会，遂渐减少。然师之教言，乃至师为学之规模，则犹常往来于心中。每有昔日师所偶言，余蓄诸胸臆多年，而后渐觉有体悟者。

犹记一年，师于课上言及晚近之学术，乃特举孙中山与梁任公二人。师以“学术史”之眼光衡孙公，最早始自其所著《国学概论》；此余所固知。乃今又举梁任公，则出余意外。任公书余少所不喜，然自聆先生之言，余后读其书遂多留心，乃渐知“论世知人”有超出知识之是非者，任公何可轻忽？昔日乃自己浅见耳。又记一年，师于课堂上言，今日读书人自不当复涉身仕途。余于此言，当时未了其义。臆其意，乃指今世非可用之时，遂不应投身政治乎？抑谓今后社会必将走入此局为无可奈何乎？抑读书志学之人自身即不当再存此想乎？余初读严又陵早年所著议论，倡言今后政、学宜分途，大不谓然。然知识稍增，乃觉其说有深识。抑吾师乃同于此见乎？然如此等，亦唯永在余之内心徘徊，无复能当面质之于师矣！

余每念：余之与宾四师，本昧平生，余不避唐突，贸然求见，遂蒙教诲，许列门墙，视我如家人，前后历若是之久。我既无能侍杖履，亦乏可献赠，惭愧何似？然继又思之：吾师之所念兹、在兹者，亦余衷心之所向往，余以此心求吾师，吾师不我弃，而以其道启我、惠我，则余又何不敢承当之有？哲人萎矣，岂不与天地同悲！

本文初稿原刊一九九零年九月二十五日台北《联合报》

附录　二

无锡钱宾四先生事略

先生讳穆，江苏无锡人，生于清光绪二十一年，即公元一八九四年，夏历六月初九日；姓钱氏。其先出五代吴越王镠后，十八世祖始来徙延祥之啸傲泾，为钱氏七房桥之所从出。先生一脉，自伯父辈上溯六世祖，得五代同堂；其祖鞠如公、父季臣公，则皆盛年而早逝。季臣公弃世，先生年方十二，上有寡母、一兄，下有二弟，家中生计胥赖兄声一先生以教学宗里之所得为养。先生虽聪颖早慧，迈逾侪辈，然以家贫，其就外傅，仅止于常州、钟英两中学而已。故自民元，即为乡里小学师，历十年之久。然先生虽辍学，其平居，每自砥砺，固未尝以此稍挫其志也。

一九二二年秋，先生始获中学聘。其所授课，有《论》、《孟》两科，又有"国学概论"。时报章杂志，方受新思想、新风气之鼓舞，竞谈疑古辨伪，先生乃考论孔、孟之生卒行事等，并旁及先秦各家学术之流变，欲以求其真。搜讨既远，遂立志草为《先秦诸子系年考辨》一书。唯以持见多与时论违异，为避争扰，仅藏其稿于箧笥，默自改定。后其书偶为顾颉刚所见，遂荐先生于中山、燕京诸大学。先生卒于一九二九年前往燕大任教。时顾氏方主编《燕京学报》，遂刊先生两稿，一论刘向、歆父子，一论《老子》成书年代。二文既布，先生之名乃为北方学者所共知。

先生既至燕大，其明年，北京大学亦来聘，遂转北大。其最初所授，为"上古史"、"秦汉史"与"中国近三百年学术史"三课；而"近三百年学术史"，尤受注意。盖当时学界"义理"、"考据"之争正炽，问题所系，每上涉清人"汉"、"宋"门户之旧案。其前唯梁任公曾于清华大学开此课，为时所重。今先生重讲，另辟蹊径，故亦同受瞩目。其时北大又有“通史”一课，本由治专史者分段讲授，先生讲史多重通识，后遂委由先生一人独任。先生每登堂，听者恒二三百人，传为一时之盛事。先生于北大任此课，凡四年，后又于西南联合大学续讲两年，卒于一九三九年完成《国史大纲》一名著。

抗战军兴，先生随学校转往西南，除联合大学外，先后曾任教于武汉、齐鲁、华西、四川各大学。播迁途中，家人皆留置苏州，未以相随。其间唯一九三九年曾潜返苏州谒母，侍亲侧者得一年；寻返后方。然辞别亲颜未久，太夫人即病逝。先生以道路阻绝，不克奔丧，唯日夜伤悼而已。一九四五年，抗战胜利，先生以体弱滞留成都华西坝一年；次年始返苏州。未几，国、共分裂形势日峻，国事蜩螗，学校亦多风潮；先生乃避地昆明，任教五华书院。一九四八年春，复返无锡，任教江南大学。江南大学滨太湖，其地多山水清幽之胜，先生抚念时局，日徜徉其间；乃注《庄子》以自遣。一九四九年战事益紧，先生遂又只身往广州，转抵香港。

先生至港未久，大陆旋即鼎革。先生乃思自创一校，以招纳至港青年，勿使失学。此即日后之新亚书院。然初期港地民生多艰困，私人捐献，其事难持续。且学校既立，责任随即加身。先生除校务、课业外，仍须四处奔走，以求纾解学校财务之窘迫。其始，则赖当时来台蒋氏私人协助，暂得维系；继则又有美国雅礼协会、亚洲协会与哈佛燕京社等组织之支持，新亚遂得逐步奠定规模。而新亚之研究所，亦获如愿成立。先生为此尽心者，凡十余年。而新亚之校誉，亦在先生与同仁之共同努力下，蒸蒸日上。一九五五年夏，香港大学授先生以名誉博士之荣衔。一九五九年美国耶鲁大学来邀先生往访，讲学半年；亦赠先生以名誉博士之学位。一九六四年，新亚正式纳入新设之中文大学；先生乃于中大创立后半年，辞去新亚院长之职。

先生旅港办学之生涯既竟，乃应马来亚大学聘，前往讲学。返港后，则致力撰写《朱子新学案》一巨著。未久，香港难民潮起，乃决计迁居来台。其所预择地，即台北外双溪素书楼今址。事为当局所悉，乃以其地建宾馆，以礼先生。先生遂于一九六七年来台，并于翌年七月迁居外双溪。其明年，友人张其昀来邀；先生遂为中国文化学院开设一讲座，授课于素书楼，迄一九八六年夏。先生在台期间，曾于一九六八年获选“中央研究院”院士；一九八四年获赠“行政院”首度颁发之文化奖章。并于一九八六年受聘为“资政”，凡四年。

先生之避难至港，子女皆留大陆，未及携出。数年生活乃孑然一身。逮一九五六年一月，继配胡美琦女士来归，先生乃重获家庭温暖。此后在港十二年，在台二十三年，朝夕取给，酬应外交，乃至文稿书记，皆赖夫人掌理。尤以先生晚岁多病，目力日减，犹能著述不辍，斐然可观，更系夫人从旁襄助之功。一九八零、一九八四两年，先生留滞大陆之三子，拙、行、逊；二女，易、辉；先后获准至港与先生晤面。阔别重逢，恩情如一，绝未因生活之隔阂而疏远，卒使先生以耄耋之龄而无憾恨。凡此亦胥是夫人之体贴周密，有以使然。今先生之子女，唯长子拙，已于一九八零年一谒亲颜后故去；三子逊、长女易，现任教清华大学；次子行、次女辉，任教中学。其余婿媳，亦多任教职。有孙四人，孙女两人，外孙三人，外孙女一人。其长者，皆忠信；其弱者，胥孝悌。子、孙两代，虽近接先生慈容之日无多，然先生之教言无敢忘，先生之音容常在心。先生又有侄，曰伟长，乃声一先生遗孤，视先生犹父，而先生待之若子。其治学有声，其理事有方；与诸堂弟妹亦皆有亲。

先生晚岁居素书楼，非有事足迹不履城市，有来学则不予屏绝。平日所喜，唯在庭院之花木，及与宾客之对谈。其所思，则文化历久之积业；其所笔，则毕生坚信之真理。未有弦歌，而弦歌之音常在。乃忽忽焉不知老之既至。综其平生，亦可谓学不厌、诲不倦，久而志弥坚也。

一九九零年八月三十日，先生以九六之高龄，寿终于其新迁之杭州南路寓所。辞世之日，凡识与不识，知先生之名，慕先生之学，尊仰先生之志节者，闻之莫不哀悼。

一九九零年九月二十二日门弟子戴景贤从众议秉笔谨述

附录 三

钱宾四先生著作版本目录

一、《论语文解》 上海：商务印书馆，1918年、1919年。

收入钱穆撰，钱宾四先生全集编辑委员会主编：《钱宾四先生全集》，第2册，台北：联经出版事业公司，1998年。

二、《论语要略》 收入《国学小丛书》，上海：商务印书馆，1925年，1926年。

收入《万有文库》第一集，《国学小丛书》，上海：商务印书馆，1930年；1931年。

收入《国学小丛书》，国难后第一版，上海：商务印书馆，1933年；1934年。

收入《国学小丛书》，台北：台湾商务印书馆，1964年。

收入《万有文库荟要》，台北：台湾商务印书馆，1965年。

收入《精选人人文库》，台北：台湾商务印书馆，1967年。

收入《人人文库》，台北：台湾商务印书馆，1968年；1971年；1974年；1978年；1985年；1987年。

辑入《四书释义》。

三、《刘向歆父子年谱》 原题《刘向刘歆王莽年谱》，刊登《燕京学报》第7期，1930年。

收入朱元影等主编：《青年文库》，重庆：中国文化服务社，1943年；上海：中国文化服务社，1947年。

收入《新编中国名人年谱集成》，第七辑，台北：台湾商务印书馆，1980年；1987年。

见顾颉刚主编：《古史辨》第五册，收入《民国丛书》第四编，上海：上海书店出版社，1992年，第68册，据民国二十四年朴社本影印。

辑入《两汉经学今古文平议》。

四、《墨子》 收入《万有文库》第一集，《百科小丛书》，上海：商务印书馆，

1930 年;1934 年;1935 年。

收入《新中学文库》,上海:商务印书馆,1947 年。

收入《钱宾四先生全集》,第 6 册,同前。

五、《王守仁》　收入《万有文库》第一集,《百科小丛书》,上海:商务印书馆,1930 年;1934 年;1935 年。

收入《万有文库第一二集简编五百种》,上海:商务印书馆,1939 年;长沙:商务印书馆,1939 年。

收入《新中学文库》,上海:商务印书馆,1947 年。

收入《人人文库》,台北:台湾商务印书馆,1968 年;1970 年;1976 年;1984 年。

收入《精选人人文库》,台北:台湾商务印书馆,1967 年。

六、《阳明学述要》　(《王守仁》再版更名),台北:正中书局,1955 年;1957 年;1963 年;1967 年;1976 年;1979 年;1984 年;1990 年。

收入《钱宾四先生全集》,第 10 册,同前。

七、《周公》　译自日本林泰辅原著,收入《国学小丛书》,上海:商务印书馆,1931 年;1933 年。

收入《万有文库荟要》,台北:台湾商务印书馆,1965 年。

收入《人人文库》,台北:台湾商务印书馆,1967 年;1971 年。

收入《钱宾四先生全集》,第 26 册,同前。

八、《国学概论》　收入《万有文库》第一集,《百科小全书》,上海:商务印书馆,1931 年;1933 年;1935 年;1946 年。

收入《新中学文库》,上海:商务印书馆,1947 年。

收入《新中学文库》,台北:台湾商务印书馆,1956 年;1963 年;1966 年。

收入《人人文库》,台北:台湾商务印书馆,1968 年;1969 年;1971 年;1972 年;1974 年;1976 年;1977 年;1979 年;1985 年;1987 年;1990 年。

香港:国学出版社,1966 年。

重排本,台北:台湾商务印书馆,1995 年。

收入《钱宾四先生全集》,第 1 册,同前。

九、《惠施公孙龙》　收入《国学小丛书》,上海:商务印书馆,1931 年;1934 年。

收入《民国丛书》第四编,第 9 册,据民国二十三年商务印书馆本影印。

收入《国学小丛书》，上海：上海书店，1992 年。

修订本，收入《钱宾四先生全集》，第 6 册，同前。

十、《秦汉史》　一九三二年北京大学讲义。

校定初版，香港：自印本，1957 年；1966 年；1969 年。

台北：自印本，1969 年。

台北：东大图书公司，1985 年；1987 年；1988 年；1992 年。

收入《钱宾四先生全集》，第 26 册，同前。

十一、《孟子要略》　收入《国学基础丛书》，上海：大华书局，1934 年。后改题《孟子研究》，上海：开明书店，1948 年。收入《民国丛书》第四编，第 4 册，据民国三十七年开明书店本影印。

辑入《四书释义》。

十二、《老子辨》　上海：大华书局，1935 年。北京：中国书店，1988 年。

辑入《庄老通辨》。

十三、《先秦诸子系年考辨》　收入《大学丛书》，上海：商务印书馆，1935 年；1936 年。

收入《民国丛书》第三编，上海：上海书店出版社，1991 年，第 2 册，据民国二十四年商务印书馆本影印。

上海：上海书店，1992 年。

十四、《先秦诸子系年》　（《先秦诸子系年考辨》再版更名），收入《大学丛书》，上海：商务印书馆，1937 年。

修订本，香港：香港大学出版社，1956 年。

修订本，台北：自印本，1975 年；1981 年。

修订本，北京：中华书局，1985 年。

修订本，台北：东大图书公司，1986 年；1990 年。

修订本，收入《钱宾四先生全集》，第 5 册，同前。

十五、《中国近三百年学术史》（上）（下）　收入《大学丛书》，上海：商务印书馆，1937 年；1948 年。重庆：商务印书馆，1945 年。

收入《大学丛书》，台北：台湾商务印书馆，1957 年；1964 年；1966 年；1967 年；1968 年；1972 年；1976 年；1978 年；1980 年；1983 年；1987 年；1990 年。

收入《国学基本丛书》，台北：台湾商务印书馆，1968 年。

北京：中华书局，1986 年。

重排本，台北：台湾商务印书馆，1995 年；1996 年。

收入《钱宾四先生全集》，第 16、17 册，同前。

十六、《国史大纲》（上）（下）　收入《部定大学用书》，上海：商务印书馆，1940 年；重庆：商务印书馆，1943 年；1945 年。上海：国立编译馆，1944 年；1947 年；1948 年。

收入《新中学文库》，上海：商务印书馆，1947 年。

收入"部定"《大学用书》，台北："国立编译馆"，1952 年；1954 年；1956 年；1958 年；1960 年；1964 年；1965 年；1966 年；1967 年；1972 年；1973 年。

香港：自印本，1955 年。

收入《民国丛书》第一编，上海：上海书店出版社，1989 年，第 75 册，据民国三十七年商务印书馆本影印。

收入《部定大学用书》，修订本，台北：台湾商务印书馆，1974 年；1975 年，台北："国立编译馆"，1977 年；1978 年；1980 年；1982 年；1983 年；1984 年；1985 年；1987 年；1988 年；1990 年；1991 年；1992 年。

修订本，香港：商务印书馆，1989 年；1994 年；1995 年。

修订本，收入《大学丛书》，台北：台湾商务印书馆，1994 年；1995 年。

修订本，收入《钱宾四先生全集》，第 27、28 册，同前。

十七、《文化与教育》　重庆：国民图书出版社，1942 年。

收入《仙人掌文库》，台北：仙人掌出版社，1971 年。

收入《大林文库》，台北：大林书店，1973 年。

台北：东大图书公司，1976 年；2003 年。

增编本，收入《钱宾四先生全集》，第 41 册，同前。

十八、《政学私言》　重庆：商务印书馆，1945 年；上海：商务印书馆，1946 年。

收入《人人文库》，台北：台湾商务印书馆，1967 年；1968 年；1972 年。

台北：台湾商务印书馆，1996 年。

修订增编本，收入《钱宾四先生全集》，第 40 册，同前。

十九、《中国文化史导论》　重庆：正中书局，1948 年。

台北：正中书局，1951 年；1953 年；1954 年；1957 年；1965 年；1968 年；1971 年；1973 年；1974 年；1975 年；1977 年；1978 年；1983 年；1987 年。

收入《正中文库》第二辑，台北：正中书局，1959 年；1961 年；1970 年。

收入《中华文化复兴丛书》，台北：正中书局，1967 年。

收入《“国军”各军事学校政治教材》，台北：“国防部总政治部”，1952 年；1953 年；1954 年。

收入《近代名籍重刊》，上海：三联书店，1988 年。

修订本，台北：台湾商务印书馆，1993 年。

修订增编本，收入《钱宾四先生全集》，第 29 册，同前。

二十、《中国人之宗教社会及人生观》　香港：自由中国社，1949 年。

收入《现代问题丛刊》，台北、香港：现代问题丛刊编辑社，1950 年。

辑入《庄老通辨》、《人生十论》、《灵魂与心》。

二十一、《庄子纂笺》　香港：自印本，1951 年。

第一次改订版，香港：自印本，1955 年；第二次改订版，1957 年；第三次改订版，1962 年。

台北：三民书局，1969 年；1974 年；1981 年。

重印本，台北：东大图书公司，1985 年；1986 年；1989 年；1993 年。

东大重印本，收入《钱宾四先生全集》，第 6 册，同前。

二十二、《文化学大义》　收入《台湾省立师范学院丛书》，台北：正中书局，1952 年。

收入《正中文库》第一辑，台北：正中书局，1953 年；1958 年；1969 年；1972 年；1976 年；1978 年。

台北：正中书局，1964 年；1967 年；1974 年；1979 年；1981 年；1986 年。

增编本，收入《钱宾四先生全集》，第 37 册，同前。

二十三、《中国历史精神》　收入《天声日报丛书》，印度尼西亚：雅加达《天声日报》社，1952 年。

台北：国民出版社，1954 年；1955 年；1957 年。

香港：自印本，1963 年。

香港：邓镜波学校，1964 年。

台北：自印本，1963 年；1973 年。

台北：台湾商务印书馆，1965 年。

修订本，台北：东大图书公司，1976 年；1981 年；1984 年；1986 年；

1987 年；1988 年；1989 年；1995 年。

收入《“国军”连队书箱丛书》，台北：“国防部总政治作战部”，1976 年。

收入《专题研究》，台北：阳明山庄，1983 年。

修订增编本，收入《钱宾四先生全集》，第 29 册，同前。

二十四、《中国思想史》　收入《现代国民基本知识丛书》第一辑，台北：中华文化出版事业委员会，1952 年；1954 年；1957 年；1963 年。

收入《“国军”各军事学校政治教材》，台北：“国防部总政治部”，1952 年；1953 年。

香港，自印本，1956 年；1975 年。

香港：新亚书院，1962 年。

收入《现代国民基本知识丛书》第一辑，台北：华冈出版公司，1971 年；1974 年。

收入《当代学术丛刊》，台北：台湾学生书局，1977 年；1980 年；1982 年；1983 年；1985 年；1994 年。

台北，台湾商务印书馆，1992 年。

修订本，收入《钱宾四先生全集》，第 24 册，同前。

二十五、《中国思想史讲授纲要》　新竹：“陆军指挥参谋学校”，1958 年。

二十六、《中国历代政治得失》　香港，自印本，1952 年；1954 年。

香港：人生出版社，1952 年。

修订再版，香港：自印本，1956 年；1959 年；1966 年。

香港：龙门书店，1968 年。

台北：自印本，1969 年；1972 年。

重印本，台北：三民书局，1974 年；1976 年。

台北：东大图书公司，1977 年；1981 年；1984 年；1987 年；1988 年；1989 年；1990 年；1992 年。

增编本，收入《钱宾四先生全集》，第 31 册，同前。

二十七、Ch'ien, Mu. Translated by Chün-tu Hsüeh and George O. Totten; with Walace Johnson (et al.) ***Traditional Government in Imperial China: A Critical Analysis***, Hong Kong: The Chinese University Press; New York, NY: St. Martin's Press, 1982. (《中国历代政治

得失》英译本）

二十八、《四书释义》 收入《现代国民基本知识丛书》第一辑，台北：中华文化出版事业委员会，1953年；1955年；1958年；1962年；1965年。

修订本，台北：台湾学生书局，1978年；1986年；1990年。

修订本，收入《钱宾四先生全集》，第2册，同前。

二十九、《宋明理学概述》 收入《现代国民基本知识丛书》第一辑，台北：中华文化出版事业委员会，1953年；1955年；1962年。

修订本，台北：台湾学生书局，1977年；1984年；1987年；1992年。

收入《华冈丛书》，台北：中国文化大学出版部，1980年。

修订本，收入《钱宾四先生全集》，第9册，同前。

三十、《中国思想通俗讲话》 香港：自印本，1955年；1962年。

台北：自印本，1956年。

收入《官兵文库丛书》，台北："官兵文库编辑委员会"，1969年。

增订本，台北：东大图书公司，1990年。

增订本，收入《钱宾四先生全集》，第24册，同前。

三十一、《国史新论》 香港：自印本，1955年；1956年；1966年。

台北：自印本，1955年。

台北：三民书局，1969年；1976年。

台北：东大图书公司，1981年；1984年；1986年。

增订本，台北：东大图书公司，1989年。

第二次增订本，收入《钱宾四先生全集》，第30册，同前。

三十二、《人生十论》 香港：人生出版社，1955年；1956年；1959年；1969年。

增编本，台北：东大图书公司，1982年；1985年；1986年；1987年；1990年；1999年。

增编本，收入《钱宾四先生全集》，第39册，同前。

三十三、《阳明先生传习录大学问节本》 香港：人生出版社，1957年。

辑入《中国学术思想史论丛》。

三十四、《庄老通辨》 香港：新亚研究所，1957年。

增订本，台北：三民书局，1971年；1973年。

第二次重编本，台北：东大图书公司，1991年。

第三次重编本，收入《钱宾四先生全集》，第7册，同前。

三十五、《学籥》　香港：自印本，1958年；1966年。台北：三民书局，1969年。

重编本，收入《钱宾四先生全集》，第24册，同前。

三十六、《两汉经学今古文平议》　香港：新亚研究所，1958年。

台北：自印本，1971年。

台北：东大图书公司，1978年；1983年；1989年。

收入《钱宾四先生全集》，第8册，同前。

三十七、《民族与文化》　台北："国防研究院"，1959年；1968年。

台北：联合出版中心，1960年。

台北：阳明山庄，1960年。

香港：新亚书院，1962年。

台北：三民书局，1969年。

增订本，台北：东大图书公司，1989年。

增订本，收入《钱宾四先生全集》，第37册，同前。

三十八、《湖上闲思录》　香港：人生出版社，1960年。

台北：自印本，1969年。

台北：东大图书公司，1980年；1984年；1988年；1992年。

收入《钱宾四先生全集》，第39册，同前。

三十九、《中国历史研究法》　香港：孟氏教育基金委员会，1961年。

台北：三民书局，1969年。

香港：新民书局，1970年。

增编本，台北：东大图书公司，1988年；1991年。

第二次增编本，收入《钱宾四先生全集》，第31册，同前。

四十、《史记地名考》　上海：开明书店排样；香港：太平书局，1962年。

香港：龙门书店，1968年。

台北：自印本，1984年。

重校本，收入《钱宾四先生全集》，第34、35册，同前。

四十一、《中国文学讲演集》　香港：人生出版社，1963年。

台北：自印本，1968年。

台北：三民书局，1975年。

成都：巴蜀书社，1987年。

辑入《中国文学论丛》。

四十二、《论语新解》　香港：新亚研究所，1963年；1964年。

台北：自印本，1965年；1973年；1978年。

台北：东大图书公司，1988年；1991年。

收入《钱宾四先生全集》，第3册，同前。

四十三、《中华文化十讲》　台北："空军总部政治作战部"，1968年。

四十四、《中华文化十二讲》　（《中华文化十讲》增辑后更名），台北：自印本，1968年。

收入《官兵文库丛书》，台北："官兵文库编辑委员会"，1968年。

台北：东大图书公司，1985年；1987年。

收入《钱宾四先生全集》，第38册，同前。

四十五、《中国文化丛谈》(1)(2)　收入《三民文库》，台北：三民书局，1969年；1970年；1975年；1979年；1988年。

增编本，收入《钱宾四先生全集》，第44册，同前。

四十六、《史学导言》　台北："中央日报社"，1970年；1975年；1978年；1981年。

辑入《中国史学发微》。

四十七、《中国文化精神》　台北：自印本，1971年；1973年。

增订本，收入《钱宾四先生全集》，第38册，同前。

四十八、《朱子新学案》〔一〕～〔五〕　台北：自印本，1971年；台北：三民书局，1982年；1989年。

收入《钱宾四先生全集》，第11—15册，同前。

四十九、《朱子学提纲》　单行本，台北：自印本，1971年；台北：东大图书公司，1986年；1991年。亦收入《朱子新学案》〔一〕。

五十、《中国史学名著》(1)(2)　收入《三民文库》，台北：三民书局，1973年；1974年；1980年；1983年；1985年；1988年；1993年。

收入《钱宾四先生全集》，第33册，同前。

五十一、《世界局势与中国文化》　收入《文化讲座专集》，台北："教育部社会教育司"，1973年。

收入《邮光丛书》第二辑，台北："交通部邮政总局"，1976年。

台北：东大图书公司，1977年；1979年；1985年；1992年。

增编本，收入《钱宾四先生全集》，第43册，同前。

五十二、《理学六家诗钞》 台北：中华书局，1974年。

重校本，收入《钱宾四先生全集》，第46册，同前。

五十三、《孔子与论语》 台北：联经出版事业公司，1974年；1975年；1979年；1984年；1985年；1997年。

重编本，收入《钱宾四先生全集》，第4册，同前。

五十四、《孔子传》 台北：综合月刊社，1975年。

增编本，台北：东大图书公司，1987年；1991年。

第二次增编本，收入《钱宾四先生全集》，第4册，同前。

五十五、《孔子传》 日译本，钱穆撰，池田笃纪译，东京：アジア问题研究会，1975年。

五十六、《中国学术通义》 台北：台湾学生书局，1975年；1976年；1980年。

增编本，台北：台湾学生书局，1982年；1984年；1988年；1993年。

增编本，收入《钱宾四先生全集》，第25册，同前。

五十七、《孔子传略・论语新编》 台北：财团法人广学社印书馆，1975年。

收入《钱宾四先生全集》，第4册《孔子传》，同前。

五十八、《灵魂与心》 台北：联经出版公司，1976年；1979年；1981年；1987年；1990年。

增编本，收入《钱宾四先生全集》，第46册，同前。

五十九、《中国学术思想史论丛》〔一〕～〔八〕 台北：东大图书公司，1976—1980年。

增补重编定本，收入《钱宾四先生全集》，第18—23册，同前。

六十、《历史与文化论丛》 台北：东大图书公司，1979年；1985年；1990年。

增编本，收入《钱宾四先生全集》，第42册，同前。

六十一、《从中国历史来看中国民族性及中国文化》 台北：联经出版事业公司，1979年；1980年；1981年；1982年；1984年；1989年；1991年；1993年。

香港：中文大学出版社，1979年；1982年；1984年。

收入《钱宾四先生全集》，同前。

六十二、《双溪独语》 台北：台湾学生书局，1981年；1983年；1985年；1987

年;1991年。

收入《钱宾四先生全集》,第47册,同前。

六十三、《古史地理论丛》　台北:东大图书公司,1982年。

增编本,收入《钱宾四先生全集》,第36册,同前。

六十四、《八十忆双亲》　收入《新亚书院校友会小丛书》第一种,香港:香港中文大学新亚书院校友会,1975年。

六十五、《八十忆双亲、师友杂忆合刊》　台北:东大图书公司,1983年;1986年;1992年。

收入《钱宾四先生全集》,第51册,同前。

六十六、《中国文学讲演集》　香港:人生杂志社,1963年。

辑入《中国文学论丛》。

六十七、《中国文学论丛》　台北:东大图书公司,1983年;1991年。

重编本,收入《钱宾四先生全集》,第45册,同前。

六十八、《宋代理学三书随札》　台北:东大图书公司,1983年。

重编本,收入《钱宾四先生全集》,第10册,同前。

六十九、《现代中国学术论衡》　台北:东大图书公司,1984年;1990年。

收入《钱宾四先生全集》,第25册,同前。

七十、《晚学盲言》(上)(下)　台北:东大图书公司,1987年;1996年。

重校本,收入《钱宾四先生全集》,第48、49册,同前。

七十一、《中国史学发微》　台北:东大图书公司,1989年。

重编本,收入《钱宾四先生全集》,第32册,同前。

七十二、《新亚遗铎》　台北:东大图书公司,1989年。

收入《钱宾四先生全集》,第50册,同前。

七十三、《讲堂遗录》　收入《钱宾四先生全集》,第52册,同前。

七十四、《素书楼余沛》　收入《钱宾四先生全集》,第53册,同前。

七十五、《读史随札》　收入《钱宾四先生全集》,第32册,同前。

七十六、《钱宾四先生全集》　台北:联经出版公司,1998年;计甲编22种25册,乙编12种11册,丙编22种18册。

以上书目,以作者生前出版,或已约定出版,及《全集》所辑录者为限。凡《全集》出版后刊行之各式版本,一概从略,以无版本参考之价值。

此外，未经授权而辑印或整理者有：

《中国文化与科学》　收入《中国现代名家选集》，台北：进学书局，1970年。

《历史与时代》　收入《仙人掌文库》，台北：仙人掌出版社，1970年。台北："国防部总政治作战部"，1976年。

《中国通史纲要及参考材料》，北京大学讲义。台北：东升出版事业公司，1980年。

《钱穆讲中国经济史》，新亚书院课堂讲录，叶龙整理，香港：商务印书馆，2013年；《中国经济史》，钱穆讲授，叶龙记录整理，北京：世界图书出版公司，2014年(增入林毅夫序)。

《钱穆讲学粹语录》，叶龙整理，香港：商务印书馆，2013年；《讲学札记》，叶龙记录整理，北京：北京联合出版公司，2014年。

人名索引

书名篇名索引

语词语句索引